Marie de Sainte-Hèrmine

Una familia de bandidos en 1793

Marie de Sainte-Hèrmine

Una familia de bandidos en 1793

Relato de una abuela

Prólogo
Carlos Esteban

Epílogo
Alberto Bárcena

BIBLIOTHECA
HOMO
LEGENS

BIBLIOTHECA**HOMOLEGENS**

© Editorial IVAT S.L., 2025
Calle Nicasio Gallego, 9
28010 Madrid
www.homolegens.com

Primera edición: abril 2018
Quinta edición: octubre 2025

Título original: *Une famille de brigands en 1793 (1920)*
Prólogo: © Carlos Esteban
Epílogo: © Alberto Bárcena

ISBN: 978-84-18162-11-4
Depósito legal: M-22636-2025

Maquetación: Juan Pablo Perabá
Diseño de cubierta: Álex H. Poles

Impreso en España - Printed in Spain

Índice

Cronología general de la Revolución francesa

16–17 de enero de 1793. La Convención condena a muerte a Luis XVI.

21 de enero de 1793. Ejecución del rey en la plaza de la Revolución (París). El libro relata intentos de complot para salvarlo.

12 de marzo de 1793. Inicio de la leva en masa y primeras protestas campesinas en Saint-Florent, donde Perico Bureau se suma a los insurrectos.

Junio de 1793

10 de junio. Toma de Saumur por los vandeanos.

29 de junio. Derrota en Nantes, donde muere Cathelineau, su primer generalísimo.

Campaña del otoño de 1793 (gran ofensiva republicana)

19 de septiembre de 1793. La Convención lanza cinco

ejércitos (ciento veinte mil hombres) contra la Vendée (Santerre, Ronsin, Duhoux, Beysser, Mieskouski y el ejército de Maguncia con Kléber y Canclaux).

16 de septiembre de 1793

Como se narra en la historia, en seis días (16–22 septiembre 1793) los vandeanos logran cinco grandes victorias consecutivas (Coron, Pont-Barré, Torfou, Montaigu, Saint-Fulgent).

El general Pirón derrota a Santerre en Coron con solo once mil hombres, apoderándose de su artillería.

El mismo día, en Pont-Barré, Duhoux (sobrino) derrota a Duhoux (tío), jefe republicano.

18 de septiembre de 1793: batalla de Torfou. Los vandeanos, liderados por Lescure, Bonchamps y Charette, vencen al ejército de Maguncia de Kléber y Canclaux.

19 de septiembre de 1793. Lescure y Charette toman Montaigu, desalojando a Beysser.

21 de septiembre de 1793. En Saint-Fulgent, Charette y Lescure destruyen casi por completo el ejército de Mieskouski.

22 de septiembre de 1793. Bonchamps ataca prematuramente en La Galissonnière contra Canclaux y es derrotado, aunque causa muchas bajas.

Octubre de 1793: Cholet y el Loira

Como se narra en la historia, en octubre llegan las derrotas graves (Châtillon nocturna y Cholet). A partir de entonces la guerra entra en la fase de retirada hacia el Loira y la campaña de Galerna.

8–9 de octubre de 1793. Victoria vandeana en Châtillon, donde derrotan a Westermann; pero de noche este contraataca y provoca una masacre en la ciudad.

12 de octubre de 1793. El ejército católico llega a Cholet y decide presentar allí batalla decisiva.

18 de octubre de 1793: batalla de Cholet. Gran enfrentamiento que marcará el declive del ejército católico y real.

Personajes principales

De la familia

Marqués de Serant. Noble, jefe local, participa como segundo jefe de las compañías bretonas en el cuerpo de Bonchamps.

Arturo de Serant. Hijo del marqués, oficial en el ejército vandeano y ayudante de Bonchamps.

Genoveva. Esposa de Arturo, acompaña en las pruebas y en la campaña de Galerna.

Luisito. Hijo pequeño de Arturo y Genoveva.

Tío Bureau. Campesino fiel a la familia de Serant.

Santiago Bureau. Hijo mayor, guarda de caza, guerrillero.

Pedro Bureau. Hijo menor, muere en la guerra.

Perico Bureau «el Rabioso». Campesino muy bravo, distinguido en combate.

Tonio. Niño adoptado por la familia, símbolo de inocencia y consuelo.

Justina. Criada fiel.

Otros criados y campesinos de Bois-Joli, que forman parte del grupo que sigue a los Serant.

Jefes del ejército católico y real (vandeanos)

Jacques Cathelineau. Primer generalísimo, campesino carismático.

Charles de Bonchamps. Marqués, gran jefe, célebre por perdonar a prisioneros.

Louis-Marie de Lescure. «El santo de la Vendée», general notable.

Henri de La Rochejaquelein. Joven general (21 años), nombrado comandante en jefe tras Cholet.

François de Charette. Líder del Bajo Poitou.

Maurice d'Elbée. Sucesor de Cathelineau, llamado «el general de la Providencia».

Marigny. Jefe de artillería vandeana.

Stofflet. Destacado jefe campesino.

Príncipe de Talmont. Noble que manda caballería.

Pirón. Comandante local que derrota a Santerre.

Jefes del ejército republicano (azules)

Santerre. General revolucionario, participa en campañas contra la Vendée.

Ronsin. Comisario y jefe republicano.

General Duhoux (tío). Republicano, derrotado por su sobrino Duhoux, vandeano en Pont-Barré.

Beysser. General, desalojado de Montaigu.

Mieskouski. General, derrotado en Saint-Fulgent.

Jean-Baptiste Kléber. General del ejército de Maguncia, adversario respetado.

Ste Canclaux. Jefe republicano del ejército del Loira.

Westermann. Llamado «el carnicero de la Vendée», feroz perseguidor.

Beaupuy. General republicano, derrotado en Laval.

Marceau. Joven general republicano, combate en la campaña de Galerna.

Chevardin. Comandante de cazadores, se sacrifica en Boussay por orden de Kléber.

Mapas

Actual departamento de La Vendée en Francia

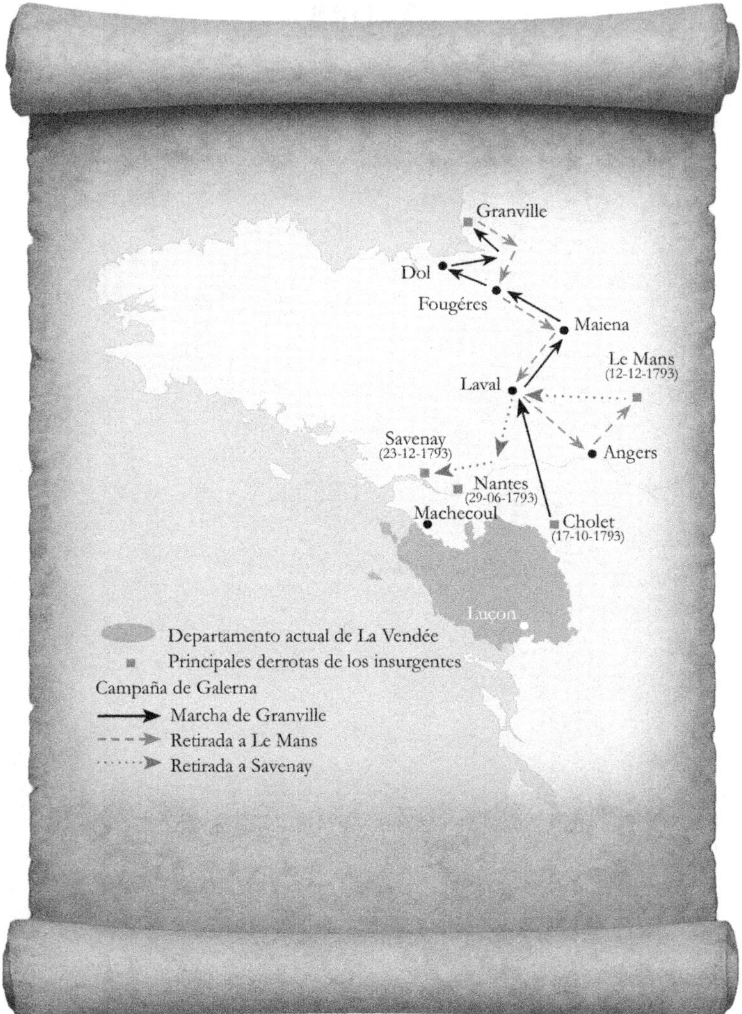

La campaña de Galerna fue la fase más trágica de la guerra de La Vendée. Es fundamental porque marcó el colapso del ejército católico, el fin de la resistencia organizada y el comienzo del exterminio sistemático ordenado por la Convención

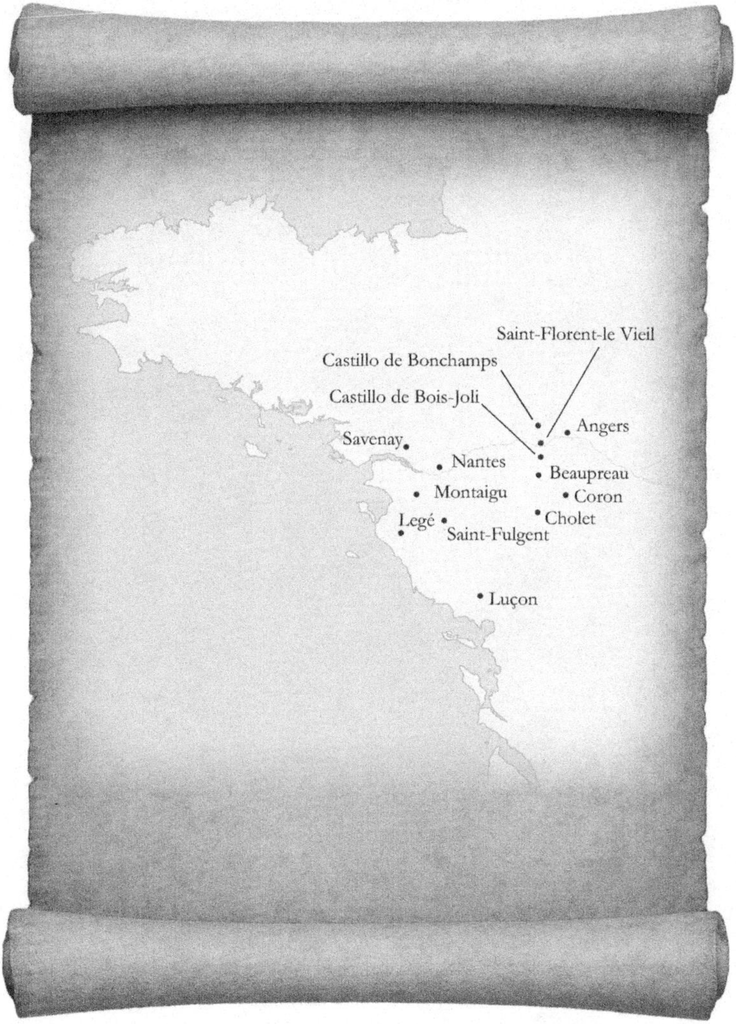

Principales lugares donde suceden los acontecimientos narrados

Prólogo

14 de julio de 1989. El presidente de la República Francesa, François Mitterrand, prepara un grandioso ceremonial para celebrar el segundo aniversario de la Revolución con mayúsculas, la que ha inaugurado la Edad Contemporánea en la que vivimos y cuyas ideas y relatos siguen siendo los dominantes.

¿Por qué no? ¿No era la Revolución francesa el hecho histórico que liberó Francia, primero, y el planeta entero a continuación, de la opresión, de la servidumbre y el despotismo a que sometían al pueblo reyes y sacerdotes? Con ella irrumpían en la historia esa triple consigna, libertad, igualdad y fraternidad, y la Declaración de los Derechos del Hombre y del Ciudadano. Todas las revueltas y revoluciones la han tenido desde entonces explícita o implícitamente como modelo, desde la Revolución rusa al Mayo francés.

Sí, claro, se cometieron inevitablemente excesos, como el terror, pero no eran sino males necesarios para la regeneración política y, en cualquier caso, el resultado compensaba holgadamente el coste.

Pero si el mito resiste en la historia oficial, entre los expertos se ha instalado un saludable escepticismo, y en medio de las triunfales celebraciones académicas del Bicentenario se «colaron», como el Hada Mala en la fiesta del nacimiento de la Bella Durmiente, un puñado de historiadores disidentes, pronto convertidos en parias por sus colegas, cuyos irrebatibles hallazgos sacaban a la luz la horrible verdad sobre la Vandea, el primer genocidio político de la historia.

Oficialmente, aquello había sido una guerra civil, la reacción de unos cuantos nobles guiando a atrasados campesinos atenazados por la superstición y el servilismo impuesto a lo largo de siglos, poco más. Fueron calificados de «bandidos» y, en esencia, eso eran para la historia oficial. En los manuales de bachillerato, si se citaba el fenómeno, apenas merecía un párrafo.

Pero sólo tres años antes, la editorial universitaria France publicaba una tesis doctoral defendida en la Sorbona por un joven historiador, Reynald Secher. La obra, *El Genocidio Franco-Francés*, minuciosamente documentada, habría de levantar una furiosa polémica en la academia. «Genocidio» es una palabra terrible (sugerida para el título por Pierre Chanu, que formaba parte del tribunal universitario), asociada principalmente al exterminio judío por los nazis, y aún no había alcanzado los niveles de banalización de hoy. Aplicarla a las tropas de la Convención que combatieron en el oeste francés en 1793 y 1794 equivalía a una profanación en toda regla del sagrado mito revolucionario. Pero, de hecho, fue entonces cuando se inventó el concepto, si no la palabra: «populicidio» así lo denominó en la propia Asamblea de la época el revolucionario Graco Babeuf, poco sospechoso de simpatías reaccionarias.

En la Vandea, en el oeste francés, la Revolución de 1789 no fue acogida con recelo, más bien con ilusión, y sus habitantes participaron incluso en la compra de bienes eclesiásticos incautados como patrimonio de la nación. De hecho, el descontento no habría de estallar hasta 1791, cuando se obliga a los sacerdotes a someterse a una iglesia cismática creada por los revolucionarios, la Constitución Civil del Clero, condenada por la Santa Sede, y a expulsar de sus parroquias a los curas que no se sometan. Los campesinos de la zona responden inicialmente ignorando a los párrocos «oficiales» y protegiendo y dando asilo y escondite a los fieles, a «sus curas», que siguen oficiando en bosques y graneros.

La chispa se enciende con la conscripción obligatoria, en 1793. Una cosa era permitir pasivamente aquellas ideas anticristianas y otra muy distinta defenderlas con las armas. Sin jefes, sin experiencia militar alguna, sin organización, los campesinos buscan y lo encuentran, para mortificación del guion oficial, no en un noble decidido a recuperar perdidos privilegios, sino en un chamarilero y antiguo sirviente, Jacques Cathelineau, llamado luego «el santo de Anjou».

Ante la sorpresa generalizada, las victorias de los sublevados se suceden. Toman Saumur y Angers. En la Convención estalla la furia. «¡Destruid la Vandea!», exclama Bertrand Barère de Vieuzac.

En el verano de 1793, el Comité de Salud Pública ordena que se envíen varios ejércitos a la región. Las familias vandeanas tienen que huir cruzando el Loira hacia Le Mans y Normandía. El 23 de diciembre de 1793, los restos del ejército Católico y Real son aniquilados en Savenay. Literalmente; en palabras del general Westermann ante la Convención: «No tengo un solo prisionero que reprocharme, los he exterminado a todos».

Acaba así la fase de resistencia y empieza la pura y dura liquidación. En Nantes, Jean-Baptiste Carrier se complace con las mayores atrocidades, ahogando a 10.000 civiles inocentes en el Loira. Mientras, las «columnas infernales» de Turreau arrasan la Vandea, masacrando a pueblos enteros, incendiando aldeas y granjas, destruyendo cosechas entre diciembre de 1793 y junio del año siguiente.

Lo que hace más terrorífica esta escalada del Terror contra campesinos indefensos es que ya no eran amenaza alguna, el peligro se había conjurado y los ejércitos vandeanos habían sido vencidos y aniquilados. Las tropas revolucionarias cosechaban victorias en el exterior. No basta con vencer la resistencia, hay que aplastarla. Como escribían al general Haxo representantes en misión de reconocimiento, «hay que aniquilar la Vandea porque ha osado dudar de los beneficios de la libertad».

Vencieron y escribieron la historia oficial, ese «conjunto de mentiras sobre las que nos hemos puesto de acuerdo», en palabras atribuidas a Napoléon. La Vandea fue doblemente destruida. Primero, con una carnicería sistemática que acabó con la vida de 170.000 personas y la destrucción del 20% de sus edificios. Después, con su tragedia borrada de la historia oficial. «Desde hace doscientos años —escribía el historiador François Furet—, la República ha dejado a la Vandea sola con su desdicha; ya es hora de cerrar esa herida».

Es la de la Vandea una tumba sin marcas, una historia proscrita despachada en los manuales como una simple revuelta de bandidos. Por eso el irónico «bandidos» del título de este libro, cuando poca gente puede haber más alejada de la imagen que uno se hace de un bandido que los Serant y su heroico entorno; por eso el recuerdo, desleído por los años, quedó en historias como la que aquí se narra, tragedias de familias que fueron transmitidas en la discreción de los hogares de padres a hijos, en los márgenes del gran relato.

Eso es *Una familia de bandidos en 1793*: los recuerdos de una abuela que cuenta a sus nietos su propia historia, única superviviente de una familia de vandeanos, los Serant.

Es la historia, en primera persona, de una vida concreta, pero precisamente por eso expone con mayor eficacia y viveza lo que fue una era, una mentalidad y una forma de entender el mundo que ha sido y aún hoy es sistemáticamente difamada y caricaturizada, una existencia animada, bendecida y presidida por la fe.

La narración tiene, en un sentido, dos autores: Jean Charruau, el jesuita que recibió el manuscrito de manos del nieto de quien lo cuenta, y la verdadera autora, Marie de Sainte-Hèrmine, quien explica al principio el objetivo que se ha marcado para escribirla: dar a sus descendientes a conocer mejor la historia de su familia «los beneficios de que Dios la ha colmado, beneficios amargos, sin duda, pero preciosos a la vez».

Directa, sencilla y lineal, con las leves pero conmovedoras inexactitudes e imprecisiones y las reflexiones esperables en un recuento de recuerdos. *Una familia de bandidos en 1793* presenta al lector moderno un mundo a la vez familiar y tan ajeno como si transcurriera en tierras exóticas y remotas. Es nuestra historia, la de nuestros antepasados, viviendo conforme a la visión y las normas que construyeron nuestra civilización.

Pero el pasado es realmente un país extranjero, y especialmente para un católico contemporáneo no puede dejar de chocar la desarmante naturalidad con la que se hacía de la fe la base real de la vida y de la muerte, y no un mero «rincón personal y privado» de prácticas y opiniones.

La fe, una fe sin alharacas ni manifestaciones espectaculares, preside toda la peripecia, no ya de Marie o de los Serant, sino de toda la sociedad que les rodea, señores y campesinos. Una fe que les proscribe el odio al enemigo que les masacra y destruye todo aquello que constituye su vida, un mundo que ven desaparecer para siempre ante sus ojos con pena, pero sin amargura.

En la obra, las vicisitudes históricas se entraman con la vida de la protagonista de tal modo que el lector asiste al relato de uno de los hechos cruciales de nuestra historia desde la mirada de los perdedores, al tiempo que a los hechos concretos, a los avatares del destino de personas reales, de carne y hueso.

En una trepidante historia de heroísmo, sacrificio y de fe, Marie de Sainte-Hèrmine verá sucederse los golpes del destino y la convulsión de la única vida que había conocido. Pero en vano se tratará de leer amargura o resentimiento en sus palabras. Porque Marie, como millones de sus contemporáneos y de las generaciones que la precedieron, sabe, con conocimiento hecho carne y sangre, que no hemos venido para quedarnos aquí, que somos *Homines viatores*, que estamos de paso. Y que si es cierto, como dijo Tolkien, que para un católico la historia es una sucesión de derrotas, también lo es que Cristo es el Señor de la historia, y él ya ha vencido al mundo.

Carlos Esteban

Introducción

Un antiguo amigo, el coronel Rembure, muerto hará unos doce años, me prestó hace tiempo un manuscrito que yo había leído con gran interés. Eran las *Memorias* de su abuela, finada en 1850. La señora María Rembure (Sainte-Hèrmine por parte de padre) había escrito para sus nietos la historia íntima de los miembros de su familia, actores y testigos del terrible drama del que fueron escenario en 1793 las provincias del oeste. La venerable abuela, que tenía dieciséis años cuando la guerra de la Vendée, vio con sus propios ojos la mayor parte de los sucesos ocurridos, y aquellas lúgubres escenas reviven bajo su pluma con extraordinaria intensidad de expresión.

Como instase yo al coronel Rembure para que publicase estos relatos, me respondió: «Harás lo que más te plazca después de mi muerte. Mientras yo viva no llevaría bien que se hablase de mi familia, no importándome nada lo que se diga después de muerto. No ignoras el triste fin de mi Luisa, mi única hermana, arrebatada por una fulminante enfermedad a las seis semanas de casada, durante el viaje de luna de miel. No dejo ningún pariente próximo. Te dejaré el manuscrito, y haz lo que más te agrade».

No insistí más, y confieso que no volví a pensar en aquella promesa, cuando una mañana recibí por el correo el manuscrito de la señora Rembure, con estas breves frases del coronel:

La Chesnaie, Liré (Maine-et-Loire)
15 de abril de 1890

Querido amigo: Te envío los cuadernos que tanto te interesaron durante tu demasiada corta permanencia a mi lado. Mi abuela, que conserva fresca la memoria de sus recuerdos, escribió sus *Memorias* a nuestra intención en 1845, cuando yo tenía quince años y catorce mi hermana.

Comprenderás, sin gran trabajo, que la lectura de esas páginas me ha conmovido profundamente; pero nunca llegué a persuadirme de que pudiera tener interés esa historia de la familia para los extraños. A ti te parece lo contrario —respeto tu opinión—. Pero quede asentado que este relato sólo verá la luz pública después de mi muerte.

Tu siempre afectísimo amigo, Carlos Rembure
Coronel retirado del 1º de Zuavos

Desde aquel día conservé los preciosos cuadernos. Mi amigo murió (acabo de verificar la fecha) el primero de marzo de 1891. Desde entonces tuve derecho a publicar la obra, pero apremiantes ocupaciones no me lo han permitido. Hoy, que el señor Waldeck-Rousseau tiene la bondad de concederme ocios, me aprovecho de ellos para dar al público la historia de *Una familia de bandidos en 1793*. Este es el título que leo en la primera página del manuscrito de la señora Rembure.

Juan Charruau

A MIS NIETOS
Carlos y Luisa Rembure

Para vosotros, hijos míos, escribo las presentes páginas, destinadas sólo a vosotros y a los hijos que Dios se digne concederos. Veréis por qué grandes pruebas quiso la Providencia hacer pasar a vuestra familia, y muy particularmente a vuestra pobre abuela, que hoy ocupa el lugar de vuestros padres, a quienes Dios se llevó consigo. Espero que esta lectura os sea provechosa. Ella os enseñará a caminar, durante esta vida, a la luz de la fe, para prepararos a la vida que no ha de tener fin. Tú, Carlos, vas a cumplir pronto quince años, y tú, Luisa, estás en los catorce; ahora comienza la edad crítica, y pronto os voy a faltar. Pero Dios nunca os faltará.

Os dejo este cuadernito como un recuerdo de familia. Al leer la historia de los vuestros, que tanto sufrieron aquí abajo, comprenderéis mejor que sólo existe una desgracia irreparable: traicionar al deber y perder el alma. Comprenderéis que los mayores males de esta vida no duran siempre, y que el cristiano debe mantener, durante su peregrinación en este mundo, levantados los ojos al cielo, donde está el único galardón que merece atraer nuestras miradas y nuestros deseos. Acordaos siempre de la divisa de vuestros padres, divisa que la marquesa de Serant, mi querida madrina y mi madre adoptiva, solía repetirme frecuentemente para grabarla bien en mi mente y en mi corazón: «Cumple con tu deber, suceda lo que suceda».

Dios, hijos míos, os conceda la gracia de comprender que todo aquel que la pone en práctica ha hallado la verdadera paz y el camino del paraíso.

Os abrazo y os bendigo. Vuestra abuelita,
Marie de Sainte-Hèrmine de Rembure
La Chesnaie, 15 de octubre de 1845

PRIMERA PARTE
Antes de la tempestad

I
Genoveva y María

Nací el 15 de agosto de 1777 en la Chesnaie, en la parroquia de Liré[1], donde aún hoy día habitamos. Mi hermana Genoveva, que me llevaba seis años, vino al mundo el 1 de septiembre de 1771, a los dos años del casamiento de mis padres. El castillo en que vivíamos fue incendiado y destruido enteramente en 1793. La casa, que actualmente ocupamos nosotros tres solos, la mandó construir sobre las ruinas del castillo mi marido, vuestro abuelo Rembure.

Mi padre y mi madre sólo poseían una mediana fortuna, que apenas alcanzaba para proporcionarles un pasajero bienestar. Según parece habían poseído en otros tiempos bienes bastante considerables, pero esta riqueza había disminuido considerablemente en los primeros años de su casamiento, no sé por qué causa. Mi hermana Genoveva me dijo después que a mi padre le había costado mucho aceptar esta prueba, y que el pensamiento del modestísimo porvenir reservado

1 Liré una villa situada a la margen izquierda del Loira, casi enfrente de Aucenis, en los confines de Bretaña y del Anjou.

a sus hijos le causaba honda pena. Todavía no había aprendido a fiarse de la Providencia, que sabe mejor que nosotros lo que nos conviene.

El señor de Sainte-Hèrmine, vuestro bisabuelo, era un antiguo oficial de marina que había estrenado sus primeras armas durante la guerra de los Siete Años, haciendo su primera campaña en las Indias, a las órdenes de Suffren. Enfermedades contraidas en aquel clima abrasador le obligaron a dejar la milicia. No contaba entonces más de cuarenta años, pero por lo que yo puedo recordar parecía un viejo, lo habían consumido antes de tiempo las fatigas de la guerra y, más que nada, la pena que le causó la muerte de su mujer.

Yo fui la que corté la vida a mi pobre madre, a quien no pude conocer, y que murió al darme a luz. Contaba apenas con veintiocho años. Se dieron prisa en administrarme el bautismo, porque se llegó a creer que yo también iba a morir. Pocos momentos antes de expirar, indicó mi madre que se me pusiese por nombre María, pues vine al mundo en una de las festividades de la Santísima Virgen.

Sobreviví contra toda esperanza y la Providencia me destinaba a muchos sufrimientos.

Mi padre adoraba a su mujer, y su pérdida le causó una herida de la que jamás pudo curarse. A fin de engañar su dolor, partió a las Indias al año siguiente (1778), en los comienzos de la guerra de América. Iba al mando de la corbeta Isis, y se distinguió por muchos notables sucesos. Volvió en 1784 a nuestro lado con el retiro y el grado de capitán de navío, pero se mostraba tan triste y tan afligido como el día de su partida. Así nos lo aseguraba Julia, nuestra antigua aya, que durante la ausencia de papá había cuidado de nosotras en el castillo.

El pobre papá amaba tiernamente a mi hermana Genoveva, pero le era imposible acostumbrarse a verme, pues yo había sido la causa de la muerte de mamá, a quien decían que me parecía muchísimo. Como no podía soportar mi presencia me envió a casa de mi nodriza, la buena de la tía Pajot, que vivía en el pueblo de Bouzillé. Allí permanecí dos años muy triste y olvidada hasta que, al fin, papá mandó que yo volviese. Continuaba abrumado por el pesar, pero empezó a comprender que su dolor era exagerado y que estaba siendo injusto conmigo.

No reinaba en nuestro hogar la alegría, ni mucho menos, porque a pesar de su buena voluntad, nuestro padre no lograba dominar sus impresiones, y a cada paso le daban accesos de melancolía, que duraban días enteros. Durante este tiempo nadie se le podía acercar y no salía de su habitación ni a las horas de las comidas.

Ya se puede advertir que se había descuidado bastante mi educación. Cuando volví de casa de mi ama, con nueve años, no sabía ni siquiera leer, pues nadie se había ocupado de mí.

Papá había puesto a Genoveva una institutriz que se había establecido en Chesnaie al año siguiente de la muerte de mamá. La señorita Lerroy era una mujer de mucho talento y excelente cristiana. Como Genoveva poseía gran facilidad para el estudio y ardiente deseo de saber, adelantó lo indecible bajo su dirección. Cuando en 1787 murió mi padre, estaba ya mi hermana muy instruida para una joven de dieciséis años.

En lo que a mí respecta, desde que volví de casa de mi nodriza sólo trabajaba a ratos, porque la señorita Lerroy nos había dejado a poco de mi llegada, y Genoveva, que se había encargado de instruirme, no tenía bastante autoridad sobre mí para obligarme a estudiar. Llegó a enseñarme algo de catecismo, pero yo no adelantaba, y un año después de mi vuelta no me creyeron lo suficientemente instruida para hacer mi primera comunión, lo cual me causó mucha vergüenza, y eso que no era mía toda la culpa.

Nuestro padre tenía excelente corazón y admirables virtudes naturales; mas ¡ay! le faltaba lo más importante. Aunque es verdad que creía en Dios, hacía muchos años que había dejado la práctica de los sacramentos. Supe después que lo que le había pervertido había sido la lectura de las obras de Voltaire y de Rousseau. Esta indiferencia de mi padre para las cosas de la religión había arrancado muchas lágrimas a mi madre, y esta pena contribuyó, según me dijeron, a quebrantar antes de tiempo su salud.

Pocos son los recuerdos que de mis primeros años conservo, me queda tan solo la impresión de una amarga tristeza y de un profundo hastío.

En el mes de septiembre de 1787 padeció mi padre una peritonitis aguda, que felizmente le dejó conocimiento para poder reconciliarse con Dios. Con santa y entera libertad, mandó llamar al señor cura; hizo en nuestra presencia el sacrificio de su vida a Dios, pidió a todos perdón por el escándalo que había dado violando los preceptos de la Iglesia, y recibió los sacramentos con gran fe y arrepentimiento.

Terminada esta ceremonia, hizo entrar en su habitación al marqués de Serant, su antiguo amigo y compañero de armas, con quien había hecho en las

Indias su última campaña. Al sentirse gravemente enfermo, había enviado un criado para suplicarle que viniese inmediatamente. Este hidalgo caballero, antiguo marino como mi padre, habitaba en el castillo de Bois-Joli, situado en la margen izquierda del Loira, como a unas tres leguas de Chesnaie. Mi papá solía ir con mi hermana mayor a visitar a los marqueses de Serant. La marquesa había conocido y amado mucho a mi madre, era mi madrina y nos quería tiernamente a mi hermana y a mí, pero yo nunca la veía porque graves dolencias le impedían venir a Chesnaie, y porque yo tampoco iba a Bois-Joli.

Tenían los marqueses de Serant un hijo, llamado Arturo, que contaba entonces diecinueve años, decidido a seguir la carrera de las armas, y que acababa de terminar su educación en la Escuela militar de Sorèze, de donde han salido tan cumplidos oficiales.

Cuando hubo entrado el marqués en el cuarto de papá, éste le dio con efusión las gracias por haber acudido a su llamamiento, y cogiéndole después la mano, le hizo hincarse de rodillas al lado de su lecho. Nos encontrábamos allí Genoveva y yo deshechas en llanto.

—¿Ves —dijo mi padre— a estas niñas? Pues van a quedarse huérfanas, sin protector en este mundo. Mi pensamiento se ha fijado en ti y en tu mujer. ¿Puedo esperar que, al morir yo, las recogeréis en vuestra casa, y que seréis para ellas sus segundos padres?

—No era otra mi intención al venir aquí, mi querido Sainte-Hèrmine —respondió sencillamente el marqués—, y yo mismo te lo hubiera propuesto de no haberte tú adelantado a mis deseos. Te agradezco que no hayas dudado de nosotros. Cuando dejé esta mañana Bois-Joli, me dijo Juana[2]: «Por supuesto, que si sucede cualquier desgracia, te traerás contigo a Genoveva y a María. Tenemos, más que nadie, el derecho de hacernos cargo de ellas». Ya ves que, tanto mi mujer como yo, estamos de perfecto acuerdo. Si no ha venido ella misma en persona, ha sido por no permitírselo el mal estado de salud en que se encuentra, como tú mismo sabes.

Mi padre estrechó fuertemente la mano del marqués.

—Gracias, viejo camarada —le dijo—. Hice bien en contar contigo.

Entonces, haciéndonos señal a las dos de que nos aproximásemos a su cama, puso la mano sobre nuestras cabezas, y nos dio su bendición.

—Perdóname, pobrecita mía —me dijo—, la dureza que he usado contigo. Yo te aseguro, hija mía, que a pesar de todo te amaba, y mucho, pero no podía dominar mi sensibilidad.

Después encargó a Genoveva que velara por mí, nos recomendó que tuviésemos mucho respeto y amor a los marqueses de Serant, que tenían la bondad de recibirnos en Bois-Joli y de mirarnos como a hijas suyas; nos ordenó que los obedeciésemos siempre, y nos suplicó que pidiésemos por el eterno descanso de su alma.

Después, viendo que se debilitaba por momentos, quiso que se le hiciese la recomendación del alma. Lo hizo Genoveva con su voz entrecortada por los sollozos. Hacia el fin de las invocaciones expiró tranquilamente, después de haber besado el crucifijo que le presentaba el sacerdote.

2 La marquesa de Serant.

Imposible expresar el dolor que sentimos cuando nos dimos cuenta de que nuestro queridísimo padre nos había dejado para siempre. El marqués, a pesar de toda la delicadeza de su corazón, no lograba consolarnos. En fin, ya de noche, estábamos tan cansadas que nos dormimos con profundo sueño. Reparó este descanso nuestras fuerzas, y al siguiente día nuestra aflicción, todavía profunda, era más tranquila y más resignada. Genoveva, de una manera sencilla, pero digna, dio al marqués las gracias, tanto por ella como por mí, prometiéndole, que procuraríamos muy de veras agradecer sus bondades con nuestra obediencia y con nuestro afecto. Nos abrazó con ternura y nos aseguró de nuevo que cuidaría de nuestro porvenir, y que, tanto su esposa como él, harían todo lo posible a fin de servirnos de padres, en sustitución de los que habíamos perdido. A los dos días se condujo al cementerio de Liré el cadáver de nuestro pobre padre, triste ceremonia que culminó nuestro dolor. El marqués contaba con que saldríamos aquella misma tarde en su compañía para Bois-Joli; pero al vermos tan fatigadas decidió partir al día siguiente, a fin de darnos un corto descanso.

El martes por la mañana salimos muy temprano. En aquella época, todo el mundo, sin exceptuar las señoras, viajaba a caballo, por haber pocos caminos y no podían servir sino muy raras veces para los carruajes.

Tres carreteras había entonces para el servicio del Bocage y del alto y bajo Poitou. La primera iba desde Saumur hasta Sables-d'Olonne; la segunda, desde Nantes hasta la Rochela, y la tercera, desde Sorinière hasta Mothe-Achard, por Légé y Palluau.

Aparte de estas tres arterias principales y otras dos o tres de menos importancia[3], las localidades de estas dos provincias no se comunicaban más que por medio de caminos raros y muy mal cuidados, sembrados de profundos baches y cortados a veces por verdaderos barrancos, que hacían impracticable el paso a los carruajes, y muy difícil aún a los jinetes. Con frecuencia era preciso caminar a pie por desfiladeros estrechos y oscuros para llegar a encontrar de nuevo el camino después de haber dado un rodeo.

Genoveva sabía ya montar bien; pero en cuanto a mí, que solamente había cabalgado montada en un minúsculo y pacífico jumentillo, temblaba a la sola idea de montar en Tristán, el gran caballo negro del marqués. Dicho animal tenía malas trazas, y me parecía que tramaba alguna diablura; me daba mucho miedo siempre que le veía levantar bruscamente la cabeza o le oía lanzar fuertes resoplidos.

Se había hecho venir de Bois-Joli, para Genoveva, un póney muy bien enjaezado, aunque no le importaba a mi hermana una cabalgadura algo difícil. Más adelante tuvo mi pobre hermana que pasar a caballo muchos días y muchas noches, y no ciertamente por gusto.

Cuando el marqués montó en Tristán hizo que se me colocase detrás de él, sujetándome a la silla, cuya prolongación se extendía sobre la grupa del animal. Allí me sentaron con toda comodidad. Por aquel tiempo se usaban sillas de esta clase para viajar dos, colono

---

3 Conviene hacer también mención del camino que había desde Angers a Cholet, de otro desde Chemillé a Nantes, y un tercero desde Nantes a Paimboeuf (nota del coronel Rembure).

y colona, dama y caballero, en una misma cabalgadura. De este modo se evitaba el peligro de caerse durante el camino a las mujeres y a los niños que no sabían montar.

Apenas nos encontramos en plena campiña, el aire libre nos reanimó. Genoveva, sin embargo, no dejaba de llorar; pero yo, ligera y poco reflexiva, olvidé un tanto mi pena con las distracciones del viaje, si bien es verdad que yo era todavía muy joven.

A la media hora de nuestra salida, viéndome tan seguramente montada, se me quitó por completo el miedo, y disfrutaba yendo a caballo.

En un principio solía el marqués volver la cabeza para preguntarme si estaba bien instalada y si no tenía miedo; pero mi cara sonriente y picaresca disipó pronto sus inquietudes y le tranquilizó por completo. Me encontraba tan a mis anchas sobre el lomo de mi cabalgadura como si estuviera sentada en un cómodo sillón. Con objeto de variar mis entretenimientos, me puse a ensartar perlas, ocupación que siempre me había gustado mucho. Por mala suerte mía, se me había olvidado llevar hilo, y no sabía cómo arreglármelas, cuando de pronto me asaltó una idea luminosa. ¡Oh, si yo pudiese hacerme con una crin de la cola del caballo negro!... ¡Qué bien me vendría! Para él sería igual; ¡tiene tantas!

En los niños no hay, de ordinario, gran distancia del proyecto a la ejecución. Al punto, sin más reflexión, cogí una soberbia crin de en medio del hermoso penacho negro que se agitaba al alcance de mi brazo, y dándole enseguida algunas vueltas en mi mano, tiré hacia arriba con todas mis fuerzas. La crin se me quedó entre los dedos; pero no tuve tiempo de aplaudirme por mi buen éxito, pues estuvo a punto de costarme muy caro mi atrevimiento.

Tristán hizo una violenta parada que me arrancó un grito de espanto y puso al señor de Serant a punto de caerse del caballo, a pesar de ser tan buen jinete. En cuanto a mí, hubiera dado con mi cuerpo en tierra a no ser por las fuertes ataduras que me sujetaban a la silla. El marqués recogió de pronto las riendas y castigó vigorosamente al pobre animal, que se encabritaba furioso y piafaba lleno de cólera. Cuando logró sujetarlo, se volvió hacia mí para tranquilizarme. El espanto y la confusión me habían hecho palidecer. Mi compañero no achacó mi turbación sino al miedo, muy natural, por otra parte, que yo había experimentado, y nunca llegó a saber por qué se había espantado de aquel modo su caballo. Por más que, echando pie a tierra, examinó las herraduras y estuvo inspeccionando minuciosamente al animal, no pudo dar con el cuerpo del delito. Sacudía Tristán la cabeza y escarbaba el suelo mientras que el señor Serant le miraba las patas. «No es ahí, mi amo», parecía decirle con rabia.

—Le habrá picado alguna mosca —dijo, al fin, el marqués al volverse a montar.

A mil leguas estaba de sospechar que tenía detrás de sí a la indigna mosquita, que, una vez pasado el peligro, se estaba riendo a hurtadillas a propósito de la aventura.

Tristán y yo fuimos los únicos sabedores de la verdad de aquel incidente, y a pesar de que el pobre animal pagó por culpa mía, tengo para mí que jamás dijo palabra. Así acontece en el mundo, que a veces pagan justos por pecadores.

El camino entre Liré y Bois-Joli estaba detestable; de suerte, que Genoveva y el marqués se vieron obligados muchas veces a echar pie a tierra y a conducir de las riendas a sus caballos, con lo cual el viaje duró la mañana entera. Era casi mediodía cuando divisamos las torrecillas del castillo, que asomaban entre el verde follaje, en lo alto del sendero que sigue la margen izquierda del Loira.

II
La familia de Serant

Tan pronto como entramos en el patio de Bois-Joli, lo primero que hizo el marqués fue quitarme las ataduras que me retenían cautiva. A pesar del contento que aquel viaje me había proporcionado, no me disgustaba el tenerme que bajar de la cabalgadura, pues llevaba tres horas sobre el caballo, y esto era más que suficiente para dejar molida a una niñita de diez años que montaba por primera vez. Entre tanto, el hijo del marqués, el joven conde Arturo, ayudaba a Genoveva a bajarse del póney, ofreciéndole enseguida el brazo para conducirla cerca de la marquesa, que nos estaba esperando. El joven llevaba con sencilla elegancia, y ciertos asomos de noble orgullo, su uniforme de oficial de húsares. El uniforme estaba todavía nuevo y flamante, a causa de que el conde Arturo acababa de ser nombrado segundo lugarteniente del regimiento de Royal Roussillon-Cavalerie, que se hallaba entonces de guarnición en Metz, y debía incorporarse dentro de poco a su Cuerpo.

Al entrar nosotras en el salón, la marquesa de Serant se esforzó para incorporarse en su sillón, nos abrió los brazos, y por largo rato nos estrechó contra su corazón, derramando abundantes lágrimas. Nosotras, por nuestra parte empezamos a llorar también, y fue preciso posponer media hora más la comida para darnos tiempo de sosegarnos.

Mi madrina, que andaba con dificultad apoyada en un bastón y en ajeno brazo, quiso, con todo, conducirnos hasta nuestras habitaciones, y presidió por sí misma nuestra instalación. Había reservado para nosotras dos lindos cuartos en el primer piso, preparados en las dos torrecillas, en la fachada que daba al norte, con vistas al Loira, y desde donde se descubría un magnífico panorama. Nos asomamos un momento al balcón y pudimos apreciar lo encantador del nido que una amorosa providencia nos había preparado. Desde nuestras ventanas se espaciaba la vista (¡ay!, me refiero a tiempo pasado, porque aquel lindo castillo tuvo la misma suerte que todos los de las cercanías; ya no quedan de él más que informes ruinas); desde nuestras ventanas, repito, la vista se espaciaba sobre el Loira, muy ancho en aquel sitio, y venía a perderse a la otra orilla, más allá de la llanura de Varades, bañada por los rayos solares.

La fachada opuesta daba al mediodía, a la campiña angevina, que, desde la primavera hasta el otoño, ofrecía, según indica su nombre, el aspecto de verde bosquecillo, donde límpidos arroyuelos mantenían una deliciosa frescura. Opulentas mieses de trigo, de centeno, de cebada y de maíz, esparcidas acá y allá en el verano, hacían resaltar sobre el verde oscuro de los bosques una nota de color amarillo y rojo. ¡Qué hermoso era, mis queridos nietos, nuestro país antes de aquellos sangrientos días, en que el furor de un despiadado enemigo asoló a sangre y fuego nuestras apacibles campiñas! Es cierto que todavía conserva sus encantos nuestro Anjou; pero si lo hubieseis visto en otros tiempos, vuestros ojos se henchirían de lágrimas al comparar el presente con el pasado. Hoy los campos de retama, las espesuras impracticables, los verdes bosquecillos, los hondos caminos, tan pintorescos, verdaderos desfiladeros cubiertos con una bóveda de verdura, que ofrecían la doble ventaja de hacer reposar agradablemente la vista y de cerrar nuestros campos a los atentados del extranjero, todo el antiguo Anjou va desapareciendo de día en día, a medida que la moderna civilización va surcando el país con innumerables caminos, y hasta (porque aún se desconfía de nosotros) de caminos estratégicos, a fin de poder conducir en pocas horas ejércitos formidables hasta el corazón mismo de nuestras provincias.

Pero me doy cuenta que, como vieja, me deleito en hacer revivir un pasado ya lejano. Volvamos a nuestro asunto.

Hacia la parte del este la vista alcanzaba hasta la villa de Saint-Florent, soberbiamente encaramada sobre una sonriente colina, mientras que por la parte del oeste los ojos podían divisar a lo lejos las doradas olas del Loira, hasta los confines del país de Nantes.

El departamento que nos estaba destinado, agradabilísimo en verano, era algo frío en invierno, por dar al norte; pero en lo riguroso de la estación iba a servirnos de alcoba un gabinetito pegado a la pieza principal y que podía calentarse fácilmente. Todo había sido previsto con maternales atenciones.

Luego que nos sacudimos el polvo del camino, bajamos al comedor e hicimos grandes honores a la comida que nos sirvieron, pues el viaje de por la mañana había despertado de un modo especial nuestro apetito.

Terminada la comida, el joven Arturo salió a cazar en compañía de Santiago Bureau, el hijo mayor del colono de la Sorinière, fiel Acates de sus atrevidas partidas de caza; el marqués se dispuso a visitar sus dominios, en tanto que la marquesa nos invitó a que le hiciésemos compañía en el corto paseo que solía dar después del mediodía. Con mucho gusto aceptamos, y los preparativos no fueron largos. Un criado llevó cerca de la escalinata un gran sillón de ruedas tirado por un borriquillo; se colocó en él mi madrina y nos pusimos en marcha. Justina, la doncella de la marquesa, llevaba de las riendas al borriquillo, mientras que Genoveva y yo íbamos a los lados del sillón, paseando por las alamedas de aquel delicioso parque, que en suave pendiente bajaba hasta el Loira.

Llegados al término, Justina acercó el vehículo a un pequeño pabellón adosado al muro de la cerca, que solía bañar el río en las grandes crecidas. La señora de Serant se tendió en una camilla y nos hizo sentar a su lado. Después despidió a su gente, ordenando a Justina que volviese por ella a eso de las cuatro de la tarde.

¡Qué bien se estaba en aquella chocita que se abría al paisaje por un ancho vano, al cual servían de marco uvayemas y jazmines, cuyo espeso follaje tamizaba la luz y conservaba la frescura en las horas más calurosas del día!

Permanecimos por algún tiempo silenciosas, contemplando el hermoso espectáculo que a nuestra vista se desplegaba; después rompió la marquesa el silencio, y con su voz bondadosa y ese rostro que inspiraba confianza y simpatía, no tardó en tranquilizarnos completamente.

Mudas en un principio, empezamos enseguida a charlar, y ya en adelante no iban a permanecer cautivas nuestras lenguas.

—En verdad, señora—dijo sonriendo Genoveva—, que vamos a causar a usted gran molestia, y temo que pronto se arrepentirá de habernos traído a su casa.

—¿Y por qué razón, querida mía? —preguntó la marquesa.

—Porque mi hermana y yo tenemos muchos defectos, y si usted quiere corregirnos, como vivamente lo deseo, será pesada carga para usted, sobre todo en el estado de salud en que se encuentra en este momento.

—Creo —replicó mi madrina sonriendo— que será fácil tarea, puesto que confesáis que tenéis defectos, lo cual prueba, al menos, que os conocéis a vosotras mismas y que en este particular no os engañáis. Y ya que has comenzado, deberías, querida Genoveva, acabar desde ahora tu confesión, manifestándome los defectos que en ti encuentras, a fin de que me sea a mí más fácil reconocerlos para ayudarte a enmendarlos.

—¡Oh, señora marquesa! —respondió mi hermana, poniéndose algo colorada—, Pronto los verá usted, sin que sea necesario que ponga yo el dedo en la llaga... En fin, allá van: soy excesivamente tímida, y, además, demasiado amiga de mis comodidades, hasta el punto de alejar de mí con todas mis fuerzas el menor sufrimiento físico o moral. Con frecuencia me lo repetía la señorita Lerroy, y ahora veo que no se equivocaba. Carezco de energías, y por temor al trabajo, falto frecuentemente a mis obligaciones.

—Todo eso puede llegar a corregirse, querida mía, por medio de la oración y el espíritu de fe... Ahora dime cuáles son tus buenas cualidades.

Genoveva hizo un gesto significativo como para decir: Ciertamente que no reconozco en mí ninguna. Y como la mirada de la señora de Serant pareciese insistir, como esperando respuesta, mi hermana continuó:

—Pues bien; oí decir a mi institutriz y al señor cura que yo tenía buen corazón, que cumplía bien con mis devociones y que no era orgullosa.

—Algo es eso, hija mía, y esto servirá mucho para enmendar lo otro. Y tú, hijita mía —continuó la marquesa, dirigiéndome la palabra—, ¿has llegado ya a la cumbre de la perfección?

—No, señora —dije, poniéndome colorada.

—Deja lo de señora. ¿Acaso no soy tu madrina? Veamos cuáles son tus defectos.

—Soy golosa, colérica, rabiosa y algunas veces traviesa (en aquel momento pensaba yo con remordimientos en la cola del pobre Tristán).

—Vaya..., hay tarea para las dos. Dime ahora cuáles son las buenas cualidades que reconoces en ti.

Tuve tiempo de hallarlas durante la confesión de Genoveva, y respondí sin vacilar: —No digo mentiras y doy todas mis perrillas a la vieja Catalina. Pero como vive en Liré, no sé a quién dárselas ahora.

—No te apures: ya encontrarás medio de emplear tu fortuna; aquí no faltan pobres. Me gusta mucho que no mientas, lo cual me ayudará a corregirte.

Continuó mi madrina durante largo espacio hablándonos con inefable bondad. Escuchábamos encantadas la música de su dulce voz y nos regocijábamos con la sonrisa maternal, que nunca habíamos conocido; nos impresionábamos tan vivamente con la dicha de ser amadas que nos entregamos sin reserva a aquel corazón que tenía para nosotras. Así que cuando ella nos preguntó: «¿Queréis, mis queridas pequeñuelas, que procure yo reemplazar en lo posible a vuestra santa madre, a quien tanto amaba yo, y a quien Dios llevó consigo?», las dos nos abalanzamos a su cuello y la abrazamos con efusión.

Eran las cuatro, y Justina llegaba con el cochecito. Comimos con buen apetito las frutas y las tortas que nos enviaban de la repostería, y emprendimos de nuevo con nuestra madre adoptiva el camino del castillo.

Cuando estuvimos solas, mi hermana me hizo arrodillar a su lado e hicimos juntas oración para dar gracias a Dios por habernos concedido un asilo, y, sobre todo, el cariño de que tanta necesidad teníamos.

Después me refirió Genoveva todo lo que sabía acerca de la familia de Serant. Más tarde pude apreciar por mí misma, cuando fui algo mayor, las virtudes de aquel cristiano hogar, y di gracias a Dios durante toda mi vida por haber puesto ante mis ojos en los años de mi juventud ejemplos tan edificantes.

El marqués de Serant, como de unos cincuenta años en la época en que vinimos a morar en Bois-Joli, había conservado el vigor y la energía de la juventud. De carácter firme y recto, estimaba más que nada la sencillez y la franqueza. Causábale horror la astucia y la hipocresía. Cristiano por convencimiento, era exacto en el cumplimiento de sus deberes religiosos. En las fiestas solemnes se le veía acercarse devotamente a la eucaristía, como también lo realizaban en aquella época todos los campesinos del Bocage.

El señor de Serant poseía una magnífica fortuna, que administraba por sí mismo, valiéndose al mismo tiempo de un administrador muy fiel y de mucha conciencia. De sus rentas, que eran considerables, separaba la mayor parte para los paisanos. Los pobres y las obras piadosas de aquella región eran los más favorecidos. Esto hacía que el castellano de Bois-Joli fuese universalmente amado y respetado en todo aquel país. Los campesinos que venían a pedirle consejo o socorro eran siempre cordialmente acogidos, y nunca dejaban el castillo sin haber comido con los criados de la casa. Si venían de lejos, siempre se les ofrecía hospitalidad por toda la noche.

La mesa era muy bien servida para amos y criados; pero sin exageradas exquisiteces ni en la calidad ni en la preparación de los platos. El señor de Serant no tenía más que una pasión costosa, y preciso es decir que gastaba mucho para satisfacerla. No quería tener más que caballos de pura raza y excelentes bajo todos conceptos; por eso le salía muy caro el sostenimiento de sus caballerizas; pero este era el único lujo que se permitía, y como sus limosnas eran muy considerables, bien se le podía dispensar aquel inocente capricho.

La marquesa, de unos cuarenta años de edad en la época a que me refiero, era mujer de superior inteligencia y de rara virtud. Me encantó desde el principio su indulgencia y bondad, y más tarde, a medida que iba avanzando en la vida, admiré también aquel carácter flexible y delicado, aquel tacto exquisito, aquel buen sentido luminoso que comunicaban a su interior y a su trato con la gente un atractivo penetrante y, más que nada, aquella sólida piedad que la hacía diligente en todos sus deberes y que enriquecía con mérito sobrenatural todas sus amables cualidades.

Siempre sonriente y afable, a pesar de la cruel enfermedad que la tenía crucificada hacía diez años, se daba muy buena traza para gobernar desde su sillón de paralítica toda su casa, sin perder jamás exteriormente su calma y serenidad.

Había educado a su hijo Arturo con una prudencia admirable, que Dios bendijo visiblemente, como veremos dentro de poco. Para sus criados era, más que ama benévola y justa, una madre previsora y llena de indulgencia para las pequeñas faltas de sus sirvientes, sin que dejase por esto de tener la necesaria firmeza. Fuera de rarísimas circunstancias, en que se veía obligada a ser severa, el amor que le profesaban sus criados la dispensaba casi siempre de ser austera con ellos.

Los del país tenían la seguridad de hallar en ella socorro y consuelo en sus penas, y por eso acudían en gran número al castillo, seguros de que habían de ser bien recibidos por la buena marquesa, como solían llamarla. Se interesaba por sus familias, por sus alegrías, por sus aflicciones; los asistía en sus enfermedades y ponía a su servicio todos los recursos de una bien entendida caridad.

Su piedad para con los humildes no le hacía olvidarse de su rango y posición.

Mujer de mundo, en el buen sentido de la palabra, sabía recibir a sus huéspedes con exquisita urbanidad, y no cedía en esto la palma a ninguna señora de su tiempo.

Su piedad y su espíritu de fe le infundían ánimo para cumplir perfectamente con todos sus deberes, convirtiéndose, no obstante, esa misma piedad en ocasión de una prueba terrible. Gran consuelo hubiera sido para ella el asistir todas las mañanas a la santa misa, pero la parroquia de Saint-Cyr[4] distaba una legua, no había camino de

4 La parroquia de Saint-Cyr no existe en nuestros días. Se fraccionó y reunió a otras parroquias vecinas (nota del coronel Rembure.)

coches, y la enfermedad de mi pobre madrina le impedía casi por completo montar a caballo. Por esta razón el señor de Serant, que profesaba a su mujer tierno y respetuoso afecto, discurría para encontrar medio de satisfacer aquel piadoso deseo. Al fin, se le ocurrió una idea, que llevó muy pronto a efecto, si bien se estuvo lamentando por largo tiempo de que no se le hubiese ocurrido antes. Sin decir palabra a la marquesa, mandó hacer un camino muy cómodo desde el castillo hasta la iglesia. Trabajóse en él con gran misterio, porque se trataba de dar una sorpresa a la buena de la marquesa. Se arreglaron de manera que la obra estuvo terminada poco antes del 21 de agosto, festividad de santa Juana Francisca de Chantal, su patrona.

Mientras tanto, el señor de Serant había adquirido una espaciosa berlina, en la que podía uno tenderse como sobre una cama, y de dos hermosos caballos mecklemburgueses, muy mansos y bien enjaezados, destinados al servicio de su esposa.

La víspera del día de su mujer le dijo el marqués, ofreciéndole un soberbio ramo de flores:

—¿Quieres, mi cara mitad, venir conmigo mañana a misa en coche?

Sonrióse tristemente la marquesa y le dijo:

—¿Tienes, por ventura, alados caballos que poner a mi disposición?

—No, pero, en cambio, puedo ofrecerte magníficos caballos que tirarán de tu berlina por un camino bueno y sólido. —Y lleno de satisfacción, la puso al corriente de todo lo que se había llevado a efecto.

La señora de Serant no sabía, en el colmo de su alegría, de qué manera agradecer a su marido, que a su vez era dichoso con la felicidad de su mujer. Al siguiente día oyó su misa, y desde entonces solía ir a Saint-Cyr todas las mañanas. Con esto pudo reanudar la piadosa costumbre de comulgar cada día, cosa entonces muy rara entre la gente del mundo.

Me falta hablaros del joven conde Arturo, único heredero del título y de la fortuna de la familia de Serant. Enérgico y recto como su padre, y como su madre piadoso y bueno, este joven se ganaba desde luego la estima y la simpatía de cuantos lo trataban, por la nobleza y distinción de sus facciones, por su actitud sencilla y digna y por la ingenuidad de su carácter, que se leía en sus hermosos ojos negros, en los que chispeaban la vida y la inteligencia. Además de estos preciosos dones, le había enriquecido Dios con todas aquellas cualidades físicas que forman el perfecto caballero. Aventajada estatura, fuerza y vigor extraordinarios, agilidad nada común para todos los ejercicios corporales —sobre todo para la caza—, completaban en Arturo lo que de ordinario constituye el objeto del humano deseo. Pero, gracias a Dios, poseía algo todavía mejor que gran fortuna y otros dones naturales, pues tenía pasión por la abnegación y el sacrificio, y si había abrazado la carrera de las armas, era porque esperaba encontrar en ella más fácilmente ocasión de entregarse en cuerpo y alma al servicio de Dios y del rey. Mientras que la mayoría de los jóvenes de su edad malgastaban en placeres los más fecundos años de su vida, Arturo, educado por los cuidados maternales con miras de más noble ideal, estaba enteramente decidido a dar más noble empleo a los dones que de la Providencia había recibido. Alma generosa, se indignaba con la sola idea de no tener más mérito que el que dan los títulos y las riquezas, y estaba resuelto a no contentarse con esas frágiles ventajas, que nada añaden, según él se expresaba, al mérito personal. Quería que su vida fuese útil a su patria y a la Iglesia, y varias veces le oímos desear la muerte en el campo de batalla, sirviendo una noble causa, como digno objeto de las ansias de un corazón de veinte años.

Un grave defecto venía, desgraciadamente, a oscurecer aquellas buenas cualidades. Arturo era colérico, y cuando se encontraba bajo el imperio de una viva emoción, el primer movimiento le arrastraba a veces a cometer actos que no hubiera llevado a cabo a sangre fría. Él mismo tenía miedo de estos repentinos arrebatos, y se esforzaba por lograr, en las ocasiones críticas, absoluto dominio sobre sí mismo. A pesar de su buena voluntad, solía caer frecuentemente en faltas que le humillaban sobremanera cuando conseguía tranquilizarse. Era, además, de natural muy sensible en puntos de honor, y hacía mucho caso del respeto humano. Su madre le repetía a menudo que este defecto era el enemigo más peligroso de su salvación, y la parte flaca que urgía fortificar mediante el frecuente recurso a la oración y a los pensamientos que inspira la fe.

Aunque Arturo era del mismo parecer tenía, sin embargo, que trabajar todavía mucho para llegar a corregirse

III
La Sorinière

Habíamos quedado en el día de nuestra llegada a Bois-Joli. Me he apartado un poco de mi asunto porque quería daros a conocer cuanto antes a los miembros de vuestra familia por parte de padre. Vuelvo, pues, a mi relato.

Después de nuestro paseo, el conde Arturo, que volvía de la caza, nos invitó cortésmente a visitar el castillo y la granja vecina antes de la comida. Aceptamos de buena voluntad, y nuestro amable guía nos condujo por toda nuestra nueva morada. Puso empeño en que lo viésemos todo muy despacio, desde las bodegas hasta los graneros, sin dejar de hacernos reparar en la magnífica vista que se descubría desde todas las ventanas del castillo. Como ya os he hablado de esto, no insisto más.

Después de haber visto la casa, nos dirigimos a las dependencias. Entramos primeramente en las caballerizas, donde Arturo nos enseñó con satisfacción los soberbios caballos de su padre y los suyos. Si no me engaño, por lo menos eran nueve. Los dos que se encontraban más próximos a la puerta eran los dos grandes caballos de tiro mecklemburgueses, llamados Furia y Sultán, que no tenían otra cosa que hacer sino conducir todas las mañanas a la marquesa a la parroquia de Saint-Cyr. Después vimos los caballos del marqués. Como jinete intrépido, siempre a través de montes y valles, tenía para él solo tres caballos: César, Radamisto y Tristán, que ya conocía yo de antiguo. Arturo tenía dos: Ofelia y Hamlet rápidos y ligeros como corzos. Los dos valientes animales relincharon alegremente al ver entrar a su amo, se movieron de acá para allá, volviendo hacia él la vivaracha cabeza y estirándola hacia adelante, como para decirle: «Ven a acariciarnos como sueles hacerlo». Entendió Arturo su mudo lenguaje, y aproximándose a sus fieles compañeros pasó suavemente la mano por sus flexibles cuellos. Iba a olvidarme de Alí, valiente caballo árabe, de alzada más bien mediana, como los de su especie, pero fogoso y ligero como el viento. Era bonito verle cuando corría a galope corto agitando su larga crin y su larga y esponjosa cola, que casi tocaba al suelo. Era regalo de un amigo del marqués, que se lo había dado a la vuelta de un viaje a África. Eran entonces en Francia muy raros esos caballos, porque no nos pertenecía Argelia, y era peligroso desembarcar en las costas berberiscas. La misma tarde de nuestra llegada regaló el marqués a Genoveva el magnífico Alí, dándome a mí en regalo al pequeño Djinn, el póney que mi hermana había montado para venir desde la Chesnaie. De esta gentil cabalgadura debía servirme yo después para aprender a montar.

Terminada la visita de las caballerizas, dimos un vistazo a la perrera, cuyos moradores nos presentó Arturo con gran satisfacción. Nos enseñó a Rabegeau, Tapageau, Fantasma, Medusa, Cice, Belona... Todos ellos sabuesos de la especie más grande, los cuales, según parece, son excelentes para la caza mayor. En un departamento separado se desperezaban perezosamente Black y Duk, perdigueros ingleses de tierno y melancólico aspecto.

Llegamos a la cocina a la hora en que solían juntarse allí los criados del castillo. Daba gusto ver cómo a nuestra llegada se iluminaron todos los rostros con una sonrisa de contento, y escuchar los saludos de bienvenida que nos dieron aquellos buenos sirvientes. Se veía que amaban a sus amos, que se consideraban como de la familia y que se asociaban, en su humilde estado, a la adopción de las dos huérfanas. Arturo nos presentó luego al viejo José, antiguo marino que había hecho la campaña en las Indias con el marqués de Serant, a quien había seguido en su retiro, sirviéndole desde entonces como ayuda de cámara. Era el buen José una viva imagen de la disciplina. Siempre puntual en su cargo, tomándose gran interés por sus amos, se hubiera arrojado al fuego por el marqués, su antiguo capitán. Pacífico y taciturno, apenas hablaba dos palabras en todo el día, pero trabajaba desde la mañana hasta la noche. En cambio, su querida esposa, aunque trabajaba menos, hablaba por dos y hasta por tres. Victoria, que así se llamaba, tenía diez años más que su marido. Era mujer buena en el fondo y, a pesar de su exterior dominante, tenía un corazón de oro y se desvivía por servir a todos.

No lo ignoraban los pobres, que conocían muy bien el camino que conducía a las cocinas del castillo, porque estaban seguros de que la señora Victoria les había de servir una buena escudilla de sopa y un vaso de vino. Tenía conciencia de su autoridad en la cocina y en sus dependencias, y cuidado con que ninguno se metiese en lo que a ella incumbía. El bravo José, que hubiese hecho frente sin temblar a toda una compañía de desembarco, hilaba muy delgado en presencia de su mujer, que le hacía andar más derecho que un huso. Las relaciones entre la terrible Victoria y Justina, doncella de la marquesa, estaban un tanto tirantes. La pobre muchacha sufría bastante con el carácter avinagrado de la cocinera. Todavía muy joven (apenas contaba dieciocho años), iba a refugiarse al amparo de su ama cuando se sentía muy tentada a la cólera, y le daba cuenta de sus cuitas. Mi madrina, que la había recogido cuando perdió a sus padres, siendo muy niña, procuraba siempre consolarla con maternal bondad.

Profesaba Justina entrañable afecto a su señora, hasta el punto de que hubiera sacrificado por ella su propia vida y arrostrado cualquier peligro a la más ligera insinuación.

Si me detengo hablando de las virtudes de aquellos buenos sirvientes, se debe a que tomaron parte muy íntima en nuestra vida de familia durante los años terribles de que debo hablar muy pronto, y Justinita en particular se elevó (en una circunstancia que sabréis después) a un grado de heroísmo y de sacrificio que nos obligó a quererla como a una hermana.

A fin de terminar la revista del personal, nombremos de pasada a Alano y Urbano, dos mozos de cuadra que tenían mucho que hacer, porque el señor de Serant era más exigente en el cuidado de los caballos que en el servicio de su propia persona. Alano, bretón, nacido en Vannes, tenía el aspecto de un buen muchacho. La fisonomía de Urbano, por el contrario, estaba muy lejos de ser simpática. Su aspecto cauteloso y taimado contrastaba de un modo notable con los rostros francos y abiertos de los demás criados. Creo que había hecho algunos estudios y llevado sotana algunos meses. Más de una vez habréis podido notar, mis queridos nietos, que todos los que abusan de las gracias de Dios (y en particular del beneficio de la educación cristiana) suelen ser los peores. Supe más tarde que Urbano causaba muy mala impresión al conde Arturo y a su madre, quienes hubieran querido deshacerse de él. Muchas veces trataron de que el marqués lo despidiese de la casa; pero el astuto mozo había sabido ganarse hacía mucho tiempo la voluntad de su amo, que tenía en gran aprecio su habilidad para cuidar caballos.

Hipócrita y truhán como ninguno, Urbano se las arreglaba para agradar al señor de Serant. Por eso, cuando alguno iba a quejarse de su protegido, solía decir: «Es buen criado, exacto y puntual en todo, inteligente y listo. Y como nada aducís en concreto contra él, le tendré conmigo mientras esté satisfecho». Así fue como Urbano, a pesar de ser detestado por todos los moradores del castillo, pudo continuar en la casa. Ya veréis, mis queridos hijos, la terrible desgracia que sobre nuestras cabezas atrajo más tarde esta ciega confianza del marqués.

Después de haber visitado la cocina, nos encaminamos hacia la Sorinière, que era la granja más próxima al castillo. Me olvidé deciros que Arturo era muy querido por los criados y por los campesinos, a causa de su franqueza y de su bondad. Sin perder nada de su dignidad sabía hablarles familiarmente y darles muestras de afecto y estima, que, desde luego, le ganaban el corazón de aquellas buenas gentes. ¡Si hubieseis visto vosotros lo felices y orgullosos que se manifestaban cuando iba a visitarlos Arturo! Era un día de fiesta en la casa, y todo el mundo acudía a verlo y escucharlo.

Aquella misma tarde le acompañamos para visitar a los Bureau, colonos de la Sorinière. Su habitación, distante como unos doscientos pasos del patio de entrada de Bois-Joli, era una casa bastante grande, pero muy baja de techo, compuesta de tres habitaciones en el piso bajo y un granero en la parte alta, que ocupaba todo lo largo del edificio. La pieza principal, cuya puerta daba al patio de la granja, servía a la vez de comedor, de cocina y de dormitorio. Dos criados tenían su cama en un cuartucho que comunicaba por la izquierda con la primera habitación, sirviendo al mismo tiempo de sobrado y de depósito para los instrumentos de labranza. A la derecha, una puerta daba entrada por un escalón al establo, donde estaban encerrados bueyes, vacas, caballos y cerdos, juntamente con los arados, rastrillos y carretas. Las cosechas del año quedaban en el granero hasta el tiempo de venderlas. Tales eran, poco más o menos por aquella época, el aspecto exterior y la distribución de las granjas en aquella parte del Bocage.

Eran como las seis y media cuando llegamos delante de la habitación de los Bureau. Seguros estábamos de encontrarlos reunidos en aquella estancia, por ser la hora de la cena (en el castillo no se cenaba, de ordinario, antes de las ocho). El tío Bureau, jefe de la familia, volvía precisamente de su labor, conduciendo delante de sí cuatro grandes bueyes, que se daban prisa por llegar al establo, moviendo sus pesadas y fatigadas pezuñas. Se oía a lo lejos la sonora voz del campesino, que cantaba una endecha muy de moda en el país. Todavía resuenan en mis oídos una o dos estrofas. Constaba por lo menos de doce coplas, pero no me acuerdo de ellas.

Al entrar en el patio con sus bueyes, el tío Bureau nos vio, y colocando su llamadera entre los cuernos de Mariscal y de Carbonero, se dirigió a nosotros y nos saludó con un tono sencillo en el que se revelaba profundo respeto y sincero afecto. Su abundante y rizada cabellera estaba ya blanca como la nieve, aunque apenas tenía cincuenta años; pero el duro trabajo del campo había encanecido su maciza cabeza y encorvado ligeramente sus robustas espaldas. Al mirarlo, producía la impresión de la fuerza sumisa y subyugada.

Poseía el tío Bureau el sentimiento de autoridad de que Dios le había investido para con los suyos, y esta autoridad la ejercía sin rudeza sobre su mujer y sus hijos. Como cristiano practicante, se acercaba a los sacramentos en las fiestas principales y le gustaba dejar oír su voz sonora desde el facistol los domingos. Era, según se decía, la mejor garganta del país. Consagrado en cuerpo y alma al rey y a sus buenos amos, había inculcado a todos los suyos los sentimientos heredados de sus padres. Arturo nos dijo que los Bureau eran colonos de la Sorinière desde tiempo inmemorial.

Su mujer, la buena de Francisca, era de lo más bonachón que se puede imaginar, pero perezosa y tímida hasta el exceso. No hacía más que suspirar y gemir desde por la mañana hasta por la noche sobre todo lo que se hacía y sobre lo que no se hacía. Había sido nodriza de Arturo.

Santiago, el hijo mayor, era hermano de leche del joven conde de Serant, por el que tenía cariño y respeto ilimitados. Fuerte y vigoroso como su amo, tomaba parte en todas sus excursiones de caza y de pesca, no hallándose nunca contento sino en su compañía. De ordinario apenas se le veía en la granja, porque desempeñaba el cargo de guarda de caza del marqués, lo que le llevaba la mayor parte del día y, a menudo, de la noche. Por eso su padre se vio obligado a tomar dos criados que le ayudasen en las faenas del cortijo, cuyas tierras ocupaban bastante extensión. El colono de la Sorinière tenía otros dos hijos que arrimaban el hombro al trabajo. Pedro, que no había cumplido más de doce años, era tímido y vergonzoso como una chicuela, y se escondía en los rincones cuando había gente en casa, permaneciendo con la cabeza baja y sin chistar. Pero si casualmente levantaba los ojos, podía leerse en su semblante la inteligencia, la resolución y la energía. Por eso solía decir su padre, refiriéndose a él: «Este Periquillo va a ser con el tiempo un valiente mozo, si mucho no me engaño». No se engañaba. Ya veremos cómo se portó Pedro durante los días infortunados. Finalmente, Fina (Josefina), que estaba metida en los dieciocho, era ya una casera activa y resuelta, que se daba muy buena maña en aderezar el potaje, en amasar y en cuidar de los animales.

Cuando entramos en la casa, seguidos del tío Bureau, toda aquella gente nos rodeó para dar las buenas tardes al conde Arturo y a las señoritas de la Chesnaie.

—¡Ah! —exclamó la buena de Francisca, con voz de cabra extraviada—. Aquí están nada menos que nuestras señoritas, a quienes estos días estaba esperando la señora marquesa. ¡Vaya! Imagino que no les irá mal con nosotros.

Fue la segunda edición de la cordial acogida con que fuimos recibidos en la cocina. Todo el mundo se acercó a nosotros para estrecharnos la mano, después de haberla besado en señal de respeto.

Como era hora de cenar, exigió Arturo que se sentasen a la mesa y que no dejasen enfriar la sopa. Aquellos buenos campesinos, habituados como estaban a ver llegar a sus amos a aquella hora, se sentaron, sin más ceremonias, cada cual en su puesto; el padre en la punta de arriba, del lado del hogar; después Santiago, el hijo mayor; enseguida Pedro y, finalmente, los dos criados. Josefina y su madre se las arreglaban de pie al mismo tiempo que servían la mesa, según usanza de las mujeres del país.

La burguesa introdujo un cucharón de palo en la enorme marmita, en la que se estaba cociendo desde hacía dos horas un excelente potaje de coles, y empezó a llenar las escudillas, dando comienzo por la del padre. La grandullona Fina, siguiendo a su madre, coronaba cada escudilla con una tajada de tocino, cuyo espesor variaba según la dignidad de los comensales.

Arturo, entretanto, se había apoderado a su vez de una escudilla de loza, basta, con flores amarillas y azules, sentándose sin ceremonias en un banco arrimado a la pared del hogar, bajo la campana de la chimenea.

—Nodriza, échame también a mí —dijo a la tía Bureau—; tu guiso me abre el apetito. Nosotros no cenamos hasta las ocho, y sabes perfectamente que yo siempre estoy dispuesto a comer.

—¡Ay, Jesús! —murmuró gimiendo la buena mujer, dándose prisa en servirle—. ¿Es posible que siga gustándote mi guisote de coles, mi querido Arturo? Y eso que tienes en tu casa cosa mejor, sin duda alguna.

—No lo creas, nodriza.

Y diciendo esto, la emprendió resueltamente con su escudilla.

—Allá va tocino —dijo Fina, acercándose para servirle—. ¿No quiere usted, mi amo?

—¡Pues no he de querer tocino!—contestó Arturo.

Y aceptó sin escrúpulo una soberbia tajada, más grande que todas las servidas, conforme a la ley de la antigua hospitalidad.

—El otro día me leiste la traducción de una página de Homero que tradujiste para el señor cura. ¿No dice el poeta que Aquiles, para honrar a un huésped de alta categoría, le hizo servir una porción tres veces mayor que las servidas a los demás convidados? Dicen que eso es bello en Homero. ¿Por qué ha de estar mal mirado entre nuestros viejos campesinos del Anjou?

Durante algunos momentos, estando todos concienzudamente ocupados menos Genoveva y yo, que nada hacíamos, se había guardado un absoluto silencio. Muy pronto lo rompió Arturo, diciendo a su nodriza:

—He querido cenar con vosotros hoy porque pasado mañana me voy a marchar, y quizá mi ausencia sea larga... Parto para Metz, a la otra punta de Francia.

—¿Sin más remedio? —exclamó la buena mujer entre sollozos—. ¿Y qué vas a hacer tú allí, monino mío? Mejor harías en quedarte por acá, que no en marcharte sin más ni más a lejanas tierras... ¡Y pensar que esa ha sido siempre tu idea! ¿Es que también se va a pelear por allá? En fin, que no puede una vivir tranquila.

—Ea, nodriza —replicó Arturo—, no hay que apurarse... Espero volver dentro de dos años.

—¡Dentro de dos años! Ahí es nada... para entonces, sin duda, estaré yo bien muerta.

Cuando Arturo hubo dado cuenta de su escudilla, nos levantamos para despedirnos de aquella buena gente. El pensamiento de que Arturo los iba a dejar arrancó lágrimas a todos. El tío Bureau, besándole respetuosamente la mano, le dijo:

—Nada tengo que añadir, mi amo. Así lo exige el servicio del rey. Procure usted portarse bien, y que vuelva pronto.

—¡Sin más remedio! —gimoteó de nuevo la pobre nodriza—. Y no volveremos a ver nunca más a mi Arturito.

—Cállate ya, Francisca, cállate ya —dijo con autoridad el tío Bureau—. Eso no sirve más que para criar mala sangre. Es preciso que el señorito Arturo se vaya, como han hecho los otros. Los Serant componen una familia de soldados que sirven al rey, como nosotros le servimos, si no me engaño. Además, Dios es amo de todos, lo mismo por allá arriba que por acá abajo... Es menester que seamos razonables.

Entretanto el buen Santiago, con lágrimas en los ojos, se aproximó tímidamente a su joven amo, y tomándole suavemente la mano, le dijo:

—¿No podría usted llevarme consigo?

—Está bien —respondió resueltamente Arturo, después de un segundo de reflexión—. Concedido, si tus padres te lo permiten, porque necesitaré de ti.

El joven campesino miró a su padre con ojos radiantes de alegría.

—¡Qué diantre! —dijo gravemente el tío Bureau—. Si el señor conde necesita de ti, no quiero poner obstáculos a tu marcha.

Nada decía la tía Bureau, pero se la oía llorar.

—Es negocio concluido, Santiago —dijo Arturo—, hasta pasado mañana, a mediodía. Estate alegre, y disponte para el viaje.

Con esas palabras dejamos la Sorinière para volvernos al castillo. Se ha pretendido persuadir a los habitantes del Anjou de que sus señores eran sus enemigos y tiranos.

Nada más falso que esto. Gracias a Dios, casi todos tenían demasiado buen sentido para dar fe a semejantes calumnias. Amos y campesinos, en nuestras provincias, vivían, en su mayor parte, en gran intimidad. Penas y alegrías, días de luto y días de gozo, todo era común en la granja y en el castillo. Los aparceros iban de caza con el señor, siendo éste un privilegio que estimaban en mucho. A la vuelta de la expedición se repartía fraternalmente la caza entre nobles y pecheros.

No quiero con esto dar a entender que existiese en todos los rincones del Bocage este singular afecto, ni en igual grado, ni esos mutuos miramientos que repetidas veces pude observar entre la gente de la Sorinière y los habitantes de Bois-Joli. Pero no es menos cierto que en casi todo Poitou y el Anjou los campesinos amaban y respetaban a sus señores como a bienhechores y protectores natos. Entre nosotros se practicaban la fraternidad e igualdad cristianas, cuyos nombres no se habían escrito sobre los muros por hallarse grabados en los corazones. Os he dicho esto, amados nietos, para que podáis responder con conocimiento de causa siempre que oigáis decir algunas necedades sobre este particular.

A las ocho en punto estábamos todos reunidos para la cena, y el diablo de Arturo se las compuso de modo que hizo los honores a la cocina de Victoria como si sólo hubiera probado en sueños el tocino y las coles de la tía Bureau.

IV
La escuela de la vida

A los dos días de nuestra llegada a Bois-Joli nos abandonó Arturo para incorporarse a su regimiento. Después del almuerzo (que fue muy triste) y llegado el momento de la partida, el joven militar se hincó de rodillas delante de sus padres pidiéndoles la bendición. Arrasados sus ojos en lágrimas, pero tranquilos y resignados con el cumplimiento de su deber, el marqués y la marquesa extendieron las manos sobre su único hijo pidiendo para él la protección del cielo, y haciendo sobre su frente la señal de la cruz, le dieron un cariñoso beso.

Se había llevado a la entrada de la casa el sillón de la marquesa, a fin de que pudiese permanecer cerca de su hijo hasta el último momento. Urbano trajo a Ofelia y a Hamlet, briosos por su juventud y fogosidad. Además, un vigoroso mulo llevaba el equipaje del joven oficial.

Santiago Bureau había sido puntual, pero estaba un poco distante, en compañía de sus padres, que habían venido con él hasta el patio.

Hízoles señas la marquesa para que se acercasen.

—Venid, amigos míos —dijo—; perdéis vosotros lo que nosotros perdemos, y justo es que compartamos nuestras penas... y nuestras esperanzas —añadió al punto—, porque confío en que Dios nos los devolverá sanos y salvos. Todos los días le pediremos por la vuelta de nuestros dos hijos. ¿No es verdad que lo haremos así?

La tía Bureau lloraba a mares, mientras que su marido hacía alardes de firmeza para ocultar la emoción que, a su pesar, le traicionaba.

—Ea, adiós, buen mozo —dijo a su hijo, abrazándolo—. No dejes de escribirnos alguna vez, ya que has aprendido, para que sepamos si estás bien. Fina nos leerá tus cartas, o bien alguno de por aquí si ella no puede. Cumple siempre con tu deber y no olvides que nuestros buenos amos cuentan contigo si le pasa algo al señorito Arturo.

—Esté usted seguro de ello, padre mío —dijo sencillamente el joven.

Y después de haber abrazado a sus padres, fue a saludar a la marquesa.

—Hasta la vista, mi buen Santiago —dijo mi madrina—; y cuidado con no olvidar tus deberes religiosos.

—Eso, desde luego, mi ama.

—Ea, hijos míos, idos ya; cuanto antes, mejor, porque la tardanza se hace penosísima.

Arturo se había montado de un brinco en Ofelia, haciendo una señal a Santiago para que siguiese su ejemplo. El joven campesino, que era también muy buen jinete, se halló muy pronto instalado sobre los lomos de Hamlet. Con la mano izquierda tiraba de un ronzal, sujeto al bocado de la mula, que se había hecho cargo de conducir.

—Hasta que nos veamos, madre mía —repitió por segunda vez la voz fresca y sonora de Arturo.

Y los dos jinetes, recogiendo las riendas, emprendieron la marcha al trote corto de los caballos. A los pocos minutos habían desaparecido en el camino cubierto que lleva a Saint-Florent. De este modo iban, haciendo cortas jornadas, a incorporarse a su regimiento, que estaba entonces de guarnición en Metz. No debían volver más que una vez en cuatro años para pasar dos meses a nuestro lado.

Genoveva y yo nos quedamos largo rato con nuestra madrina, quien a pesar de todo su valor estaba muy apenada con la partida de Arturo. En un principio, mi hermana había hecho ademán de retirarse, temiendo, según decía, molestar con su presencia.

—Las hijas no molestan a su madre —respondió la marquesa con su acostumbrada y amable sonrisa—. De aquí en adelante voy a dedicarme enteramente a vosotras, que buena necesidad tenéis de ello mis queridas hijitas. Desde mañana vamos a dar comienzo a nuestra tarea. ¿No os parece, moninas? Hoy tengo el corazón algo prensado. Si no os parece mal, vamos a rezar juntas por Arturo. Tiene fe y generosidad, pero un primer movimiento en él es cosa terrible, y en esos momentos de emoción no puede dominarse. Esto me inquieta bastante.

Con la oración recobró sus fuerzas y su valor. Llegada la noche, era tan dueña de sí misma, que nadie hubiese pensado que le atormentaba una gran pena.

Voy a procurar haceros comprender, mis queridos nietos, lo que fue mi madrina para mi hermana y para mí durante los años en que se ocupó especialmente de nuestra educación. Como precisamente tú tienes, mi querida Luisa, los mismos defectos que entonces tenía tu tía Genoveva, y tú, Carlos, no pocos de los míos, bien podréis, como espero, sacar algún provecho de los consejos, de las reprensiones y de los alientos que nos daba aquella santa mujer. Hoy, 22 de enero, se cumple el aniversario de su muerte, que sucedió en 1794, hace cincuenta y dos años..., muerte espantosa y consoladora sin embargo, como lo sabréis pronto. ¡Qué fecha tan inolvidable para mí! Aquella queridísima madrina, aquella mi amadísima Genoveva, que quiso morir en mi lugar, nuestra admirable Justina... Las tres aparecieron juntas ante el tribunal de Dios. Pero noto que me voy enterneciendo demasiado. Ya habrá tiempo de hacerlo cuando lleguemos a esa parte de mi relato, y todavía me queda mucho que deciros antes de llegar a ella.

Persuadida de que una esposa y madre al mismo tiempo tiene mucha necesidad para sí y para sus hijos, de ideas claras y precisas sobre todo lo concerniente a la fe y a la moral cristiana, la señora de Serant puso todo su empeño en hacernos participantes de los conocimientos que desde su juventud había adquirido en esas materias, y que había siempre cultivado después de casada. En cuanto a Genoveva, no había más que continuar lo que tan bien había comenzado la señorita Lerroy, como se persuadió muy pronto la marquesa haciendo algunas preguntas a su discípula. Por lo que a mí atañe, había mucho que hacer, habiendo causado a mi madrina gran lástima mi profunda ignorancia. No dejó de reñir algo a mi hermana por no haber ejercido sobre mí la suficiente autoridad para hacerme aprender la doctrina.

Lo primero que emprendió mi madrina fue, como se deja entender, prepararme para la primera comunión, para lo cual puso en juego todos los recursos de su talento y de su corazón. Así que, gracias a sus sabias lecciones, pude ser admitida a la sagrada mesa en la primavera siguiente, el 2 de mayo de 1788. No se satisfizo con esto mi madrina. Sentados estos principios, tomó a pecho el ampliar sus enseñanzas, instruyéndonos en el catecismo con perseverancia.

Nuestra madre adoptiva se dedicó especialmente a formar en nosotras la fe, haciéndonos entender por qué debemos creer las verdades que la Iglesia nos enseña; por qué estamos seguros de la divinidad de la Iglesia, es decir, de que fue fundada por Jesucristo y que está basada en la palabra del mismo Hijo de Dios, y cómo por lo mismo tiene el derecho de imponer la adhesión a su doctrina, puesto que esa doctrina es enseñanza del mismo Dios.

—En estos tiempos —nos decía (me parece estar oyéndola)—, la impiedad se desborda por el mundo, y en nuestra Francia, ¡ay!, es donde tiene su origen ese cenagoso torrente.

Nos citaba los nombres de esos escritores, ebrios tanto de impiedad como de lujuria, que se habían sometido al infame trabajo de zapar los fundamentos de la religión revelada y que habían tomado por santo y seña esta horrible blasfemia «¡Aplastemos al infame!»; es decir, a Jesucristo.

Y con la misma pluma, añadía, con que Voltaire escribía tamañas impiedades, felicitaba también al rey de Prusia por la victoria de Rosbach, y se chanceaba alegremente con la derrota de Francia o salpicaba de fango a nuestra Juana de Arco, la libertadora de nuestro patria.

Me aseguran, mis queridos nietos (dispensadme esta digresión), me aseguran que también hoy, en 1846, existen, como existían en el tiempo de mi juventud, franceses que tienen el pésimo gusto de aplaudir tamañas monstruosidades. Yo creía que había desaparecido la especie, y oigo decir que está más floreciente que nunca. ¡Es inconcebible que no se haya caído en la cuenta después de tantos castigos! Verdad es que vivo muy retirada y sé muy poco de lo que sucede hoy día[5].

—Si las mujeres de Francia —añadía mi madrina—, si las mujeres de nuestra generación, en vez de consagrar un tiempo precioso en bailes y en espectáculos, en modas que cambian incesantemente, en pláticas vanas y sin fruto, hubieran empleado su talento y su corazón en formar la fe en el alma de sus hijos, teniéndolos sobre sus rodillas, no veríamos en nuestro país tantos extraviados, tantos impíos, cuyo número y osadía van en continuo aumento. Dios, más tarde o más temprano, enviará el castigo —añadía—. No subirá continuamente la blasfemia desde la tierra al cielo sin que atraiga el rayo. Y el castigo será más bien una misericordia para los que quieran entenderlo, si es que les queda un resto de fe.

Desde luego se deja entender que yo no puedo acordarme al cabo de tantos años de los mismos términos que empleaba mi madrina, pero conservo todavía bastante fresca la memoria, y estoy enteramente segura de reproducir con exactitud todo lo que nos decía en cuanto al fondo, siempre, y a menudo también en cuanto a la forma.

Repetidas veces nos anunció que probablemente habrían de sobrevenir, en época no muy lejana, terribles desgracias; que la sociedad estaba próxima a descomponerse, y que la divina justicia asestaría tremendos e

5 ¡Pobre abuela! ¿Qué hubiera dicho si hubiera vivido en nuestros días? (nota del coronel Rembure).

inesperados golpes. Entonces añadía que era menester estar prontos a confesar la fe, y que, en consecuencia, debíamos nosotras, a fin de disponernos a la prueba, templar nuestra alma, y hasta nuestro cuerpo, porque la una y el otro tendrían que padecer.

Reconocía lealmente que no era todo vituperable en la transformación que se estaba operando en Francia, y que ciertas reformas se imponían. Pero al propio tiempo nos hacía ver que era una locura no tener en cuenta las tradiciones de un país, derribando de un solo golpe todo el edificio social.

—Si al menos —decía— dejasen obrar libremente a nuestro rey... ¿Se ha visto jamás príncipe tan amante del bien y de la felicidad de sus súbditos? ¡Quiera Dios que no se desconozcan sus generosas intenciones, y que no sea la ingratitud el pago de sus beneficios!

Al expresarse así, tenía los ojos inundados de lágrimas. Se hubiera dicho que ya entonces (1789) adivinaba algo del espantoso porvenir reservado a la familia real.

Se esforzaba también, siempre con suavidad, por inspirarnos una piedad sincera, una generosa adhesión al deber, cimentada en el temor y en el amor de Dios, y por despertar en nosotros la devoción a María, cuya Inmaculada Concepción nos hacía venerar aunque la crencia en ese privilegio de la Santísima Virgen no fuese obligatoria a los fieles[6].

Nos decía que la piedad bien entendida nos hacía ser fieles en las obligaciones de nuestro estado.

---

6 La autora escribía estas líneas en 1846, algunos años antes de la definición del dogma de la Inmaculada

(Nota del editor)

—Y esas obligaciones —añadía— son terribles. Puedo pensar que un día llegaréis a ser esposas y madres. Pues tened entendido, mis queridas hijas, que una esposa cristiana, que una madre cristiana tiene grandes deberes, y que será difícil para llevar su carga si no estriba en la fuerza de Dios. No vayáis a imaginar, sobre todo, que semejante verdad no se aplique más que a las mujeres del pueblo y a las burguesas de la clase media. Hago esta observación porque me consta que hay personas estúpidas que así lo piensan. No olvidéis que cuanto más considerable es la fortuna, cuanto más elevada es la categoría, mayores son los deberes, y que sobre los hombros de los poderosos de este mundo gravita el peso de más tremenda responsabilidad. Genoveva puede ya comprenderlo, y María lo comprenderá después. Sed, pues, piadosas, para no desfallecer, y pensad dentro de vosotras que ni vuestros bienes ni vuestra nobleza os podrán servir de excusa en el tribunal de Dios.

Nos fue habituando muy suavemente, sin jamás forzar la nota, a hacer oración a menudo, a frecuentar los sacramentos de la penitencia y de la eucaristía, a honrar al Sagrado Corazón de Jesús (devoción entonces poco conocida), a la Santísima Virgen y a san José por medio de diferentes prácticas, en las que ella misma nos iniciaba. Nos enseñaba, además, a que practicásemos alguna penitencia, recordándonos que conviene hacer sentir de cuando en cuando al cuerpo que es una bestia de carga y que el alma es la que debe mandar.

Nos enseñaba a amar y a servir a los pobres.

—Mal entendida sería la piedad —nos decía— y muy sospechoso el amor de Dios si no nos hiciese compasivos con los sufrimientos de los desgraciados, que son, como nosotros, hijos de Dios.

—Nuestra caridad —añadía— debe ejercitarse ante todo con los que más unidos nos están, con nuestros colonos, con nuestros sirvientes, que habitan bajo nuestro techo, y que, en cierto modo, forman parte de la familia.

Nunca mandéis con malos modos, ni con altanería. Lo que así se manda procede del orgullo, que desagrada sobremanera a Nuestro Señor.

Tú sueles caer en ese defecto, Mariquita —me decía algunas veces—; es de absoluta necesidad el que te enmiendes, sin lo cual pudiera el Señor darte severas lecciones.

¡Pobre madrina, qué lejos estaba de creer en lo acertado de su pronóstico!

—Pero es preciso no caer en el extremo contrario, como le acontece alguna vez a Genoveva. Jamás dejar pasar lo que no se debe dejar pasar ni, bajo pretexto de bondad, tener demasiada familiaridad. Si trato a Justina como a una hija, en lo posible, es porque la recogí cuando apenas contaba doce años, y porque en ello no había inconveniente a causa de la diferencia en la edad, que impone el respeto y mantiene la debida distancia. Pero el otro día, Genoveva, que es muy buena, y que —añadió maliciosamente mi madrina— adolece del defecto de apetecer que todos piensen y hablen de ella, Genoveva, repito, se puso en ridículo tratando a Justina como si fuese una hermana suya. Hay, sin embargo, que mencionar una circunstancia atenuante, y es que probablemente pretendía de este modo consolarla de la dureza con que el día anterior la trató María.

De este modo cada una de nosotras recibía, cuando le tocaba, su correspondiente latigacito.

Ya se deja entender que mi madrina se guardó muy bien de decirnos nada de esto, especialmente a mí, al principio de haber nosotras llegado a Bois-Joli. He resumido aquí para vosotros las lecciones que nos dio hasta casi el final de 1791, es decir, durante un período de cuatro años.

V
Las industrias de mi madrina

La señora de Serant trabajaba sin descanso en corregir nuestros defectos: la timidez exagerada de Genoveva, su bondad, que a veces degeneraba en falta de carácter, su indolencia, su excesivo horror al trabajo y al sufrimiento.

—Las mujeres —decía la marquesa— necesitan, tanto como los hombres ser animosas, si es que no lo necesitan todavía más, y por esta causa se les hace un flaco servicio cuando se pone en juego el ingenio para evitarles todo sufrimiento.

Me acuerdo que cierto día tuvo mi hermana violentos dolores causados por una muela picada. La sola idea de tenérsela que sacar hacía temblar a la pobrecilla.

—¡Ea! —le dijo la marquesa—. ¡A ver cómo tratas de dominar ese miedo! No irás al dentista del pueblo, que podría estropearte la mandíbula: pero mañana irás a Angers con el marqués de Serant, que tiene mucho gusto en acompañarte; y si el dentista de allí juzga que es necesario extraerte la muela, te pondrás a sus órdenes.

Genoveva trató de excusarse, pero mi madrina se mantuvo inflexible.

—No cabe duda, hija mía, que tendrás que sufrir —le dijo—; pero ¡hay tantos que también sufren!...

Al día siguiente, mi pobrecilla hermana, con la cara muy afligida, se subía, no ciertamente con gusto, sobre su fiel Alí, y se encaminó hacia Angers escoltada por el marqués, que cabalgaba a su lado. Aquella excursión al aire libre no era lo más a propósito para curar un dolor de muelas. Pero ¿qué remedio? Es cierto que había una diligencia desde Nantes a Angers, que pasaba por la margen derecha del río, pero sólo tres veces a la semana, y no siembre había asientos. Además, a las señoritas de aquellos tiempos no se las cuidaba, como a las de hoy, en cajitas de algodón.

Llegados nuestros viajeros a Angers, casi de noche, se fueron a dormir a la posada de «El Faisán», donde acostumbraba a ir el marqués. La almohada es muy buena consejera, y Genoveva hizo firmes propósitos. Habiendo declarado al siguiente día el dentista que se hacía indispensable la extracción, mi hermana se dejó manejar sin quejarse lo más mínimo, y eso que aquella agradable operación duró más de cinco minutos. Entonces no se adormecía a los pacientes, como es moda al presente, según me cuentan.

La vuelta fue más alegre que la ida, y Genoveva, que estaba de buen humor, no dejó de divertir a su compañero durante todo el camino. Cuando, llegados a Bois-Joli, fue mi hermana a saludar a la marquesa, ésta le dijo:

—Ya habrás visto que no es cosa de morirse, y que sólo consiste en un pequeño dolor, que dispone para otros mayores. Como has tomado perfectamente la lección, no dejará de serte provechosa.

Ved ahora de qué manera se las componía mi madrina para vencer la timidez de mi hermana: le confiaba por dos o tres días el manejo de la casa, el arreglo de las comidas y la dirección de los criados, los cuales tenían orden de obedecerla en todo. Una vez terminada la prueba, se hacía la crítica de las maniobras, y se manifestaba al ama de la casa, aún novicia, los errores en que había caído. Esta experiencia le servía para salir de sí misma, para sacudir su indolencia y para sobreponerse a su pusilanimidad. A pesar de reconocer Genoveva que le era muy provechoso este género de experimentación, lo temía muchísimo, especialmente cuando había huéspedes en el castillo. La señora de Serant anunciaba de antemano, con malicia, que ella nada tenía que ver en los negocios de la casa, y que la señorita de Sainte-Hèrmine era la única responsable.

Como cierto día manifestase mi hermana la aversión que sentía en poner manos a la obra, díjole sonriendo la marquesa:

—Estoy trabajando para ti, mi querida hija, pero sobre todo para tu futuro marido, que me dará las gracias, tenlo por cierto. Hacen muy mal las madres —añadió— en dejar crecer a sus hijas sin iniciarlas en estas menudencias que tanta importancia tienen en la práctica para la paz y la dicha domésticas. La mayor parte quieren dirigirlo y arreglarlo todo siempre por sí mismas, como si sus hijas mayorcitas gastasen todavia enagüillas y fuesen incapaces de la menor iniciativa. Y con esto sucede que muchas jóvenes no saben gobernar su casa en los primeros días de su casamiento, y el infeliz marido es quien lo paga.

Mucho adelantó Genoveva en semejante escuela, y como tenia muy buena voluntad logró, con el socorro divino, ir corrigiendo poco a poco sus defectos, y perfeccionándose al mismo tiempo en las buenas cualidades que ya conocemos en ella: la modestia, la mansedumbre, la abnegación. Los sirvientes de la casa y las gentes del país experimentaban ya hacia Genoveva algo del afecto y del respeto filial que tenían a su buena señora la marquesa.

—¡Ah! —exclamaban a veces—. La señorita Genoveva es al presente un vivo retrato de la señora marquesa. Cuando el señorito Arturo elija tomar estado, se nos antoja que no tiene que andar mucho para encontrar su mujercita.

Orgullosa estaba la marquesa con su alumna, y le sobraba razón. A los veinte años era ya la imagen viviente de la que la había modelado.

No pretendo decir con esto que ya entonces poseyese Genoveva todas las buenas cualidades de la marquesa en el mismo grado que ésta las poseía; pero ya desde entonces, a pesar de sus pocos años, hacía concebir halagüeñas esperanzas, si bien Nuestro Señor no quiso que estas amables virtudes floreciesen mucho tiempo acá abajo. Es que estaba ya madura para el cielo. Después de algunos días de paz y de felicidad que Dios le tenía reservados en este mundo, iba a emprender el sangriento camino a que nos aproximábamos, aunque la divina Providencia todavía nos ocultaba la entrada.

No produjo mi educación tantos consuelos a mi madrina. Era yo, como os llevo dicho, altanera y orgullosa, demasiado dura frecuentemente en el trato con los criados, y en general con los de clase inferior. Me mostraba exigente e imperiosa, especialmente con Justina, la cual, después de nuestra llegada, tenía que servir a tres amas. Era Justina muy dócil y muy animosa; pero también a ella se le subía el humo a las narices, y yo causaba la mayoría de sus enfados con mi carácter caprichoso. No nacía en mí este defecto de no tener corazón, sino de un ligero egoísmo, y, sobre todo, de una altanería tan adusta que mi primera reacción, era, por lo común, detestable. Una vez que reflexionaba, reconocía mis faltas, y aceptaba de buena voluntad la penitencia que por ellas se me imponía. Nada perdonaba mi madrina para corregirme, y si era preciso, me administraba a su tiempo un saludable castigo.

Me acuerdo que una tarde (me parece que fue en la primavera del año 1791) volvía yo de dar un paseo a caballo con el marqués de Serant y con Genoveva. Era ya muy tarde; el tiempo era espantoso y llovía a cántaros, y además habíamos atravesado por caminos tan agrestes, que nos vimos obligados muchas veces a echar pie a tierra para conducir de las riendas a nuestros caballos. Mi vestido de amazona, que había dejado arrastrar por el suelo, se me puso perdido. Como el marqués de Serant me invitase a salir con él al día siguiente, muy de mañana, para visitar un cortijo que estaba bastante lejos, me apresuré a aceptar, porque aquel paseo me agradaba mucho. Pero yo no quería ponerme, para un tiempo como el que hacía, mi segundo vestido de montar, que estaba nuevecito. Así que, sin más ni más, decidí que me limpiasen el que traía puesto, me lo planchasen y lo tuviesen listo para por la mañana. Como se lo indicase así a Genoveva, ésta me dijo:

—Ni lo pienses. ¿Cómo quieres que Justina termine esta noche semejante faena? Lo primero que hay que hacer es poner a secar el vestido, y una vez que se haya secado, limpiarlo con muchísimo cuidado. ¿Querrás que se pase la infeliz gran parte de la noche en vela? De ese pretexto me he valido yo para no ir a dar ese paseo.

—Que se emplee todo el tiempo que se precise, he decidido ponerme ese vestido, y no me pondré otro —repliqué con vivacidad.

—Eres de verdad intransigente, María— me dijo Genoveva.

—Sí, y tú eres muy buena —respondí—. ¿Para qué están los criados, sino para hacer lo que se les mande?

Se calló Genoveva para no exasperarme, y porque sabía, según me aseguró después, que se me pasaría pronto aquel capricho, sin que me volviese a decir nada.

Al subir a mi cuarto después de cenar, llamé a Justina, y mostrándole el vestido que me había quitado, le dije:

—Ese vestido ha de estar limpio para mañana temprano, poco antes de las seis, porque a las seis y media he de montar a caballo.

—Pero, señorita María —me respondió con mansedumbre—, es imposible que para esa hora se haya secado el vestido. No podré limpiarlo hasta mañana por la tarde.

—Ya lo has oído —repliqué malhumorada—; para antes de las seis ha de estar ese vestido sobre el sofá de mi habitación.

—Es que —respondió con viveza— eso no se debe mandar a nadie, porque sería lo mismo que mandar coger el cielo con las manos.

Eres una insolente —grité llena de ira—; no hay más que hablar. No estás en esta casa para hacer lo que se te antoje, sino para hacer lo que te manden.

Se calló y salió dando un portazo.

Como era muy tarde y temía despertar a la marquesa, que se había retirado aquella noche más temprano de lo que tenía por costumbre, no se atrevió la muchacha a desobedecerme, y se creyó obligada a satisfacer mi capricho. Encendió primero un buen fuego para secar mi vestido, que estaba chorreando, en lo que se gastó mucho tiempo. Se puso después a quitar la greda y el barro adheridos en el vestido desde arriba hasta abajo. Por más que frotaba, sacudía, rascaba y volvía a frotar, no acababa de quitarse el barro. La infeliz, que estaba rendida del trabajo del día, echaba a cada cinco minutos jaculatorias contra mí, cosa que hubiera hecho cualquiera otra en su lugar. A eso de medianoche, no pudiendo ya más, se echó vestida sobre un sillón durante dos o tres horas, y después se puso de nuevo a cepillar y a restregar, hasta por la mañana. El vestido estaba listo para la hora designada y colocado en mi habitación.

—Ya has visto —le dije secamente—que no te he mandado ninguna cosa imposible.

Nada me respondió, y salió sin hacer ruido.

Yo me fui a mi paseo, sin pensar más en el incidente, y me divertí de lo lindo toda aquella mañana. Hice reír al marqués con mis alegres ocurrencias, pues estaba de muy buen humor. ¡Tan lejos estaba yo de pensar en la mortificación que me aguardaba! Cuando entramos a almorzar, dije con aire de triunfo a Genoveva:

—Ya estás viendo cómo me he salido con la mía. Yo sé perfectamente manejar a los criados.

Durante el almuerzo habló muy poco la marquesa, y advertí que dos o tres veces me miró con muestras de disgusto. Empecé a sentirme molesta. Al levantarme de la mesa, me hizo señas mi madrina para que la siguiese a su habitación, y sin mandarme tomar asiento, me dijo en tono severo:

—¿No te avergüenzas de lo que hiciste ayer noche? ¿Has tenido valor, nada más que por satisfacer tu capricho, o más bien, tu necio orgullo; has tenido valor de obligar a un trabajo penoso durante la noche, después de las fatigas de todo el día, a una pobre criada que necesitaba descansar? Lo que has hecho ni es cristiano ni aun humano. Vete a tu cuarto a reflexionar delante de Dios sobre lo que has hecho. En penitencia por tu falta, limpia tu vestido durante el tiempo del paseo. Si juzgas que te sería provechoso, además de ése otro castigo, pídeme permiso y tú misma te lo impondrás.

Entré en mi cuarto avergonzadísima y por extremo humillada. Comprendía perfectamente lo justo de la reprensión, y no me disimulaba lo rastrero y cobarde de mi proceder. Me arrepentí muy de veras, y pedí perdón a Dios de todo corazón. Me decidí, además, a imponerme una humillación, que, atendiendo mi natural orgullo, había de costarme lo indecible. Cumplí desde luego la penitencia impuesta, y después le pedí a la marquesa me permitiese cumplir la que se me había ocurrido. Esperaba que me dijese que no, pero vino en ello muy gustosa.

En consecuencia, ya no pensé más que en realizar mi condena. Me escabullí durante la comida de los criados y entré en el cuarto de Justina. Cogí un vestido muy lleno de barro, que ella había ensuciado el día anterior al hacer algunos encargos en los alrededores, y llevándolo a mi habitación, me puse a limpiarlo. La falta de costumbre hizo que gastase mucho tiempo, aunque no era, ni con mucho, tarea tan difícil como la que yo impuse a Justina. Ya listo el vestido, llamé a la doncella y cuando que estuvo en mi presencia, le dije:

—Te pido perdón por la dureza con que te traté la otra noche y por haberte obligado a la tarea que sabes.

Te suplico que me perdones y que aceptes este insignificante servicio en prueba de mi arrepentimiento.

Y al mismo tiempo colocaba en su brazo el vestido recientemente cepillado. La pobre muchacha, que tenía un corazón sensible, se echó a llorar, diciendo que ella era la mala y una respondona, y que yo era demasiado buena para con ella. Me vi precisada a retenerla a mi lado algún tiempo, hasta que se enjugaron sus lágrimas y se apaciguó su emoción. Cuando se retiró, bajé al cuarto de la marquesa y le dije sonriendo:

—Ya está, madrina.

Me obligó a acercarme a ella y, después de abrazarme, dijo;

—Perfectamente; te habrá costado, ¡tanto mejor! Cuanto más te venzas a ti misma, tanto más te amará Nuestro Señor. Has hecho un acto de verdadera caridad cristiana. ¡Cuán despiadados son algunos con el prójimo! Con el tiempo verás que la mujer no tiene entrañas con la mujer. Acuérdate, María, tú, que eres tan inclinada al orgullo y a la estima propia; acuérdate que, en cuanto a caridad, nunca se va bastante lejos: no digo «demasiado» lejos, sino que digo «bastante» lejos.

Con todo, y a pesar de mi buena voluntad, no me enmendaba pronto, y fueron menester muchas más severas lecciones para que Dios abatiese mi orgullo.

A veces nos sentíamos tentadas a creer que la marquesa nos conducía por caminos muy estrechos, y que era demasiado exigente. Pero era tanto lo que la queríamos, que pronto desechábamos aquel pensamiento y marchábamos casi siempre con los ojos cerrados por el camino por donde quería conducirnos. Además, sabía muy bien juntar al precepto el ejemplo. ¡Cuántas veces la vimos, en medio de crueles dolores, fijar los ojos en el crucifijo, encontrando así fuerza para sonreír! Los enfermos y achacosos son, por lo común, exigentes y difíciles de contentar. En cuanto a aquella santa mujer, todo estaba bien y a su gusto cuando sólo se trataba de ella y de sus cosas.

Una noche en que sus dolores se habían recrudecido más de lo ordinario, reduciéndola a la imposibilidad de cambiar de postura sin la ayuda de otra persona, no quiso llamar a su doncella, que dormía en una habitación inmediata, porque sabía que estaba algo indispuesta, prefiriendo continuar toda la noche en la postura incómoda en que se hallaba.

Si la señora de Serant se afanaba principalmente por inspirarnos una sólida piedad y por amoldar nuestro carácter, no ponía menos empeño en la formación de nuestra inteligencia y en cultivar nuestro espíritu. Nos decía que debíamos estar instruidas en todos aquellos conocimientos que convienen a las mujeres de nuestra clase. La Literatura y la Historia se llevaban sus preferencias, de las que nos hizo a nosotras participantes. Leíamos en su compañía las obras maestras de los grandes escritores del siglo precedente. Nos enseñaba a admirar, a juzgar y a pensar por nosotras mismas. Quiso enseñarnos también el latín que poseía.

—Debemos aficionarnos al latín —decía—, y aficionar a nuestros hijos, porque es la lengua de la Iglesia.

¿Será necesario advertir que las novelas licenciosas que formaban las delicias de aquel siglo frívolo y corrompido, y las obras entonces de moda de los filósofos maestros de la incredulidad estaban enteramente proscritas? Como en la biblioteca del castillo existían algunas obras de este género, que quería conservar el marqués de Serant, mi madrina tenía cerrado con llave aquel departamento, y la llave la guardaba en su cuarto.

—¡Cuántas madres he conocido yo —nos dijo cierto día— que fueron la causa, por su descuido en este particular, de que sus hijos perdiesen la fe o de que se corrompiesen sus costumbres!

No se echaban en olvido los trabajos manuales en nuestra distribución y método de vida. Todos los días dábamos dos horas, por lo menos, después de mediodía o durante la mañana, a la costura y al bordado.

—Esta ocupación es muy propia de las mujeres —decía la señora de Serant—. No digo que no se haya de hacer más que esto, si no es una costurera o bordadora de oficio, pero debemos acostumbrar los dedos para, en caso de necesidad, poder ser útiles al prójimo y no servir de carga a nadie. Cuando las manos están en actividad, la lengua no se mueve tanto —añadía con gracia—, y ya se sabe que nosotras, las mujeres, somos por extremo hábiles en manejar este instrumento.

Debíamos, finalmente, fortalecer nuestra salud y desarrollar nuestras fuerzas físicas por medio de convenientes ejercicios. Los paseos a pie y a caballo entraban en el programa de nuestra educación. A los catorce años sabía yo montar bien, y no me daba miedo un caballo algo difícil. Mi hermana y yo montábamos todos los días con el señor de Serant, que nos llevaba muy lejos y muy deprisa, de suerte que apenas podía seguirle en mi pequeño Djinn.

—Es menester que te decidas a montar todo un caballo, hijita mía —me dijo un día el marqués—, si es que deseas acompañarnos.

Esta idea me preocupaba un poco. Es verdad que no me asustaba regir aquellas grandes bestias en que me había montado varias veces mientras aprendía equitación en el parque de Bois-Joli; pero me daba que pensar de qué modo me las había de componer para subirme y bajarme estando en marcha, como era necesario, sin algo que me sirviera de escaño.

Urbano nos sacó de apuros. Este mozo, que era muy apañado, preciso es hacerle justicia, y que de día en día se iba ganando las simpatías del marqués, inventó para mí una como escalerilla de madera que se plegaba y que era muy ligera, compuesta de tres palos, cuyas puntas, cubiertas de hierro y muy puntiagudas, se enclavaban en tierra, y cuyos opuestos extremos estaban unidos entre sí y articulados. Dos de los palos, unidos por cintas de tela muy sólidas, formaban una escalerilla portátil, que se fijaba, para bajarse o para montar, y que se plegaba después para colgarla de la silla. El instrumento apenas venía a pesar ni a estorbar más que si fuese un grueso bastón, y era muy cómodo para viajar. Muchas señoras conocidas nuestras adoptaron este aparato, que pronto se puso de moda en todo Bocage. Armada con mi escalerilla, no tenía miedo de montarme en César, Radamisto o Tristán, y cada vez tuvieron para mí más atractivo los paseos a caballo.

VI
Pastor e intruso

Hasta la primavera de 1791 habíamos vivido muy tranquilos en Bois-Joli. La tormenta revolucionaria que ya se cernía sobre Francia había tenido hasta ahora escaso eco en el Bocage. La persecución religiosa fue la que perturbó nuestras campiñas, hasta entonces con gran paz, y la que, exasperando poco a poco a aquellas cristianas poblaciones, las obligó finalmente a empuñar las armas en defensa de su fe.

El 27 de noviembre de 1790 había decretado la Asamblea constituyente que todos los eclesiásticos del reino fuesen obligados a prestar juramento de adhesión a la «constitución civil» del clero. Los refractarios debían ser cuanto antes expulsados por la fuerza armada de sus parroquias e iglesias, y sustituidos por pastores juramentados; es decir, que hubiesen prestado el juramento exigido por la ley.

La mayor parte de los sacerdotes y de los obispos de Francia se negaron a prestar el juramento. Algunos de ellos, que en un principio lo habían prestado de buena fe o por debilidad, se retractaron desde el punto en que reconocieron su falta. En las provincias del oeste (a excepción del Saumurois), la inmensa mayoría permaneció fiel. En los Manges, particularmente, sólo obedecieron a la ley ocho eclesiásticos. Desde entonces sus feligreses dejaron de asistir a su misa y cortaron toda comunicación con ellos.

Hicieron muy bien, mis queridos nietos, porque aquellos sacerdotes, a quienes se les llamaba en el país «juradores» o «intrusos», no eran verdaderos pastores, sino cismáticos separados de la comunión del santo padre, el cual sólo ha recibido de Jesucristo la misión y el poder de dirigir el rebaño de los fieles. Comenzaba entonces una dura persecución; pero Dios, que permitía aquella prueba, se sirvió de ella para hacer más firme la virtud de muchos, pues multitud de cristianos, y aun muchos eclesiásticos cuya conducta no había sido muy edificante hasta entonces, despertados por la tempestad redoblaron su fervor y confesaron la fe con admirable energía.

No se habían dado demasiada prisa en exigir la aplicación de la ley en Anjou y Poitou, temerosos de exasperar los ánimos. Pero los patriotas más exaltados reclamaban medidas de rigor. (Así, «patriotas» se llamaban a sí mismos los revolucionarios). Fue preciso, pues, so pena de ser tildados de falta de patriotismo, dar pruebas de celo.

Los «juradores» aparecieron en nuestras campiñas en los comienzos de 1791. En muchos pueblos del Anjou fueron conducidos por gendarmes y guardias nacionales armados que les instalaban a la fuerza en la iglesia y en la casa parroquial, mientras que los sacerdotes fieles iban a pedir asilo a sus feligreses. Estos se disputaban el honor de recibirlos en sus casas y de sustraerlos a las pesquisas de sus enemigos mediante una vigilancia permanente. Estos confesores de la fe, a los cuales la persecución los había hecho más venerables al pueblo cristiano, continuaban desempeñando las funciones de su ministerio sin miedo. Administraban los sacramentos, decían misa y predicaban durante la noche en el fondo de los bosques o en un cortijo aislado, en medio de los fieles que habían venido con gran secreto de todo el país circunvecino para escuchar las enseñanzas del verdadero pastor. Aquello era la Iglesia de las catacumbas que revivía en el Anjou, dispuesta a confesar su fe derramando su sangre.

Por lo que atañe a los intrusos, fueron en su mayor parte tan mal recibidos que muchos de ellos se vieron obligados a dejar su puesto al cabo de algunas semanas. Así sucedió en nuestro pueblecito de Saint-Cyr, donde nuestro cura, el excelente sacerdote Berteaux, se quedó desempeñando pacíficamente su ministerio hasta principios de junio de 1791. Era un anciano de setenta y cinco años, encorvado por el peso de la edad y por los trabajos de su santo ministerio. Los habitantes de la parroquia lo amaban y respetaban como a santo. Por eso los intendentes de Mayenne-et-Loire, temiendo exasperar los ánimos, difirieron todo lo posible el momento de expulsarlo de su parroquia. Finalmente, atendiendo a las repetidas reclamaciones de los patriotas de Chalonnes, enviaron la guardia nacional de aquella localidad y una brigada de gendarmes con la misión de expulsar al sacerdote fiel. Llegaron a Saint-Cyr un domingo por la mañana y tuvieron la audacia de penetrar en la iglesia cuando se estaba celebrando la Misa mayor. Con ellos estaba el cura intruso. Era éste un tal Leroux, antiguo zapatero de Chalonnes, hombre chiquitín, de atravesada y bellaca mirada, que andaba ladeado, con el cuerpo inclinado a la izquierda. Largos cabellos sucios y lacios cubrían en parte su rostro y le caían hasta las espaldas. Entró descaradamente en la iglesia, lanzando sonrisas a derecha e izquierda, con semblante que procuraba hacer amable. El desdichado, que parecía haber perdido por completo el pudor, llevaba consigo a una mujerzuela de Saumur, con quien públicamente se había casado, según decían, pocos días antes.

La vista del lugar santo profanado por aquellos impíos, arrancó un grito de cólera a los fieles reunidos al pie de los altares. Nos encontrábamos allí todos: la marquesa, el marqués, Genoveva y yo con los criados, en un banco reservado a los del castillo. En mi vida podré olvidarme de aquel espectáculo. Me parece estar viendo al tío Bureau, el colono de la Sorinière, arrodillado cerca de nosotros, que se levantó, enderezando su elevada estatura y cerrando los puños en ademán de arrojarse sobre los enemigos de su Dios. Su rostro, tan sereno y plácido de ordinario, manifestaba una pasión por largo tiempo reprimida y pronta a estallar. De pronto retumbó en la iglesia su potente voz:

—¡Afuera el «intruso»! ¡Afuera el «jurador»! ¡Respeto a Dios!

Y se adelantaba con el brazo levantado y amenazador.

Se produjo entonces un tumulto indescriptible. Se arremolinó la gente en formidable pelotón para arrojar fuera del templo a los guardias, a los gendarmes y al intruso. Las mujeres se mostraban todavía más irritadas que los hombres.

—¡Al agua —gritaban las mujeres en el colmo de la exasperación—, al agua con el intruso, al agua con Leroux y con su mona!

Se apaciguó de pronto el tumulto. El señor cura se había vuelto hacia los asistentes y hacía señas con la mano de que quería hablar. Al punto cesaron los clamores, y todos los fieles cayeron de rodillas.

—Respeto a la casa de Dios, hijos míos —gritó el sacerdote Berteaux—; nada de violencia en el lugar santo.

Aprovechándose entonces del silencio que, como por encanto, se había producido, el jefe de la escolta interpela groseramente al pastor:

—¿Presta usted el juramento exigido por la ley, o no?

—Escuchad mi juramento —respondió el señor cura con voz robusta, y volviéndose después hacia el tabernáculo, continuó:

—He aquí el juramento que hago en presencia del cuerpo y sangre de Jesucristo, real y verdaderamente presente en el altar: Creo en la santa Iglesia católica, apostólica, romana, a la que juro obedecer hasta la muerte en la persona de su jefe visible, nuestro santo padre el papa, vicario en la tierra del Hijo de Dios hecho hombre. Creo que el Sumo Pontífice, y sólo él, tiene el derecho de instituir a los obispos, y por ellos a los sacerdotes encargados del gobierno de las almas, y que la constitución civil del clero es un acto cismático que todo cristiano debe execrar. Dios me asista para vivir y para morir en esta fe.

Dichas estas palabras, terminó tranquilamente su misa. Los gendarmes y guardias nacionales, que habían temblado ante la exasperación de los asistentes, no se atrevieron a interrumpirlo. El mismo intruso, pálido de terror, les rogaba que no atropellasen nada. Se salieron de la iglesia y se fueron a un extremo de la plaza a esperar que terminase la misa.

Terminado el santo sacrificio, el señor cura recomendó a sus feligreses que se abstuviesen de toda violencia.

—Dejemos —dijo— que Dios por Sí mismo defienda sus derechos y vengue su honor.

Fue obedecido religiosamente. Los campesinos dejaron la iglesia, lanzando en silencio una mirada de desprecio a los patriotas que estaban aguardando en la plaza a que saliese el venerable pastor.

Apenas apareció el señor cura, todo el mundo se precipitó hacia él, rodeándole y besándole las manos:

—Véngase usted, señor cura, a nuestra casa; véngase usted a la Darvallière, a la Regrippière, al gran Bar-Sauvage, al Petit-Vernon, que allí estará usted muy oculto. Nadie le tocará a usted, señor cura; antes nos matarán a nosotros.

El santo sacerdote daba a todos las gracias con lágrimas en los ojos.

—Queridos hijos —les decía—: iré por turno a vuestras viviendas, y de ese modo participaréis del mérito de los que reciben a los discípulos de Jesucristo crucificado.

En aquel momento, el marqués de Serant se abría paso entre la muchedumbre.

—Reclamo, señor cura —exclamó sonriendo—, la prioridad. Tengo derecho a ella conforme a lo que dice el refrán: «A todo señor, todo honor».

—Permítame, señor marqués —respondió el señor cura—, no aceptar su honrosa invitación. Bois-Joli está muy a la vista, y eso seria atraer la tempestad sobre usted y sobre mí. No lleve a mal que acepte más bien, para empezar, los ofrecimientos del tío Gendron, vuestro cortijero de la Darvallière. Haciéndolo así, puede decirse que recibo hospitalidad en vuestra casa.

El marqués dijo, inclinándose:

—No quiero insistir, pues me hago cargo de la prudencia de vuestra determinación; pero al menos cuente usted con nosotros de día y de noche, en vida y en muerte. Y en cuanto a nosotros, mis queridos amigos —añadió, volviéndose a los campesinos, que aguardaban la respuesta del señor cura—, permanezcamos todos unidos en el amor a nuestros sacerdotes y a nuestra santa religión. ¿No es así?

—Sí, sí —gritó la muchedumbre entusiasmada—. ¡Viva el señor marqués! ¡Viva el señor cura! ¡Viva la religión! ¡Viva el rey!

Por fin, gracias a la intervención del señor Berteaux, se retiraron pacíficamente y los guardias nacionales, envalentonados con el silencio de la población (trémula de coraje, pero contenida por las órdenes de su pastor), pudieron instalar al intruso en la casa parroquial.

Durante ese tiempo, el señor cura fue a instalarse en la Darvallière, rodeado del respeto y del cariño de sus huéspedes.

—Dios ha entrado por la puerta de nuestra casa —dijo por la noche el tío Gendron a sus vecinos—; esto nos va a traer la felicidad.

Se convino en que los domingos se celebraría la misa en un paraje indicado de antemano. Los chiquillos se encargarían de avisar durante toda la semana a todos los habitantes de la parroquia. Aquellos pequeños mensajeros, orgullosos con su cargo, guardaban inviolable secreto con los pachones[7] y rivalizaban en celo por servir al sacerdote fiel y mortificar de mil maneras al intruso.

Me acuerdo perfectamente que el segundo domingo de junio se celebró el santo sacrificio a las dos de la mañana, a los primeros albores de la aurora, en el Bosque de los Corzos, como a un cuarto de legua de Bois-Joli.

Toda la gente del castillo acudió puntualmente. La marquesa se había hecho llevar en un sillón, para no privarse de un espectáculo de tanta tristeza y de tanta edificación a un mismo tiempo. Algunos campesinos, armados con escopetas de caza, hacían la guardia apostados en las extremidades del bosque, dispuestos a rechazar el ataque de los patriotas, caso de que atacasen. Pero nadie apareció. Los de Chalonnes habían sido tan bien recibidos desde su primera visita, que no les vinieron ganas de desafiar de nuevo la tempestad.

Después del Evangelio subió el señor cura a un montículo cubierto de césped, y con palabras conmovedoras exhortó brevemente a sus feligreses a que permaneciesen fieles a Dios y a su Iglesia. Nos recordó que la fe es el principal entre todos los bienes, y que era preferible perderlo todo en este mundo antes que sacrificar tan precioso tesoro. Hablaba con verdadera unción, y todos llorábamos al ver a aquel venerable anciano que nos daba ejemplo de la más heroica fidelidad, arrostrando con tanta calma y serenidad el destierro y la muerte.

---

7 Los del Bocage daban este nombre de pachones (perros) a los partidarios de las nuevas ideas.

(Nota del editor)

Entretanto, la gente de Saint-Cyr amargaba la vida al intruso y a su desdichada amiga. Nadie quería venderles nada, y se veían obligados a comprar el pan en el pueblo vecino, donde los pachones abundaban. Nadie entraba en la iglesia durante la misa, ni los domingos, ni los días de trabajo. Como el miserable sacerdote se hubiese determinado a visitar a sus feligreses para ganárselos con halagos, encontró cerradas todas las puertas. Las gentes que encontraba le volvían la cabeza cuando les dirigía la palabra; los chiquillos del pueblo se subían a los bardales del jardín de la casa parroquial y tiraban piedras a las ventanas y hasta al intruso, si llegaban a descubrirlo. Cuando éste los perseguía, echaban a correr gritando: «Tru, tru, tru», y cuando veían que ya no eran perseguidos, volvían de nuevo a la carga, cantando que se las pelaban.

El apóstata acabó por perder la cabeza y abandonó el puesto. Se marchó una mañanita para no volver más. Era el último día de junio.

Entonces los habitantes de Saint-Cyr, rebosando de alegría, condujeron en triunfo a su casa a su buen cura. Toda la población se precipitó a la iglesia, donde se cantó un solemne *Te Deum*, aunque sin repique de campanas, para no llamar la atención de los patriotas de las parroquias cercanas.

El señor Berteaux quedó en pacífica posesión de su iglesia y de su casa hasta los primeros días de 1792, época en que la persecución redobló sus violencias, como os diré en breve. Hasta entonces vivimos tranquilos en Bois-Joli.

Nuestro rincón de tierra era, en verdad, privilegiado, pues en casi todos los pueblos del Bocage los intrusos quedaron en posesión de la iglesia usurpada y los sacerdotes católicos se veían obligados a ocultarse para evitar las persecuciones.

Pero antes de hablaros de los males que van a llover sobre nuestro infortunado país, es preciso que os refiera con algunos pormenores un suceso muy inesperado que ejerció gran influencia en el porvenir de mi hermana y en el mío.

VII
Varennes

Una tarde de julio de 1791, el día 5 si no me engaño, después de una jornada de calor sofocante, estábamos reunidos en la escalinata del patio principal. Iba a ser pronto de noche, y aspirábamos deliciosamente la agradable brisa que nos llegaba del Bocage, cuando de repente oímos el trote rápido de un caballo que, al parecer, subía por el camino que rodea el parque por el lado oeste. Cesó de pronto el ruido, y dos segundos después tiraron de la campanilla deprisa y resueltamente. El buen José tomó el tiempo preciso para encender un farolillo y se encaminó hacia la puerta. Pero ya habían vuelto a llamar con más fuerza. Preocupados, guardamos silencio, y casi enseguida llegó a nuestros oídos una alegre exclamación. Se abrió después de par en par la puerta; un jinete atraviesa a trote largo el patio y se dirige hacia nosotros. Un instante después se detiene al pie de la escalinata, salta ligero a tierra, y subiendo de un brinco los escalones, cae en brazos de la marquesa.

—¡Madre mía! ¡Oh, qué dicha la de volver a verla!

—¡Hijo mío! ¡Mi querido Arturo! ¡Dios mío, qué felicidad! ¿Y cómo no nos has avisado?

Pero ya Arturo se encontraba en los brazos de su amadísimo padre, sumamente emocionado también y radiante de gozo y de felicidad. Después el joven se adelantó hacia nosotras, hizo una profunda reverencia, y con sencillez y amabilidad nos preguntó cómo estábamos. Finalmente tocó su vez a los criados, que habían acudido para verlo y para darle la bienvenida. Se hacía al mismo tiempo en la Sorinière un recibimiento no menos alegre al buen Santiago, que había venido con su amo y que se había ido derechito a casa de sus padres.

Pasado el primer momento de sorpresa, dijo Arturo:

—Me muero de hambre, desde esta mañana a las seis no ha pasado bocado por esta boca, pero eran tan grandes las ganas que sentía de verme aquí que doblé la jornada sin detenerme a almorzar. Así que, con vuestro permiso, voy a reparar el tiempo perdido.

Para entonces ya estaba la buena Victoria junto al hornillo improvisando una cena para el señorito, cuyo buen apetito tenía perfectamente conocido. Muy pronto estuvo preparada la cena, y el viajero no pensó más que en satisfacer las justas reclamaciones de su estómago.

Luego que se hubieron retirado los criados, nos dijo Arturo:

—Voy a explicaros los motivos de mi imprevista vuelta. Os había escrito para poneros al corriente, pero veo con sorpresa que he llegado antes que mi carta. Feliz me considero al hallarme entre vosotros, sin duda alguna, pero en el fondo tengo el alma embargada por la tristeza, y hubiera preferido mil muertes antes de ver lo que he visto... Serenaos —continuó—, no me amenaza al presente ningún peligro, pero he pasado una hora de terrible angustia. Escuchadme sin interrumpirme, que todo os lo voy a contar.

Ahora, mis queridos nietos, voy a repetir lo más exactamente posible el relato de Arturo, y dejaré que él mismo hable. Aparte de algunas expresiones sin importancia, todo lo restante de cuanto nos refirió aquella noche se ha quedado perfectamente grabado en mi memoria. Me parece que todavía lo estoy viendo y que lo estoy escuchando[8].

—Habrá llegado a vuestra noticia —nos dijo— que hará como unos seis meses dejé mi regimiento para pasar al de Royal-Allemand-Cavalerie con el grado de capitán. Desde entonces estuve de guarnición en Montmedy, a las órdenes del marqués de Bouillé, que mandaba un importante cuerpo de ejército acantonado en Lorena. En caso de declararse la guerra a Austria y a Prusia, de lo que se habla mucho ahora, debíamos correr a la frontera para cubrirla. Hacia mediados de junio, sin que yo pudiese sospechar el motivo, se nos obligó a retroceder hasta Stenay, al oeste de Montmedy. Llevábamos con nosotros dos regimientos de infantería. Se unió a nosotros el general el día 20, y supimos con extrañeza que todo el cuerpo de ejército iba a llegar en veinticuatro horas.

Y he aquí que el 22, a eso de las seis de la mañana, vino a despertarme de improviso Juan de Civrey, oficial amigo mío, que entró en mi cuarto a modo de tempestad.

8 Mi abuela nos, dijo que el año 1798, año de su casamiento, había escrito una relación breve de los acontecimientos de su juventud. Este trabajo le sirvió de mucho para redactar sus Memorias (nota del coronel Renibure).

—Vengo a comunicarte —me dijo con voz anhelante— una orden del marqués de Bouillé... Va en ello la vida de Sus Majestades... No me interrumpas —añadió adivinando las preguntas que se agolpaban a mis labios—, vístete corriendo mientras te lo cuento todo, pues no hay que perder un momento. Es preciso que te vistas de paisano, así lo ha mandado expresamente el general.

Y mientras que yo, enteramente estupefacto, me daba prisa por vestirme, continuó mi amigo:

—Te hago saber que el rey, la reina y los infantes de Francia han abandonado París en la noche del 20 al 21, con intención de refugiarse en Montmedy, por no creerse seguros en la capital. Nuestra marcha durante estos días tenía por objeto el aproximarnos a Sus Majestades para auxiliarlos en caso de necesidad, y el marqués de Bouillé estaba aguardando aquí la noticia de su llegada. Se había convenido con el rey que no dejaríamos Stenay hasta nueva orden.

Ahora bien; el general acaba de ver a un mozo que llega al galope de Varennes-en-Argonne, y que le ha entregado un papel escrito con lápiz por el señor de Valory, guardia de Corps de Su Majestad. El billete da la noticia de que el rey ha sido detenido en Varennes ayer noche por la Guardia nacional, y le exigen que vuelva inmediatamente a París[9]. Parece que una turba delirante asedia la casa en que se encuentra aprisionada la familia

9 Trátase del famoso viaje de Varennes, cuyos pormenores se sabían ya en las grandes ciudades del reino, pero cuya noticia era todavía ignorada en muchas localidades de menor importancia. Los moradores de Bois-Joli no habían oído hablar da ello. (Nota del coronel Rembure).

real. Valory ha enviado a las dos de la mañana a ese mozo para acelerar el movimiento de las tropas.

En verdad que no se entiende nada de lo que está pasando —añadió Juan Civrey—. El general Bouillé había mandado un escuadrón de húsares, a las órdenes del conde de Choiseul, para aguardar a la familia real en Pont-de-Sommevelle y escoltarla hasta Sainte-Menehould. Allí debía reemplazarlo el señor de Andoins con un escuadrón de dragones. Entiéndase que ni uno ni otro de estos dos grupos lograron reunirse a Su Majestad[10]. Por fin, nuestro general ha dado hace poco la orden de que parta el regimiento de caballería que se encuentra aquí y quiere conducirlo él mismo en persona. La infantería ligera seguirá de inmediato, y esta noche todo el cuerpo de ejército. Pero es imposible que marche la caballería antes de tres cuartos de hora. Apenas llegaremos antes de las nueve, pues hay que andar diez leguas. Se hace indispensable que un mensajero se encuentre lo más pronto posible con Su Majestad para darle aviso de nuestra llegada y decirle que es preciso que se detenga a toda costa. El general cuenta contigo, querido amigo, porque conoce tu decidida adhesión al rey. Sabe, además, que tienes un caballo de maravillosa rapidez. Te requiere, en consecuencia, que partas al instante para anunciar al infortunado monarca que sus tropas fieles vuelan en su auxilio.

10 Los comandantes de ambas escoltas, en presencia del movimiento popular ocasionado por la estación de la caballería en Saint-Menehould y en Pont-de-Sommevelle, juzgaron prudente retirarse, a fin de no levantar sospechas sobre el secreto del viaje. (Nota del coronel Rembure).

Ya estaba yo dispuesto, y sin perder tiempo en despedirme de Juan de Civrey grité desde la ventana a Santiago que ensillara cuidadosamente a Ofelia y que me la trajera al punto. Precisamente hacía tres días que el animal estaba descansando, y aquella misma mañana se le había dado doble pienso de avena porque contaba yo con hacer una larga excursión. Iba a volar ligera como el viento. Terminé algunos preparativos indispensables. Me colgué a la cintura un sable de caballería y me ceñí dos pistolas; después me precipité al patio, donde encontré dispuesta mi cabalgadura.

—¡Parto a causa del rey! —dije a Santiago, abrazándolo—. Si me matan, partirás enseguida a Bois-Joli y dirás a mis padres que he muerto por servir a Su Majestad y, como espero, en gracia de Dios.

Ya estaba yo montado, dejando al pobre mozo atónito y del todo aplanado, y metiendo espuelas lancé a Ofelia a una carrera vertiginosa. Serían como las seis.

Nueve leguas y media, cerca de diez, me separaban del término adonde había de llegar... ¡Diez largas leguas, y tal vez no llegue a tiempo! Tal vez en estos instantes, Luis XVI, María Antonieta y los Infantes de Francia estén siendo víctimas del furor de sus enemigos o forzados a volver a tomar el camino de la capital para caer de nuevo en la esclavitud de que habían procurado librarse. ¡Oh!, hubiera prestado alas a mi caballo y nunca habría corrido de aquella manera Ofelia. Las calles primero, y después los campos, los bosques, los puentes, pasaban delante de mí con rapidez increíble. El ardor de Ofelia hacía renacer en mí la esperanza. Y eso que no le hacía sentir ni la fusta ni la espuela. Hubiera sido inútil, llevaba el máximo de su velocidad. Pero yo le hablaba, y parecía comprenderme: «¡Corre, Ofelia,corre, hermosa; más todavía, más deprisa, mira que de tu ligereza y de tu vigor depende la salvación del rey, la de la reina y la de sus hijos, y también la de Francia!». Y la yegua, embriagándose en la velocidad y en el viento de su carrera, relinchaba orgullosamente, como para decirme: «No tengas cuidado, mi amo, llegaremos a tiempo; no te harán traición mis pies...».

Ya hemos salvado seis leguas. He visto pasar como en sueño Mouzay, Dun, Doulcon, Ainereville... Son las siete y cinco. Apenas habrá salido de Stenay para esta hora la caballería del general Bouillé. ¡Oh, tal vez llegue a tiempo!... ¡Pero qué camino tan duro y tan pesado con esas cuestas y esas bajadas que se suceden sin interrupción! «¡Cuatro leguas, todavía cuatro leguas, Ofelia! ¿Podrás con ellas?». La reventaré, si es preciso, me decía a mí mismo, pero debo, sin embargo, cuidarla un poco para que llegue hasta el término. Entonces modero su arrojo y la obligo a pararse a pesar de la fogosidad que la arrastra. Me encuentro en lo alto de una colina algo más elevada que las otras, y desde donde se descubre un vasto horizonte. Varennes está allá abajo, a mi izquierda, todavía invisible, cerca de tres leguas. Es preciso que deje respirar a mi yegua... He aquí, precisamente, una posada. Me doy prisa en hacer una rápida limpieza a Ofelia para enjuagarle el sudor y la espuma que blanqueaba sus ijares. Humedezco tan solo su boca con una esponja, el beber entonces le hubiera causado la muerte. ¡Era de ver cómo aspiraba el pobre animal por sus humeantes narices aquella agua refrigerante que humedecía sus secas fauces! «Ánimo, hermosa; pronto beberás, si es que tu amo continúa con vida para ocuparse de ti».

Siete minutos gasté en cuidar a mi yegua, pero no fue tiempo perdido, pues recobró sus fuerzas y su ardor. Una media hora escasa más, y haremos las tres leguas que nos quedan. Las gentes de la posada me indicaron un camino, algo más largo, sin duda, pero mejor que el camino recto, y que ofrece la ventaja de permitirme la entrada en Varennes por el lado por donde se quiere hacer volver al rey. Vuelvo a montar, y heme aquí de nuevo lanzado a rienda suelta. Ofelia brinca, ardorosa y nerviosa todavía, como al principio de su carrera... Por fin, aquel pueblo que alcanzo a distinguir como a una legua, desplegado en forma de anfiteatro a orillas del Aire, y cuyo campanario se destaca a lo lejos sobre el fondo azul del cielo, ese pueblecito es Varennes. ¡Ay, Dios mío! ¿Llegaré a tiempo?

La angustia me devora... Por todas partes veo guardias nacionales armados, los cuales también se apresuran por llegar al término adonde me lleva una carrera desesperada. Diríase que acuden de todos los puntos del horizonte, convocados por el toque de rebato que se deja oír, y que a todo vuelo lanzan las campanas de todos los pueblos vecinos. He hecho perfectamente vistiéndome de paisano, pues nadie repara en mí.

Las siete y cuarenta... Por fin, voy a saber qué terreno piso, porque me encuentro en el camino real de Varennes-Chalons-París, por donde ha de volver el rey en caso de que no pueda dilatar por más tiempo su salida. Una media legua más y llego; es cosa de un galope de tres a cuatro minutos. ¡Ea, Ofelia, adelante, antigua compañera; un esfuerzo más y salvamos al rey!

De pronto veo que se levanta una nube de polvo en el camino, en el momento en que voy a llegar a las primeras casas del pueblo. Escucho cantos y clamores salvajes. Una muchedumbre delirante, compuesta de guardias nacionales armados, de burgueses, de obreros, de mujeres y de muchachos, lanza gritos desaforados que me hielan la sangre en las venas. Paro a mi caballo, y pregunto a la gente, que acude de todos lados, la causa de semejante remolino, y se me contesta en tono burlón: «¡Es que llevan a la jaula al Veto y a la Austriaca!». Y veo una berlina de viaje que camina al paso, cercada de hombres armados, de siniestra catadura. Tres guardias de Corps van en el pescante, atados como malhechores. No hay duda alguna: he llegado tarde, el rey está vencido, y se le obliga a volver a la capital... ¡y para qué porvenir, Dios mío! ¿Quién podrá decirlo?

Una muchedumbre inmensa, engrosada a cada instante por los contingentes de los pueblos y de las campiñas atraídos por el rebato, acompaña la triste comitiva con sus gritos y con sus injurias. Se necesitaría un ejército entero para librar ahora al rey... ¡Y estoy solo!

Un instante me asaltó la idea de arrojarme sobre aquella infame turba, de disparar contra ella mis pistolas y tirar mandobles con mi sable a mi alrededor hasta caer herido a los pies de Sus Majestades, por quienes tendría la honra de morir, ya que no me era dado servirlos de otro modo. Ya recojo las riendas; siento que «Ofelia» se estremece, todavía vigorosa y pronta a entrar a la carga. Pero de repente, mis queridos padres, vuestro amado semblante se ofrece a mi vista, y me parece veros aquí mismo llorando la muerte de vuestro hijo, muerte estéril, ¡ay!, pues lo que yo iba a realizar era una verdadera locura. Así me lo hizo comprender el cielo; entendí que debía conservar mi vida para Dios y para el rey para ocasión más oportuna. Pero quise al menos (y tal vez me riñáis por ello porque era imprudente) saludar a mi amo prisionero, y probarle que a su alrededor le quedaban todavía fieles servidores dispuestos a dar la vida por su causa. Entonces, en el momento de pasar el carruaje delante de mí, me enderecé sobre los estribos en medio de la muchedumbre y, saludando con el sable a Sus Majestades, grité con una voz que dominó a todos los clamores: ¡Viva el rey!

Apenas había lanzado este antiguo grito de Francia, que la cobardía retiene hoy en el fondo de los corazones, cuando cien brazos se habían ya levantado para herirme, y mil voces furiosas gritaban a mi alrededor: ¡Muera el aristócrata! ¡Muera! ¡Muera!

Había tenido tiempo de distinguir a la reina, que me sonrió a través de sus lágrimas, y que se puso de pronto pálida como la cera al escuchar aquellos gritos de muerte. El rey había ocultado el rostro entre sus manos. Jamás olvidaré aquella sonrisa de María Antonieta, con lo que tengo por muy bien pagados todos mis servicios.

Esta escena duró sólo algunos segundos. Entretanto, sin perder mi presencia de ánimo, de un buen mandoble hice soltar la presa a tres bandidos que habían sujetado a mi yegua cogiéndola de las riendas, al mismo tiempo que de una espolada vigorosa le hice ejecutar un violento movimiento que derribó por tierra a varias personas que me rodeaban. De un enorme salto Ofelia me puso al otro lado de un seto espesísimo que seguía al borde del camino. Entonces, con un galope de infierno, nos precipitamos campo a través para tomar un camino transversal que distinguí a algunos centenares de pasos, y que debía conducir al camino por donde poco antes había yo venido. Veinte balas habian silbado a mis oídos sin que ninguna me hubiera rozado, pero sentí que mi valiente animal se estremeció violentamente, aunque mantuvo su carrera todavía por espacio de dos minutos. De pronto cayó al suelo, tuve la suerte de soltarme a tiempo de los estribos, no haciéndome al caer más que una insignificante contusión. Me hallaba fuera del peligro, pues tenía de delantera lo menos trescientas toesas, y además vi que habían renunciado a perseguirme. El odio de mis enemigos se cebaba en más noble víctima.

Volví a ver a mi pobre Ofelia. Había recibido una bala en los riñones, todo remedio era inútil, debía morir. Me senté a su lado, acariciándola suavemente, para darle las gracias por haberme salvado. Me miraba tristemente en demanda de socorro. Ardiendo de sed, extendía sus humeantes fosas nasales en dirección a un manantial que se hallaba a dos pasos de allí. Fui al arroyuelo y llenando de agua mi sombrero, volví para darle de beber. Varias veces volví al manantial, hasta que se apagó la sed de la pobre bestia. Pero era preciso partir cuanto antes para dar cuenta de mi misión, y no quería dejar a Ofelia sufriendo por más tiempo. Tomé una de mis dos pistolas, introduje el cañón dentro de la oreja del pobre animal y, volviendo a otro lado la cabeza, apreté el gatillo. Ofelia hizo un ligero repullo, dos o tres espasmos nerviosos y enseguida dejó de moverse. Os aseguro que se me saltaron las lágrimas. Pero el dolor profundo que me había causado la humillación de la familia real hizo que me olvidase pronto de este pequeño sentimiento. Me alejé a grandes pasos para avistarme con el marqués de Bouillé, al cual me encontré una legua más allá de

Varennes. Mi relato le causó enorme dolor, pero ya no podía hacer nada. El general mandó que se me diese un caballo, y el regimiento volvió a emprender tristemente el camino que acababa de andar.

Al siguiente día envié mi dimisión, enteramente decidido a no permanecer en la milicia mientras los acontecimientos no tomasen muy distinto rumbo. No quería emigrar, como lo hacen muchos de mis camaradas todos los días, porque me persuado que si hay que hacer algo por el rey, hay que llevarlo a efecto en Francia, y aun aquí mismo. Dios me ha traído a vuestro lado, siempre dispuesto, cuando le agrade y sea servido, a empuñar la espada en servicio suyo y en defensa del rey.

El marqués y la marquesa se llenaron de noble orgullo al escuchar el relato de Arturo. Cuando lo hubo terminado, dijo el señor de Serant, vivamente emocionado:

—Has hecho bien, hijo mío; has cumplido con tu deber; tanto tu madre como tu padre te bendicen y están satisfechos y orgullosos de tenerte por hijo.

VIII
Dos bodas

Una hermosa mañana, como ocho o diez días después de la vuelta de Arturo, envió la marquesa de Serant un aviso a su hijo para que se pasase por su cuarto. El joven se presentó enseguida a su madre, en el mismo instante en que el marqués acababa de entrar también en la habitación.

—Hijo mío —le dijo su padre—, tu madre y yo deseamos hablar contigo de un proyecto sobre el que hemos meditado en presencia de Dios, y que, estoy seguro, ha de aprobar tu buen corazón. Pero no hemos querido decidir nada sin conocer antes tu opinión, porque nuestro anhelo es que exista entre nosotros siempre perfecta armonía. No ignoras que las señoritas de Sainte-Hèrmine no poseen sino una escasa fortuna, razón por la cual les será muy difícil tomar estado sin descender de su condición. Como las amamos mucho, quisiéramos asegurar a cada una de ellas dote suficiente a fin de que pudiesen casarse convenientemente. Tratándose de Mariquita no hay prisa, porque sólo tiene catorce años; pero la señorita Genoveva ha entrado ya en los veinte, y es tiempo de pensar en ella. Se nos ha ocurrido que una dote de cuarenta mil escudos para cada una de las dos hermanas les aseguraría un honroso porvenir. Tu fortuna, querido hijo, quedaría aun bastante considerable, y más que suficiente para mantener dignamente el honor de tu nombre, y aun para brillar si se ofrece ocasión. Reflexiona, pues, y no te decidas sino después de haberlo considerado bien delante de Dios; porque, vuelvo a repetirlo, es voluntad nuestra que reine siempre entre nosotros el más perfecto acuerdo

Sonreía suavemente Arturo mientras su padre estaba hablando. Luego que éste hubo terminado, dijo a su vez el joven:

—Mis queridos padres, algo había yo adivinado acerca de la proposición que me acaban ustedes de hacer, y he reflexionado lo bastante, según creo, para poder darles desde luego mi respuesta. Por lo que atañe a Mariquita, soy gustoso en acceder a lo que ustedes me acaban de proponer; pero por lo que respecta a la señorita Genoveva, confieso —añadió con cierta picardía— que no me siento muy inclinado a consentir en ello.

—¿Y a qué obedece esa diferente apreciación? —preguntó la marquesa con algunas muestras de inquietud.

—Porque —replicó Arturo, abriendo enteramente su corazón— cuento con que la señorita Genoveva ha de ser dentro de poco, si ustedes no se oponen, la condesa de Serant; y como entonces será suyo todo lo que yo poseo, juzgo inútil, si es que no me equivoco, el darle cuarenta mil escudos.

Al terminar Arturo su declaración, con semblante picaresco y cariñoso a la vez, cayó de rodillas entre su padre y su madre, y cogiéndoles las manos con respetable efusión, les dijo:

—Mis queridos padres, se me antoja que mi pensamiento no les disgusta. Tengan bien entendido que estoy loco perdido, y que el día en que la señorita Genoveva entró en Bois-Joli me dio el corazón que iba a ser la compañera de mi vida. Este pensamiento me ha seguido a todas partes, y desde que he vuelto mis sentimientos se han arraigado más en mi alma y mi resolución es cada vez más firme. Espero que ustedes no se opondrán a servirme de embajadores para pedir desde hoy la mano de la señorita de Sainte-Hèrmine.

Los proyectos de Arturo llenaban los deseos de los marqueses de Serant, que siempre habían esperado este enlace a causa del gran afecto que sentían por mi hermana, y porque temían, según nos declararon más tarde, que las circunstancias hiciesen necesaria la partida de hija tan amada. No tuvieron, pues, ninguna dificultad en secundar las miras de su hijo, y así le prometieron que hablarían aquel mismo día a Genoveva.

—Perfectamente —dijo Arturo—. Voy a salir para hacer una larga excursión, de la que no volveré antes de las siete, con objeto de darle tiempo para decidirse. Aquí estorbo yo ahora. Hasta la noche pues, y procuren ustedes obtenerme favorable respuesta.

Y despidiéndose el conde Arturo de sus padres, se dirigió a las caballerizas y dio orden a Urbano de que le ensillase al punto un caballo. Momentos después partía al trote largo en dirección a Saint-Cyr.

Se trataba ahora de informar a Genoveva de las disposiciones de Arturo. Después del almuerzo, es decir, a eso de las doce y media, hizo señas mi madrina a mi hermana para que la siguiese a su aposento, donde el señor de Serant iría a reunirse con ellas, según él mismo dijo. Genoveva fue la primera que habló.

—Mis queridos padres (este nombre dábamos, de ordinario, al marqués y a la marquesa), precisamente deseaba yo hablarles de un asunto importante desde hace muchos días; pero lo iba retardando porque no sabía cómo empezar. Voy a decírselo a ustedes —añadió haciendo un esfuerzo—, y cuanto antes, para no pensar más en ello.

—Vamos a ver, monina —respondió la marquesa con voz suave—, comunícanos esa gran pena, porque estoy leyendo en tus ojos que la tienes, y no pequeña.

A estas palabras no pudo contenerse, y prorrumpió en sollozos.

—Pues bien, sí, madre mía... Señora, es necesario decirlo, estoy llorando porque siento tener que dejarles. Pero es preciso que yo me vaya, es preciso. Ya es tiempo de volverme a la Chesnaie. Ya puedo, gracias a usted, gobernar la casa.

—¡Ah, Dios mío! ¡Vaya una decidida resolución! —repuso delicadamente la marquesa—. ¿Qué pesar se te ha dado aquí? Nómbrame al culpable, y yo le castigaré severamente... Supongo —añadió maliciosamente— que no soy yo ni el señor de Serant.

—¡Por Dios, señora!

—¡Ah!, ya caigo, será probablemente el malo de Arturo.

Genoveva se puso colorada y se cubrió el rostro.

—Señora —dijo decididamente—, quiero irme. No es conveniente que yo continúe aquí.

—¡Ah! —exclamó la marquesa—, me doy cuenta de que decididamente Arturo es el culpable. Pues bien, hija mía, hay que imponerle una penitencia... Que consistirá en que le aceptes por marido.

Y como Genoveva se pusiese pálida y se quedase mirando a la señora de Serant, ella continuó:

—Pues, él, loquilla —dijo mi madrina riendo—, ese pícaro de Arturo que se ha marchado de aquí, nos ha dejado el encargo de pedirte por esposa, y espera confiado que esta noche, a la hora de la cena, tendrá tu palabra. En ese caso, creo que nadie verá mal que la condesa habite en el castillo con su marido. Pero no queremos —continuó la marquesa— obtener tu consentimiento a viva fuerza. Reflexiona despacio y después nos darás la respuesta. En caso de que no quieras casarte, o de que Arturo no te guste, ten por seguro que no insistiremos.

—¡Ah!, mi querida madre —respondió Genovéva vivamente emocionada—. No tengo necesidad de examinarme mucho tiempo para responder a la segunda pregunta. En cuanto a la primera, he pensado a menudo delante de Dios en el porvenir, y siempre me ha parecido que debía salvarme y santificarme en el estado del matrimonio. Pero éste es un asunto tan grave que quisiera pedir consejo de nuevo a mi Madre del Cielo antes de pronunciar mi palabra decisiva. Ya sabe usted lo mucho que me gusta el santuario de Nuestra Señora del Marillais. Si usted me lo permite iré allí al instante, oraré con fervor, y espero que la Santísima Virgen me comunicará las luces necesarias.

—Parte, mi querida hija —respondió la marquesa—; la Virgen María no puede darte malos consejos.

Luego que hubo salido Genoveva, dijo la marquesa a su marido:

—¡Qué buenos son los dos! Me parece que este casamiento está escrito en el cielo.

Encontré a Genoveva en el momento en que salía del cuarto de la marquesa. Su emoción era extremada, y como yo le pregunté si se encontraba indispuesta, me dijo:

—No, es que me encuentro algo fatigada y voy a salir, porque creo que al aire libre sentiré alivio.

—Entonces iré contigo —le dije.

—No, Mariquita —me respondió con dulzura—; necesito absoluta soledad y silencio.

—Está bien, como quieras —le dije un poco contrariada, y le volví las espaldas.

Bajó mi hermana a la cocina, donde siempre había algún criado, y ordenó a los mozos de cuadra que ensillasen a Alí y lo condujesen a la puerta. Algunos minutos después montaba a caballo y se alejaba al paso en dirección a Nuestra Señora del Marillais.

No tardó en llegar a la capilla, cuyos alrededores estaban aquel día solitarios. Después de haber atado la cabalgadura a una argolla de hierro empotrada en la pared, penetró en el santuario donde tanto le gustaba orar. La tranquilidad y el silencio de aquel lugar santo causaron en la joven una impresión de paz y de sosiego. Subió hasta cerca del altar, y cayendo de rodillas ante la estatua de María, se quedó cautivada en ferviente oración.

Durante aquel tiempo había Arturo andado de acá para allá por el camino, sin término fijo. A veces echaba pie a tierra para sentarse a la entrada de un bosque o a la orilla de un arroyo, y después de haber permanecido allí durante algún tiempo mirando correr el agua, se volvía a subir maquinalmente en el caballo y marchaba adelante sin rumbo cierto. Su corazón estaba violentamente emocionado. Había concebido vivo afecto por Genoveva, y parecíale que la vida le sería insoportable si no llegaba a ser su compañera.

Con estos pensamientos había llegado, sin darse cuenta, cerca de Nuestra Señora de Marillais, y de repente se le ocurrió este pensamiento: «Voy a entrar en el santuario de la Santísima Virgen para pedirle que inspire a Genoveva el deseo de ser mi esposa». Y he aquí a nuestro caballero pasando súbitamente de un camino abstraído y soñador a una carrera decidida y rápida. Había metido espuelas vigorosamente a Hamlet, que arrancó al galope y en pocos minutos lo llevó hasta la capilla.

Pero ¡cuál no fue la sorpresa y emoción del joven al reconocer a Alí, el caballo árabe, que estaba atado cerca de la portada! Seguro que Genoveva está allí... También ella ha venido a rezar a la Santísima Virgen para pedirle consejo. ¡Oh, Dios mío, en este momento se está decidiendo su suerte! Se turba, no se atreve a bajar del caballo, está a punto de tirar de las riendas y de huir al galope. Pudo dominarse, decidió entrar también él para unir su plegaria con la plegaria de la joven. Sin duda que la Santísima Virgen lo escuchará, moviendo a la piadosa joven para que acceda a sus deseos.

Ata a su vez la cabalgadura a un banco de piedra adosado a la pared, y penetra completamente emocionado en el santuario. Ya no cabe la menor duda: Genoveva está allí arrodillada al pie de la estatua de María, orando con fervor.

Se dirige hacia el altar muy despacito para no turbar a Genoveva; se detiene algunos pasos antes de llegar a ella, se arrodilla también él y comienza a orar con toda su alma.

—Haced que consienta —decía con ardor a María—; haced que diga que sí. En vuestras manos tenéis, Madre bondadosa, la felicidad de mi viday quizá mi salvación, pues me parece que habrá de ser mi ángel custodio. Dádmela, Madre mía, dádmela.

Iban a dar las seis y Genoveva continuaba rezando. Mira por fin su reloj, hace un gesto de sorpresa y, después de otra oración breve, se levanta y se dirige con lentitud hacia la puerta. De pronto se estremece al reconocer a Arturo, sorprendida e impresionada; y continuó su camino hacia la salida con los ojos bajos. Cuando estuvo fuera, el joven, que la había seguido, se acercó a ella. Al encontrarse sus miradas ambos sonrieron suavemente.

Entonces —dijo Arturo con voz entrecortada por la emoción—, ¿consientes, Genoveva? ¿No te ha inspirado la Virgen la resolución que ha de constituir mi dicha?

— Me parece que sí —respondió ella con dulzura.

—Pero muy de veras, ¿no es verdad?

—Sí, muy de veras. Temía un poco a tu inmensa fortuna, pero sé que amas a los pobres y espero que seamos buenos ricos.

—Sí, mi querida Genoveva. Y tú me ayudarás, ¿no es cierto? Pero, dime: ¿no tienes demasiado miedo a mis ímpetus de ira y a mis violencias?

—No demasiado —contestó ella sonriendo—; porque sé que te duran poco.

—Ahora, Genoveva, es preciso que te haga una pregunta, a la que has de responderme con entera franqueza. Si un día el rey necesitase de mi espada; si fuese preciso arrostrar la muerte en su servicio o por otra causa santa, ¿me prometes que tu ternura no se ha de oponer al cumplimiento de un deber sagrado?

—Indigna sería de ti, Arturo, si abrigase en mi pecho, por un instante, tan mezquinos sentimientos.

—Pues bien, mi amada Genoveva, antes de partir volvamos a la capilla para dar gracias a Dios, y después iremos deprisa a llevar al castillo la feliz noticia.

Los dos novios entraron en la iglesia, y arrodillados ante la venerada imagen hicieron subir hacia la Reina del Cielo la acción de gracias que ferviente y ardorosa brotaba de sus corazones de veinte años. Montaron después a caballo y partieron alegremente para Bois-Joli. Ignoro si habían hecho partícipes de su felicidad a sus corceles mediante algunos golpecitos de fusta o algunos ligeros espolazos, pero lo cierto es que se anduvo el camino en alegre galope y en armonía con el gozo de sus corazones. Apenas hubieron llegado se fueron juntos al cuarto de la marquesa, donde con impaciencia se les aguardaba. Abrió Arturo la puerta, y adelantándose un poco a Genoveva, dijo con voz sonora y alegre:

—Tengo el honor, mis queridos padres, de presentarles a la condesa de Serant.

Inútil es decir la satisfacción con que fue recibida la feliz noticia, que se divulgó pronto por toda la comarca. Amigos, parientes, criados y colonos se asociaron a nuestra felicidad.

Arturo quiso hacer saber a Santiago la buena nueva, dándosela él mismo al día siguiente. Al oírla, dijo sonriendo el joven:

—A fe mía, que ya estaba yo sospechando un poquitín.

—¿Cómo así?

—Vaya, señor conde, esas cosas se dicen sin pensar, y algunas veces se habla en alto sin sospechar que alguien nos escuche... Pero a nadie lo he dicho..., si no es a Dios, a quien rogaba muchas veces que se arreglasen vuestros asuntos.

—En ese caso, te perdono —dijo riendo Arturo, que en aquel día se sentía inclinado a perdonar a todo el mundo.

—Pues bien, señor conde —repuso Santiago poco después—; ya que usted se casa, soy de parecer que yo haga otro tanto.

—¡Cómo! ¿Es preciso que yo me case para que tú hagas lo mismo?

—Es que como hasta ahora siempre hemos estado juntos en todas partes, no estará mal que yo hoy me suba al mismo barco.

— ¿Y tú llamas a eso un barco? Está bien, súbete en él, que es lo mejor que puedes hacer.

—Pero, señor conde, sería preciso que usted me ayudase una miajita, como espero de su bondad.

—¿Que te ayude? Desde luego, pero ¿de qué manera?

—Mire usted, mi amo, muchas veces he dicho para mi capote: Justina, la doncella de la señora marquesa, sería buen partido para mí, en caso de que ella se hubiere dicho otro tanto a sí misma. Mis padres consienten en ello, sin lo cual, como usted comprende, yo no pensaría en tal cosa.

—Muy bien, entonces la cosa marcha. ¿Y lo sabe Justina?

—Eso, no, señor Arturo; no me habría yo atrevido a indicárselo por mí mismo. Por eso me parece que el negocio saldría mejor si usted tuviese la bondad de rogar a la señora marquesa que hablase una palabrita a Justina.

—Perfectamente, cuenta conmigo; hablaré del asunto enseguida con mi madre, y tengo para mí que no ha de criar moho.

Al volver Arturo al castillo contó la historia a la marquesa, la cual se encargó de la embajada.

Pocos momentos después, al entrar Justina en el cuarto de la marquesa, ésta le preguntó:

—Dime, Justina, ¿tienes intención de casarte?

La joven, un tanto sobrecogida, permaneció sin responder por algunos instantes. Finalmente, dijo con timidez:

—Como quiera la señora marquesa.

La señora de Serant se sintió tentada de risa.

—¿Qué dices? Eso no me toca a mí, tú eres la que te has de casar.

—Quise decir —repuso Justina riendo a su vez— que quiero seguir en esto el consejo de la señora marquesa.

—En fin... si se presentase un buen partido...

—¿Y quiere decirme usted, señora, qué partido es ese?

—Pues bien: se trata de Santiago Bureau...

—Precisamente pensaba yo en él —respondió con natural sencillez Justina.

Mucho divirtió esta breve escena a la marquesa, que continuó el diálogo:

—¿Y sabías que él te quería?

—Estaba segura de ello.

—¿Te lo ha dicho?

—Eso no, porque es demasiado honrado para atreverse a tanto. En fin, ¿qué debo responder? Antes de decir que sí quisiera saber si podría yo continuar con la señora marquesa. Si sí, sí; si no, no.

—Ya lo creo. Pero cuando os caséis él será tu amo y señor. Voy a enviarle a llamar, y de este modo sabremos al punto a qué hemos de atenernos.

—Como quiera la señora marquesa.

Cuando el buen Santiago, enteramente emocionado y vergonzoso, entró en el departamento, le dijo mi madrina:

—Vaya, me parece que tu negocio no lleva mal camino; pero es menester que contestes a una pregunta que me encarga Justina que yo te haga: ¿Te gustaría que continuara a mi servicio?

—Eso dicho está, señora marquesa. Ya me imaginaba yo que sin eso no hubiera ella consentido, ni yo tampoco.

—Entonces, negocio terminado —dijo mi madrina.

—Luego, ¿es que sí, Justina? —preguntó el joven campesino, cuyo rostro radiaba de alegría.

—Claro que sí, Santiago; porque se me antoja que nos entederemos bien los dos.

—Ea, pues —dijo la marquesa—; esto es cosa concluida. Santiago habitará desde aquí en adelante en el castillo, en el pabellón de entrada, y Justina continuará a mi servicio. Celebraremos en un mismo día las dos bodas. Hemos fijado para el 25 de agosto el casamiento del conde Arturo y de la señorita Genoveva, y ese mismo día se celebrará el vuestro.

Santiago y Justina se deshacían en acciones de gracias, y el novio se fue lleno de gozo a dar parte a sus padres de su buena fortuna.

A causa de la angustiosa situación en que estaba la Familia real, estimaron los marqueses de Serant que la unión de Arturo y Genoveva revistiese el carácter de una fiesta enteramente íntima, y que se celebrase sin ningún ruido. Se convino en que después de la bendición nupcial viniesen a comer a Bois-Joli algunos amigos o próximos parientes, absteniéndose de toda ruidosa ceremonia y recepción oficial.

Se determinó, sin embargo, dejar en plena libertad a colonos y criados para que festejasen las bodas de Justina y de Santiago todo lo alegremente que fuese posible. Se encargó la marquesa de todos los gastos, y quiso que el festín fuese servido bajo una tienda, en el patio principal del castillo.

—La comida —dijo a Justina— la dan siempre los padres de la desposada; y ya que tú no los tienes, muy justo es que Bois-Joli sea considerado como tu propio domicilio.

Iba a olvidarme de un incidente ocurrido quince días antes de este doble casamiento, y que mortificó bastante al pobre Arturo.

Una hermosa tarde en que mi futuro cuñado se disponía a montar a caballo para ir a Angers, donde debía hacer algunas compras, nos reunimos todos en la entrada para despedirle. Al meter el pie en el estribo se ladeó bruscamente la silla, y el jinete cayó de espaldas. Empezamos a reírnos a carcajadas, pero nuestra hilaridad no duró mucho. El joven se había levantado acometido por un acceso de cólera violenta. Fuera por completo de sí, se precipitó sobre el pobre Alano, que había enjaezado a Radamisto, y empezó a darle con rabia patadas y puñetazos.

La marquesa, al presenciarlo, lanzó un grito de dolor y de indignación, mientras que Genoveva se puso enteramente pálida. Arturo, ya repuesto, estaba lleno de vergüenza y arrepentido de lo que había hecho. Se abalanzó sin vacilar al cuello del palafrenero, pidiéndole perdón, lo cual llenó de confusión al pobre mozo, sintiéndolo todavía más que los golpes recibidos. Después, sacando la bolsa y poniéndole en la mano un luis, le dijo:

—Acepta esto en señal de que me perdonas.

Acercóse enseguida a nosotros enteramente triste y confuso:

—Perdonadme, mis queridos padres, el haberles afligido una vez más.

Volviéndose después a mi hermana, añadió:

—Y tú, Genoveva, ¿me perdonarás? Estoy temiendo que no me voy a enmendar nunca. Si quieres, te devuelvo tu palabra.

Su prometida lo tranquilizó diciéndole:

—Felizmente, mi querido Arturo, en ti la mano que hiere sabe también curar la herida. Convengo en que tu primer movimiento nada tiene de bueno; pero el segundo lo hace olvidar del todo.

Cuando Alano entró en la caballeriza, después de este incidente, Urbano, según supimos después, le dijo con aire compasivo:

—¿Y así toleras semejante tratamiento?

—¿Qué quieres? —respondió Alano—. A pesar de todo, amo al señor Arturo. Cierto es que a veces se muestra una pizquita colérico, lo cual no quita que sea un buen amo. Ya está arrepentido de haberme pegado, y si alguna vez sacude el polvo, es porque no se da cuenta...

—En este país debéis todos tener almas de esclavos —repuso Urbano con un tono lleno de hiel—. Si a mí se me hubiese hecho tal injuria me vengaría con la sangre del injuriador, y en el caso de no haberle podido alcanzar, con la sangre de sus padres, aguardando a poderlos matar.

—Lo que es yo —respondió Alano— no soy tan rencoroso.

Entretanto aguardaban las dos parejas, con impaciencia, el día en que debían ver cumplidos sus deseos. Se prepararon para ello muy seriamente. Les había recordado mi madrina que iban a recibir un sacramento, y que debían, por tanto, prepararse con mucho fervor.

Hubiera deseado, para honrar el matrimonio cristiano, que ambas parejas hubiesen sido conducidas juntas a la iglesia, para volver después al castillo en su propio carruaje. Pero el tío Bureau se opuso a este proyecto.

—Para ir a la iglesia, nada tengo que decir a usted, señora marquesa, ya que tiene la bondad de conducir en su carruaje a los novios. Pero en cuanto a volver, eso no puede ser, no, eso no puede ser. Es preciso atenerse a la antigua usanza, según la cual la desposada no debe volver en carruaje a su casa y, por tanto, es menester que Justina se vuelva a pie y andando.

En efecto, entre las costumbres tradicionales existe la extravagante de obligar a la recién casada a bailar, al volver de la iglesia, con cuantos mozos de la parroquia la inviten. Lo cual resulta a veces muy molesto. De ahí el que la pobre Justina, para conformarse con la costumbre, se viese obligada a detenerse doce veces en el camino a fin de satisfacer las invitaciones que se le hicieron. Pero al menos se respetó la tradición, y el suegro quedó satisfecho.

El 25 de agosto, fiesta de san Luis rey de Francia, el Señor se dignó concedernos un tiempo magnífico, y todo salió a pedir de boca. Nuestra fiesta de familia fue sencillísima por la razón que dejo indicada; pero la alegría fue más ruidosa en el patio principal, donde se había celebrado el festín que los castellanos de Bois-Joli dieron a los campesinos. La comida, que se empezó al mediodía, vino a terminar a eso de las cinco de la tarde. A los postres, conforme a lo que se había convenido, bajamos en compañía de nuestros convidados para ser testigos de la alegría y de la animación de aquellas buenas gentes. La llegada del conde y de la condesa fue saludada con prolongados gritos de entusiasmo. Santiago y Justina se levantaron para ofrecernos un refresco, que bebimos a la salud de los nuevos esposos. Después, dos jóvenes del país, vestidas de blanco, se acercaron a las dos recién casadas para ofrecerles, según la usanza, la espina simbólica, la cual significa que ya pasó el hermoso tiempo de la vida y que es menester despedirse de los placeres y prepararse al sufrimiento. Cantaron enseguida una endecha sencilla y muy larga.

La costumbre era que la casada llorara al mirar la espina mientras oía cantar la endecha.

La buena de Justina lo hizo con natural sencillez; pero la pícara de Genoveva usó de la hipocresía, cubriendo con su pañuelo la cara a fin de disimular la sonrisa que, a pesar de sus esfuerzos, asomaba a sus labios. Los asistentes creyeron ver en aquella actitud el indicio de una profunda emoción, y todos se enternecieron.

En la noche de aquel hermoso día, y en el momento en que los campesinos se disponían a partir, el marqués llevó aparte al tío Bureau, suegro de Justina, para tratar con él de un nuevo asunto matrimonial. El señor de Serant quería colocar a su protegido Urbano, el cual amaba, según parecía, a la mujerona de Fina (Josefina), hija del colono. La joven, por su parte, experimentaba viva simpatía hacia Urbano, y hubiera consentido gustosa en el casamiento; pero el tío Bureau se hacía el sueco. A las primeras indicaciones del marqués, respondió con mucho respeto y no con menos firmeza:

«Mire usted, mi amo, la catadura de ese mocito no me hace mucha gracia. Se me antoja un maldito pachón[11], pero talmente pachón, que, con perdón de usted, no le confiaría yo ni la punta de la cola de nuestra vaca. Mire usted, señor marqués, si usted me pidiese mis bueyes, si usted me pidiese mi caballo, si usted me pidiese... cuanto usted quiera..., fuese lo que fuese, yo le diría a usted: tómelo allá todo, señor marqués, si ha de ser para su servicio. Pero, tocante a mi hija... Vaya, que no y que no. Ya sé yo que hay cortijeros que no hablarían así, y que entregarían, por supuesto, a su hija más pronto que sus bestias; pero nosotros no somos así. Y créame usted, señor marqués, lo que es a mi hija no se la

11 De un revolucionario (nota del coronel Rembure).

lleva ningún pachón..., y me sorprendería lo contrario».

De este modo vinieron a tierra aquella noche los proyectos matrimoniales de Urbano.

IX
Últimos días felices

Disfrutamos algunos momentos de una paz profunda y de una felicidad íntima desde el casamiento de mi hermana hasta los comienzos del año 1792. Estas horas tranquilas y serenas dejaron en mi memoria un recuerdo delicioso, como el postrer rayo de un hermoso día. Y después vino la noche, noche tempestuosa y sangrienta, en que las más espantosas calamidades llovieron sobre nuestro querido país. Pero el relato de nuestras desdichas llegará a su tiempo, hablemos todavía de los días felices que nos deparó la Providencia antes de que se desatase sobre nuestras cabezas la tempestad.

El casamiento de Arturo y Genoveva había henchido de gozo al marqués y a la marquesa de Serant, los cuales, de muchos años atrás, habían soñado en aquella unión. Por mi parte, yo estaba contentísima por el gran amor que tenía a mi querida Genoveva y porque me gozaba con su felicidad. Por otro lado, no era yo insensible al placer de verme establecida en esta magnífica morada, siendo objeto de los más tiernos afectos y de cuidados verdaderamente maternales. En cuanto a los jóvenes esposos, se encontraban en plena luna de miel, y este astro clemente, cuyo ocaso está tan cerca de su oriente, debía permanecer sobre el horizonte de su vida hasta la hora en que esa misma vida fue bruscamente segada en flor.

Nuestras relaciones con el vecindario eran por entero agradables. Con frecuencia teníamos el gusto de recibir en Bois-Joli a las buenas familias de las cercanías. La señora de Bonchamps venía frecuentemente a vernos y a pasar con nosotros el día. Por aquel entonces moraba en el castillo de la Baronnière, situado como a dos leguas de nuestra vivienda. Era persona muy amable y distinguidísima. Se había casado con el marqués de Bonchamps dos años antes, en 1789. Poco después emigró su marido, a quien veremos volver en el Bocage en los primeros días del año 1792[12]. También recibíamos algunas veces al señor Dommaiguié, quien al principio de la insurrección fue general de la caballería vandeana, y que pereció gloriosamente en la toma de Saumur, en 1793. Veíamos, además, aunque menos veces, a causa de la distancia que nos separaba, al marqués y a la marquesa de Elbée, que habitaban el castillo de la Loge, cerca de Beaupreau. Ambos, como los marqueses de Bonchamps, eran admirables cristianos, que sobreponían a todo el cumplimiento de sus deberes y la salvación de sus almas. Estos nombres, ignorados fuera del país en aquella época, adquirieron en adelante, como sabéis, gloria imperecedera.

Algunas familias de Angers venían también de cuando en cuando a visitar a los solitarios de Bois-Joli, visita que duraba dos o tres días, como las del marqués

12 Algunos historiadores de la Vendée militar aseguran que no emigró; la mayor parte pretende que permaneció algún tiempo al lado de los príncipes y que volvió al Anjou muy pronto.

de Elbée; porque entonces, para venir a nuestra casa desde Angers o desde Beaupreau, se necesitaba hacer un largo viaje.

Uno de los más gratos recuerdos que conservo de aquel tiempo feliz, es el de las deliciosas excursiones que hacíamos Genoveva y yo en compañía de mi cuñado. El marqués, con ocasión del casamiento de su hijo, había creído conveniente sustituir nuestros caballos, ya algo estropeados, por otros excelentes y en todo el ardor de la juventud. Regaló al conde Arturo dos de pura sangre y de subido precio, que se llamaron Otelo y Desdémona (reminiscencias de Shakespeare). Genoveva obtuvo una magnífica yegua cenicienta, llamada Fauvette, nombre menos sabio, pero más lindo para mi gusto. En cuanto a mí, se reemplazó definitivamente mi pequeño poney por un gran caballo, también de buena raza, al que, después de muchas vacilaciones, puse por nombre Mignon. Estos cuatro animales, como de tres años y medio, eran extraordinariamente fuertes y ligeros. Se me había adjudicado Mignon porque era muy manso y porque no gustaba yo de caballos difíciles. Genoveva, a quien no le importaba sostener de cuando en cuando una pequeña lucha con su cabalgadura, se las arreglaba perfectamente con Fauvette, animal ardoroso, un tanto inquieto, aunque sin defectos peligrosos. Otelo y Desdémona no eran, ni con mucho, fáciles de manejar, pero Arturo era tan buen jinete, que de una simple refrenada sujetaba a los caballos por fogosos que fuesen.

Estos fieles animales, que durante la paz sirvieron tan bien a sus jóvenes dueños, nos fueron mucho más útiles aún durante la guerra. Ruda fue la tarea que entonces debieron ejecutar, pero en aquellas circunstancias se encontraban en todo su vigor y Arturo y su mujer debieron más de una vez su salvación a los corvejones de acero de sus caballos. Entonces era la lucha por la existencia; todavía se presentaba a nosotros esta existencia brillante y llena de promesas.

¡Qué cosa tan encantadora era el ir a caballo por montes y valles, a través de floridas praderas y de verdes senderos, desde el fondo de los barrancos hasta la cresta de las colinas, en nuestros firmes y gallardos corceles, que devoraban alegremente largas etapas, procurándonos el placer de recorrer nuestro hermoso país en todas direcciones! Por eso teníamos en estima a nuestros caballos, que tan buenos servicios nos prestaban; y a pesar de la fogosidad de nuestra juventud, nunca nos dejamos arrastrar del deseo de servirnos de ellos inmoderadamente. Los cuidábamos mucho.

En los días que siguieron a su casamiento, Arturo determinó llevar a su mujer a todas las granjas dependientes de Bois-Joli. Aquello fue un verdadero triunfo. Fuimos recibidos con entusiasmo entre aquellas buenas gentes, que nos manifestaban su afecto de un modo tan sencillo y tan cariñoso, que nos sentíamos vivamente conmovidos. Un acto de caridad de escasa importancia que habíamos realizado hacía poco, fue conocido muy pronto en todos los alrededores, concluyendo por conquistarnos todos los corazones.

Si mal no recuerdo, era una tarde del mes de agosto. El día había sido sofocante y amenazaba desencadenarse una tempestad. Estábamos caminando desde por la mañana y nos dábamos prisa por llegar a Bois-Joli, distante aún dos leguas largas. Era cosa de veinticinco minutos. Mas he aquí que, al pasar cerca de un campo en que se acababa de hacer la siega, nos encontramos a unas pobres gentes muy apesadumbradas. La mies se hallaba por tierra, pero no tenían caballos para llevarla. Desde luego tenían bueyes, pero con animales tan pesados no les sería posible terminar su faena antes de venir la tempestad, en cuyo caso se perdería la cosecha. Nos dieron cuenta de sus apuros con voz alterada por la emoción, aunque sin pedirnos ayuda.

Adivinando su muda petición, consultamos un instante entre nosotros, y echando pie a tierra les dijo Arturo:

—Ea, amigos, enganchemos pronto estos animales y yo os respondo que vuestra mies estará muy pronto encerrada.

Aquellos campesinos no eran de los nuestros, pero no se trataba de eso.

Mi hermana y yo nos dimos también prisa a bajar de nuestras cabalgaduras, que entregamos a los segadores. Se encontraron en una granja unas colleras viejas, que se sujetaron lo mejor que se pudo al cuello de Otelo, de Fauvette y de Mignon. Los arreos dejaban bastante que desear pero, por fin, con cuerdas, con guitas, y con buena voluntad, se vino a conseguir lo que se quería. Nuestros elegantes corceles parecían algo maravillados y como avergonzados de que se les aplicase a semejante tarea. Mignon, que era manso, se avino fácilmente, mientras que Otelo y Fauvette se manifestaron algo más recalcitrantes. Acabaron por resignarse ante la enérgica intervención de Arturo, con lo que la maniobra se efectuó fácilmente. El joven conde de Serant, montado en Otelo, que iba en varas, condujo rápidamente hasta la granja la primera carretada.

Con toda presteza hizo tres o cuatro viajes, logrando encerrar toda la mies. Justo a tiempo, pues los relámpagos surcaban las nubes y empezaban a caer gruesas gotas. Pero aunque viniese el diluvio no había que temer, porque todo estaba seguro.

Ya os podéis imaginar fácilmente la gratitud y el gozo de aquellos pobres labriegos, que no encontraban palabras con que demostrarnos su agradecimiento. Genoveva, como siempre, aprovechó la ocasión para que aquellas acciones de gracias se diesen a Dios.

Entretanto se había desencadenado con violencia la tempestad, haciéndose imposible ponerse en camino con tiempo semejante. El agua corría abundante por los barrancos, convertidos en verdaderos torrentes. Hasta eso de las nueve de la noche no empezó el cielo a despejarse. Nos vimos precisados a cenar con aquellos buenos labriegos, satisfechos en darnos hospitalidad, pero tristes al mismo tiempo por no tener que ofrecernos cosa mejor. Nosotros nos mostramos muy contentos con lo que se nos servía, y comimos con buen apetito. En esa edad los estómagos son muy complacientes. Sólo nos inquietaba una cosa, y era la intranquilidad con que estarían en Bois-Joli, razón por la cual, apenas lo permitió el tiempo, nos apresuramos a montar a caballo para llegar antes a casa. Llegamos, en efecto, a las diez de la noche, y nuestra vuelta disipó los temores de nuestros padres. El marqués había comenzado ya a reprender severamente a Arturo, nuestro jefe responsable; pero cuando se supo lo que había pasado, merecimos una completa aprobación.

—Está bien, hijos míos —nos dijo la marquesa, una vez oído nuestro relato—; sed siempre buenos, que nunca os arrepentiréis de haberlo sido.

La buena, principalmente, era Genoveva. En nuestra opinión iba demasiado lejos algunas veces, pero hoy, que tengo más conocimiento de la vida, le doy en todo la razón. Porque no es posible, según entiendo, traspasar los límites en materia de caridad, siempre que esa inclinación, en sí misma tan loable, no nos haga faltar a cualquier otra obligación.

Bien pronto mi querida hermana Genoveva nos dio una prueba significativa de su compasión para con los desgraciados. El hecho se verificó a mediados de septiembre, como tres semanas después de su casamiento. Arturo y su mujer habían sido invitados por la señora de Bonchamps a pasar el día en la Baronnière. Ambos debían salir antes del almuerzo, para estar de vuelta a la noche. Pero aquel día mi cuñado tenía tan fuerte jaqueca, que no pudo decidirse a ponerse en camino, y dijo a Genoveva:

—Tú me excusarás, pues, como ves, no estoy para visitas.

Como en aquel tiempo los caminos ofrecían seguridad por aquella parte del Bocage, mi hermana se marchó sola, asegurando que volvería temprano al castillo.

Había como cosa de dos leguas desde Bois-Joli hasta la Baronnière, y fue cosa de juego para Fauvette el andarlas.

Agradabilísimo día pasó Genoveva con la señora de Bonchamps, que le había cobrado mucho cariño, alegrándose mucho de verla, pues se aburría soberanamente en su casa después de la partida de su marido, por lo cual no pudo mi hermana dejar la Baronnière sino con la promesa de volver muy pronto con Arturo.

Sería cerca del mediodía cuando se puso en camino para volver a casa. Como unos doce minutos llevaría yendo al trote, cuando reparó que al borde del camino estaba sentada una joven muy pobremente vestida, la cual tenía sobre sus rodillas un pequeñín como de dos años. Aquella joven parecía estar rendida por el cansancio y abatida por el pesar. Se conmovió tanto Genoveva al fijarse en su triste y doloroso aspecto, que al punto detuvo su cabalgadura y se bajó para acercarse a ella y dirigirle la palabra. Supo que aquella mujer acababa de perder a su marido, capitán de un navío mercante, y que venía andando desde Paimboeuf cargada con la criatura. Después de la muerte del jefe de la familia los acreedores la habían obligado a venderlo todo, dejando a la pobre viuda sin recurso de ninguna clase. Como tenía una tía en Angers que le había prometido darle un asilo y proporcionarle medio de ganarse la vida, se encaminaba a aquella ciudad a cortas jornadas, pidiendo limosna por el camino. Pero se encontraba rendida de cansancio, exhausta de fuerzas físicas y, más que nada, de energía moral. Genoveva pronto comprendió que aquella infeliz estaba más enferma en el alma que en el cuerpo. La mujer, que se expresaba bastante bien, y que sin duda había recibido cierta educación, exhalaba la queja de un corazón ulcerado, y la blasfemia salía de su boca. Cuando la joven condesa de Serant trató de exhortarla a tener confianza en Dios...

—Eso es cosa muy fácil para usted —le contestó bruscamente—, que es rica y que viaja cómodamente en un hermoso caballo; pero a mí no hay que hablarme de confianza en Dios. ¿Se figura usted que si Dios pensase en mí, como usted afirma, me dejaría perecer aquí de fatiga y desesperación juntamente con mi hijo?

—Tiene usted razón, señora —replicó Genoveva con dulzura—. Soy una indiscreta; pero la Providencia quiere valerse de mí para favorecerle a usted. Conque ya ve como Dios se ocupa de usted puesto que él es el que me inspira el deseo de socorrer su necesidad y de consolarla en su aflicción. Soy rica, es verdad, pero esa riqueza va a servir de algo. Se encuentra usted rendida, y no me extraña. Pero Dios, a fin de que usted pueda descansar un poco, le envía mi caballo, que le llevará a usted y a su chiquitín hasta la casa en que habito, a dos leguas de aquí. Es el mismo camino que usted lleva. Durante algunos días podrá usted recobrar las fuerzas en mi casa, y después la llevarán en coche hasta Angers.

La mujer se le quedó mirando con verdadero asombro.

—¿Habla usted de veras, señora? —le dijo.

—Pero, infeliz, ¿puede usted pensar que había yo de burlarme así de una desgraciada? —repuso mi hermana.

—¡Qué quiere usted! ¡Es cosa tan rara oír hablar de la manera que usted lo hace! En fin, veo lo que es usted; es buena, pero no puedo consentir en que haga usted dos leguas a pie. Por lo menos es usted condesa o marquesa... Usted no está acostumbrada a la miseria.

—¡Oh! Esté usted tranquila; soy una excelente andarina. Así que emprendamos la marcha sin más tardar.

El tono de la mujer se había dulcificado por completo.

—Su bondad me conmueve —repuso—; pero debo manifestarle que en mi vida he montado a caballo, y que me será imposible sostenerme en ese, a lo que se me alcanza.

—No tenga usted miedo —dijo Genoveva—, yo la voy a colocar a usted de una manera muy segura, y además yo llevaré las riendas del animal, y nada habrá que temer. Pero como Fauvette es muy alta para que pueda usted montarse sin escabel, acerquémonos a ese montón de tierra que está a dos pasos de nosotras. Desde él podrá usted montarse con facilidad. Enseguida le daré al pequeño, y ya verá usted cómo todo saldrá de maravilla.

Entretanto mi hermana había colocado la cabalgadura junto al montón de tierra cubierto de césped y ayudado a su protegida para que se instalase bien en la silla. Impaciente con todos estos desacostumbrados preparativos, Fauvette se removía un poco, y la pobre mujer se echaba a temblar a cada movimiento de la intranquila cabalgadura. Por fin, pudo serenarse, asegurando que le parecía poderse mantener en equilibrio.

Tomó entonces Genoveva en sus brazos al pequeñuelo y lo colocó delante de su madre. Entregando después las riendas a la improvisada amazona, a fin de darle un punto de apoyo, le dijo:

—Tire un poco hacia usted, aunque no demasiado, pues de otro modo Fauvette no se portaría bien.

Entonces, sujetando a la yegua por la parte de la rienda próxima al bocado, con objeto de prevenir cualquier movimiento brusco, se puso en marcha, cuidando de volver la cabeza de cuando en cuando para animar con una sonrisa a su protegida, infundiéndola confianza. Como iba muy despacio para evitarle cualquier desasosiego, el viaje duró mucho tiempo, y no pudieron llegar a la puerta del parque sino después de las seis. Allí Genoveva, con objeto de ocultar el acto de caridad que acababa de hacer, mandó bajarse a la viajera, a la que indicó el camino de la cocina.

—Diga usted allí —encargó a la mujer— que yo he sido la que le he invitado a entrar en el castillo. Ya vendrán a darme aviso y pronto nos veremos.

Montando al instante de nuevo en Fauvette, dejó que se arrancase, y a gran trote salvó el corto espacio que quedaba por recorrer. La joven se bajó del caballo y se apresuró a ir al encuentro de su favorecida para que la diesen de cenar y le preparasen una habitación.

La buena de Genoveva se persuadió de que sólo el ángel custodio había sido testigo de su caridad. Se engañaba, Arturo, que había salido de paseo para aliviar su jaqueca, estaba dando una vuelta por los alrededores del parque cuando entraba la caravana. Por el momento nada dijo; pero por la noche, durante la cena, se puso a dar bromas a su mujer, preguntándole si al volver de la Baronnière no se había tropezado con una hermosa señora que iba a pie y tirando de las riendas de una cabalgadura en la que iba montada una mendiga. Mi hermana se puso como una amapola, y procuró variar la conversación, pero ante la insistencia de su marido, no tuvo más remedio que confesar su crimen. La marquesa manifestó que lo aprobaba en un todo.

—Eso sí —dijo— que es verdadera fraternidad.

Arturo fingía desaprobar lo realizado por su mujer.

—En fin —dijo en tono cómico—, yo no creía casarme con la criada de la parroquia. ¡Y en adelante no te dejaré salir sola, pues no tienes muy en cuenta la dignidad de nuestro nombre!

Genoveva retuvo tres días a su protegida en el castillo, Se aprovechó de este tiempo para curar su alma enferma y para enseñarle a aceptar humildemente las pruebas que Dios envía. Aquella pobre mujer apenas sabía nada de religión, y hacía largo tiempo que no la practicaba. Fue para ella insigne gracia el haber sido acogida por tan caritativa cristiana. Cuando dejó Bois-Joli la pobre mujer, su alma se hallaba en paz y su voluntad, sumisa a la de Dios. La condesa puso en sus manos una buena limosna a fin de que pudiese acudir a sus primeros gastos, y la hizo conducir en un carricoche hasta la ciudad de Angers.

Ya me iba a olvidar de nuestras excursiones por el Loira, uno de nuestros preferidos pasatiempos. Teníamos un excelente barco, que Arturo sabía dirigir muy bien, mientras que Santiago hendía rápidamente las ondas con la fuerza de sus vigorosos brazos. Cuando el criado había remado mucho tiempo, su amo cambiaba sencillamente de puesto con él y tomaba los remos. De este modo dábamos agradabilísimos paseos, visitando sucesivamente las frondosas islas diseminadas en la corriente del río. Unas veces echábamos el anzuelo o la red en las aguas del Loira, abundante en peces, y otras cazaba Arturo las aves acuáticas que abundan en aquellos parajes.

Conviene que sepáis que nuestros padres nos habían prohibido ir en barca si Santiago y Arturo no venían con nosotros. Con semejantes guardias de Corps nada teníamos que temer, pues ambos sabían nadar muy bien, y como eran vigorosos, hubiera sido para ellos cosa de juego el sacarnos de en medio de las olas. Pero toda seguridad hubiera desaparecido si alguno de los dos se hubiera ausentado. Prudentísima era la consigna, y de ordinario la observábamos fielmente, pues aunque Arturo y Genoveva eran dueños de sus acciones después de casados, se creían, sin embargo, en el deber de obedecer las menores insinuaciones del marqués y de la marquesa.

Sin embargo, un día de finales de octubre infringimos la regla, y esta desobediencia estuvo a punto de costarnos muy cara. Por aquel entonces el Loira, crecido a causa de las lluvias torrenciales que habían caído por espacio de muchas semanas, se había desbordado y cubría la campiña hasta muy lejos.

Era impetuosa la corriente, y el río arrastraba troncos de árboles y malezas de todas clases, cuyo encuentro hubiera sido peligroso para una embarcación pequeña.

Aquel día, sin embargo, se nos antojó pasearnos por el Loira. A eso de las ocho de la mañana bajamos hasta el extremo del parque y nos metimos en nuestro barco, que se hallaba amarrado a la ventana del pabellón desde la víspera. Estábamos esperando a Santiago, que un instante después debía unirse a nosotros, pero el valiente mozo no llegaba. Supimos más tarde que él creyó que nuestro paseo sería después de las doce. La espera nos había contrariado un poco. De repente exclamé con aturdimiento;

—¡Bah! Por una vez no nos ha de pasar nada, aunque vaya Arturo solamente con nosotras; que Genoveva tome el timón y él los remos.

—Sin embargo —objetó mi hermana—, no es hoy el día más a propósito para infringir la consigna. Miren ustedes qué crecido va el Loira y cuán dificultosa será la navegación.

Arturo permanecía callado.

—Con todo —añadí maliciosamente—, yo creía que mi cuñado era algo más atrevido.

Arturo se estremeció. Había tocado yo la cuerda sensible.

—¡Cáspita! —dijo—. Está claro que clara que puedo conduciros por el agua sin ayuda de nadie... Partamos.

Y se apoderó resueltamente de los remos. Intentó Genovena hacer una objeción, pero el rostro de Arturo expresaba viva impaciencia, y temiendo algún disgusto no se atrevió a insistir. Se sentó junto al timón y dijo:

—Como gustéis.

El impulso de los brazos vigorosos de Arturo nos llevó rápidamente hacia el Loira. Todo marchó perfectamente mientras que nos mantuvimos cerca de los prados, donde la velocidad era relativamente poco sensible; pero cuando empezamos a navegar por el lecho mismo del río, ya fue otra cosa. Espantado Arturo de la rapidez con que íbamos, intentó virar para llegar poco a poco a la orilla izquierda, e hizo señas a Genoveva para que diese al barco esta dirección. Pero en aquel momento, un enorme tronco, viniendo derechamente hacia nosotros, amenazaba ponerse al través.

—¡El timón a la derecha —gritó mi cuñado—, a la derecha, pronto!

Pero Genoveva, sin saber lo que hacía, viró a la izquierda, y este falso movimiento nos lanzó contra el tronco con violento choque. Volcóse el barco, quedando la quilla al aire y nosotros en medio de la corriente.

Los tres nos habíamos asido a la tabla de bordo del esquife en que íbamos. Fue un momento de terrible ansiedad. Arturo se dirigió hacia su mujer.

—Cógete a mi brazo izquierdo con fuerza —le dijo—, voy a conducirte a la orilla en breves instantes.

—¡Arturo! —exclamó Genoveva con energía—.

Antes a mi hermana que a mí; sin ella no quiero librarme del peligro.

—Déjame a mí, Genoveva, te lo ruego; ya volveré por María, te lo juro.

—No, no lo consiento de ningún modo —repuso resueltamente.

Pronunció estas palabras con tono tan decidido, que Arturo se convenció de que no había más remedio que obedecer. Así que no pensó sino en trasladarme a la orilla lo más pronto posible.

Menos animosa que mi hermana, y, sobre todo, mucho menos generosa, tenía tal horror a la muerte que no puse ninguna dificultad en aceptar el socorro de mi cuñado. Lo digo para vergüenza mía, pues lo natural era que Arturo hubiese pensado en salvar primero a su mujer. Era hasta un deber suyo, y Genoveva estaba casi obligada a consentir en que su marido la sacase del peligro antes que a mí.

Entretanto, Arturo me había cogido del brazo y nadaba vigorosamente hacia la orilla, poniendo gran cuidado en que llevase yo la cabeza fuera del agua. Una hilera de árboles, cuyos troncos estaban sumergidos en el agua, indicaba distintamente la línea de demarcación del río y de los terrenos inundados. Allí estaba nuestra salvación, y allí debíamos llegar a toda costa. Arturo lo comprendió perfectamente, y por eso hizo los más enérgicos esfuerzos para vencer la fuerza de la corriente y llevarme hasta una gran encina que extendía sus ramas por encima de las aguas desbordadas. Llegó, por fin, gracias a su ánimo y a su vigor. Me agarré entonces con ambas manos a la rama más próxima, y logré sin mucho trabajo encaramarme en aquel improvisado asiento.

Tan pronto como Arturo se cercioró de que yo estaba fuera de peligro, volvió en busca de su mujer, que continuaba agarrada a la tabla de costado de nuestro esquife. Por buena suerte, la barca no había variado mucho de sitio, por haberse producido el incidente encima de un ancho banco de arena y por tener el agua bastante menos profundidad en aquel paraje; de suerte que un montón de malezas acumuladas en aquel punto había formado, por algunos instantes, una especie de presa en que se detuvo el barco. ¡Estaba visible la protección de Dios! En pocos momentos llegó Arturo donde estaba Genoveva, la cual comenzaba a perder el ánimo, y cuyas manos, ya cansadas, estaban a punto de soltar la tabla que la sostenía sobre el agua.

—¡Ah! Por fin has llegado —dijo a su marido—; ya no podía más. Sálvame, yo nada puedo hacer.

—No tengas miedo, querida mía —dijo Arturo—. Sí, aquí estoy yo para salvarte. ¿Hubiera yo podido vivir sin ti?

Genoveva nada oía, porque el miedo, la emoción, el esfuerzo desesperado que acababa de hacer habían agotado sus fuerzas, y se desmayó. Se presentaba entonces crítica la situación para ambos, y más ardua para Arturo su empresa. No se desalentó por ello, invocó el auxilio divino, y cogiendo de ambos brazos a su mujer desmayada logró conducirla hasta la orilla, procurando que tuviese siempre la cabeza fuera del agua. No costó mucho hacerla volver en sí, tan pronto como se halló segura a mi lado en el árbol salvador.

Viéndonos ya a las dos fuera de peligro, nos dijo Arturo:

—No os mováis de ahí, estad tranquilas; voy en busca de auxilio. Estaré de vuelta dentro de un cuarto de hora.

Y, echándose de nuevo a nado, se dirigió rápidamente hacia tierra firme. Pronto le vimos llegar a un sitio que todavía no habían alcanzado las aguas, enseguida tomó el camino para el castillo, que estaba muy cerca, para nuestra dicha, pues estábamos muertas de frío con aquella ropa chorreando agua por todas partes. Estábamos libres, y dimos muy de veras gracias a Dios. Pero la pobre Genoveva se lamentaba de la suerte de su marido, a quien ya veía con un resfriado o cosa parecida.

—Dios mío, bien castigadas hemos sido por nuestra desobediencia, y me parece que no volveré a embarcame sin cumplir a la letra la consigna.

Mientras tanto Arturo había encontrado otra barca, y ayudado de Santiago, que había acudido a su llamamiento, remaba con todas sus fuerzas para llegar adonde nos encontrábamos.

Pronto nos vimos libres, y algunos minutos después estábamos en tierra. Mi cuñado ni siquiera había tenido tiempo para mudarse de ropa, lo cual hizo lanzar gritos de espanto a su mujer. Mas como no había estado parado ni un momento, había menos que temer por él que por nosotras.

Apenas llegamos al castillo nos apresuramos a ponernos vestidos de invierno, y a calentarnos cerca de un buen fuego. Después se nos hizo tomar un ponche, que nos reanimó por completo. Medio riendo y medio llorando nos dirijimos al cuarto de mi madrina para entonar el mea culpa. Afortunadamente, ni ella ni el marqués se habían enterado de lo acaecido hasta después de pasado el peligro. Se nos riñó de lo lindo, aunque abrazándonos. Sobre todo sermonearon a mi cuñado, censurándole su imprudencia. Y a la vez él me lanzaba miradas maliciosas, como diciendo: «¡Ah!, pícara cuñada, esta reprimenda la merecías tú».

Aunque no chisté, no era yo de distinta opinión. Todos, finalmente, dimos gracias a Dios. Después nos sentamos a la mesa, y hacia el fin de la comida, no fijándonos más que en el lado cómico del suceso, nos acometió a Genoveva y a mí la locura de la risa... Pensábamos en nuestra grotesca situación cuando nos encontrábamos ambas posadas en nuestro árbol, como si fuéramos dos pájaros aburridos.

X
Tonio

He anticipado algo los acontecimientos, y debo referiros ahora una aventura que nos había sucedido poco antes, hacia fines de septiembre, el mismo día de san Miguel si no me engaña la memoria. Aunque la cosa en sí misma no es de gran importancia, quiero decírosla, mis queridos nietos, un tanto minuciosamente, porque en aquella circunstancia realizamos un acto de caridad que más tarde debía premiarnos Dios con un señalado beneficio.

Pues bien, en esas fechas, Arturo, Genoveva y yo habíamos ido a pasar algunos días a casa de una tía de mi cuñado, la señora de Riez, que habitaba en las cercanías de Cholet. Como no había podido asistir al casamiento de su sobrino, no quería dejar de verlo a él y a su mujer. Esta visita nos proporcionó muchas diversiones, porque la señora de Riez era muy amable y supo hacernos agradable nuestra permanencia en su casa.

Debíamos estar de vuelta en Bois-Joli el 29 de septiembre, lo más tarde. Este era el límite extremo que se nos había impuesto, y como teníamos que andar doce leguas largas para llegar a casa, como el camino no estaba muy bueno que digamos, y como la noche en aquella estación se venía muy pronto, decidimos salir muy de mañana. Debíamos detenernos algún tiempo en Beaupreau para comer, y con esto no llegaríamos a Bois-Joli sino al caer la tarde.

En el día señalado, fieles a nuestro plan, nos despedimos de la señora de Riez poniéndonos en camino en una espléndida mañana de otoño. La primera parte de nuestro viaje fue muy pacífica y no ofreció incidente alguno. A eso del mediodía llegamos a Beaupreau, donde debimos hacer alto bastante tiempo.

No habíamos imaginado siquiera que hubiese aquel mismo día en dicho pueblo una feria muy importante, que atraía mucha gente de todo el contorno. Así es que nos cogió de sorpresa ver la animación extraordinaria que reinaba por todas partes. Cuando nos enteramos que era día de feria, nos alegramos mucho, pensando que de ese modo nos sería fácil llenar aquellas horas de descanso. En cuanto a mí, salté de gozo cuando supe que durante la víspera habían levantado un circo ambulante en la plaza de la iglesia, y que estaba anunciada una gran función para las tres de la tarde. Ya veis, hijos míos, lo curiosa y frívola que era entonces vuestra abuela. Tú también, mi querido Carlitos, participas un poco de este defecto. No imites en eso a tu abuela.

Me di prisa en decir a mi cuñado que tenía muchas ganas de asistir al espectáculo, suplicándole que retardase una hora el momento de nuestra partida. Estuvo dudoso por algún tiempo, temiendo llegar demasiado tarde a Bois-Joli y causar inquietud a sus padres.

—¡No! —respondí—, nuestros caballos estarán más descansados y podrán caminar más ligeros. Muy pronto ganaremos, y con ventaja, el tiempo perdido.

En breve me las compuse de modo que Arturo acabó por acceder, aunque asegurando que nos marcharíamos lo más tarde a las cuatro, aunque no se hubiese acabado la función. Vine en ello sin dificultad, y me apresuré a llevarme a mi hermana y a mi cuñado hacia la plaza en que se debía dar la representación.

Aquel circo de feria estaba verdaderamente muy bien montado. Había en él perros sabios, asnos sabios, caballos sabios y jinetes de una fuerza sorprendente que ejecutaban prodigios de habilidad y ligereza. Lo que principalmente llamó mi atención fueron los ejercicios realizados por doce muchachos de diez a catorce años, vestidos con lindas blusas de color azul y rosa, moteadas de oro y plata, los cuales daban muestra de una agilidad maravillosa. Atravesaban el espacio entre dos trapecios, colocados a gran altura, cogiéndose al vuelo por un pie o por una mano, con una flexibilidad y seguridad en los movimientos como jamás yo había visto. Se hubiera dicho que tenían alas como los pájaros para volar por los aires. Aquellos ejercicios gimnásticos resultaban muy peligrosos, porque el director del circo no había hecho extender una red para prevenir cualquier movimiento en falso de los pequeños acróbatas y hacer menos peligrosa su caída, por lo que que una torpeza o una ligera distracción podía costarles la vida. Según decían, esto entraba en los cálculos de aquel mal hombre. De este modo aquellos muchachos se veían forzados a realizar prodigios de atención y destreza, persuadidos de la terrible consecuencia que para ellos podía tener el más ligero descuido. Algunos espectadores murmuraban en alta voz contra el dueño del circo. En cuanto a mí, estaba tan absorta y embebecida por el espectáculo, que no se me ocurría fijar mi atención en el peligro.

Eran ya las cuatro, y me iban a sacar de aquella diversión, cuando la directora se presentó para anunciar la pieza final, el ramillete, la maravilla de las maravillas de los tiempos antiguos y modernos, etcétera. Rogué a Arturo y a Genoveva que aguardasen todavía, a lo que se resignaron con desagrado. Habían adquirido la costumbre de tratarme como a una niña mimada. La dureza de juicio era uno de mis menores defectos, como es también uno de los tuyos, Luisita mía. Pero aquel día Dios se sirvió de mi defecto para su gloria y para el bien de un alma.

Acababan de traer los dos caballos más grandes de la compañía, que se colocaron de lado y paralelamente, a una distancia como de diez pies uno de otro.

Entonces la dueña del circo, mujer alta y robusta, de mirada dura y torva, y que respondía al nombre de Loña, mandó con un silbido que empezase la maniobra preliminar. Los pequeños acróbatas se dividieron en dos grupos de a seis, cada uno de los cuales debía formar una columna humana, sirviéndole de base la grupa de ambos animales. A una segunda señal, con un movimiento rápido como el pensamiento, se encontraron de pie sobre el lomo de aquellas grandes cabalgaduras, transformándose, como por encanto, en una doble escala viviente, de la que cada niño formaba un escalón. El movimiento se había efectuado en un abrir y cerrar de ojos, arrancando entusiastas aplausos de los espectadores. Pero aquel no era más que un ejercicio preparatorio; se anunciaba un juego final más difícil y de mayor peligro.

Loña hizo una señal al hombrecito más pequeño del grupo, que se había reservado para el ramillete. El muchacho, llamado Tonio, vendría a tener unos diez u once años. Su hermoso rostro, a cuyos lados venían a caer largos cabellos negros y ensortijados; sus grandes ojos, tristes y reposados; el encanto de su fisionomía enteramente italiana unido a la gracia y flexibilidad de sus movimientos, hacían por extremo simpática su diminuta persona. En los ejercicios precedentes se había hecho notar entre todos por una destreza y agilidad asombrosas. Pero en aquellos momentos el infeliz muchacho parecía estar rendido, y su mirada medía la altura a que debía subir, y sobre todo el espacio que había que salvar al vuelo, porque Loña acababa de dirigirle la orden suprema, orden terrible, en verdad. Tenía que trepar hasta lo más alto de la primera escala formada por sus compañeros, y desde allí, dando un peligroso salto, venir a caer de pie en el vértice de la segunda.

Vimos al pobre pequeñuelo vacilante, y que de sus ojos brotaban lágrimas. Hizo un gesto desesperado y pronunció algunas palabras que no pudimos comprender. Entonces la terrible Loña se abalanzó sobre él, y dándole un tremendo latigazo, trazó en sus espaldas un surco de sangre. Después, con amenazadora mirada y con terrible voz, reiteró brutalmente la orden dada. Mas para entonces Genoveva, saliendo del círculo de los espectadores, se había colocado entre el muchacho y su verdugo, y con una sola mano, cuyas fuerzas centuplicaba la indignación, había rechazado a aquella mujer sin entrañas. Aplausos y bravos saludaron aquella generosa intervención, que no se le había ocurrido a ninguno de los espectadores, campesinos o burgueses. Entretanto, Loña, pasado el primer momento de estupor; se va derecha hacia Genoveva con mirada altanera, con la amenaza en los labios y alzada la fusta. Pero se encontró delante de sí al joven Arturo. Mi cuñado nos había dejado unos momentos antes para ordenar que ensillasen nuestros caballos. Al volver por nosotros vio a Genoveva en medio del circo cogiendo de la mano al pequeño saltimbanqui, que se ocultaba detrás de ella, mientras que aquella furia se encaminaba con el brazo levantado hacia la joven. De un salto se puso Arturo al lado de Genoveva. Estaba dominado por la ira y hubo un instante en que me persuadí que iba a derribar por tierra a Loña. Pudo, sin embargo, reprimirse, y se contentó con arrebatarle la fusta, que hizo pedazos en su rodilla.

Entretanto, el amo del circo, seguido de sus mozos, se precipitaba al socorro de su compañera, A la vista del peligro que corrían mi cuñado y mi hermana, llena de espanto me deshice en lágrimas. Mas para entonces la muchedumbre se había puesto de nuestra parte y cercaba, amenazadora, a los artistas ambulantes, los cuales creyeron prudente ir desfilando poco a poco. Bajaron de repente el diapasón, y con voz muy humilde preguntaron a Arturo en una jerigonza compuesta de español y de francés, en qué habían podido ofender al señor caballero y a la bella señorita.

—Llevémonos con nosotros al pequeñuelo —dijo, al oído de Arturo, Genoveva—, porque si lo dejamos, de seguro que lo matan.

—Ya lo arreglaré todo, querida mía —le respondió mi cuñado.

Por su parte Arturo amenazaba a Loña y a su marido con denunciarlos a la Justicia.

—Ustedes han robado este muchacho —les dijo—, y nos lo llevamos sin más remedio.

Quiso protestar en un principio aquel hombre, pero como veía perfectamente que mi cuñado no hacía caso de sus mentiras, y que la muchedumbre estaba cada vez más soliviantada, dio a entender que había comprado al muchacho en España; manifiesta mentira, pues el tipo del pequeñuelo era enteramente italiano.

—En fin —dijo Loña—, si ustedes quieren tenerle, llévenselo; no hay dificultad, con tal que nos paguen lo que nos ha costado: cincuenta escudos, y otro tanto por su alimentación durante seis años.

Bien hubiéramos podido llevárnoslo sin aportar un céntimo, pues aquella gente estaba cada vez más acobardada, y nada deseaba tanto como salir pitando. Pero Genoveva, que temía verse obligada a dejar el muchacho, sacó apresuradamente su bolso y arrojó quince luises a los pies de aquellos miserables. Era precisamente la cantidad que le había dado su suegro tres días antes para que se comprase un vestido, por el que había, al parecer, mostrado deseos.

—¡Ah, querida mía —le dijo Arturo riendo—, qué expedita eres para salir de apuros! De aquí en adelante evitaremos el ir a ferias, pues de lo contrario me arruinarías.

Cerróse muy pronto el trato, y nos llevamos al pequeño, entre los aplausos de la concurrencia. Tonio demostraba sumo contento en venirse con nosotros, y nosotros estábamos muy orgullosos de nuestra conquista.

—Si no es por mí —exclamé triunfante—, no hubiéramos estado en el circo para salvar al muchacho.

Era preciso que nos diéramos prisa, pues eran más de las cinco, e íbamos a tener una tardanza tan considerable que no podía menos que intranquilizar a los de

Bois-Joli. Decidimos, con todo, tomar un bocado antes de partir, y más que nada deseábamos hacer tomar algún alimento a nuestro pequeño, entretanto que nos preparaban las cabalgaduras.

Ya en la fonda, el infeliz niño temblaba todavía siempre que sentía abrirse alguna puerta a sus espaldas, y volvía de pronto la cabeza como si temiese que la cruel Loña viniese para llevárselo. Logramos tranquilizarlo dándole a entender, más con señas que con palabras (pues apenas comprendía el francés), que no permitiríamos que se lo llevasen y que iría con nosotros muy lejos de allí. Pareció quedarse muy contento, y comenzó a comer con gran apetito. Creo que había padecido cruelmente de hambre.

Ya nos estaban aguardando los caballos, y nuestros preparativos no fueron largos. Los instantes eran preciosos, puesto que teníamos que hacer seis leguas largas por caminos malos y se venía encima la noche.

Luego que estuvimos montados, mi cuñado dijo al criado que nos había servido que colocase en la grupa al muchacho; pero el hombrecillo, que comprendió el gesto de Arturo, sin aguardar ayuda de nadie se encaramó en su sitio con la agilidad de un gato joven. Habíale bastado apoyarse con un dedo en el estribo para montarse de un brinco sobre Otelo, que era de gran alzada, y entonces, de pie detrás de Arturo, con las manos metidas en los bolsillos de su blusa azul y rosa, nos miraba con aquellos ojazos soñadores con la misma tranquilidad que si estuviese de pie sobre el suelo. Nos persuadimos que nada debíamos temer por su equilibrio, y que iba más seguro que ninguno de nosotros.

Al momento de partir, Genoveva, volviéndose a su marido, le dijo:

—Adoptemos a este pobrecito, y así será nuestro primer hijo, y por su causa Dios bendecirá a los otros.

Arturo accedió con una cariñosa sonrisa, y nos pusimos en marcha con la alegría en el corazón, pues la conciencia nos atestiguaba que acabábamos de realizar una buena acción.

A pesar de lo avanzado de la hora nos sentamos a la mesa, porque estábamos desmayados, y nos pusimos a contar con detalle todos los percances de nuestro viaje, y sobre todo el episodio de la feria de Beaupreau.

—Pues bien —dijo mi madrina—, es negocio terminado. Si las averiguaciones que vamos a hacer para encontrar a los padres de este niño no dan resultado, mi marido y yo nos constituiremos en abuelos; Arturo y Genoveva serán el papá y la mamá, y María se elevará a la dignidad de tía.

El proyecto se aprobó por aclamación.

El marqués empezó desde el siguiente día las averiguaciones, que no dieron resultado alguno. Nada se pudo sacar de la gente del circo ambulante, a quienes detuvieron por denuncia nuestra. Se hicieron también investigaciones serias en las fronteras de España y de Italia, sin que nada resultase; se habían perdido por completo las huellas de la familia de aquel niño. En vista de esto, se quedó Tonio con nosotros, encargándose Genoveva de su educación. Por de pronto le enseñó un poco de francés, y enseguida el catecismo, que era lo que más apremiaba, pues el infeliz muchacho no tenía noción alguna de religión y no sabía siquiera que existiese Dios. Como era muy inteligente, y se quedaba fácilmente con todo lo que se le decía, muy pronto se puso al corriente de lo que debía saber.

Desde que oyó hablar de Dios, su alma se volvió hacia él con un ardor admirable, y su piedad se fue desarrollando cada vez más. El señor cura le administró *sub conditione* el santo bautismo, porque no teníamos ninguna seguridad de que lo hubiese recibido. Se acercó también al tribunal de la penitencia, y Genoveva lo preparó para que al año siguiente hiciera su primera comunión.

Un día os diré cómo Dios iba a recompensarnos con un favor insigne nuestra caridad para con este pobre pequeñuelo, que él había salvado por nuestro medio de graves peligros para el cuerpo y, sobre todo, para el alma. La Providencia lo destinaba a grandes favores en el orden sobrenatural.

SEGUNDA PARTE
Dios y el rey

XI
La víspera

Henos aquí, mis queridos nietos, en los primeros dias del año 1792, es decir, en la víspera de espantosas catástrofes. Ahora es cuando voy a llenar la parte más dolorosa de mi cometido y, a pesar de todo, antes de relatar las tremendas calamidades que sobre nosotros llovieron en el Anjou, todavía tendremos el consuelo de evocar gloriosos recuerdos.

Hijos míos, leed atentamente estas páginas, pues espero que de ellas podréis sacar saludables lecciones.

Si mal no recuerdo ya os he dicho que habíamos permanecido bastante tranquilos hasta la primavera de 1792, pero que en aquella fecha la gravedad de los acontecimientos que en Francia se desarrollaban había concluido por turbar nuestras pacíficas poblaciones. En la época a que hemos llegado, por todas partes reinaba la inquietud y el descontento[13].

---

13 Mi abuela, según parece, hace datar solamente desde 1792 todas las inquietudes y la agitación del país. En realidad, ese estado de inquietud empezó en los primeros días del año precedente. El rincón del Bocage donde vivía la familia Serant era, sin duda, el más tranquilo de todo Anjou. Mi abuela habla aquí según los recuerdos de su infancia, que le dejaron una impresión de calma y de paz (nota del coronel Rembure).

La persecución contra los sacerdotes fieles se hizo entonces más violenta. Los prefectos del departamento Mayenne-et-Loire acababan de dar un decreto obligando a todos los eclesiásticos no juramentados a presentarse en Angers en el más breve plazo, para estar día y noche a la disposición de la policía. No atreviéndose a desobedecer aquella orden, muchos sacerdotes se pusieron en manos de las autoridades, que los recibieron en un principio con esmerada cortesía, en la confianza de que los demás religiosos, al saber los buenos tratamientos de que eran objeto sus compañeros, acabarían por someterse. Mas al cabo de breves días los perseguidores arrojaron la careta y mandaron encarcelar a todos los eclesiásticos que, fiados en la fe jurada, se habían retirado a la capital del departamento. Estos infelices fueron por espacio de muchas semanas víctimas de ultrajes y de toda clase de malos tratos. Por fin se los condujo a Nantes, escoltados como malhechores, y se los embarcó en dos buques cuyos capitanes habían recibido orden de ahogar en alta mar a todos los pasajeros. Pero aquellos buenos marinos prefirieron exponer su vida antes que cometer acto tan criminal y, sin cuidarse del castigo que atraían sobre sus cabezas, hicieron desembarcar en las costas de España a los confesores de la fe.

Todavía no funcionaba la guillotina; pero su reinado se acercaba a grandes pasos.

Cierto número de sacerdotes se negó a ponerse en manos de sus enemigos y continuaron viviendo en el Bocage, obligados a estar ocultos día y noche en los más profundos escondrijos, a fin de no caer en manos de los patriotas.

Me acuerdo muy bien de que Arturo, Genoveva y yo íbamos muchas veces en aquella época a confesarnos con nuestro cura, siempre de noche, como se deja entender, unas veces en una granja o una caverna, otras en medio de un campo de retamas, donde se había improvisado un escondite seguro.

Una vez, el 30 de octubre de 1792, fuimos mi hermana y yo a ver al sacerdote Berteaux a la granja del cortijo de Moustieres, a legua y media de Bois-Joli. Eran aproximadamente las once de la noche cuando llegamos al lugar de la cita; había mucha gente que, como nosotros, había venido para celebrar la fiesta de Todos los Santos. Arturo y Santiago estaban entonces en París, como luego os diré. El tío Bureau y su hijo Pedro, ambos armados de escopetas, nos habían escoltado durante el camino. Habíamos llevado con nosotras a nuestro pequeñín Tonio montado a la grupa detrás de Genoveva, su madre adoptiva. Tonio debía hacer aquella noche su primera comunión. ¡Oh, si hubierais visto su recogimiento y su fervor! Parecía ser uno de los ángeles que adoran al Niño Jesús en el pesebre... ¡Qué buena inspiración tuvimos al arrancarlo de las garras de Loña!

Aquellos tiempos de persecución eran muy difíciles, hijos míos; pero la prueba nos une a Dios de una manera especial. Creo que nunca he orado más de corazón que cuando recibía los sacramentos en una cueva agreste o en un establo que recordaba la pobreza de Belén, y especialmente en la prisión de los Almacenes, en Nantes, donde llegué a persuadirme que acababa mis días.

Os refiero estas cosas a fin de que entendáis que Dios, a proporción de las pruebas, concede sus auxilios. Por tanto, no hay que dejarse dominar por el temor ni perder la confianza al venir la persecución. Allí estará la gracia, en el momento oportuno, dispuesta a hacernos posible lo que parece imposible a la naturaleza. Lo que debemos hacer, al amenazarnos cualquier peligro, es preparar nuestro corazón con una vida pura y acudiendo frecuentemente a la oración. Los que rezan bien, jamás serán apóstatas.

Pero debo volver un poco atrás para hablaros del gran movimiento de peregrinaciones que tuvo origen en el Bocage hacia fines de 1791. Un inmenso gentío solía acudir a Saint-Laurent-de-la-Plaine, en el distrito de Saint-Florent, donde había una capilla erigida bajo la advocación de Nuestra Señora de la Caridad. No era menos considerable la afluencia de gente a a Nuestra Señora del Marillais, que se encontraba próxima a Bois-Joli. Se había esparcido el rumor de que la Madre de Dios se aparecía al pueblo fiel en aquellos sitios benditos, y tales prodigios los atestiguaban gran número de personas. Se veían a veces, según refieren, hasta ocho o diez mil peregrinos, que venían de diez y doce leguas, y que pasaban la noche en oración a los pies de su celestial Madre para pedir que terminasen las calamidades que asolaban a Francia, y, sobre todo, para que volviesen al país los legítimos pastores, desterrados por los intrusos.

Entre esos piadosos romeros había uno cuyo nombre debía hacerse célebre algunos meses después. Era Santiago Cathelineau, buhonero de Pin-en-Mauges, bien conocido en su país a causa de su ferviente piedad y de su adhesión al rey.

A sus consejos se debió que los habitantes del Bocage, que sufrían la desgracia de tener a un sacerdote intruso, cubriesen con fúnebre crespón la cruz llevada a la cabeza de cada parroquia durante la peregrinación.

Aquel espectáculo, que recordaba a la muchedumbre el luto de la religión y de la Iglesia, hacía derramar lágrimas y avivaba la fe.

Era cosa de oír al humilde carretero de Pin-en-Mauges hablando de la persecución religiosa que asolaba su país, y de los atentados contra la persona sagrada del rey.

Me acuerdo de haberlo visto una vez en Nuestra Señora del Marillais, adonde habíamos ido todos con ocasión de una gran peregrinación. Era, según creo, en el mes de mayo de 1792. No puedo expresaros la impresión que me produjo aquel sencillo campesino al hablar con profunda convicción de los objetos de su odio y de su amor. Aún creo estar viendo aquella mirada de fuego, aquel gesto amplio y significativo; me parece que estoy escuchando aquellos acentos que comunicaban a todos los corazones la indignación que se desbordaba del corazón de Cathelineau. Todavía no predicaba la insurrección, pero al verlo y al escucharlo cualquiera sentía que se acercaba la hora en que las iras que hervían en su pecho lanzarían sus llamas para encender la guerra santa.

En aquel día, algunos campesinos que se hallaban a nuestro alrededor gritaron:

—¡A las armas! ¡Dios así lo quiere!

Mi cuñado gritaba más que todos. Cathelineau apaciguó a la muchedumbre:

—No —dijo—, la hora de Dios todavía no ha llegado pero tal vez llegará muy pronto... ¡Oremos!

Y el pueblo cristiano, cayendo de rodillas, rezó con un fervor increíble, el *Miserere*, el *Parce Domine*, el *Vexilla Regis*, el *Ave Maris Stella*, y alternaban las letanías lauretanas con el *Pater Noster* y con el Credo. Nunca presencié un espectáculo tan conmovedor.

Pedro, el hermano menor de los Bureau, que nos había acompañado aquel día para cuidar de nuestros caballos, estaba febrilmente exaltado. ¡Qué llamas brillaban en sus ojos juveniles! Sólo contaba diecisiete años, pero poseía una destreza, una energía y un valor extraordinarios. Consagrado en cuerpo y alma a su Dios, a su rey y a sus amos (a quienes miraba como a la imagen de Dios en la tierra) encarnaba en sí mismo el tipo del soldado campesino que pronto iba a cambiar el arado por la espada y a dar su vida por el Trono y el Altar.

Al traernos nuestras cabalgaduras en la hora señalada para partir, dijo a media voz a mi cuñado Arturo:

—Se me antoja, señor conde, que ya estoy oliendo a pólvora... Por supuesto, que usted me llevará consigo. ¿No es eso, mi amo?

—¡Chist!, mocito —respondió Arturo—. ¡Sí, esto va a arder, pero no digas nada delante de las señoras!

Nada se me escapó, con todo, y me di buena prisa en referírselo a Genoveva, que se puso pálida.

¡Pobre Perico! ¿Cómo no conmoverme al acordarme de él, cuando murió heroicamente un año después defendiendo a su señora?

XII
El complot

A principios de junio, creo que era el 6, el señor de Serant recibía la visita de un amigo, el conde de Durtal, que llegaba de París para volver a Bretaña, donde tenía sus posesiones. Este noble caballero nos pintó con rasgos conmovedores los progresos de la revolución y los peligros que cada día corrían sus majestades. Nos aseguró que, con objeto de privar al rey de sus fieles defensores, acababan de exigir el licenciamiento de la Guardia Constitucional, a la que se acusaba de incivismo, una forma segura de favorecer el motín que estaba a punto de estallar. Ante lo inminente del peligro, muchos jóvenes de la nobleza de provincias se reunían en París a fin de estar dispuestos, en el primer llamamiento, para acudir al socorro de la familia real. El movimiento popular se esperaba para últimos del mes, y todo hacía temer que había de ser victorioso. El pretexto del motín era el veto que el rey oponía con insistencia a dos decretos de la Asamblea, que acababa de ordenar el destierro de los sacerdotes no juramentados, y la formación, dentro de París, de un ejército de veinte mil hombres, futuros soldados de la insurrección. Los acontecimientos marchaban con tal rapidez (según añadió el señor de Durtal), que de un momento a otro podría llegar la noticia del asesinato del rey y del desquiciamiento de la monarquía.

Muy impresionado por los peligros que corría la familia real, el marqués de Serant decidió notificar sin tardanza el estado en que las cosas se hallaban a todos los nobles señores de las cercanías. Aquella misma tarde hizo que montasen a caballo José, Alano, Urbano, Santiago y Pedro, con algunos otros jóvenes campesinos de las granjas cercanas, encargándoles avisasen a dichos señores que tuvieran la bondad de venir a Bois-Joli para recibir una comunicación urgente. La reunión se había fijado para el siguiente día, 8 de junio, entre diez y once de la noche.

Nuestra gente volvió por la tarde trayendo la respuesta de los convocados, que en su mayoría habían prometido acudir puntualmente a la cita. El marqués había mandado preparar una cena para sus huéspedes, los cuales llegaron en número de cerca de cuarenta, en la noche del 8 al 9, según se había convenido. A eso de las once se sentaron a la mesa, y durante la cena se habló de la lluvia y del buen tiempo, sin hacer alusión a los sucesos del día. La marquesa, Genoveva y yo no nos hallábamos presentes.

Poco duró la cena, pues cada cual deseaba vivamente saber el motivo de aquella convocatoria extraordinaria.

Pasado algún tiempo, nos dijo Arturo que le había chocado bastante aquella noche la actitud de Urbano Marchand. Había notado que miraba con insistencia a determinados huéspedes, hasta el punto que se mostraba enteramente absorto, y que cometió, sirviendo a la mesa, más de una torpeza, lo que no solía acontecerle, pues era el sirviente más dispuesto y más desembarazado que puede imaginarse. Pero en aquella circunstancia un pensamiento dominante cautivaba de tal modo sus facultades, que a cada paso se olvidaba de lo que debía hacer en el oficio que estaba ejerciendo.

Terminada la cena, el marqués suplicó a aquellos señores tuviesen la bondad de seguirle a su departamento particular, que estaba en el piso segundo, con vistas al Loira. Era una pieza espaciosa, a la que daban luz dos inmensas ventanas que se abrían sobre un ancho balcón.

El señor de Serant dormía en una alcoba vecina, comunicada con el departamento principal por un hueco que disimulaba una simple cortina. Se aprovechó Urbano de la disposición de las habitaciones para llevar a cabo el proyecto criminal que había concebido.

Desde el día antes desempeñaba con el marqués los oficios de José, el camarero, que había estado muy ocupado preparando la recepción de los huéspedes. Urbano entraba, pues, cuando le daba la gana en las habitaciones del señor de Serant, y esta coyuntura sirvió a sus designios mejor de lo que hubiera podido desear. Tuvo gran cuidado aquella noche de dejar abierta una pequeña ventana que servía para dar luz y aire a la alcoba próxima a la habitación de su amo, y poco antes de terminar la cena, subió a toda prisa para cerciorarse de que no la habían cerrado. Durante el día se había hecho de una cuerda larga y consistente, capaz de sostener fácilmente el peso de un hombre. Una vez tomadas estas precauciones, aguardaba el momento de realizar su intento.

Dejamos al marqués conduciendo a los huéspedes a su propia habitación, adonde se habían llevado una mesa y varias sillas. Luego que cada cual ocupó su puesto, los criados que habían acompañado a los huéspedes para alumbrarles se alejaron a una seña de su amo y se apresuraron a descansar algún tanto, pues debían estar a las tres de la mañana en las cuadras, a fin de preparar los caballos y ayudar a montar a los caballeros.

Urbano, por su parte, no pensaba en dormir. Salió el último de los criados y bajó despacio la escalera para que nadie viera que no se dirigía a su cuarto. Apenas hubo cesado todo ruido en la casa, subió precipitadamente a la torre albarrana, y se dispuso a ejecutar su plan. Empezó por atar fuertemente al campanil la cuerda que se había procurado; después, agarrándose con ambas manos, se deslizó por las pizarras hasta el borde extremo del tejado. Había tenido la precaución de descalzarse para que con el ruido no se descubriese su traición. Cuando llegó a la cornisa, procuró orientarse para saber a punto fijo dónde caía la pequeña ventana que daba luz a la alcoba del marqués, y cuando se cercioró del sitio, se escurrió con ligereza a lo largo del muro, hasta el segundo piso. Llegado enfrente del gabinete, se asió a las persianas para tener un punto de apoyo. Entrando enseguida en el cuarto, se fue arrastrando hasta la cortina que cubría la entrada del departamento, y apartando lo preciso la cortina, se puso a escuchar con mucha atención.

Se hallaba entonces el marqués precisamente en el instante de empezar a referir a sus amigos, la mayor parte de los cuales las ignoraban, las graves noticias que de París había traído el conde de Durtal. Urbano, desde su escondrijo, no perdía ni una sílaba, claveteándolo todo en su memoria.

Terminadas las explicaciones del señor de Serant, comenzó una animadísima discusión. Todos aquellos señores eran conscientes de la gravedad del peligro que corría Su Majestad; pero no se entendían en cuanto a la elección de medios para salvarlo. Unos opinaban que era preciso un inmediato llamamiento para tomar las armas, al que sin duda alguna responderían todas las poblaciones del Anjou, que se levantarían como un solo hombre. Otros, como los señores de Elbée, de Bonchamps, Dommaigné, de Autichamps, y el castellano de Bois-Joli, también sostenían que todavía no era llegada la hora, y que por entonces no ofrecía buen éxito ningún levantamiento. Como no veían ningún otro medio de librar al rey, los caballeros allí presentes decidieron que era preciso que cada cual hiciese individualmente cuanto pudiese, y todos se comprometieron a partir cuanto antes para engrosar las filas de los defensores de las Tullerías. Era preciso no dormirse, pues según las últimas noticias el motín iba a estallar a la hora menos pensada, y se anunciaba aquella revuelta tan terrible, que podía temerse en cualquier momento la noticia del asesinato de Luis XVI.

Casi todos aquellos señores aseguraron que su intención era partir al día siguiente. Urbano, ya lo hemos dicho, no perdió ni una palabra de aquella deliberación. Sabía además los nombres de los conjurados, y conocía de vista hacía bastante tiempo a la mayor parte de ellos. Hacía poco, durante la cena, había grabado en su memoria los rasgos de aquellos que veía por primera vez. Se hallaba al corriente de sus proyectos, y todo estaba madurado para la traición.

La antevíspera, al volver de llevar las invitaciones del marqués, se había alargado hasta Chalonnes, en la seguridad de que esta breve tardanza no despertaría sospecha alguna. En el castillo comprendían perfectamente que le era preciso andar mucho para llevar a efecto su cometido.

En Chalonnes Urbano había tenido una entrevista con los patriotas más exaltados de aquel pueblecillo, a quienes anunció la existencia de un complot, que se fraguaba, según decía, en Bois-Joli. Todavía ignoraba la trama, pero se jactaba de que la descubriría muy pronto. Después los citó para la noche del 9 al 10, que debía seguir a la reunión de los conjurados. A las once de la noche se hallaría él en la calva de la Soblonnière, en medio del bosque de los Coudreaux, a eso de media legua de Bois-Joli, subiendo hacia Saint-Florent. Los pachones lo felicitaron calurosamente por su celo patriótico, asegurándole la gratitud de la nación, y se encargarían de hacer llegar hasta Angers, y hasta París si era preciso, todos los datos que pudieran recabar.

Y así que Urbano, al sentir que los invitados se levantaban para despedirse del marqués, se apresuró a deslizarse por la ventana para venir a dar en el tejado. Pocos instantes después se encontraba, sin que nadie sospechase nada, en el patio principal ayudando a los nobles caballeros a ponerse las capas y a montar a caballo. Eran las tres de la mañana.

XIII
Judas

En la mañana que siguió a la partida de los conjurados, Santiago Bureau llamaba muy temprano a la puerta del aposento de Arturo. El guarda de caza se manifestaba preocupado. Por indicación de su amo, que todavía no se había levantado, se sentó familiarmente junto a la cama.

—Se me figura, señor conde —dijo sin más preámbulo—, que por fin nos hemos apoderado de Urbano y que lo vamos a pillar con el hurto en las manos. Esta misma mañana he visto a Francisco Courteau, mozo de la Perinière, muy cerca de Saint-Florent, quien me dijo: «Tenéis allá en Bois-Joli un mozo que no vale ni la cuerda en que se le ha de ahorcar». Entonces yo le dije: «si estás hablando de Urbano, no andas descaminado». «*Pos* mira —me dijo después—, volvía yo, hará cosa de ocho días..., sí, eso hará, el martes de la semana *pasá*, de la feria de Montrevault, donde había vendido mi guarrillo. Yo había *empinao* algo, ¿sabes? Los días de feria suele uno empinar el codo varias veces, aunque no hasta perder el *sentío*, sino hasta entrar algo en calor. Sucedió, pues, que al pasar por la calavera de la Sablonnière, me sentí, como quien dice un *tantico fatigao*, hasta el punto que tuve que pararme al borde de la cuneta. Serían como las diez de la noche. A lo que entiendo, debí quedarme traspuesto, como quien dice, una *mijilla*, y *dimpués*, al despertarme escuché que platicaban *mu* cerca de donde yo estaba. No chisté, porque me se vino al *magín* que tal vez serían ladrones, y me se ocurrió que traía en el bolsillo el importe de mi guarro. Y cata aquí que se asoma la luna por un agujero de las nubes y *guipo* a cuatro hombres *asentaos* al pie de un castaño, lejos de mi *na* más que un montón de *chinarros* que allí había. Y que ellos no me han visto —continuó diciéndome Francisco— se saca de que la sombra del alud daba al otro lao de ellos. Pero yo los *conosí mu* bien. Estaban allí Hachard, y Leroux, y Hureau, tres pachones de Chalonnes, gente maleante si las hay, y el cuarto, que era ni más ni menos que vuestro Urbano, de Bois-Joli. Y me creas o no me creas, lo cierto es que Urbano les dijo que el señor cura Berteaux estaba oculto al presente en la alquería de Grandes-Bruyéres (el hecho era exacto), y que lo encontrarían allí si iban, y que el parné abundaba en Bois-Joli, y que había muchos caballos y fusiles, y que si querían él mismo podía facilitar la entrada a los pachones durante la noche».

—Todo eso me ha referido, señor conde, Francisco Courteau —añadió Santiago—. Es cosa clara que Urbano y los pachones salieron del bosque de los Coudreaux a la una de la noche. Courteau no miente por nada del mundo. ¡Es menester —dijo el guarda— aplastar de una vez a esa víbora!

Reflexionó Arturo algunos instantes y al fin dijo:

—Necesitamos ante todo una prueba concluyente, y por eso vamos a estar ambos al acecho esta noche a la entrada del parque por la parte que da al río. Por allí nos podemos escurrir sin ser notados. De sernos traidor Urbano, es enteramente probable que saldrá esta noche para denunciar a los patriotas lo que hace poco ha ocurrido en Bois-Joli. Le seguiremos callandito, a fin de no ser sentidos, y si obtenemos una prueba evidente mi padre tendrá que reconocer la realidad.

—Está bien —contestó Santiago—, como quiera el señor conde.

—Convenido —repuso Arturo—, poco antes de las diez aguárdame a la puerta del parque, y lleva contigo un cuchillo, un par de pistolas y la pequeña linterna sorda. Ni una palabra a nadie ¿lo oyes?, ni siquiera a tu mujer. Y ahora vete a dormir, pues la noche pasada fue mala y la próxima quizá sea peor.

Llegada la noche, Arturo y su guarda estaban en su puesto, ocultos en un bosquecillo de laureles, dirigiendo la mirada a la calle de árboles que conducía desde el castillo a la puerta de salida. Cerca de media hora estarían aguardando, cuando vieron de pronto una sombra que parecía avanzar por el lado en que se encontraban.

—Lo mejor sería acabar de una vez, mi amo —murmuró Santiago al oído de Arturo—. Si usted quiere, pronto lo despacho... Con meterle el cuchillo en la barriga, no dice ni ¡ay!

—A ver si te callas —le dijo imperiosamente Arturo—, es preciso cogerlo con las manos en la masa.

Un momento después rozó la sombra por el matorral donde ambos jóvenes se hallaban escondidos, y pudieron reconocer perfectamente a Urbano.

El traidor, sin sospechar que lo estaban observando, franqueó rápidamente la distancia que lo separaba de la cerca, bajó la escalerilla que conducía al margen del río, y abriendo la puerta, que sólo tenía echado el cerrojo, tomó el camino de Saint-Florent.

Salieron entonces de su escondite. Arturo y Santiago; se apresuraron a seguirle todo lo más cerca posible, ocultándose en la espesura y entre las matas. Al cabo de una media hora perseguido y perseguidores llegaron a la calva del bosque de Coudreaux.

Urbano se detuvo un momento antes de entrar en ella, lanzando alrededor una mirada como si hubiese experimentado algún desasosiego. Pronto pareció cobrar la serenidad, y llevando a la boca ambas manos en forma de tornavoz, lanzó por tres veces un grito agudo que imitaba perfectamente al del autillo. Algunos segundos después un grito semejante pareció venir del fondo del bosque. Al punto, Urbano se internó en la espesura, desapareciendo.

Mi cuñado y su guarda se deslizaron, siguiéndole la pista con infinitas precauciones. El traidor, que se creía solo, no se cuidaba de ahogar el ruido de sus pasos, de suerte que los que le seguían no perdieron ni un solo instante su huella. Muy pronto reconocieron la calva de la Sablonnière, donde Urbano había citado a la gente de Chalonnes. A la claridad de la luna, que brilló un instante entre dos nubes, nuestros vandeanos pudieron distinguir un grupo de siete u ocho individuos, a quienes no conocían, y que acogieron al palafrenero con marcadas muestras de amistad. No tardaron mucho en tomar asiento sobre un tronco de encina, tirado en el suelo al borde de la calva, y se pusieron a platicar libremente, por no sospechar siquiera que los estuviesen atisbando.

El conde Arturo y su compañero se fueron deslizando poquito a poco, dando con la barriga en el suelo, a la usanza de los pieles rojas, hasta venir a colocarse cerca del traidor y sus camaradas, detrás de un matorral, desde donde podían verlos y oírlos. Ya no cabía la menor duda: Urbano les hacía traición.

Empezó por contar detalladamente a sus cómplices lo que la noche precedente había sucedido en Bois-Joli, y les explicó la estratagema de que se había valido para descubrir el complot. Les descubrió los proyectos de los conjurados y la resolución que habían tomado de marchar aisladamente cada cual a París para defender al rey contra el pueblo, en vista de que no era aquélla ocasión oportuna para levantar en armas a las poblaciones. El miserable dio enseguida la filiación de los jefes principales de la empresa. Los patriotas que lo rodeaban encendieron sus linternas y anotaron por escrito aquellos detalles.

—Esos señores —añadió el traidor—parten para París pasado mañana, el día 11 del mes corriente. Ya estais bien informados, ciudadanos; a vosotros toca ahora el dar aviso.

—A pedir de boca —dijo el que parecía jefe de la banda—; apenas apunte el día iré a llevar mi informe al departamento, que hará llegar a París sin tardanza todas esas filiaciones. No se descuidarán por allá abajo, y cuando tus aristócratas se presenten a las puertas de París les echarán pronto el guante, te respondo de ello. Y cuando el tirano venga abajo, que no tardará mucho, pronto les ajustarán las cuentas. Señalado es el servicio que prestas a nuestra causa, ciudadano, y justo es que la nación te lo agradezca dignamente. Aquí tienes cien escudos, que te han sido acordados por los administradores de Mayenne-et-Loire, tomándolos de la caja del departamento, para que te ayuden a equiparte el día, ya cercano, en que salgas de tu esclavitud. Tu presencia en Bois-Joli puede sernos todavía provechosa durante algunas semanas. El interés de la nación exige que continúes allí; pero inmediatamente después de la caída del tirano dejarás las libreas de la servidumbre. He aquí un certificado de civismo en buena y debida forma, que te servirá para ser bien recibido por todo buen patriota. Puedes presentarlo en todas partes: en Nantes, en Angers, en París. En ese pliego hemos consignado el nombre de Brutus Marchand, ya que nos has dicho que rechazabas con desprecio el que te impusieron los adeptos de la superstición y del fanatismo. Ciudadano Brutus, hoy te conferimos el bautismo en el nombre de la República, una e indivisible, cuyo reinado florecerá muy pronto en la Francia regenerada, y por ella, en todo el universo. Ahora recibe el ósculo fraternal de los ciudadanos que me rodean. Estos son hombres ilustrados y sensibles, que aman la virtud y que llevan grabado en su corazón el odio a todos los tiranos.

Aplaudieron los asistentes el discurso de su jefe, y dieron el abrazo a su nuevo hermano. Este dio calurosamente las gracias, exclamando con exaltación:

—Sí, aborrezco a todos los satélites de la tiranía, y por el triunfo de nuestra causa estoy dispuesto a derramar hasta la última gota de mi sangre. Apenas haya hecho pedazos mis cadenas, marcharé a París para alistarme entre los defensores de la República. Deseo ser soldado y volver, con los apóstoles de la libertad, para entrar a sangre y fuego en estas malditas campiñas, guaridas de aristócratas y de ministros de un culto que ultraja a la humana razón. Yo prenderé fuego a esos soberbios castillos, donde a diario se insulta la miseria de los patriotas. Existe entre ellos uno que he de destruir por completo. Anhelo ver perecer a sus habitantes bajo el hierro vengador de los soldados ciudadanos, al marqués y a la marquesa de Serant, al conde y a la condesa, y a toda esa raza de amos y de señoras, y de campesinos idiotas que se arrastran como viles esclavos bajo el yugo impuro de sus tiranos. Y ya que estimáis, ciudadanos, que mi presencia allá abajo puede ser útil a nuestra causa, allí permaneceré, allí serviré y allí continuaré arrastrándome, puesto que así conviene. Pero ha de ser para aplastar con mayor seguridad a esa raza de víboras, y para hacerles llorar con lágrimas de sangre el tiempo en que Urbano Marchand se vio forzado a ser criado suyo.

Al hablar así, Urbano estaba ebrio de indignación y de odio. Su exaltación se apaciguó, finalmente, y dijo:

—Consuela un poco el conversar de vez en cuando con gente de bien.

—Mi amo —murmuró Santiago—, la luna vuelve a alumbrarnos, veo lo suficiente; ¿quiere usted que meta el resuello pa dentro a ese canalla?

Y su mano acariciaba con rabia la culata de su pistola.

—No, Santiago —respondió Arturo—; ni una palabra, ni un gesto. Son muchos; pereceríamos infaliblemente, y sin evitar el mal que todavía podemos prevenir.

Entretanto, los patriotas se habían despedido de Urbano y se alejaban en dirección de Chalonnes, mientras que su cómplice se encaminaba a Bois-Joli.

XIV
La grandullona fina

El conde y su criado se habían adelantado al traidor, tomando un camino más corto, con lo que lograron llegar a la puerta del parque un momento antes que él. Como al principio de la expedición, se ocultaron en una espesura aguardando la llegada de Urbano.

Pocos momentos después entraba éste en el castillo tarareando alegremente una canción revolucionaria, y apenas subió el último peldaño de la escalerilla cuando los dos vandeanos se arrojaron sobre él, lo amordazaron y lo maniataron fuertemente. Todo se efectuó en un abrir y cerrar de ojos.

Pálido de miedo y de impotente rabia se retorcía Urbano en el suelo, forcejeando por romper las ligaduras; pero Santiago Bureau hacía muy bien las cosas, y la cuerda no cedía.

—¿Adónde arrojamos esto, señor conde? —preguntó con tono despreciativo el guarda de caza, señalando al cautivo.

—En su cuarto —contestó Arturo—; échalo sobre su cama, y ojo avizor, no se nos vaya a escapar. Pero te prohíbo causarle ningún mal.

—Está bien, mi amo, como usted guste. Pero, para mi capote, cuando se coge una víbora se la aplasta sin esperar a más.

Entretanto, Arturo se puso a registrar al miserable, y no le costó mucho encontrar el certificado de civismo y el precio de la traición, que guardó como piezas justificativas para presentarlas a su padre.

—En marcha y nada de ruido —dijo Arturo a su hermano de leche, y ambos jóvenes se dirigieron al castillo conduciendo a su prisionero—. Ni una palabra a nadie, ¿lo has oído?

—Sí, mi amo —contestó el criado, y se encaminó hacia la habitación de Urbano con el prisionero.

Después de haber encendido la luz y de haber penetrado en la pieza, dio un fuerte empujón a Brutus Marchand que lo hizo caer a tierra, lo llevó rodando a puntapiés hasta detrás de la puerta y se sentó cerca de él haciendo de centinela.

Arturo se echó en la cama para descansar algunas horas, pero las emociones que acababa de sentir no le dejaron pegar ojo. Muy de mañana fue al departamento de su padre, que era muy madrugador. Le refirió todo lo acaecido durante la noche y puso ante sus ojos la prueba de la traición. El marqués hubo de rendirse a la evidencia, y furioso por haber sido víctima del engaño durante tanto tiempo, no podía reprimir la ira. Sintiéndose, por fin, más sosegado, mandó que le trajesen al prisionero, e introducido en la habitación, se le quitó, a una señal de Arturo, la mordaza, y se le desataron las cuerdas.

—¿Confiesas, Urbano —preguntó el marqués de Serant—, haber entregado a los enemigos del rey el secreto de lo ocurrido aquí la otra noche? ¿Has recibido este dinero como premio de tu traición?

—Sí —contestó con insolencia Urbano—, lo confieso y lo tengo a gloria. Sepan ustedes que ha llegado la hora en que ustedes y todos los que se les asemejan han de expiar sus crímenes. ¡La justicia del pueblo será terrible..., y muy presto pagará el rey con la cabeza sus atentados contra la nación, y con él perecerán todos los nobles! ¡Viva la República! ¡Abajo el veto! ¡Mueran los tiranos!

El marqués, exasperado por el ultraje, y sin acordarse de que tenía delante un hombre incapaz de defenderse, se arrojó sobre el criado y le cruzó el rostro con dos latigazos, que dejaron sobre sus mejillas dos surcos de sangre. Ciego por la ira, se abalanzó Urbano sobre su amo, pero Arturo y Santiago lo derribaron en tierra y lo volvieron a maniatar sólidamente.

—¿Lo despacho ya? —preguntó por tercera vez el guarda, sacando su cuchillo de caza.

Se abrió en aquel momento la puerta y apareció en el dintel la marquesa, apoyada sobre el brazo de Justina. Esta acababa de enterarse por su marido de lo que había ocurrido la noche anterior, y se había adelantado a contárselo todo a su señora.

La noble señora estaba enteramente pálida y conmovida a la vez de espanto y de piedad.

—Detente —dijo a Santiago con tono severo—; no es ése el modo de ejercer la justicia. Su mirada se fijó después en el marqués, y la marquesa preguntó a su marido, indicando al prisionero:

—¿Quieres hacerme árbitra de su suerte?

El señor de Serant se inclinó sin pronunciar ni una palabra.

—Urbano —dijo la marquesa volviéndose al miserable—, has cometido una mala acción haciendo traición a los que ningún mal te habían causado, y que, antes bien, se habían mostrado generosos para contigo. Abrigo la esperanza de que un día te has de arrepentir de tu falta, y entonces darás gracias a Dios por haberte concedido el vivir entre buenos cristianos, entre gentes que saben perdonar. Tú quieres incendiar el castillo y dar muerte a todos sus moradores... Nosotros te perdonamos como Jesucristo perdonó a sus mismos verdugos y como queremos nosotros que él nos perdone.

Y haciendo una señal a Santiago, le dijo:

—Desata a ese hombre.

Luego que obedeció el guarda de caza, continuó la marquesa:

—Ya estás libre, Urbano. Vete inmediatamente, y procura salvar tu alma. Mirando por tu bien, te aconsejo que no permanezcas en este país, donde podrías hallar gente que no olvidará tan fácilmente tu crimen... Devolvedle su dinero —continuó la marquesa después de breve silencio— y pagadle sus salarios. No debemos dejarle sin medios para subsistir.

Y cuando le fue entregado el precio de su traición, dijo la marquesa:

—Dejad que se vaya.

Urbano, sin responder palabra, lanzó a los presentes una mirada de odio y salió del departamento del marqués. Después se fue corriendo a su cuarto, y se dio prisa en hacer un paquete con sus ropas y con los menudos objetos que le pertenecían. Unos momentos más tarde ya había abandonado el castillo.

Un cuarto de hora estaría caminando, con dirección a Angers, cuando se detuvo de pronto, como herido por una idea súbita, y volviendo atrás se encaminó rápidamente hacia Patis-Mellier, donde sabía que Fina, la hija del tío Bureau, estaría apacentando entonces sus vacas y sus carneros. Amaba de verdad a la muchacha, a la que por dos veces había pedido ya a sus padres en matrimonio. Su odio contra todo lo que se relacionaba con Bois-Joli no había podido alterar su afecto por la hermana de Santiago, su mortal enemigo. Sabía que el corazón de Josefina no era insensible a su amor, y por eso quiso volverla a ver e intentar que le siguiese.

Cuando entró en la pradera, vio al otro lado del campo a la pastorcilla sentada a la sombra de una encina, hilando el copo. La joven estaba al corriente de lo que había pasado, pues al rayar el día Santiago se lo había contado a Justina, y ésta se lo repitió enseguida a Pedro, el cual se había dado prisa en llevar la noticia a todas partes.

Cuando la chica advirtió que Urbano se dirigía hacia ella, bajó los ojos y disimuló estar embebida en su tarea, si bien su corazón latía con violencia, agitado alternativamente por el odio profundo que le inspiraba el traidor y por los involuntarios impulsos de cariño hacia quien tan tiernamente había amado.

Cuando el mozo estuvo cerca de ella, dijo con voz trémula:

—Me marcho, Josefina; algo te habrá contado Santiago. Ten entendido que miente, porque me odia. Lo que hay de cierto es que he sido tratado de la manera más indigna. Mi cara ensangrentada te dirá el odio que me tienen y la violencia que han usado conmigo. Los perdono, a pesar de todo. Sí, los perdono por amor a ti. Porque, Josefina, yo te amo más de lo que puede expresar mi boca. Y en cuanto a ti, ¡yo sé muy bien que me amas!... Vente, pues, conmigo —añadió, y su voz se tornaba insinuante y calurosa—. Vente conmigo, y tendrás riquezas y felicidad. Tengo amigos pudientes que me han prometido un rico y dichoso porvenir. Me voy a París para alistarme en el ejército, y dentro de poco, gracias al apoyo de personajes influyentes, seré oficial. Tendré mi elegante uniforme, como el señorito Arturo cuando partió, hará pronto cuatro años. Tú lo mirabas embobada, Josefina. Pues bien: no tardará mucho en que yo sea otro tanto, y tú serás mi mujer, y honores y riquezas serán de ambos. Ya no llevarás, como ahora, pobres vestidos de campesina, que no te dejan lucir toda tu hermosura. Tendrás vestidos de seda, zapatos de satén, sombreros guarnecidos de plata, diamantes y perlas en los dedos y en las orejas, y un soberbio collar de oro que te llegará hasta la cintura. Vente, vente, y tendrás todo eso y serás una gran señora, y tendrás también tus lacayos con doradas libreas, y doncellas que te sirvan... Irás en coche al baile, al teatro y lucirás como una reina tu belleza en medio de la felicidad.

Y guardó silencio. Josefina alzó sus grandes ojos, límpidos y francos, y fijándose en él, le dijo en voz severa:

—Márchate de aquí y no vuelvas jamás... Te amaba, es la pura verdad, porque te creía bueno y me consideraba dichosa pensando que pasaríamos la vida juntos. Pero lo que has hecho yendo a vender a los de Chalonnes a nuestros amos, que son tan excelentes, me ha arrancado para siempre del corazón tu cariño, y aunque me prometieses hacerme reina de Francia el mismo caso haría de ti que de mi perro, pues te has vuelto pachón. No quise creerlo cuando me lo dijeron mi padre y mi hermano; mas ahora lo veo bien, y será mi pesadilla el haberte querido, porque amo a mis parientes, a mis amos, al rey y a Dios sobre todas las cosas, y porque tú detestas todo lo que yo amo. Así que no cuentes jamás con mi cariño, que no seré tuya aunque me arrancasen el corazón. Y óyelo bien: si se te ocurriese la idea de volver alguna vez por aquí para verme y hablarme, sábete que llevaré siempre conmigo un cuchillo, y si te propasas a cortejarme me serviré de él para contestarte. Ahora lárgate de aquí, pues no te diré ni una palabra más.

La muchacha se calló y se puso de nuevo a hilar, volviendo la vista a otro lado.

—Yo me vengaré —dijo Urbano con voz reconcentrada—; yo me vengaré del castillo, me vengaré de tus parientes, me vengaré de ti, Josefina..., y de Dios me vengaré también.

Y con paso precipitado se dirigió hacia el Loira.

Llegado a la orilla del río, saltó a una pequeña lancha amarrada al tronco de un sauce y remó vigorosamente hacia la otra banda. Luego que desembarcó volvió a dirigir una mirada hacia Bois-Joli, cuyas blancas torrecillas se destacaban luminosas sobre el azul de un hermoso cielo de estío, y aquella mirada rebosaba odio, manifestado además por el brazo tendido en son de amenaza hacia el castillo.

—Volveré —exclamó—; pero volveré para vengarme.

XV
Victoria de una mujer

Después de la partida de Urbano el marqués se apresuró a mandar correos en todas direcciones, para avisar a sus amigos que el complot se había descubierto, poniendo conocimiento de los conjurados las medidas que iban a tomarse desde el día siguiente en París. Genoveva, Arturo y yo estuvimos toda la mañana escribiendo copias de la circular dirigida a nuestros huéspedes de la víspera. Después, todos nuestros criados montaron a caballo y corrieron a rienda suelta, pues era importantísimo que el aviso llegase a su destino aquella misma noche, dado que muchos de aquellos señores debían partir al día siguiente. Supimos más tarde que casi todos habían desistido por el momento de presentarse en París. Arturo quería ir de todas maneras, pero sus padres lograron hacerle ver que de ese modo expondría su libertad y su vida sin provecho alguno para la causa. Mi cuñado, a pesar de sentirse por extremo contrariado, acabó por rendirse a su parecer, y aplazó para más tarde la ejecución de su generosa entrega.

Desde este día, como las amenazas de Urbano nos obligaban a redoblar nuestra vigilancia, el marqués tomó a su servicio algunos jóvenes campesinos de las cercanías para que nos defendiesen en el caso de un ataque. Eran Santos y Miguel Gareau, pertenecientes a la Pedinière; Martín, de la granja de Hantes Bruyéres, muchachote de seis pies de alto, que iba a dar que hablar meses después; Juan y Nicolás, del Paetis-Moreau, y finalmente Perico Bureau, que ahora dormía en el castillo, orgulloso por haber sido elegido para este puesto de honor. A todos ellos se les armó con fusiles, sables y pistolas, y de este modo nos encontramos, contando con los sirvientes ordinarios de la casa, al frente de una guarnición de diez hombres resueltos, excelentes tiradores y que se sacrificarían por nosotros hasta dar su vida. Dos de ellos debían velar durante la noche para dar la voz de alarma en caso de peligro.

El marqués hizo abrir, además, una galería subterránea que daba a los sótanos y conducía al otro lado del muro del parque. No había que andar más que algunos pasos para llegar a la orilla del río, desde donde una barca grande y sólida nos llevaría presto al otro lado. Con estas precauciones ya podíamos dormir casi tranquilos.

Os dije, mis queridos nietos, que vuestro tío Arturo poseía admirables virtudes, y más de una vez os lo he demostrado; pero también recordaréis que os hablé de dos defectos que deslustraban un tanto sus buenas cualidades. Habéis visto a qué violencias le arrastraba a veces su primer movimiento, violencias de que se arrepentía enseguida cuando había tenido tiempo para reflexionar. Pero su mayor enemigo era el respeto humano, y os voy a dar una prueba de ello, no para aminorar la estima que de él debéis tener, como de un alma noble y generosa, sino para haceros comprender en qué peligro puede poner a nuestra salvación semejante defecto.

Acaeció el hecho en los días siguientes a la traición de Urbano. Mi cuñado había salido en compañía de otros nobles caballeros y de algunos campesinos para cazar jabalíes en el bosque de la Motte-Barreau, animales que durante la noche devastaban todos los campos circunvecinos.

Durante la expedición se suscitó una discusión con el caballero R* a propósito de la emigración. Este joven, que estaba para marchar con objeto de incorporarse al ejército de los príncipes, dio a entender, sin ambages, que todo noble caballero que tuviese honor debía pasar la frontera, y que no dejaba de ser sospechoso el valor de los que se quedaban en Francia. Arturo, cuya opinión era en un todo contraria, y que el año anterior no había querido emigrar con los otros oficiales de Royal-Allemand, replicó con vivacidad que podría darse otra manera de entender el honor, y que por lo que a él tocaba, tenía la convicción de que era él más útil para la causa de la religión y para la del rey permaneciendo en Anjou. El caballero, que, a lo que parece, había bebido algo más de lo razonable, respondió que la cobardía solía cubrirse con capa de prudencia.

Arturo dio un respingo y exclamó:

—Caballero, ¿lo dice usted por mí?

—Por usted, señor conde —respondió impertinentemente el caballero.

Apenas había sido pronunciada la frase, cuando Arturo se precipitó sobre el caballero, abofeteándole ambas mejillas.

—Pido una satisfacción, caballero —gritó el abofeteado.

—Estoy dispuesto a dársela cuando quiera —contestó fríamente Arturo.

—Está bien; mañana a las diez, en el bosque de Chevrenilles... A espada.

—Perfectamente.

—Mis testigos —repuso el señor R*— son los señores N* y L*, a quienes voy a prevenir al punto.

—Los míos, Fulano y Zutano —contestó Arturo.

—Muy bien, caballero. Tal vez no procedamos correctamente disponiendo por nosotros mismos las condiciones del duelo, pero me es imposible aguardar, pues debo partir mañana por la tarde para unirme al conde de Artois.

Y ambos jóvenes se separaron con el odio en el corazón para encontrarse al siguiente día uno frente a otro, espada en mano, buscando el pecho del adversario, ávidos de vengar sus injurias con la sangre de su enemigo. Y eso que los dos eran cristianos.

El conde de Serant abandonó al punto la caza, dirigiéndose lentamente a Bois-Joli. Repetidas veces trató Santiago de hacer hablar a su amo; pero éste no respondía más que por monosílabos, y hasta llegó a imponer silencio al pobre mozo, entregándose a sus pensamientos. Le remordía la conciencia, reprendiéndole por su traición. Tenía fe arraigada; estaba muy bien impuesto en sus deberes para ignorar que iba a cometer una acción severamente prohibida por Dios y por la Iglesia; pero el orgullo y el respeto humano hablaban más alto que la voz de la conciencia, y estaba decidido a satisfacer su pasión aun a precio de un pecado grave. Así que al llegar cerca del castillo dijo a Santiago:

—Te prohíbo en absoluto hablar del asunto a nadie. Si me desobedeces te echaré de casa para no volverte a ver más.

En el momento que llegó se dio prisa en enviar a Alano con cartas para dos amigos suyos, a quienes suplicaba que fuesen sus padrinos. Después subió a su cuarto para no ver a nadie, pues le parecía que todo el mundo iba a adivinar lo que le estaba pasando.

Entretanto, Santiago Bureau, después de dos minutos de reflexión, resolvió con tiento lo que debía hacer.

En la simplicidad de su fe, pensó que a todo trance debía evitar a la familia de Serant una inmensa pena, y a su amo Arturo un pecado muy gordo.

—Si el señorito Arturo nos despide —decía para sí—, lo sentiré en el alma... ¿Qué será de mi mujercita? ¡Ella, que tan de veras quiere a su señora! Sin duda que moriría de pesadumbre. Pero ¿qué hemos de hacerle? Antes que nada está el servicio de Dios.

Y sin perder un momento fue a llamar a la puerta de la marquesa. El infeliz se puso muy colorado al entrar, pues Genoveva y yo nos hallábamos allí con las señoritas de P*, que habían venido a pasar la tarde en el castillo. Nuestra presencia le cogió de improviso, pues creía que la marquesa estaría sola. Si hubiera sido Justina la que se hubiese encontrado en la estancia, le hubiera sido fácil encontrar un pretexto para hacerle salir. Pero ¡a aquellas señoras! ¡Y corría prisa decir lo que traía!

Se detuvo en el dintel, hecho una estatua y sin decir palabra.

Mi madrina conoció muy bien en los rasgos de su fisonomía que pasaba algo grave, y nos suplicó que nos retirásemos.

Tan pronto como salimos, el buen sirviente se acercó muy emocionado a la marquesa y exclamó con voz llorosa:

—¡Oh, señora marquesa! ¡Qué desgracia! ¡Qué desgracia!

—¿Qué te pasa? —preguntó mi madrina espantada, creyendo que le había ocurrido algún percance a su hijo—. Vamos, explícate. Dímelo todo enseguida.

Entonces refirió el guarda lo ocurrido durante aquella malhadada cacería, la provocación, la aceptación de Arturo y la prohibición que éste le había impuesto de decir nada a nadie.

—Hijo mío, has hecho lo que debías hacer viniendo a contármelo todo cuanto antes —le dijo la marquesa—, y por esto te estoy muy agradecida. Esa era tu obligación, pero no todos tienen la energía necesaria para cumplir con la suya. Ruega por tu amo, pide al Señor que le de el suficiente valor para seguir el dictamen de la conciencia. Ahora puedes marcharte, yo voy a hablarle.

Y sin llamar a nadie para que la sostuviese, se fue sola, apoyándose en las paredes, al departamento de su hijo.

Cuando Arturo vio que su madre entraba en su aposento vacilante y sin apoyo corrió hacia ella, y estrechándola entre sus brazos, casi en volandas, la colocó en un sofá, porque conocía que aquel día sus dolores eran intensos. Arrodillándose después a su lado, según tenía costumbre desde su infancia, inclinó la cabeza, aguardando las caricias y el beso maternal. Pero la marquesa no le dirigió la palabra, ni su mano descansó sobre la frente de su hijo.

Alzó sus ojos Arturo y palideció de espanto; había notado que las lágrimas bañaban el rostro de su madre, y que de su pecho se escapaban amargos sollozos.

Todo lo comprendió. Era evidente que Santiago había hablado. Un relámpago de furor brilló en sus pupilas... pero su cólera no duró.

La vista de aquellas lágrimas de su madre, de aquella madre que lloraba por su causa, produjo en su alma una impresión indescriptible. Tomó la mano de la marquesa y la llevó a sus labios, murmurando:

—¡Oh, mamá! ¡Si supiese usted lo que la quiero!...

La madre retiró la mano, y dijo con voz entrecortada:

—¿De qué me sirven los besos de un hijo, si ese hijo es enemigo de Dios?

Y como Arturo, sobrepuesto de la primera emoción, guardase un silencio terrible, la marquesa continuó:

—¿No sabes que Dios prohíbe lo que intentas llevar a efecto, y que ese duelo impío te hace reo, a la vez, del crimen del suicidio contra ti mismo y del crimen de homicidio contra la persona de tu adversario? Ni tu vida ni la suya te pertenecen: son de Dios.

—Lo sé muy bien —contestó Arturo con voz breve y dura.

—¿Ignoras que caes en la excomunión fulminante de la Iglesia contra los duelistas?

—No, madre mía.

—¿Y no ves que cometes una cobardía ahogando el grito de tu conciencia para cometer un acto que tú mismo comprendes que es malo, y eso nada más que por humano respeto?

Nada respondió Arturo, y la marquesa prosiguió:

—¿Acaso puede un cristiano reparar su honor haciendo lo que la ley de Dios condena formalmente? Y ¿qué es lo que prueba el duelo, hijo mío?

—Nada; lo sé.

—Entonces, ¿es sólo el respeto humano el que te impulsa y guía? Entonces, ¿prefieres el juicio del mundo al de Jesucristo, que dijo: «Yo me avergonzaré delante de mi Padre de los que de mí y de mi Evangelio se avergüencen»?

—Quizá —contestó, por fin, Arturo—; pero he dicho que me batiré, y no me vuelvo atrás. Sé que hago mal; pero lo que en mí pasa es más fuerte que yo.

—¿Luego confiesas, mi querido Arturo, que eres un cobarde?

—Todo lo que usted quiera, madre mía; pero estoy resuelto, y será inútil que usted insista.

La señora de Serant se levantó, y como Arturo intentara detenerla:

—¡Déjame! —dijo, y rechazando el brazo que su hijo le ofrecía exclamó— ¡Dios mío! ¡Dios mío! ¿Por qué no me habéis enviado la muerte antes que ver la apostasía de mi hijo?

Y salió pálida y trémula, apoyándose en los muebles para no caerse.

Un violento combate se trabó entonces en el corazón de Arturo. Alano había llegado trayendo la contestación de los dos amigos, que aceptaron el servirle de padrinos.

—La cosa está muy avanzada —se decía—; si me vuelvo atrás, quedaré deshonrado.

Su conciencia, sin embargo, le gritaba muy alto que no se puede reparar el honor quebrantando la ley divina, y que lo que llaman honor no es más que un pretexto cobarde con que uno procura encubrir a sus propios ojos el miedo que se tiene a las burlas del mundo. Comprendía perfectamente lo ridículo y odioso de un combate que, por su naturaleza, no prueba más que la fuerza o la destreza del vencedor. Se sentía cobarde hasta el tuétano de los huesos y, a pesar de todo, se mantenía obstinado en su resolución, decidido aun condenándose a sí mismo a violar la ley de Dios. ¡Qué pesado era para él aquel grito íntimo de su alma, y cuánto hubiera dado por sofocarlo! No había contraído Arturo el hábito de ofender a Dios con pecados mortales, y por eso su conciencia, que era aún espejo fiel de la verdad y de la justicia, protestaba con toda energía contra el crimen que iba a cometer. Las almas en que el pecado mortal se ha, por decirlo así, aclimatado, de ordinario desconocen esas rebeliones saludables de la razón y de la fe.

Arturo quiso ahuyentar de sí el clamor importuno que zumbaba en sus oídos y cerrar los ojos a la claridad que lo deslumbraba.

Cogió un libro que había empezado a leer la víspera y que le había interesado; pero hoy leía sin comprender nada y volvía la hoja sin haber terminado la página. Pocos momentos después, tirando el libro al suelo, bajaba a las cuadras, mandaba ensillar a Otelo y se lanzaba durante una hora a una carrera desatinada, lastimando con las espuelas los ijares de la cabalgadura, que trajo al castillo fatigadísima y llena de espuma. Con todo esto, le fue imposible desechar el pensamiento angustioso que le torturaba: «Hago mal; me constituyo en enemigo de Dios; debo renunciar al cielo. Mas no lo quiero, iré hasta lo último». Esta lucha, hijos míos, era inútil, porque no acudía a la oración, y su malvada resolución se afirmaba cada vez más.

Genoveva, que no sabía nada, se le acercó sonriente y afable cuando se encontró con él. Y por vez primera desde su casamiento no obtuvo sino una contestación áspera, casi brutal, que hizo asomar las lágrimas a sus ojos. Aunque vio que ella lloraba, pasó de largo y subió a su aposento sin decirle una palabra.

En la cena apenas probó bocado. Comprendió desde luego que la marquesa había hablado, pues nadie decía nada y en todos los ojos había lágrimas. Preciso es que sepáis que el marqués de Serant se hallaba de viaje hacía algunos días, y que su ausencia nos privaba del consejo que seguro hubiéramos encontrado en él.

Después de la cena y de la velada, que se nos hicieron interminables, mi madrina hizo la señal para la oración, conforme acostumbraba todas las noches, aunque despidió a los criados que se presentaron para rezar con nosotros. Después, volviéndose a mí, me dijo afablemente:

—Preferiría, María, que nos dejases a Genoveva y a mí con Arturo... Tráete a Tonio para que rece con nosotros.

Obedecí un tanto contrariada, pues me mortificaba el que se me diese de lado como a una niñita en circunstancia tan grave, aunque no tardé en advertir la prudencia de la marquesa en querer alejar de su hijo en aquel instante decisivo a cuantos con su presencia hubieran podido exasperar el orgullo de mi cuñado.

¿Qué sucedió cuando Arturo se halló solo con su mujer y con su madre al pie del crucifijo? Mi madrina me hizo saber aquella misma noche que mi hermano político había consentido en rezar, y que al parecer lo hizo de buena gana.

Este llamar a las puertas de la misericordia divina debía obtener respuesta en breve plazo.

En el momento de levantarse, ya terminado el rezo, parece que Genoveva exclamó sollozando:

—Haced, Dios mío, y os lo pido muy de veras, que el hijo que estamos aguardando no caiga nunca en pecado mortal. Si veis que un día ha de hacerse reo de culpa grave, enviadle la muerte tan pronto como haya recibido el bautismo.

Y añadió después:

—Viendo estáis, Dios mío, las angustias de mi corazón. Mi Arturo, mi querido Arturo, a quien amo más que a mi propia vida, mil veces más, no está en vuestra gracia. Está a punto de cometer un pecado horrible. Haced que conserve su sangre para la causa del rey y de la Iglesia, y no permitáis que os ultraje derramándola por orgullo. Así os lo pido, Dios mío. Por el rescate de su alma y por su salvación eterna, aceptad la vida de su mujer y la vida de su hijo... descargad el golpe de vuestra justicia sobre nosotros dos antes que permitir que mi marido os ofenda.

No pudo continuar. Arturo se levantó y fue a estrecharla entre sus brazos, deshecho en lágrimas.

—¡Perdón, Genoveva de mi alma; perdón, madre queridísima, por haber destrozado así vuestros corazones! Ayudadme a obtener el perdón de Dios. Habéis obtenido victoria. No me batiré, y ofrezco a Dios este sacrificio, tan cruel para mi orgullo, por esta esposa incomparable y por nuestro hijito.

Ya podéis imaginar la alegría de Genoveva, la de mi madrina y la alegría de todos nosotros cuando supimos la resolución de aquel a quien tanto amábamos. La noche, que había empezado con lágrimas, terminó con la efusión de nuestra gratitud para con Dios.

Al subir Arturo a su habitación se encontró con Santiago, el cual, al pasar al lado de su amo, se había encogido y achicado tanto que parecía querer incrustarse dentro de la pared. Abalanzóse Arturo a su cuello, y abrazándole cariñosamente, le dijo:

—Gracias, mi buen Santiago; hoy te has portado conmigo como un verdadero hermano.

Aquel día, mis queridos nietos, vuestra tía Genoveva obtuvo un gran triunfo; pero creo que Dios le cogió la palabra, y que dos vidas preciosas pagaron el rescate del pecador.

XVI
Los cortesanos de la desgracia

Al poco tiempo de la escena que acabo de referiros, llegaron a nuestra noticia los espantosos pormenores del motín del 20 de junio, en el que durante muchas horas el rey se vio expuesto a las más ignominiosas amenazas e injurias. A milagro ha de atribuirse el no haber perdido la vida. Y ya los jacobinos preparaban una nueva insurrección que, según decían, había de obtener el triunfo.

Arturo no pudo resistir por más tiempo. La misma noche en que nos llegaron tan alarmantes noticias pidió a sus padres permiso para marchar, con objeto de alistarse en el número de los defensores de Su Majestad. Semejante propuesta, aunque no les sorprendió, no dejó sin embargo de infundir temor en los castellanos de Bois-Joli. El único heredero de su nombre se exponía de aquel modo a un inminente riesgo; pero les pareció que el honor de ese mismo nombre les exigía tamaño sacrificio, y sin vacilar accedieron a la súplica del hijo.

—Y tú, querida Genoveva —añadió mi cuñado, dirigiéndose a su esposa—, ¿consientes en mi partida?

¿No será exigir de tu ternura un sacrificio demasiado costoso, precisamente en el momento en que estamos esperando nuestro primer hijo?

—Dios sabe, querido Arturo —respondió mi hermana—, que semejante separación destroza mi alma; pero no me creo con derecho a retenerte. Bien te acordarás que en el día de nuestros esponsales, al pie de Nuestra Señora del Marillais, me comprometí a mostrarme fuerte en la hora del peligro. Marcha, pues, con la bendición de tus padres, ya que Dios te llama al puesto del honor. Mi pensamiento te seguirá a dondequiera que vayas, y siempre, hasta el día que vuelvas.

—Gracias, querida mía. No esperaba menos de tu fortaleza y de tu fe. Partiré mañana con mi fiel amigo Santiago, a quien he prevenido, y que según creo ya debe haberlo comunicado a su mujer, pues al pasar por la cocina me encontré llorando a la pobre Justina. Pero también ella es cristiana y realista, y se habrá resuelto. Procura consolarla, pues tiene que pasar por la misma prueba que tú, y justo es que reciba de su señora ejemplo de resignación y de confianza en Dios.

—Ahora —añadió el conde Arturo— es necesario discurrir un medio seguro de cartearnos sin temor de cometer ninguna indiscreción. He aquí, después de haber reflexionado en ello, el sistema que te propongo: Mamá nos regaló a los dos un devocionario con ocasión de nuestro casamiento. Ambos ejemplares son enteramente iguales. Me llevaré el mío, quedando el tuyo aquí. Convengamos en que, para nuestra correspondencia, designaremos por las cifras 1, 2, 3, 4, etc. las letras que empiezan el encabezamiento de la página 99. Luego que hayamos agotado una serie de cien caracteres, tomaremos otra, y después una tercera, con objeto de no designar una letra por un número superior a 100. Sin duda esto será muy largo, y nuestras cartas tendrán que ser necesariamente muy breves. Pero con este medio la clave será imposible de descifrar, y es algo que no lograríamos con otro sistema.

Todos aprobaron lo propuesto y se convino en que se escribiría en la forma indicada. Se decidió, además, que las cartas dirigidas a Arturo llevarían la siguiente dirección: Francisca Lumineau, frutera, calle de Sauniers, núm. 4, París. Era Francisca paisana nuestra; debía favores al marqués y nos quería entrañablemente. Como era considerada una ferviente patriota, nos daba completa seguridad del secreto. Las cartas de Arturo llegarían con sobre dirigido a José Tessier, tejedor, en Saint-Florent-le-Vicil. Dicho sujeto era visto como adicto a las nuevas ideas, por lo cual le respetaban las autoridades, y las muchas pruebas que nos tenía dadas de su total adhesión a nosotros nos tranquilizaban por completo.

—Y ahora —dijo Genoveva una vez decidido aquel punto—, ¿qué nombre pondremos al pequeñuelo o pequeñuela que nos va a conceder el Señor?

—Preciso es votar —dije al punto—, ya que la votación está de moda en nuestros días.

—Con la condición —repuso sonriendo mi hermana— de que Arturo y yo dispongamos cada uno de tres votos.

—Concedido —respondí, y fui corriendo en busca de plumas, de tinta y de papel, a fin de que todo se realizase con la mayor formalidad y de que los votos fuesen secretos.

Todo el mundo tomó el asunto bajo un aspecto alegre, y todos, sin embargo, tenían ganas de llorar.

Me acuerdo que, por chanza, escribí al principio de mi papeleta las tres fatídicas palabras de aquel entonces: libertad, igualdad, fraternidad. Al leerse los votos, exclamó Genoveva, en son de amenaza contra mí:

—¡Qué horror! Ese voto no debía valer.

Figuraos que, por común inspiración, todos estuvimos acordes, sin previa consulta, en el nombre que había de ponerse a la criatura. Cada uno de nosotros había votado lo mismo, si no en la forma, en el fondo al menos: «Si es niño, se llamará Luis; y si es niña, la llamaremos María Antonieta, en testimonio de nuestro amor a nuestros infortunados príncipes».

—Muy bien —dijo la marquesa—; estamos todos de acuerdo. Ahora, querido hijo, si tienes la dicha de ser presentado al rey y a la reina, pide a Sus Majestades la gracia de que el Delfín y madame Isabel sean los padrinos. El señor de Serant y esa diableja de María, que ayudará a su hermana en la educación del bebé, serán los representantes de Sus Altezas Reales en la ceremonia del bautismo.

A todos nos agradó por extremo la idea; sobre todo a mí, que me creía muy honrada representando a madame Isabel.

—Me parece —replicó Arturo— que no me atrevería yo nunca a hacer tal petición.

—¡Quita allá! —replicó mi madrina—. ¡Como si cuando uno es padre no se atreviera a todo!

Al día siguiente, es decir, el 30 de junio, nos dejaron Arturo y su fiel compañero. Desgarradora fue la partida, y todo era llanto, así en el castillo como en la granja, pues nuestros queridos viajeros iban a exponerse a grandes peligros, y motivos había para temer que no los volveríamos a ver más. Causaba compasión ver a Justina. Genoveva, a pesar de su íntimo dolor, procuraba consolarla.

La marquesa aceleró la despedida, dando ella misma la señal de la partida. Ambos jóvenes montaron a caballo y se alejaron rápidamente.

Arturo se había procurado caballos de poco valor, que pensaba volver a vender tan pronto como llegase a París. No quiso llevar consigo caballos de mucho precio, como los suyos, porque temía perderlos en su aventurada expedición.

Se hizo el camino con rapidez y sin incidente alguno que fuese de lamentar, según supimos muy pronto por cuatro líneas que escribió Arturo, y que nos llegaron el 10 de julio.

Mi hermana había conservado cuidadosamente las cartas que habían mediado en aquella época entre ella y su marido, como también las de la marquesa a su hijo. Me confió este precioso tesoro el día que nos separamos para no volvernos a ver más en este mundo. Las había descifrado traduciéndolas todas, y por eso podré citaros algunos de sus pasajes.

He aquí la primera carta de Arturo, fechada el 4 de julio, día de su llegada a la capital:

«Mi amada Genoveva y padres queridos:

»Hace dos horas que estoy en París, y mi primer cuidado es el de escribiros. Lo haré con toda brevedad, pues es tarea larga y el correo va a salir, de suerte que tendré medido el tiempo para llegar a la estafeta. En el camino todo salió muy bien. No estoy cansado, y

Santiago se encuentra perfectamente. Al llegar me encontré con el caballero Reynal, quien me ha prometido presentarme mañana a Sus Majestades.

»Os abrazo a todos. Vuestro Arturo, que no deja un momento de pensar en vosotros».

Ocho días después nos llegaba una carta escrita sin clave, mucho más larga. Sólo citaré de ella lo que se refiere a la audiencia de los reyes. Ya veis que fue gran imprudencia, por parte de Arturo, el escribir en buen francés cosas de este género. Su mujer le contestó inmediatamente, rogándole que no volviese a escribir ni una sola palabra sin valerse de la clave.

«Mi querida Genoveva —escribía Arturo—: desde luego se deja entender que todo cuanto digo es también para mis queridos padres, porque os amo a los tres con el mismo corazón. En primer lugar, lo que voy a referir ha de causaros a todos la misma satisfacción y ha de produciros el mismo sentimiento de noble orgullo. Hace poco he visto al rey y a la reina. Al presente es cosa muy difícil obtener audiencia, por estar como prisionera la familia real en las Tullerías, y a causa de que los guardias nacionales que están de servicio en el castillo son, en realidad, carceleros. Hoy, afortunadamente, hacía la guardia el batallón del barrio de Filles-Saint-Thomas, en el que casi todos los guardias son reclutas, por lo cual Sus Majestades están de enhorabuena cuando les toca el turno.

»No dejé de tener mi poco de turbación cuando fui introducido; pero se me pasó pronto. ¡Son tan buenos, tan afables y tan simpáticos nuestros príncipes! Su Majestad se acuerda perfectamente de cuando, hace un año, me vio en Varennes, oyó mi grito de ¡viva el rey! y notó que se arrojaron sobre mí para matarme. Sus

Majestades creyeron, desde luego, que yo había sucumbido como el valiente marqués de Dampierre, que fue algo más allá al ofrecer sus homenajes al rey, pagando con la vida este acto de magnanimidad. En Chalons fue donde supieron que yo había escapado del peligro, noticia que, según me afirmó la reina, fui el único consuelo que tuvieron durante aquella horrible jornada.

»Pasados tres minutos, desapareció en mí todo miedo, y dije a Sus Majestades una porción de cosas. En primer lugar, es negocio terminado lo del nombre de Luis o de María Antonieta; el Delfín será el padrino. Quisiera que hubieseis visto lo contento que se puso cuando se le explicó la cosa. La reina me obligó a dar un abrazo al joven príncipe. Yo no me atrevía, pero insistió, y hube, por fin, de hacerlo. Madame Isabel, que vino por unos instantes, se mostró también muy bondadosa. Es una santa en toda la extensión de la palabra... ¡Cuánto gozaría mamá en conocerla! Ella será la madrina. Además, el rey y la reina me han encargado, mi querida Genoveva, que te diga de su parte lo mucho que te agradecen el sacrificio que has hecho al permitir a tu marido el que venga en su auxilio, dando también por ello las gracias a nuestros padres.

»Imaginaos que, al terminar la audiencia, Luis XVI me acompañó hasta la puerta de la habitación. El bueno de Santiago me aguardaba a pie firme en la galería. Entonces tuve la audacia de decir al rey:

»—Señor, ¿querréis conceder un insigne favor a mi guarda de caza y hermano de leche? Es un realista de los buenos; lo puedo asegurar a Vuestras Majestades. Permítale besar su regia mano.

»—¿Y por que no la cara? —repuso el rey, con bondadosa sonrisa.

»Y como a una indicación mía el pobre Santiago se hubiese arrojado a los pies de Su Majestad, llorando de gozo y de emoción, el rey lo levantó con inefable bondad y nos abrazó a los dos. No dejéis de referir esto a Justina y a los Bureau... ¡Poco contentos que se pondrán! La reina, madame Isabel y el Delfín vinieron también hasta la puerta y les besamos las manos.

»—Nos sirve de gran consuelo, en medio de nuestras desgracias —añadió el rey—, el encontrar en algunos súbditos nuestros la fidelidad y la completa adhesión que vemos en ustedes. Gracias, amigos míos, gracias de parte de la reina y de mí mismo.

»Salí abrumado con el peso de tantas bondades, y decidido, más que nunca a derramar, si preciso fuera, toda mi sangre en defensa de nuestros príncipes. No te intranquilices, querida Genoveva, no me expondré sin necesidad, y abrigo la dulce confianza de que Dios me concederá el volver pronto a tu lado. Vuestro Arturo, a quien por todas partes sigue el recuerdo de su querida esposa».

La lectura de esta carta nos hizo partícipes del gozo y del noble orgullo que experimentó Arturo al recibir de Sus Majestades aquellas insignes pruebas de su benevolencia. En la crítica situación en que se hallaban, en verdad nada podrían hacer en favor nuestro aquellos desgraciados príncipes. Pero nos bastaba para hacernos felices, más de lo que puede expresarse, nuestra fidelidad y nuestro cariño les servirían de consuelo en sus penas.

Hicimos venir al salón a los colonos y a los criados para leerles la hermosa carta de Arturo. Aquellas buenas gentes expresaron con vivas demostraciones su contento y su admiración. El tío Bureau salió fuera de sí al pensar que el rey había abrazado a su hijo, y apenas salió de la habitación empezó a gritar desaforadamente: ¡Viva el rey! Justina lloraba y reía al mismo tiempo. Solamente en esta circunstancia fue cuando no escuché a la señora Bureau ni quejarse ni lamentarse.

—¡Cuando lo digo yo! Si no hay que darle vueltas, —nos decía a cada instante—. Ese sí que es un buen rey. ¡Vaya si lo es! ¡Cuidado con abrazar a nuestro Santiago! ¡Ay, y qué remalos son esos pícaros de París, cuando se atreven a dar disgustos a un rey tan bueno!

Mi madrina, que siempre lo veía todo por el lado espiritual, nos hizo entonces una reflexión, que por el pronto aguó un poco la efusión de mi alegría, pero después no pude menos de comprender su exactitud;

—¡Qué alegría, qué satisfacción sentimos al recibir pruebas de estima y afecto por parte de un príncipe de la tierra! ¡Qué dichosos nos consideraríamos en demostrarle nuestra gratitud, aun a precio de nuestra sangre ¡Ay! ¿Cuándo llegaremos a comprender el precio de los favores del divino rey en el santísimo sacramento? ¿Cuándo le pagaremos amor con amor?

No me ha sido posible encontrar una carta de mi cuñado, escrita después del asalto a las Tullerías del 10 de agosto, en la cual nos daba algunos pormenores acerca del saqueo, de la matanza de los Suizos y de la destitución provisional del rey. Arturo nos aseguraba que sólo Dios había podido arrancarles de la muerte a él y a su compañero. Se habían librado cruzando por medio de las apretadas filas de hombres armados, ebrios de sangre, cual sanguinarias fieras, pero que no parecían reparar siquiera en ellos. Pudieron también escaparse (gracias a una visible protección de la Providencia) el señor Charette y el señor de la Rochejaquelein, que habían ido a alistarse entre los defensores del trono, y a quienes reservaba Dios para muy gloriosos destinos.

Poco tiempo hacía que habíamos recibido estas nuevas, cuando en medio de nuestro duelo y de nuestras angustias vino un día a regocijarnos una vivísima alegría. Mi hermana Genoveva dio a luz un niño el día de la fiesta de san Luis, 25 de agosto. Parece que Dios quería ratificar así el nombre que habíamos determinado imponerle. A las cuatro horas de haber nacido lo llevamos a la granja de Hautes-Bruyéres, donde se ocultaba en aquellos momentos el señor cura, quien al punto le administró el sacramento del bautismo. El señor Serant hizo de padrino, en nombre del Delfín de Francia, y yo hice las veces de madame Isabel, que estaba prisionera con el rey.

Nuestra vuelta a Bois-Joli colmó de alegría a la mamá, que temía no fuese a morir su hijo antes de ser bautizado. Pero no parecía que tuviese nuestro hombrecito ganas de morirse por entonces, por el contrario se diría que estaba muy dispuesto a vivir y hacer ruido en el mundo.

—Toma —dijo a Genoveva a su suegro poniendo al niño en sus brazos—; ahí lo tenéis ya cristiano y hecho un ángel de Dios. No tienes, pues, por qué temer.

Aquella misma tarde escribía la marquesa a su hijo el feliz acontecimiento con estas palabras:

Bois-Joli, hoy, 25 de agosto 1792.

Has de saber, mi querido hijo, que eres padre de un niñito más hermoso que el sol. Nació esta mañana, a eso de las diez, y a las tres de la tarde estaba ya convertido en un ángel de Dios, por haber recibido el bautismo. El estado de salud de tu Genoveva nada deja que desear. De no habérserlo prohibido, ella misma te hubiera escrito esta tarde. Da gracias al Señor por esta gran dicha, que te consolará algo la pena que te causa el estar separado en tales circunstancias de tu mujer y de nosotros.

Conviene deciros, hijos míos, que por mucho que desease mí cuñado venir a nuestro lado había, sin embargo, decidido permanecer en París, a fin de tomar parte en cualquier tentativa que se hiciese para liberar al rey. El mismo día que recibió la carta de su madre, escribió a Genoveva para decirle su incomparable dicha y la pena que sentía en estar lejos de ella.

Acabas de hacerme padre, querida mía –le decía–; lo he sabido hace un momento con indecible alegría, y lo que me colma de satisfacción es la noticia del excelente estado de tu salud y de que pronto estarás completamente restablecida.

Dios ve mi corazón y sabe que daría mil veces mi vida por salvar la tuya. Puedes, por tanto, imaginar lo mucho que debo sufrir estando lejos de ti y sin poder tomar en brazos a nuestro pequeñuelo Luis, que será, sin duda, el niño más bonito del mundo, por poco que se parezca a su madrecita. Lo quiero hasta la locura, aunque un poquitín menos que tú. Cuídate, por tu Arturo, y ruega al Señor que cumpla con su deber. Con todo su deber.

Acorto las citas, mis queridos nietos, porque no quisiera alargar demasiado mi relato, que va tomando proporciones inesperadas. ¡Y tengo tantas cosas que contaros todavía! Es que a los viejos nos gusta hablar del tiempo pasado. Nos parece que así rejuvenecemos, y que evocando gratos recuerdos adquirimos nueva vida.

XVII
¡A nosotros, franceses!

En aquel tiempo, hijos míos, las personas honradas en Francia, y sobre todo en París, eran víctimas de mil vejaciones. Bastaba sospechar de uno que era realista para que se le prendiese y se le llevase a la cárcel. Iba a dar comienzo el reinado del cadalso, al que debía subir muy pronto la víctima más augusta.

Arturo había pensado que la mejor manera de evitar las pesquisas sería ejercer un oficio. Se había procurado, valiéndose de la frutera de la calle de Sauniers, certificados de civismo, en virtud de los cuales tanto él como su criado fueron admitidos como obreros en un taller de construcciones. Alquilaron un modesto alojamiento en una casa próxima a la torre del Temple, donde algunas veces recibían con gran secreto a ciertos amigos, que, como ellos, aguardaban la ocasión de intentar algo para rescatar a la familia real. Pero el tiempo corría, el proceso de Luis XVI había comenzado, y Arturo se desesperaba al ver que no se trataba ningún proyecto serio ni se arbitraba ningún plan realizable. Y eso que el encarnizamiento de los enemigos del rey mostraba a las claras que estaban resueltos a obtener a cualquier precio la victoria, y que aquel monstruoso proceso terminaría con una sentencia de muerte.

A mediados de enero, un joven realista con el nombre de Juan Latour, vino a decir al conde de Serant que habían jurado la muerte del rey, y que era necesario renunciar a toda esperanza de obtener de la Convención un veredicto de absolución. Añadió que se había organizado un serio complot, que prometía feliz resultado, dirigido por el barón de Batz, el cual se ocupaba con celo infatigable en procurar la libertad a los prisioneros del Temple. Dicho caballero había concebido el heroico proyecto de arrebatar a la regia víctima en el momento mismo de ser conducida al suplicio, durante la travesía desde el Temple a la plaza de la Revolución.

—He dado los nombres de ustedes al barón de Batz —añadió el joven Latour—, y espero que no me lo ha de desaprobar.

Arturo le dio calurosamente las gracias y le dijo:

—Ambos ardemos en deseos de verter por el rey hasta la última gota de nuestra sangre.

—Pues bien —repuso el señor Latour—, estén ustedes dispuestos. Pronto se decretarán todos los pormenores de nuestro plan, y ya se les indicará el día y la hora.

El 16 de enero daba comienzo en la Convención la votación por llamamiento personal, y el 17 el rey de Francia fue condenado a muerte. El 20 supo Arturo por los periódicos que la apelación al pueblo interpuesta por Luis XVI había sido declarada nula por sus verdugos, y que se le había negado la prórroga de tres días demandada por el infortunado príncipe.

Persuadido Arturo de que pronto había de intentarse un golpe de mano para salvar al rey, estuvo preparado para secundarlo con todas sus fuerzas. Al mismo tiempo, imaginaba el modo de huir en caso de fracasar lo proyectado.

Dejando en casa a Santiago para recibir las instrucciones que se le pudieran dar, tomó un carruaje y se hizo conducir, por la carretera de Orleans, a casa de un tabernero en cuyo negocio se leía este rótulo: «Hasta el postrer suspiro de los tiranos». Cincinato Paulín y Lucrecia, su digna esposa, gozaban de la reputación de exaltados patriotas, razón por la cual su casa era frecuentada por los jacobinos de la mejor cepa. De hecho, el tabernero y su mujer, que realmente se llamaban Francisco Paulín y Catalina, eran excelentes cristianos y fervorosos realistas que gracias a su disimulo pudieron servir útilmente a los intereses de su partido. Salvaron a muchos proscritos durante el Terror.

La taberna del tío Paulín estaba trescientos pasos más allá del puesto en que hacían la guardia, de ordinario, unos veinte guardias nacionales y algunos gendarmes. Durante el día era fácil pasar mostrando un certificado de civismo, pero de noche era imposible si no se tenía un pase de la Comuna. Le era imposible a Arturo hacerse con semejante permiso, pero para salir adelante contaba con su criado, la confianza en la Providencia confiando, y además algo de osadía y decisión de ambos.

Mi cuñado se vio con el ventero, el cual le recibió a las mil maravillas. El buen hombre estaba al cabo del complot, y deseaba auxiliar a los valientes que lo habían organizado. Se convino que en caso de fracasar la empresa, Arturo y Santiago procurarían dejar París en la noche siguiente a la ejecución del soberano, es decir, probablemente en la del 21 ó 22. El tío Paulín dio palabra de tener preparados, desde las once en adelante, dos vigorosos caballos dispuestos a emprender una larga y rápida caminata, para el caso probable de llegar a ser perseguidos. Como era preciso evitar suscitar sospechas, se convino en que las cabalgaduras se atarían doscientos pasos más lejos, al tronco de una encina fácil de reconocer. De esta manera no podía haber equivocación.

Aquel mismo día, después de las doce, Arturo, que acababa de entrar en su domicilio del barrio del Temple, recibió la visita del barón de Batz, que se dio a conocer por la contraseña que le comunicó el joven Latour.

—Mañana es el día señalado para ejecutar al rey —dijo aquel hombre intrépido a mi cuñado—. A las ocho de la mañana Su Majestad saldrá del Temple y será conducido en carruaje hasta la plaza de Luis XV, hoy plaza de la Revolución, en la que ya está levantado el cadalso. El momento señalado para lanzarnos todos a librar al rey es aquel en que el carruaje llegue a la altura de la Puerta de san Dionisio. Es necesario que se provea usted de pistolas, espada y sable, que ocultará debajo de la capa. Allí estaré yo para dar la señal. Excuso decirle que arriesgamos nuestras cabezas, y que sólo cuento con gentes que de antemano han hecho el sacrificio de su vida. Júreme usted, ante el crucifijo, que mañana a las ocho en punto estará en su puesto y que responderá a mi llamamiento.

Los dos vandeanos prestaron el exigido juramento, y el barón de Batz se retiró al punto, pues eran muchas las cosas que por hacer le quedaban hasta el día siguiente.

Cuando se fue el barón, dijo Arturo a su criado:

—¡Ha llegado la hora! Es muy probable que salvemos mañana al rey, o que ambos hayamos sucumbido. Preparémonos, amigo mío, para comparecer delante de Dios. Por lo que a mí toca, pienso darme una buena lejía, para lo cual iré a casa del sacerdote Lenoir, adonde te llevé una vez. Hay en su habitación un escondite muy seguro, donde dice misa todas las mañanas. Recibirá gran contento en que vayamos a oír misa y a recibir la sagrada comunión.

A lo que respondió el bueno de Santiago:

—¡Claro, mi amo! Cuando uno tiene que presentarse delante de Dios, me parece que no está de más enjabonarse de lo lindo.

Después de cenar, Arturo y Santiago se dirigieron hacia la morada del sacerdote Lenoir, el cual vivía en compañía de un criado antiguo, en la calle de Bac. El santo sacerdote recibió afectuosamente a los dos jóvenes, los cuales hicieron confesión general para prepararse mejor a la muerte. Dieron cuenta a su venerable amigo, bajo secreto, de la santa empresa que iban a llevar a efecto, y el anciano prometió celebrar la misa por la vida del rey y de sus fieles servidores.

Después de esta visita se encaminaron a casa de la señora Lumineau, la cual se encargó de enviar sus cartas a Anjou. Conservo todavía y tengo a la vista estas dos cartas, que son muy breves.

«Mi querida esposa —decía Arturo—: Mañana daremos el golpe decisivo. Mañana salvaremos al rey o, probablemente, tu marido dejará de existir en este mundo. Acabo de hacer confesión general, y comulgaré mañana. Dile a Justina que Santiago ha hecho otro tanto.

Adiós, querida mía; te abraza con la más afectuosa efusión, como también a nuestro pequeñuelo Luis, a nuestros queridos padres, a mi cuñadita y a todos los criados, tu Arturo, que te ama más que a su propia vida...».

Oíd ahora la interesante carta de Santiago, puesta en cifra por mi cuñado:

«Querida esposa: Mañana habremos hecho una buena obra, o bien estaremos con Dios. No vayas a entristecerte. Consuela a los viejos, que van a sentirlo mucho. Muchos abrazos a Pedro, a Fina y a todos los de por allí. ¡En fin, Dios es el amo! En el cielo nos veremos. — Tu marido por toda la vida, Bureau, primogénito».

A las cinco y media de la mañana siguiente, al mismo tiempo que el confesor de Luis XVI celebraba misa en el Temple en presencia de la regia víctima, el sacerdote Lenoir ofrecía el mismo sacrificio en presencia de los dos fieles franceses que, con peligro de sus vidas, iban a intentar arrancar del suplicio al desgraciado príncipe. Ambos vandeanos comulgaron con indecible fervor. Tal vez, probablemente, sería el Viático para el gran viaje. La empresa era muy peligrosa, y muy probable un resultado fatal.

Terminada la acción de gracias, el sacerdote Lenoir invitó a los dos jóvenes a participar del almuerzo que había mandado preparar para ellos. Debían conservar sus fuerzas, pues las iban a necesitar en gran manera dentro de poco.

El buen Santiago no quería consentir en sentarse al lado de su amo.

—Vamos, hombre, siéntate ahí —le dijo sonriendo Arturo—. Aquí ya no hay ni noble ni siervo. No hay más que dos franceses, dos cristianos que van a morir.

Después de tomar algún alimento, ambos jóvenes se inclinaron por última vez para recibir la bendición del santo anciano. Enseguida se retiraron a su casa para tomar las armas. Eran como las seis y media.

¡Qué orgullosos y conmovidos se sentían pensando que pronto iba a correr su sangre en defensa de la más noble sangre de Francia, la de san Luis, la de Enrique IV y la de Luis XVI! ¿No eran a la vez campeones de la Iglesia perseguida, campeones del derecho antiguo nacional ultrajado, campeones de Dios mismo, insultado en su religión y en sus ministros?

¿Qué cruzados, qué valientes de los tiempos heroicos habían combatido en más noble combate? Y marchaban sin decir palabra, embebecidos en estos pensamientos. Y su generosa impaciencia, ansiando la hora del sacrificio, les hacía no ya marchar, sino correr como si su velocidad adelantase la hora de cruzar sus aceros.

Llegados a casa, se apresuraron a armarse. Lo primero que hicieron fue cargar con exquisito esmero, cada uno de ellos, un par de pistolas que ocultaron debajo de sus prendas de vestir, pero de modo que fácilmente pudieran servirse de ellas. Colgaron del cinturón un sable de caballería, arma mejor que la espada para abrirse camino, y se echaron encima una capa que cubría las armas.

Cuando todo estuvo dispuesto, Arturo, abriendo los brazos, dijo a su sirviente:

—¡Ven que te abrace. Hoy más que nunca somos hermanos, hermanos de leche, hermanos de corazón, hermanos de sangre!

Entonces, en apretado abrazo, el hijo de noble estirpe y el hijo del artesano, ambos franceses de buena raza, se comunicaron mutuamente sus almas.

—¡Vamos! —dijo Arturo, y bajaron a la calle.

Serían como las siete y media cuando el conde de Serant y Santiago Bureau llegaron al puesto que el barón de Batz les había señalado. Una muchedumbre compacta llenaba ya las calles, las plazas y los bulevares por donde había de pasar el siniestro cortejo. No se oían ni gritos ni injurias, reinando por todas partes un profundo silencio mezclado de horror, de ansiedad, de vergüenza y de espanto. El rey de Francia iba conducido al suplicio por su pueblo, y París lo miraba sin exhalar una sola palabra. El sol se había negado a prestar su luz a ese día execrable, que conservará en la Historia la marca impresa en la frente de Caín.

Los enemigos no se atrevían a manifestar su odio, hasta tal punto la idea del parricidio que iban a perpetrar les infundía un secreto espanto. En cuanto a los amigos, a pesar de ser la mayoría, rebaño estúpido, mudo y paralizado por el miedo, esperaban ansiosos el brazo libertador.

Se dijo que cerca de dos mil jóvenes habían dado su nombre al barón de Batz. Creo que hay mucho que rebajar de esa cifra. En todo caso, un concurso de circunstancias nada favorables estorbó a aquellos hombres valientes el hallarse reunidos en el lugar de la cita. Se asegura que se buscaron inútilmente unos a otros, sin lograr juntarse. Quizá la policía, al corriente del complot, había hecho mandar a última hora falsas indicaciones con objeto de separarlos.

Entretanto, el carruaje que conducía al rey al suplicio había llegado a la altura de la Puerta de san Dionisio.

Sorprendido e inquieto por no ver a los conjurados agruparse a su alrededor, como esperaba, el barón de Batz se decide a apresurar el ataque, para sucumbir, al menos, con honor, ya que no puede salvar al rey[14]. Hace una señal a sus dos vandeanos, a los que ha reconocido entre la muchedumbre, con otros tres jóvenes. Aquel puñado de bravos trata, siguiendo a su jefe, de abrirse paso a través de las filas de hombres armados, que forman un vallado por donde ha de pasar el carruaje. A pesar de la severa consigna que habían recibido, los soldados, como sobrecogidos de espanto, no les oponen resistencia, pero permanecen inactivos, sin secundar el movimiento.

Viendo que nadie los había seguido, el barón de Batz y sus compañeros atraviesan de nuevo las apretadas filas de los guardias nacionales, y blandiendo el sable, gritan con todos sus pulmones: «¡A nosotros, franceses; a nosotros, que queremos salvar al rey!». Todo en su derredor es estupor y espanto. Silencioso está el bulevar; nadie responde a su llamamiento. Cree Batz distinguir a cierta distancia una docena de jóvenes divididos en grupos. Se adelanta hacia ellos, los convoca y los lleva tras sí por el camino que sigue el carruaje; pero de repente un inmenso pelotón de hombres armados se arrojan, espada en mano, sobre aquellos buenos franceses, muchos de los cuales sucumben luego acribillados de heridas. De Batz y de Vaux, su compañero, desaparecen como por encanto.

Ya os he dicho, según creo, mis queridos nietos, que vuestro tío Arturo y su criado estaban dotados de un vigor y una energía extraordinarios. Pero fue milagro el que se librasen de aquella matanza.

14 El intrépido Batz iba escoltado de su secretario, de Vaux, que fue preso después, muriendo, finalmente, en el cadalso (nota del coronel Rembure).

Al ver irremisiblemente perdida su empresa, sólo pensaron en escaparse.

—¡Huyamos, Santiago! —gritó mi cuñado.

Y ambos, abriéndose paso a mandobles, se dirigieron a la calle de Clery, que desemboca en el bulevar, precisamente frente por frente del sitio en que se encontraban. Unos cincuenta hombres empiezan perseguirlos al instante, lanzando furiosos gritos. ¡Cien veces debieron, sin duda, haber perecido nuestros queridos amigos! Alcanzaron su salvación porque otros dos conjurados que huían por el mismo camino, pero no tan deprisa, fueron alcanzados por los republicanos, que se cebaron en los infelices con rabia inaudita. Todos querían teñir sus espadas en la sangre de las víctimas. Arturo y Santiago llevaban ya mucha delantera, y tuvieron tiempo de tomar otra calle a la izquierda, desapareciendo de la vista de los jacobinos. Apenas entraron en la calle, cuando vieron una cancela entreabierta, ante la cual estaba en pie una criada. Se paran, vacilan si han de pedir o no refugio, por temor de que aquella desconocida no fuese a entregarlos en manos de sus verdugos, pero la joven, adivinando lo que les ocurre, les dice:

—¡Síganme ustedes, caballeros, que voy a salvarlos! ¡Pronto, pronto, por aquí!

Su acento lleno de franqueza, sus ojos sencillos y bondadosos, tranquilizan a los fugitivos, que se acogen al asilo que se les abre.

La joven criada se apresura a cerrar la cancela y, seguida de sus protegidos, atraviesa rápida la casa, luego un patio, después otro edificio, y los conduce por fin hasta una puerta de salida que daba a una calle paralela a la que acababan de dejar. Nuestros dos vandeanos se habían salvado. Los enemigos del rey se daban prisa en ver correr su sangre, por eso después de haber buscado unos minutos más a los fugitivos, dejaron de perseguirlos y no pensaron más que en correr en dirección al cadalso.

Arturo dio muy de veras las gracias a la joven sirviente, a la cual quiso obligar a que aceptase algunos luises. Ella los rehusó con horror, diciendo:

—¡Cómo! ¡Dios mío! ¡Dinero por librar de la muerte a hombres! ¡Jamás en la vida! Me considero muy feliz con haber arrancado a dos realistas de las garras de esos pícaros. Nunca llegarán a sospechar por qué casa han atravesado ustedes. Habitan en ella jacobinos de los más exaltados. El amo es un bandido, un asesino, que ha votado la muerte de Luis XVI; la señora, sus hijas y sus hijos no van en zaga al burgués. Ayer estuvieron aquí de jarana y quisieron despedirme de la casa porque me vieron llorar; pero se opuso a ello la señora, pues, según ella afirma, no hay otra que la peine mejor. Lo que es yo, ganas tenía de largarme; mas, sin duda, no lo ha querido el Señor para que pudiese salvar a ustedes. Yo no soy de París, soy del Anjou, y por eso pienso así. Los amos salieron esta mañana para tener el gusto de ver rodar la cabeza del rey. ¡Cómo se pondrían si llegasen a saber que su casa ha servido para salvar la vida a dos realistas! —Y la buena muchacha se reía maliciosamente al pensar en la jugarreta que había armado a los enemigos del rey.

—Pues bien —repuso Arturo—, has salvado a dos compatriotas tuyos, también nosotros somos angevinos. Volvemos a nuestro país, y muy pronto quizá daremos que hablar.

—¿Conque son ustedes de mi tierra? ¡Qué alegría!

—Y añadió tristemente—. ¡De qué buena gana iría yo también, si pudiese! Pero mi madre está aquí y no puedo abandonarla, porque soy la única que gano el sustento.

Y después de haberse cerciorado de que nadie pasaba por la calle, dejó marchar a sus protegidos.

Desesperados por el mal resultado de sus tentativas, aunque contentos por seguir vivos y poder ver a los que tanto amaban, Arturo y Santiago se apresuraron a ir a su casa, sin pensar en otra cosa más que en dejar París lo más pronto posible. Convenía, sin embargo, aguardar hasta la noche, porque la Comuna acababa de ordenar la más rigurosa vigilancia, aun durante el día, en los distintos puntos de la capital.

Hacia las once de la noche, bien armados y envueltos en sus capas, se dirigieron al camino de Orleans. Yendo caminando, explicó Arturo a su compañero lo que tenía que hacer.

—Voy a llegarme muy cerca del puesto —le dijo—, dispararé un pistoletazo, después me lanzaré al cuerpo de guardias, gritando con todos mis pulmones: ¡Mueran los aristócratas, mueran! ¡Seguidme, ciudadanos, están asesinando a los patriotas; venid, que los hemos de alcanzar! Seguro puedes estar de que nos seguirán todos, a excepción del centinela. En cuanto a éste, ya te las compondrás con él sin dificultades, según creo, tratándose de un mozo fuerte y astuto como tú: Pero arréglate de manera que no mates a ese pobre diablo. Todavía no estamos en guerra, y por otra parte no tiene él la culpa de los crímenes que se están cometiendo. Átale sólidamente, de manera que no estorbe, y toma enseguida el portante; ya me entiendes.

—Sí, mi amo.

—Correrás a escape hasta llegar al árbol corpulento que está a doscientos pasos de la venta a la que fuimos el otro día. Te he señalado bien el sitio. ¿Lo reconocerás?

—Ya lo creo.

—Está bien. Encontrarás allí dos caballos ensillados. Te subirás en uno, sujetando al otro de las riendas en tanto que me aguardas. A mi cargo va el hacer correr a los republicanos unos diez minutos y el despistarlos. Pronto, por tanto, me reuniré contigo. Pero si pasa un cuarto de hora... Ya me entiendes. ¿No es verdad? Si al cabo de un cuarto de hora no hubiese llegado yo, te mando que partas al galope, sin volver la cara atrás, hasta la primera parada. Allí tomarás otro caballo y continuarás tu camino sin detenerte... Toma, aquí tienes dos luises para los gastos del camino.

Santiago protestó enérgicamente. Quería a todo trance que se trocasen los papeles, pues veía que Arturo se había encargado del más peligroso. Pero su amo se mantuvo inflexible.

—Obedece —dijo sencillamente—; así lo quiero y así lo mando.

El pobre mozo se sometió contra su voluntad; pero como el amo se había expresado en un tono que no admitía réplica, el criado ya no debía pensar más que en cumplir con su cometido.

Era casi medianoche cuando llegaron al puesto de Orleans.

Estando todo bien dispuesto, nuestros dos angevinos se santiguaron muy despacio y se prepararon a tomar la ofensiva. Se precipitó Arturo de repente hacia el puesto, disparó la pistola y acercándose al centinela gritó:

—¡A las armas! ¡A las armas! ¡Los aristócratas asesinan a los patriotas!

El centinela, creyéndolo a pie juntillas, dejó que Arturo penetrara dentro, y una vez allí, con tono dramático convocó a los guardias nacionales para socorrer a la patria en peligro. Al punto, sin más informes, cogieron sus fusiles y siguieron a Arturo a la carrera. Entonces Santiago, que acechaba el momento oportuno, se acercó al centinela poniendo cara compungida y todo temblando, y le dice con voz lastimera:

—Señor soldado, ¿me permitiría usted permanecer a su vera hasta que vuelva mi hermano? Es un valiente, es el que acaba de avisar a sus camaradas, y va con ellos en persecución de los enemigos de la nación. En cuanto a mí, he sido siempre un cobarde, y tengo respeto a los tiritos. Si vienen usted me defenderá. ¿No es así?

El soldado se echó a reír.

—Ciudadano —gritó—, la patria hará perfectamente en no contar contigo para que la defiendas.

—Está usted en lo cierto, caballero.

—Mira, llámame ciudadano.

—Sí, caballero ciudadano.

—¡Basta, sólo ciudadano, imbécil! Puedes quedarte ahí si quieres. La consigna prohíbe al soldado que está de guardia el hablar a otro hombre...; pero a un animal está permitido.

Y se puso a pasear majestuosamente delante del puesto.

—¿Quiere usted, caballero, tomar rapé? —preguntó Santiago con voz tímida.

—No hay que despreciarlo, hoy está caro.

El paisano abrió su caja, presentándola al republicano. En el momento en que éste, sin sospechar nada, extendía el pulgar y el índice, arrojó el ladino de Santiago todo el rapé de la caja a los ojos del centinela. Éste, con los ojos cerrados, empezó a dar gritos terribles y a girar sobre sí mismo, al tiempo que lanzaba puñetazos a su invisible enemigo. Pero el infeliz vino al suelo de un empujón que le dio Santiago Bureau, el cual tuvo buen cuidado de amarrarlo fuerte, y así sujeto cargó con él, llevándolo al cuerpo de guardia, donde lo arrojó sobre su petate.

—Buenas noches, amiguito —dijo con sorna el paisano—. Un poquito de paciencia... Mañana amanecerás ya bien. Si no es por mi amo Arturo..., tomas un polvito de plomo...; pero mi amo es bueno, si los hay... ¡En fin, esta era la orden!

El vandeano, dejando al centinela echando espumarajos de rabia, echó a correr para llegar al paraje convenido. Un criado de confianza del tío Paulín le estaba aguardando, y le hizo entrega de los dos caballos perfectamente dispuestos, en conformidad con lo pactado. Santiago montó enseguida, recogió las riendas y aplicó el oído, esperando escuchar los pasos del conde de Serant. Pero no se sentía ningún rumor entre las sombras, y al vandeano le parecían siglos los minutos. Una angustia profunda le oprimía el corazón. Hace un cuarto de hora que está esperando, y a pesar de la orden dada, no puede decidirse a partir. Tiene sujeta la montura del conde; el señor Arturo no tendrá más que montarse y picar espuelas. Pero, ¡Dios mío!..., ¿si hubiera caído en manos de esos bandidos?

No hay orden que valga. Santiago se dispone a

bajarse del caballo para ir en busca de su amo, unirse a él y librarlo de la muerte o bien perecer a su lado, cuando de repente se oyen pisadas. El criado se estremece... ¡Qué minuto de angustia!... ¡Victoria! Arturo llega como un torbellino. En un abrir y cerrar de ojos monta a caballo y está pronto a partir.

—¡Ah!, mi amo, huyamos rápido. Ya no podía continuar esperándole.

—Un momento, amigo —dijo el joven embriagado por el peligro.

Entonces se empina sobre los estribos, se vuelve y, adivinando entre las sombras a la jauría que lo perseguía, gritó con voz sonora:

—¡Nos veremos, canallas! El rey ha muerto, ¡viva el rey!

Y, picando con ambas espuelas, nuestros jinetes se lanzan a toda rienda por el camino de Orleans.

Veinte balas silbaron a sus oídos, pero en la noche el enemigo tiraba sin puntería, y no les rozó ninguna.

Arturo y Santiago corrieron durante un cuarto de hora, hasta que, convencidos de que no los perseguían, templaron el paso de sus caballos, a los que debían cuidar si querían llegar con seguridad.

Durante este tiempo, los que nos hallábamos en Bois-Joli estábamos pasando zozobras que no pueden explicarse con palabras. La carta que Arturo nos escribió en la noche del 20, nos llegó la mañana del 23, y hacia la mitad de ese mismo día habíamos recibido la horrible noticia del regicidio. A este inmenso dolor se agregaban las más vivas inquietudes por la suerte de nuestros queridos ausentes.

Conociendo su arrojo, perdimos la esperanza de

que hubieran podido sobrevivir a la noble víctima que tenían decidido empeño en salvar. Y he aquí que algunas horas después, en el momento en que terminábamos juntos las oraciones de la noche, oímos un galope rápido, y de repente un fuerte campanillazo.

Todo el mundo, instintivamente, se precipitó a la puerta de entrada. La misma marquesa se encontró, sin saber cómo, en la parte baja de las gradas tan pronto como nosotros. ¡Oh, qué gozo, qué inmenso gozo sentimos al volver a ver a los dos, al estrechar entre nuestros brazos a aquel querido amigo después de tan mortales angustias!

¡Y si vosotros lo hubieseis visto abrazando a su padre y a su madre, y a su mujer y a su hijo, a quien aún no conocía! Era, en fin, una felicidad, una embriaguez que nos hacía reír y llorar a un mismo tiempo. Y, sin embargo, en medio de nuestro júbilo, cosa extraña, sentíamos inmenso dolor por la muerte de Luis XVI. ¡Jamás hubiera imaginado que el corazón humano fuera capaz de experimentar al mismo tiempo sentimientos tan contrarios! ¡Jamás olvidaré aquellos instantes!

XVIII
Los bandidos

Los aldeanos del Bocage se habían estremecido de indignación cuando vieron perseguida la religión, y a los sacerdotes fieles arrojados de sus parroquias y reemplazados por intrusos. Los habían ocultado y defendido con admirable abnegación, dispuestos, si fuera necesario, a rechazar con sus escopetas de caza y con sus hoces a los patriotas que viniesen a atacarlos. Pero no se les pasó por las mientes el empuñar las armas, agrupar sus fuerzas, ni rebelarse contra un estado de cosas que detestaban. La cólera hervía en sus pechos, pero al fin y al cabo todo estaba tranquilo exteriormente, y nada dejaba presagiar que la guerra, una guerra encarnizada, iba a surgir de aquel descontento popular.

Algunos pronunciamientos parciales habían sido prontamente sofocados por los patriotas con inaudita crueldad, y los excesos de la represión no consiguieron más que la animosidad de ambos partidos.

El regicidio, conocido en las Manges y en lo restante del Bocage hacia los últimos días de enero de 1793, había aumentado la exacerbación de los aldeanos. Pero ningún movimiento serio siguió a aquella noticia, y es creer que si la Convención no hubiera pasado adelante, aquel crimen, por detestable que fuese, no hubiera apurado su paciencia.

Pero la chispa que hizo nacer y que desarrolló el incendio fue el decreto del 24 de febrero de 1793, en el que se mandaba una leva de trescientos mil hombres, por sorteo, en la capital de cada cantón, en todo el territorio de la República.

Los vandeanos, mis queridos nietos, no eran cobardes, y cierto que dieron pruebas de ello, por lo que no hay que atribuir al miedo no exponer sus vidas en los combates sino al odio que cobraron al decreto de la Convención.

Mas cuando comprendieron que no se trataba solamente de doblar la cerviz a un yugo maldito, sino que debían además dar su sangre por un régimen execrable y por leyes sacrílegas, y para sostener a los perseguidores de sus sacerdotes y a los asesinos de su rey, un prolongado grito de cólera se dilató por todo el país, y en todas partes empuñaban las armas en defensa del altar y de los hogares.

Nos hallábamos en los comienzos de marzo de 1793. En esos días, algunos hombres arrojados recorrían el Bocage sembrando por doquier la idea de la insurrección y excitando a los jóvenes a no alistarse en la milicia.

Me parece que estoy viendo al bonachón de Bureau, perteneciente a la Faisanderie, buhonero en su oficio, lo mismo que Cathelineau. Solía venir a Bois-Joli con su caballo y su vetusto carricoche, donde llevaba sus mercancías: pañuelos de Cholet de rojo rabioso (objeto apreciado por la gente moza), sortijas de acero, lindas pañoletas, tijeras, cuchillos, espejos, esponjas, agujas, hilos de todas clases, instrumentos de cocina y canastillas para niños, plomo y pólvora para cazar, de todo había en el vehículo del tío Bureau. Pero su persona se prestaba, todavía más que sus baratijas a un curioso estudio.

Era hombre chiquitín, como de sesenta años, menudillo de cuerpo y contrahecho, pero que bajo aquella débil envoltura ocultaba un alma de fuego y un celo de apóstol. Iba de pueblo en pueblo, de cortijo en cortijo, traduciendo en palabras de fuego su ardiente odio a los enemigos de Dios y del rey. Al llegar a una aldea, comenzaba por reunir a su alrededor a los mozos, exponiendo ante sus ojos encandilados las riquezas de su tienda. Poco a poco iba trayendo a sus oyentes a las candentes cuestiones del día. Entonces sus pequeños ojillos lanzaban relámpagos, su voz era vibrante, su gesto arrebatador, y la pasión de que estaba poseído encendía en los corazones el ardor guerrero en que ardía el suyo.

—No vayáis a alistaros en la milicia, hijos míos —exclamaba dirigiéndose a los mozos—; no vayáis a alistaros. Os convertirían en verdugos de nuestros sacerdotes y en destructores de cruces; en amigos de los juramentados. Y ya que hemos de morir, muramos más bien por nuestros buenos sacerdotes, y no por defender a los pachones y su veneno de República. No aguardéis en vuestros cortijos a que los *bleus*[15] vengan a mataros como a cerdos. Levantaos, empuñad vuestras hoces, vuestras escopetas de caza, vuestros garrotes si no tenéis otras armas. Y duro con los pachones. ¡Dios está con nosotros!

15 Azules. Así llamaban a los soldados republicanos por el color de su uniforme.

Así recorría todo el país predicando la guerra, y aquella inculta elocuencia producía en los que lo escuchaban un efecto extraordinario. En todas partes se reunían los mozos para deliberar, y casi en todas se resolvía no alistarse y oponer resistencia a los mandatos de las autoridades.

Los conscriptos de nuestro vecindario habían sido convocados para el 12 de marzo. Muchos mozos se presentaron, y entre otros Perico Bureau, que sólo contaba diecisiete años, pero que perecía por entrar en batalla. Temeroso su padre de que fuese a hacer una calaverada, le prohibió que se llevase, como era su deseo, la escopeta de caza que colgaba sobre la campana de la chimenea, según se acostumbraba en todas las granjas del Bocage. Pedro se contentó con portar un nudoso garrote, que en su mano vigorosa constituía un arma nada despreciable.

Volvió por la noche entusiasmado y gritando a voz en grito: ¡Viva el rey! Entró triunfalmente en el patio del castillo, enseñando con orgullo a nuestra gente un buen fusil de munición que traía al hombro y paquetes de cartuchos tomados en Saint-Florent.

Curiosos por saber lo que había ocurrido, le mandamos decir que viniese al salón para comunicarnos las noticias. El pobre muchacho estuvo cortado en un principio, y fue necesaria la sonriente bondad de la marquesa para que se decidiese a abrir la boca. Su voz temblaba un poco todavía al comenzar su narración. Después se fue animando, hasta que se olvidó de sí mismo, electrizado por el recuerdo de la escena que pocas horas antes había presenciado.

—Pos hete aquí, señora marquesa y la compaña (fórmula usada para dar a entender que se dirige la palabra a todos los presentes), hete aquí que estábamos todos los mozos de Saint-Cyr, con los de Saint-Florent y de otras parroquias, en la plaza de la iglesia, frente por frente a la gendarmería; que los gendarmes estaban delante de la gendarmería con los pachones; que habían enfilado dos cañones contra nosotros, como para decirnos: ¡Mocitos, o venís a tirar, o tiramos nosotros! El caso fue que nosotros empezamos a gritar juntos y sin parar: ¡Nosotros no tiramos! ¡Que no tiramos! El caso fue que los gendarmes que estaban en la gendarmería se vinieron hacia nosotros, asieron al mocetón Rabeau, del pueblo de Broses, cogiéndolo por la blusa para llevarlo, quieras que no, para obligarlo a tirar. Lo cual, como nosotros vimos, nos irritamos de verdá. Zurramos de lo lindo a los gendarmes, y con esto no digo más; y los mandrias se fueron a refugiar a la gendarmería, para disparar contra nosotros su cañón, y cuando se vio que el oficial mandaba hacer fuego, se gritó: ¡Boca abajo, muchachos! Y todos no pusimos boca abajo. Y cuando la bala pasó por encima de nosotros, nos lanzamos contra los gendarmes. Entre nosotros había doce que tenían escopetas, y las dispararon y mataron a doce. Y después, nosotros, con nuestros garrotes, empezamos a zurrar, pero a zurrar de suerte que los gendarmes echaron a correr y con ellos todos los pachones. Entonces cogimos el cañón y unos cincuenta fusiles que había en la gendarmería, y todos los cartuchos que pudimos, y así terminó aquello. Y ahora que esto ha comenzado, me llevará su mercé consigo, ¿no es verdad, señorito Arturo? Me lo prometió su mercé en Marillais, me acuerdo muy bien: quince días antes de que se fuese su mercé con Santiago.

El mozuelo, que anduvo tan remolón en decidirse a hablar, no podía ahora dejar de hacerlo; tanto que fue menester que lo despidiese la marquesa. Salió triunfalmente, y se fue seguidito a echar un trago a la cocina, y a contar sus proezas a todo bicho viviente.

Después de salir Perico, dijo el marqués:

—La cosa se va poniendo seria, y las cabezas se enardecen. Ese ridículo suceso de Saint-Florent pudiera muy bien suscitar un incendio, pero sería locura permitir que esos infelices campesinos intentasen lucha tan desigual, equivaldría a llevarlos al matadero. Por mi parte, no lo consentiré nunca.

Arturo guardaba silencio, pero era fácil averiguar que participaba más del entusiasmo de los conscriptos que del pesimismo de su padre.

Durante algunos días permanecimos tranquilos; pero muy pronto Santiago, a quien mi cuñado había enviado a tomar lenguas, vino a referirnos gravísimos acontecimientos.

Cathelineau, el buhonero de Pin-en-Manges, de quien antes os he hablado con ocasión de las peregrinaciones, acababa de sublevar a los campesinos de las cercanías. Al día siguiente de la escaramuza de Saint-Florent, algunos conscriptos refractarios, pasando por el Pin, entraron en casa de Cathelineau para contarle el suceso de la víspera. Al momento, el buhonero, que estaba disponiéndose a amasar el pan, dejó la masa y dirigiéndose a los mozos gritó con vibrante voz e inspirada mirada:

—Amigos míos, estamos perdidos; tomemos las armas. No hay que perder tiempo, la República pretende aplastar a nuestro país.

Después, sin atender a los ruegos de su mujer, se precipitó a la plaza de la iglesia, donde la noticia, dada por los conscriptos, había juntado ya considerable número de campesinos. Los arengó lleno de ardor, conjurándolos a empuñar las armas por la religión y por el rey. En vano su mujer, que lo había seguido, se arrojó a sus pies, abrazándose a sus rodillas, y lo conjuró a que pensase en ella y en sus hijos.

—Ten confianza —le respondió Cathelineau—. Dios, por quien voy a combatir, cuidará de ellos.

Desde aquel mismo día, aquellos improvisados soldados armados con hoces corvas, con hachas, con garrotes y con algunas escopetas, dieron comienzo a la guerra inmortal que Napoleón llamó «la guerra de gigantes».

Nos dijo Santiago, además, que al día siguiente los campesinos se habían hecho dueños del castillo de Jalais y de Chemillé, y que habían caído en su poder muchos cañones, gran número de fusiles y millares de cartuchos. Ya, al ruido del éxito, todos los mozos de Maulevrier (conducidos por Stofflet, guarda de caza del señor de Colbert), los de Izernay, de Schaubróignes y de la Tessoualle, habían tomado las armas e iban a unirse a Cathelineau.

Arturo y todos sus cortijeros deseaban ardientemente marchar enseguida para engrosar las filas de la insurrección, pero el marqués persistía en apellidar locura la rebelión de los campesinos, y proclamaba muy alto que era obligación suya el impedir a todos los que de él dependiesen el exponer sus vidas sin ninguna probabilidad de feliz resultado.

El conde Arturo obedecía a su padre, aunque bien a su pesar. Para él, como para nosotros, era cosa clara que nuestra gente partiría de un momento a otro sin ningún permiso. Pedro Bureau, el Rabioso, como solían llamarle sus camaradas, no aguardó mucho tiempo la decisión del marqués. Apenas oyó las noticias que había traído su hermano, se marchó apresuradamente a Sorinière.

—Me marcho —dijo a su hermana Josefina—; no es posible que permanezca yo aquí mientras que los otros están en medio del fuego. Nuestro padre está en la labor, nuestra madre guardando las vacas. No quiero verlos porque se opondrían a mi marcha. Quedas encargada de decirles que me he ido con los mozos de Cathelineau.

—Llevas razón, Periquillo —le contestó su hermana—; si yo vistiese los pantalones ya me hubiera ido con vosotros... Con todo, me da pena el verte marchar. ¡Quizá no vuelvas nunca! Pero antes que nada está la gloria de Dios.

Ambos hermanos se abrazaron conmovidos.

—Espera, que voy a coserte en la chaqueta un Sagrado Corazón.

—Feliz ocurrencia, Josefina. De esa manera pensaré en Dios.

Pronto se efectuó la piadosa tarea. Pedro metió en sus alforjas algunos alimentos, atestó los bolsillos de cartuchos cogidos en Saint-Florent, y echándose al hombro con arrogancia el gran fusil, emprendió alegremente el camino para Chemillé.

Las noticias que entretanto llegaban cada día de Bois-Joli nos ponían de relieve cada vez la importancia de la insurrección. El 15 de marzo dos mil campesinos, reunidos alrededor del castillo de la Loge, en el que vivía el marqués de Elbée, le suplicaban que se pusiera al frente de ellos. La actitud de este gentil hombre en aquella circunstancia fue, en verdad, digna de admiración. Comprendía perfectamente todo el alcance del peligro y los odios implacables que atraería sobre sí y sobre su mujer. La marquesa acababa de hacerlo padre pocos días antes, y se le pedía que se alejase de ella en aquel momento, dejándola expuesta a toda clase de peligros. Pero conmovido hasta derramar lágrimas por los bellos sentimientos de fe y de piedad de que estaban penetrados aquellos campesinos, sintió el impulso interior de no negarles el apoyo de su ejemplo y de sus consejos cuando ellos lo abandonan todo por la gloria de Dios y por la salud de la patria.

—Partamos juntos —les dijo— a la victoria o al martirio.

Y después del triste y desconsolado adiós de la marquesa, partió al frente de sus voluntarios para incorporarse a Cathelineau.

El señor de Bonchamps se ponía al día siguiente en marcha para engrosar el ejército católico.

El marqués detalló vivamente a los campesinos que vinieron a buscarlo los peligros a que se exponían ellos y a los que exponían a sus mujeres y a sus hijos, diciéndoles:

—Es posible que la revolución os perdone y que se contente con asestar sus golpes a la nobleza. Sería, por tanto, más ventajoso para vosotros el que os quedaseis en vuestros hogares.

—Señor marqués —le respondieron los delegados de las parroquias vecinas—, hemos pasado toda la noche en oración para que Dios nos manifieste su voluntad, y ahora, más que nunca, estamos resueltos a empuñar las armas. Pero no somos soldados, y usted entiende muy bien de cosas de guerra. Venga usted con nosotros para mandarnos, y con la ayuda de Dios triunfaremos.

Cedió el señor de Bonchamps, no pudiendo, según decía, dejarse vencer en generosidad por aquellos a quienes debía dar ejemplo, y partió después de haberse despedido cariñosamente de su mujer y de sus dos hijas.

—No nos engañemos —dijo a la marquesa—; veremos incendiar nuestros castillos, seremos proscritos, despojados, calumniados, inmolados tal vez... Demos gracias a Dios por esta luz que nos da, pues esta previsión redobla nuestros merecimientos para el cielo. No debemos esperar ninguna gloria humana, porque las guerras civiles no suelen darla[16].

La resolución del señor de Bonchamps, a quien conocíamos mucho, impresionó vivamente al marqués y le hizo conocer, al cabo, la importancia de la guerra. Por eso, sin más tardar, mandó decir en todas las granjas de sus dominios que marcharía al siguiente día para reunirse con el señor de Bonchamps, con objeto de ponerse a sus órdenes. Sentía en el alma el dejar a la marquesa, a su nuera y a mí expuestas a la venganza de los republicanos; pero hablaba el honor, y cuando oía su voz, el señor de Serant no titubeaba jamás. La misma señora marquesa incitaba a que no difiriese la marcha.

Se puso en camino al otro día con Arturo, Santiago y unos cien hombres que se habían juntado

16 Estas palabras de los señores de Elbée y de Bonchamps son del todo auténticas (nota del coronel Rambure).

en Bois-Joli para seguirle. Dejaba para protegernos a José, a Alano, al tío Bureau y a los jóvenes campesinos que estaban para defendernos después de la traición de Urbano (solamente Pedro había dejado de hacernos compañía). En caso de peligro, los ancianos, las mujeres y los niños de los alrededores tenían por consigna refugiarse en el castillo, al que se había puesto en estado de defensa, y en el que se había acumulado gran cantidad de provisiones para el caso en que tuviéramos que sufrir algún asedio. Habíamos preparado un escondite seguro para el señor cura, a quien sus achaques impedían seguir a la expedición. Por otra parte, en aquel momento en que todo era favorable a nuestras armas, no se hablaba de ninguna tropa enemiga que se hallase en estos sitios del Bocage.

Nuestros campesinos tenían por entonces muy buenos jefes, y pocos días después habían de ver ponerse a la cabeza de ellos a hombres dotados de verdadero genio militar, a los señores de Charette, de Lescurc y a Enrique de la Rochejaquelein.

El valor de nuestros soldados durante esta guerra rayó en verdadero prodigio. En un principio acometían al enemigo con hoces y con garrotes; pronto se hicieron con armas y con abundancia de municiones, y entonces hicieron temblar a los republicanos. Ya sabéis de qué modo se proveían de artillería. Cuando veían que los artilleros azules iban a arrimar la mecha a los cañones, se echaban a tierra, dejaban pasar la descarga, y se lanzaban a toda carrera enseguida hacia las baterías. Después de haber repetido dos o tres veces la misma maniobra, llegaban, finalmente, a la batería republicana y acababan a porrazos con los artilleros junto a sus cañones, que dirigían entonces contra el enemigo. A las pocas semanas de haber comenzado la guerra eran ya dueños de una artillería imponente.

Entre ellos reinaba la más afectuosa igualdad. Después de la toma de Saumur fue nombrado generalísimo Cathelineau, simple campesino, por voluntad unánime del Consejo de Guerra compuesto en sus tres cuartas partes de gentiles hombres. Algunos días después, el joven Forestier, hijo de un almadreñero del pueblo, daba, a su vez, bellísimo ejemplo de modestia y de abnegación. Este joven que acababa de ser nombrado comandante de la Caballería, se apresuró a ceder su grado al príncipe de Talmont, que entre mil peligros acababa de incorporarse al ejército católico y realista.

¡Cuántas virtudes cristianas! ¡Qué sublime fe en aquellos generosos soldados! Marchaban al combate entonando cánticos religiosos o rezando el rosario, y se preparaban a la muerte recibiendo los sacramentos.

Obtenida la victoria, afluían a las iglesias para dar gracias a Dios entonando el *Te Deum*.

La toma de Saumur los había hecho dueños de ochenta cañones, de cien mil fusiles y de once mil prisioneros. Estupefacto de tan prodigioso triunfo, obtenido por infelices campesinos, exclamaba Enrique de la Rochejaquelein:

—Nuestros felices resultados me confunden... ¿Quién no ve aquí el dedo de Dios?

El marqués de Elbée, venerado entre aquellos soldados a causa de la bondad de su corazón y de su espíritu, era apellidado por ellos el general de la providencia, porque en cuantas arengas les dirigía, nunca se olvidaba de inculcarles que esperasen el socorro de lo alto.

—Hijos míos —repetía a menudo—, tengamos confianza: la Providencia no nos abandonará.

Se dieron, no hay para qué negarlo, algunos vandeanos que, exasperados por los asesinatos, por los incendios y por los crímenes de todo género que los enemigos cometían, también ellos se entregaron a las represalias. Por eso, como luego os contaré, Santiago y Pedro Bureau se lanzaron un día a cometer un acto cruel de venganza, del cual, según veréis, se arrepintieron sinceramente. Pero puedo afirmar muy alto que esos actos fueron contadísimos en el ejército de los vandeanos, y que casi siempre los campesinos perdonaban la vida a sus encarnizados enemigos, aunque muchas veces les asistiese el derecho de fusilarlos en castigo de los crímenes abominables que habían perpetrado.

De este modo perdonaron la vida en Saint-Florent, al día siguiente de una sangrienta derrota, a varios miles de republicanos, muchos de los cuales habían cometido crímenes horribles. Lescure, Enrique de la Rochejaquelein, de Elbée, Bonchamps, y el mismo Charette, a quienes injustamente se les acusaba de crueles, salvaron la vida repetidas veces a prisioneros a quienes sus soldados, furiosos, querían dar muerte. Apelaban a su espíritu de fe, y los conjuraban a que perdonasen, recordándoles que Jesucristo perdonó a sus mismos verdugos, y con esto se apaciguaba la cólera de los campesinos, y las armas se les caían de las manos.

Algunos realistas exaltados que se habían señalado por sus crueldades, después de la victoria, fueron severamente reprendidos; muchos perdieron sus grados, y aun algunos fueron condenados a muerte y ejecutados. ¡Hasta ese punto llevaban los vandeanos su celo por conservar sin mancha el honor de sus armas y la pureza de su causa!

¡Y hay quien los trata de bandoleros! Y ese nombre se lo daban enemigos implacables que no respetaban durante la guerra ninguna de las leyes de las naciones civilizadas, no perdonando casi nunca a los prisioneros, acorralando como a fieras salvajes a las mujeres, a los ancianos y a los niños para matarlos con increíble barbarie.

Si el ejército católico y realista poseía virtudes admirables, también tenía un grave defecto. Los campesinos eran soldados voluntarios en todo el rigor de la palabra y, por tanto, no formaban parte de tal compañía, de tal cuerpo de ejército, sino porque esa era su voluntad, y más de una vez afirmaron esta independencia marchándose en masa y sin dar cuenta a nadie, cuando les venían ganas de ir a sus casas para volver a ver a sus familias, o para dar un vistazo a sus campos, como dueños de los mismos. Los jefes nunca pudieron impedir esas marchas repentinas que en pocas horas reducía un ejército de cuarenta mil hombres a cinco o seis mil, o tal vez menos. La verdad exige de mí que diga cómo también el marqués de Serant y mi cuñado dejaban de vez en cuando el ejército, cuando juzgaban que su presencia no era indispensable, para venir a dar una vuelta por Bois-Joli, a fin de cerciorarse de que todo marchaba bien. Y hay que tener en cuenta que el marqués mandaba como segundo jefe las compañías bretonas del Cuerpo de Bonchamps, y que Arturo era uno de los ayudantes del general.

Los principales jefes se veían obligados a tomar sus resoluciones atendiendo a este estado de cosas, razón fortísima por la cual la mayoría del Consejo de Guerra nunca quiso, antes de forzársele a ello, conducir las tropas del país. Las tres cuartas partes de los combatientes no hubieran seguido al ejército.

Pero cuando nuevas fuerzas republicanas amenazaban el territorio, los campesinos acudían todos a la bandera, y de un día a otro el Ejército católico y realista estaba enteramente completo, dispuesto a reportar nuevas victorias.

No es mi intención, hijos míos, referiros la guerra de la Vendée. No acabaría, y mi relato llenaría muchos volúmenes. Por lo demás, no ignoráis los brillantes hechos de armas de vuestros compatriotas, y en el momento en que os estoy hablando personas más autorizadas que yo han escrito ya, o tratan de escribir, esta gloriosa historia. Mi único objeto al emprender este trabajo fue daros a conocer mejor vuestra familia y los beneficios de que Dios la ha colmado, beneficios amargos, sin duda, pero preciosos a la vez. Voy, pues, a continuar la relación de lo que acaeció a la familia de Serant, y muy especialmente a vuestro tío Arturo y a su mujer, durante aquel año terrible. Os daré, sin embargo, algunos pormenores acerca de una gran batalla en la que puedo muy bien decir que me hallé presente, puesto que seguí minuto a minuto sus conmovedoras y gloriosas peripecias.

Tal vez oiréis decir, mis queridos hijos, que los vandeanos, lejos de ser héroes, no eran más que unos rebeldes que se alzaron contra el gobierno de su país, y que, por consiguiente, la guerra que emprendieron fue injusta y que no es digna de admiración.

Decid a vuestros contradictores que los vandeanos tomaron las armas para defender su libertad política, y sobre todo su libertad religiosa, en el momento en que súbditos rebeldes acababan de asesinar a su legítimo soberano y tenían prisionero a su heredero legítimo. Es cierto que no es lícito rebelarse con las armas en la mano contra un poder, aun ilegítimo, si es natural y está en pacífica posesión del Gobierno. Pero en el caso del que vamos hablando, los regicidas que imponían a Francia su pesado y sangriento yugo no tenían ni legítima, ni normal, ni pacíficamente el Gobierno, dado que por la violencia retenían en cadenas al heredero al trono, y atendiendo a que su representante, instituido regente por el antiguo derecho tradicional, había procurado, con las armas en la mano, expulsar de Francia al Gobierno revolucionario. En aquellas circunstancias, los rebeldes eran los verdugos de Luis XVI, los carceleros de Luis XVII, siendo incontestablemente los vandeanos los defensores del derecho y de la justicia, a causa de combatir por volver a levantar el trono y para defender su fe. Hay, sin duda alguna, que condenar toda injusta insurrección, y precisamente por eso es necesario condenar a los que destronaron al rey legítimo y pusieron sobre él su mano sacrílega.

Y ahora me diréis, mis queridos hijos: ¿Por qué no coronó Dios con el triunfo decisivo los esfuerzos de los vandeanos? ¿Por qué permitió que esas poblaciones tan cristianas derramasen su sangre en vano, y que su valentía sólo haya servido para atraer sobre ellas las más espantosas calamidades?...Pues al fin vamos a ver perecer en los campos de batalla o en el patíbulo a un pueblo entero.

Eso equivale a preguntar, hijos míos, ¿por qué permite Dios que los justos sean afligidos en este mundo?

En el día del juicio lo entenderemos mejor, aunque ya desde acá abajo podemos barruntar algo del plan divino.

En primer lugar, los males espantosos que afligieron a Francia al terminar el último siglo fueron una gracia misericordiosa para muchas almas cuya fe se había entibiado, porque la persecución sirvió de despertador a su soñolencia y les hizo encontrar su salvación en los horrores del suplicio. ¡Cuántas encopetadas señoras y grandes señores, que hubieran muerto en la incredulidad si la desgracia no los hubiera humillado, recobraron la fe al subir los escalones del cadalso, y perdiendo esta vida mortal ganaron la que no ha de tener fin! Desde luego comprendéis, hijos míos, cuán excelente medio para que los pecadores salven sus almas son las pruebas y los sufrimientos de esta vida.

—Y ¿qué decir de los justos? —me replicaréis. Pues bien: también para ellos es la persecución manantial de grandes ventajas espirituales. Durante ese tiempo de prueba adquieren incalculables méritos que les aseguran más gloriosa corona en el cielo, puesto que en semejantes ocasiones es donde más resplandece la verdadera virtud. ¿Qué mérito tendríamos en ser virtuosos si nuestras buenas acciones fuesen recompensadas siempre aquí en el mundo? No se darían entonces bribones, porque el vicio no ofrecería ventaja alguna. Pero al mismo tiempo, entendedlo bien, se suprimiría la magnanimidad, la santidad, el heroísmo. La virtud no vendría a ser más que un nombre vano, pues el cumplimiento del deber sería siempre una operación muy lucrativa, y solamente los imbéciles serían los que procurarían librarse de ella.

No olvidéis que la verdadera recompensa está en el cielo, que solamente allí recibiremos la paga según nuestros méritos, y que, cuanto más hayamos sufrido en este mundo, tanto más glorificados seremos en el otro. Es cierto que podemos pedir a Dios gracias temporales, y que a veces nos las concede; pero no son esos los verdaderos bienes. Esos favores de Dios son, por decirlo así, un néctar que de cuando en cuando nos da a beber para sostenernos en el camino cuando nos hallamos demasiado débiles para pasarnos sin ese alivio. Pero no vayamos a engañarnos ni a desanimarnos al ver que no logramos recompensa humana por nuestros esfuerzos, porque eso sería no tener confianza ni fe, como si creyésemos que acá abajo es donde concede el Señor por completo a cada cual el galardón debido a sus obras.

Ved de qué manera trató Dios a su Madre y a su Unigénito. Les colmó de sufrimientos, en comparación de los cuales son nada los nuestros. ¿No basta este ejemplo para probarnos que no es en esta vida miserable donde Dios concede a sus amigos los bienes verdaderos?

Muchos excelentes cristianos perecieron en esa terrible guerra, es cierto; pero Dios, dándoles el cielo a cambio de esta miserable vida, ¿no les concedió el más apetecible y el mayor de todos los beneficios?

Además, ¿quién sabe si la sangre vandeana, derramada a torrentes, no ha servido para pagar el rescate de nuestro infortunado país, y si el sacrificio de tantas almas generosas no ha obtenido del cielo que la religión católica floreciese algunos años después en el suelo de Francia.

XIX
El 19 de septiembre de 1793

Después de la toma de Saumur, el 10 de junio, y hasta los primeros días de septiembre, la Vendée había rechazado más allá de sus fronteras a todas las fuerzas republicanas que habían intentado invadirla. A excepción del desastre de Nantes, que les costó la pérdida de su generalísimo, nuestros soldados habían salido victoriosos casi en todos los campos de batalla. Pero la Convención había jurado acabar con nuestro desgraciado país, y he aquí que se adelantan cinco ejércitos a la vez, concertando su ataque para destruirnos. Santerre y Ronsin avanzan con cuarenta mil hombres desde Angers hacia Cholet. Un cuerpo de reserva, dejado algo atrás al mando del general Duhoux, estaba dispuesto a secundar sus operaciones. Beysser acantonado en Mothe-Achar, debía combinar sus movimientos con los de Mieskouski, que mandaba en Sables d'Olone. Finalmente, y este era nuestro más terrible enemigo, el famoso ejército de Maguncia, compuesto de veinticinco mil hombres, al mando de Conclaux, Auber-Bubayet y Kleber, los mejores generales de la República, marchaban desde Nantes hacia la Vendée inferior para rechazar a Charette fuera de su territorio y atacar enseguida de flanco a los soldados del Anjou y del Alto Poitou. Estos cinco ejércitos, formando juntos un efectivo de más de ciento veinte mil hombres, iban a atacar al mismo tiempo a la Vendée en todos los puntos y a concentrarse en el centro mismo del Bocage.

Inmenso era el peligro. Los jefes realistas se reunieron en Consejo de guerra y examinaron fríamente la situación. Era preciso elegir entre la victoria o la muerte.

Después de un maduro examen, decidieron que todas nuestras fuerzas se concentraran sin dilación para lanzarse en masa sobre cada uno de los ejércitos enemigos y derrotarlos uno después de otro sucesivamente. Se dejaron diez mil hombres al bravo Pirón para contener a los cuarenta mil soldados de Santerre y de Ronsin, que llegaban de Angers seguidos de la división de Duhoux. Era menester a toda costa impedir la reunión de estos dos cuerpos con las fuerzas que llegaban del oeste y del mediodía. La victoria parecía imposible, pero la Vendée estaba condenada a realizar prodigios.

Mientras Pirón, con aquel puñado de hombres, se esforzaría en retardar la marcha de Santerre, el grueso del ejército saldría al encuentro de Charette, que subía hacia el Bocage multiplicando sus llamamientos desesperados. Las columnas empujaban delante de sí un pueblo de mujeres, de ancianos y de niños que abandonaban su país para sustraerse al furor de los republicanos.

Todos nuestros combatientes que aún podían servir, se levantaron para marchar a aquella terrible lucha de que iba a depender la salvación de nuestro país. Los señores Stafflet y Rochejaquelein, retenidos por heridas graves, no podían tomar parte en la batalla. El grueso del ejército era conducido por D`Elbée, Marigny, Lescure y

Bonnisan. Bonchamps, aunque herido ya muchas veces, no quiso abandonar a sus soldados, y se hacía conducir en medio de ellos llevado en unas angarillas.

La concentración de todas las fuerzas vandeanas debía verificarse entre Beaupreau y Cholet.

Entretanto, el señor de Serant y su hijo Arturo, acompañados de unos cincuenta de nuestros campesinos, se habían dirigido rápidamente hacia Bois-Joli. El marqués, después de haber reflexionado atentamente y orado mucho, acababa de tomar una grave resolución, que era preciso ejecutar sin pérdida de tiempo.

Si nuestros soldados, lo cual era mucho de temer, venían a sucumbir bajo las abrumadoras fuerzas que iban a apretarlos como en un torno, las comunicaciones entre Bois-Joli y sus defensores se interrumpirían inmediatamente y, por tanto, la marquesa, Genoveva y yo, caeríamos en poder de los soldados republicanos en breve plazo, con toda nuestra gente. Era, pues, urgente el reunirnos lo más pronto posible con el ejército realista. Entonces, en el caso de una derrota, podríamos pasar el Loira y penetrar en Bretaña, donde nos sería más fácil encontrar un refugio, aguardando ocasión para marchar a Inglaterra.

Apenas llegó el señor de Serant al castillo, comunicó su resolución a la marquesa, la cual no pudo menos de aprobarla, puesto que, sin duda alguna, en aquellas circunstancias era el recurso que ofrecía mayor seguridad. Nos fuimos, por tanto, aprisa a hacer nuestros preparativos en la noche del 13 al 14 de septiembre, a fin de estar en disposición de emprender la marcha al siguiente día. Ocho o diez leguas solamente nos separaban de la dirección del señor de Bonchamps, pero la marcha tenía que ser lenta, a causa de llevar con nosotros a las mujeres, a los ancianos y a los niños que se habían quedado hasta aquel día en Bois-Joli. Además, nuestros aldeanos, que no habían querido dejar nada en sus cortijos, resolvieron echar por delante a sus bestias y a sus carretas, atestadas con todo lo que pudieron arramblar. Por otra parte, temiendo el señor de Serant la extrema fatiga que el viaje iba a causar a su mujer, tuvo muy buen cuidado en que no la llevasen sino con gran lentitud y con grandes precauciones.

Desde el 14 por la mañana estaban terminados nuestros preparativos, y nos pusimos en marcha. Era el día de la Exaltación de la Santa Cruz, coincidencia que nos dio sobre qué reflexionar.

No quiero dejar de deciros que la marquesa, mi hermana y yo, íbamos vestidas de aldeanas, porque con ese traje nos sería más fácil escapar al furor de los republicanos si nos viésemos precisadas a huir.

Ofrecía nuestra caravana un aspecto verdaderamente pintoresco. Abrían la marcha veinticinco hombres a caballo, y otros tantos formaban la retaguardia. Felizmente, apenas teníamos que temer ser atacados durante el camino, pues no había enemigo ninguno por entonces en aquella parte del Bocage. La invasión se efectuaba por la parte del este y por la del sur. La parte norte del país, desde Beaupreau hasta el Loira, entre Ancennis y Saint-Florent, todavía se hallaba libre.

Ocupaban el centro las mujeres y los niños, juntamente con la impedimenta. Las personas demasiado débiles que no podían andar se habían acomodado en los carruajes, en los carricoches y en las carretas que de todas formas y tamaños servían para el transporte de muebles y provisiones. El marqués, mi cuñado, mi hermana y yo, viajábamos montados en fieles cabalgaduras: Otelo, Desdémona, Fauvette, y Mignon. Genoveva había acostado perfectamente a su pequeñín en una cesta instalada delante de la silla del caballo y muy bien sujeta. Nuestro querido Tonio montaba uno de los caballos del marqués, y era, a lo que creo, el más seguro jinete de toda la cabalgata, natural resultado de su primera educación. Las otras bestias de carga servían para el transporte de toda clase de enseres, ropa blanca, colchones, etcétera, que venían detrás de nosotros. En cuanto a mi madrina, he aquí el ingenioso medio que había imaginado el marqués para aliviarle todo lo posible la fatiga del viaje. Se había colocado sobre el lomo de uno de los grandes bueyes del cortijo una especie de albarda, confeccionada expresamente para el caso. A cada lado de estos arreos de nueva invención se suspendió una silla larga de mimbre, que llevaba sólidos montantes, como las cunas de los niños. La marquesa se echó sobre una de estas camas improvisadas, mientras que del otro lado se colocaba, para hacer contrapeso, la buena de la señora Legrand de la Soblonnière, que adolecía casi de los mismos achaques de que adolecía mi madrina. El gran buey blanco de los Bureau, conocido por el nombre de Merechal, era el que conducía solemnemente a la señora de Bois-Joli y a su cortijera. La invención era, de verdad, excelente. El paso lento y regular del animal hacía muy cómodo este modo de locomoción, en virtud del cual nuestras pobres enfermas hicieron el viaje sin muchas sacudidas. Además el tío Bureau, cogiendo al buey por la cornamenta, atemperaba su paso con exquisito cuidado. ¡Pero era digno de ver aquel singular vehículo de doble cesta, oscilando ligeramente de abajo arriba y de arriba abajo, suspendido del robusto espinazo de Merechal! ¡Y qué curioso espectáculo ofrecían aquellas carretas y aquellos coches de todas formas, atestados de gente y de mobiliario, sobre los cuales iban amontonadas enormes canastas de mimbre en que se veían abarrotados patos y pollos que cacareaban, piaban y cloqueaban! Pues nada digo de las largas filas de vacas y de carneros mugiendo y balando; de aquellos caballos que daban coces, piafando alborotados; de aquellos borricos negándose a seguir adelante, lanzando al viento sus estridentes rebuznos; de los perros que ladraban y aullaban; de los penetrantes gritos de los bebés asustados; y, por encima de toda esta algarabía, las atipladas voces de las mujeres, que unas veces lloraban, sollozando y otras se llamaban unas a otras o se insultaban, en tanto que los pesados bueyes, tirando de sus enormes carretas, marchaban graves y pensativos, como si tuviesen conciencia de que dejaban para siempre su establo y los acostumbrados pastos.

En otra circunstancia cualquiera nos hubiera hecho desternillar de risa aquel pintoresco espectáculo, pero entonces mirábamos aquel éxodo por su lado triste y doloroso, y nuestros ojos derramaron abundantes lágrimas cuando abandonamos aquel querido Bois-Joli, donde el Señor nos había hecho la vida tan dulce, donde habíamos disfrutado de las mejores alegrías de este mundo, en aquella pura atmósfera de piedad, de paz y de afecto de familia. Quizá por última vez veíamos aquellas amadas campiñas, aquellos verdes prados, aquel hermoso Loira en el que se reflejaban las sonrisas del cielo; aquellos silenciosos bosques adonde íbamos en busca de sombra y de frescura... Y luego temblábamos de horror cuando nuestro pensamiento se fijaba en que tal vez nuestro ejército no habría de salir victorioso. ¿Qué suerte nos aguardaba entonces? Sobrecogidos de temor y de angustia, dirigíamos nuestras miradas al Señor, y nos poníamos a rezar el rosario con fervor para obtener de la Madre de Dios el triunfo de nuestras armas. ¡Se jugaba la vida, el honor y la salvación de un pueblo!

Llegamos a Cholet el 16, por la tarde, muy fatigadas, como podéis imaginar. Y sin embargo sería preciso emprender otra vez la marcha a la mañana del siguiente día, pues el ejército acababa de concentrarse e iba a ponerse en camino en dirección a Torfou, para intentar envolver a Kleber y destruir de una vez a nuestro más temible enemigo.

Justina y Santiago, que se habían adelantado, venciendo muchas dificultades habían logrado procurarnos dos habitaciones. Cedimos una al señor cura de Saint-Cyr, que había seguido a sus feligreses en su huida, y nosotras pasamos la noche en la otra, echadas sobre colchones tendidos en el suelo. Y así y todo fuimos de las privilegiadas, pues señoras de alto rango no consiguieron alojamiento, y tuvieron que acogerse en algún granero o en la iglesia.

Al día siguiente, por la mañana, volvimos a ponernos en marcha en la misma disposición que las jornadas anteriores. El ejército de Anjou, de que formaba parte nuestra gente, y el del Alto Poitou, conducido por Lescure, llevaban delante y detrás de sí una multitud de mujeres y de niños que no tendrían en adelante más amparo que las filas de sus defensores.

Por la noche acampamos en un pueblo grande, cuyo nombre he olvidado. Nos encontrábamos a mitad de camino, poco más o menos, entre Cholet y Torfou. Después de una cena compuesta de pan y de un poco de carne fiambre, pasamos la noche en un granero, encima de algunos haces de heno. Al ver Justina a sus señoras a tal extremo reducidas, se deshacía la pobre en llanto.

—¡Ea, hija mía —le dijo con afabilidad la marquesa—; acuérdate que Nuestro Señor quiso nacer, en el rigor del invierno, en un estado mucho más pobre que el sitio en que estamos recogidas. ¿No debemos considerarnos dichosas en asemejarnos a Él un poquito?

Por aquellos días, precisamente, se le había recrudecido a mi madrina el reuma y cualquier leve movimiento le causaba intenso dolor. Comprendíamos perfectamente lo mucho que estaba sufriendo, y admirábamos aquella entereza de espíritu con que aceptaba su situación, abandonándose en manos de Dios.

Ofrecía sus dolores por el bien común, por tantos infelices que, en caso de un revés, caerían en manos de vencedores implacables.

—Menester es temerlo todo, hijitas mías —nos dijo aquella noche—. Puede muy bien suceder que el Señor permita que sea derrotado nuestro ejército; y en ese caso nos espera la muerte, o un cautiverio todavía más espantoso que la muerte. Estemos dispuestas a todo lo que ha querido el Divino Maestro, a todo lo que su Sagrado Corazón ha escogido para nosotras desde toda la eternidad. Pero tengamos confianza y oremos, acudamos sin descanso a Nuestra Señora del Buen Socorro, sin olvidar que no caerá ni un solo cabello de nuestra cabeza sin el permiso de nuestro Padre que está en los cielos.

Admirable era también la resignación de Genoveva, y no menos de admirar su fe. A pesar de las inquietudes que le causaba la suerte de su marido, y lo que sería de su pequeño Luis y de todos nosotros, siempre se mostraba afable, siempre compadecida de los ajenos sufrimientos, olvidada de sí misma, procurando animar a los demás.

Nuestro querido Tonio nos demostró aquel día toda la delicadeza de su corazón, ingeniándose el angelito en arbitrar maneras de consolar a la abuela y a mamaíta, como solía llamar a la marquesa y a Genoveva, su madre adoptiva. Estaba tan alegre y gozoso, de tan buen humor (sin que por esto dejase de darse cuenta de lo que pasaba) que sólo con mirarlo y oírlo olvidábamos por un momento nuestras inquietudes y nos poníamos a sonreír, llenas de esperanza.

Al día siguiente, como a las ocho de la mañana, nos volvimos a poner en camino, dirigiéndonos a la meseta del Torfou, adonde llegamos a eso de las tres de la tarde. El señor de Charette llegó allí casi a la par que nosotros, perseguido sin tregua por los de Maguncia, cuyo pujante esfuerzo había ya desalojado a sus soldados de todas sus posiciones. La reunión de las tropas del Bajo Poitou con el grueso del ejército vandeano impidió a Kleber atacar en aquella tarde a Charette; pero todo anunciaba una gran batalla para el día siguiente.

Todo el mundo procuraba con empeño acercarse a los sacramentos. El abate Bernier dijo la misa a medianoche en presencia de aquella muchedumbre de soldados, de mujeres y de niños que oraban con admirable fervor. Unos cincuenta sacerdotes se ocuparon de oír confesiones sin parar, desde las cuatro de la tarde hasta las seis de la mañana, y desde la medianoche se empezó a distribuir la sagrada comunión.

Al rayar el día, mujeres y niños se pusieron a rezar, porque todos se persuadieron que muy pronto se había de dar la gran batalla, la batalla decisiva. Ocupábamos la iglesia de Torfou, la plaza y las calles próximas, y rezábamos sin cesar, unas veces de pie, otras sentadas sobre los talones, y a menudo con los brazos en cruz todo el tiempo que podíamos. Se rezaba el rosario en voz alta, luego las oraciones de por la mañana, con las letanías de la Santísima Virgen, después de las de Nuestro Señor; se cantaba el *Parce, Domine,* el *Vexilla Regis* y el hermoso cántico a Nuestra Señora del Buen Socorro, que va derecho al corazón de nuestra madre del cielo.

Y enseguida se volvía a rezar el rosario.

Durante este tiempo oíamos a nuestros soldados que se alejaban para tomar sus posiciones de combate.

Muy pronto se oyeron los primeros cañonazos. El estremecimiento fue general. Al principio temblábamos como las hojas de los árboles; pero, reanimándonos muy pronto el espíritu de fe, cobramos valor y nos pusimos a rezar más y mejor.

De repente, unos muchachos que estaban al acecho llegaron corriendo a escape y gritando:

—¡Nuestros mozos huyen, estamos perdidos, estamos perdidos!

En un segundo nos pusimos todas en pie, sacudidas por una intensa emoción, y permanecimos inmóviles, dirigiendo la mirada hacia el extremo de la gran calle de Torfou, por donde nuestros hombres habían desaparecido. Y he aquí que, de pronto, vimos a centenares de campesinos que venían corriendo sin tino hacia nosotras, gritando;

—¡Sálvese el que pueda!

La batalla de Torfou empezaba por una derrota.

Eran los soldados de Charette, que, desalentados por los reveses de los días anteriores, no habían podido contener el primer empuje de los de Maguncia y huían sin aliento, sembrando a su alrededor la confusión y el espanto. En vano se esforzaba por reunirlos su general, siempre valiente.

Entonces fuimos testigos de una escena que no es posible olvidar. Trescientas o cuatrocientas campesinas de la Baja Vandée, armándose de piedras y de garrotes, se adelantaban a los fugitivos y gritándoles:

—Sois unos cobardes, seguidnos; vamos a enseñaros cómo se ha de morir.

Y se lanzaron resueltamente contra los *bleus*.

Ante la vista de aquel espectáculo se detuvieron los soldados de Charette, y enrojecidos de vergüenza empezaron a volver sobre sus pasos. Su general aprovecha la ocasión: su voz estridente se deja oír, resonando a lo lejos. Reprende a los vandeanos por su cobardía y les muestra a sus mujeres, a sus hermanas, a sus hijas, corriendo a una muerte que ellos mismos temen.

El pánico ha desaparecido; las filas se rehacen y aquellos hombres de la Baja Vendée, que hace momentos temblaban, se arrojan encolerizados sobre el enemigo. Al mismo tiempo, el generalísimo d`Elbée ordena la carga de toda la caballería contra los de Maguncia. Es el momento decisivo: el ejército de Anjou y el del Alto Poitou entran en línea de batalla y acometen a los *bleus*. Resuena en toda la vanguardia un sonoro grito de: «¡Viva la religión! ¡Viva el rey!».

Combaten con furor por una y otra parte.

Nosotras nos habíamos puesto a rezar, suplicando con lágrimas y sollozos a Nuestra Señora del Buen Socorro que concediese a nuestros soldados la victoria, y a nosotras, pobres mujeres, la vida y la libertad.

A cada paso venían los chiquillos a darnos noticias, y se les oía gritar:

—¡Rogad a Dios, madrinas; los mozos zurran de lo lindo, y los *bleus* se retiran reculando!

De cuando en cuando dirigía yo una mirada a mi madrina, toda absorta en oración. Se la había colocado en un banco, a la puerta de la iglesia. Genoveva estaba de rodillas junto a ella. Mi pobre hermana continuó en esta postura, sin levantarse, durante las cuatro horas que duró la batalla. ¡Cómo oraban las dos! Justina y Tonio se habían hecho cargo de Luisito. Gracias a Dios, el angelito soñaba con los del cielo, y casi todo el tiempo estuvo dormido.

Se me pasó deciros que la buena de la señora Bureau murió, después de corta enfermedad, pocos días antes de nuestra salida de Bois-Joli, lo cual fue un bien para ella y para los demás, pues como estaba imposibilitada, no hubiera hecho más que enervarnos y turbarnos con sus lamentos. Además, de no morir en su cama, hubiera muerto ciertamente de espanto durante la batalla.

Los maguncianos, en aquella refriega, desplegaron un valor increíble. Sus evoluciones, firmes y regulares como en una parada, arrancaron gritos de admiración a nuestros campesinos. Los soldados de Kleber, que desde su llegada a la Vendée no habían tenido que habérselas sino con tropas desmoralizadas, no acababan, por su parte, de volver de su asombro al ver el extraordinario valor de los soldados del ejército del Anjou y lo certero de su puntería.

Maravillosamente secundado por los inteligentes oficiales que le rodeaban, el general republicano da sus órdenes con atronadora voz, imprimiendo a sus tropas un incesante movimiento que rompe toda resistencia. Herido por dos veces, se obstina en continuar en medio del fuego, haciéndose conducir en una camilla, entre las filas de los soldados. Este arrojo entusiasma a los republicanos, que atacan furiosos. Por segunda vez se repliegan los vandeanos y zozobra su línea de combate, dejándose sentir algo de desorden. Pronto se acentúa el movimiento de retroceso: es que se inicia la retirada... muy pronto, quizá, vendrá una horrible derrota.

Al ver lo que amenaza, el marqués de Bonchamps, a quien también conducen en unas angarillas, echa pie a tierra. Arrebata un fusil de las manos de uno de sus hombres y acomete a la cabeza de sus compañías bretonas. Supimos más tarde que el marqués de Serant y mi cuñado no se habían apartado de su lado ni una línea durante toda la acción.

Por su parte, Lescure convoca a sus patavinos, y grita:

—¿Hay aquí cuatrocientos hombres tan valientes que se decidan a venir conmigo a la muerte?

Se le acercaron al punto, en medio de aclamaciones, los mozos de Echambroignes y de Izernay. Es una tropa selecta: se los llamó granaderos de la Vendée.

—Sí, señor marqués —gritaron con entusiasmo—; os seguiremos adondequiera que vayáis.

Se arrojaron aquellos dos grupos heroicos con irresistible empuje sobre las filas enemigas, abriendo paso a lo restante del ejército. Ante aquel poderoso avance, retroceden los soldados de Kleber, con lo que se centuplican las fuerzas de los vandeanos.

—¡Ánimo, muchachos! —gritan—; los *bleus* se espantan.

Sus formidables gritos de «¡Viva la religión! ¡Viva el rey!» llegaban hasta nosotras; pero cada vez más lejanos.

Ya no había duda: era la victoria, era la salvación, era el honor. Y un gozo intenso se desbordaba de nuestros corazones, a la vez que de nuestros pechos subía a los cielos el himno de triunfo: *Te Deum Laudamus.*

Casi todos los cañones del enemigo habían caído en nuestro poder. Perico Bureau, el Rabioso, fue el primero que llegó a la batería republicana, matando a bayonetazos a dos artilleros, sin que recibiese más que algunos rasguños.

Los maguntinos estaban completamente derrotados, y empezaba su persecución. Se dijo que muchos de sus jefes, desesperados al ver marchitos los laureles de Maguncia, se saltaron la tapa de los sesos en un acceso de locura.

La retirada, sin embargo, se efectuaba en buen orden, y con tanta regularidad que ningún soldado abandonó su puesto para darse a la fuga. Por espacio de dos leguas largas, a través de vallados espesos, de espesuras y de hondonadas, Kleber, como león herido, se retiraba lentamente, y a cada paso hacía frente al enemigo. Apenas se encontraba sitio despejado, bastaba que mandase dar un redoble de tambor para que sus granaderos formasen filas e hiciesen disparos de línea o tan regulares como en un ejército.

El ejército republicano, siempre perseguido, llega, por fin, al puente de Boussay sobre el Sèvre; va a ser aniquilado si no encuentra un medio de contener la impetuosidad de los vandeanos. Kleber, entonces, dirigiéndose al comandante de cazadores de Saone-et-Loire, llamado Chevardin, le dice:

—Colocaos a la entrada de ese puente, y dejaos matar con vuestro batallón; así salvaréis al ejército.

—Está bien, mi general —respondió sencillamente Chevardin. Y colocando dos piezas de artillería a la entrada del puente, se hace allí fuerte. Aquellos soldados heroicos opusieron tan desesperada resistencia que permitió a Kleber retirarse a Nantes sin ser perseguido por más tiempo.

Debemos admirar, hijos míos, ese valor sublime, aun en nuestros enemigos, y aun gloriarnos de él, pues al fin y al cabo eran franceses.

Completa fue la victoria. El famoso ejército de Maguncia, cuya bravura había maravillado a Europa, se vio precisado a dejar a campesinos el campo de batalla de Torfou, y a retirarse después de experimentar sensibles pérdidas.

En el campamento vandeano reinó un entusiasmo indescriptible. Nuestro querido país estaba otra vez salvado. Se reía, se lloraba, y todo eran mutuas felicitaciones. Personas que jamás se habían visto se abrazaban con efusión. Se daban acciones de gracias a Dios, entonando el *Te Deum* y cánticos religiosos. En cuanto a nosotras, pobres mujeres que habíamos librado batalla con el cielo durante todo el día, mediante la penitencia y la oración, teníamos también derecho para llamar nuestra la jornada de Torfou.

Imaginaos, queridos hijos, nuestra alegría cuando volvimos a ver, después de la batalla, a nuestros hombres de Bois-Joli, todos sanos y salvos por una providencial protección del cielo. ¡Oh, si nos hubieseis visto estrechar entre nuestros brazos al marqués y a Arturo y a nuestros buenos campesinos, y a nuestros criados, los cuales también se habían portado como héroes! En aquellos instantes no había nobles, ni campesinos, ni marquesas, ni sirvientas. Allí no había más que mujeres cristianas arrancadas a la suerte más afrentosa, las cuales daban las gracias a sus salvadores y dejaban escapar de sus corazones el grito de la gratitud hacia Dios.

Pensad, pues, hijos míos —veíase en ello claramente el dedo de Dios—, pensad en que conseguimos en seis días cinco grandes victorias. El 16, cuarenta y ocho horas antes de la batalla de Torfou, el heroico Pirón desbarataba con once mil hombres a los cuarenta mil soldados de Santerre, apoderándose de toda su artillería. El mismo día en que derrotábamos a los maguntinos, Duhoux causaba en Pont-Barré una sangrienta derrota a su tío el general Duhoux, que mandaba el ejército republicano, haciéndole huir más que aprisa hasta el mismo Angers. Al siguiente día de Tourfou, Lescure y Charette se apoderaban de Montaigu, después de haber desalojado de allí a Beysser. Y finalmente, dos días después, en Saint-Fulgent, estos dos generales destruyeron casi por completo el cuerpo de ejército de Mieskouski, quien apenas si pudo escapar de sus manos.

Hubo, sin embargo, una sombra en este brillante cuadro. Se había convenido entre Bonchamps, Charette y Lescure que se atacaría el 20 a los restos del ejército de Maguncia, que el general Canclaux, con una columna de socorro, había reunido en la Galissonnière. Pero después de la marcha de Bonchamps cambiaron repentinamente de opinión Lescure y Charette, habiéndose decidido a marchar primero a Saint-Fulgent para destruir, a ser posible, el ejército de Mieskouski. Salieron con su intento, como antes dije; pero el correo que expidieron para Bonchamps, con objeto de advertirle que difiriese la expedición concertada, llegó demasiado tarde y el general angevino, que se creía defendido, atacó el 22 con fuerzas muy inferiores al ejército de Canclaux. Se vio obligado a retirarse, después de un combate mortífero por extremo, si bien él no dejó de causar a los *bleus* pérdidas tan sensibles que el general republicano se retiró muy pronto a Nantes para reorganizar sus regimientos.

El enemigo estaba, pues, derrotado por completo y en todas partes. Desde las orillas del océano hasta las márgenes del Loira, la Vendée se consideraba todavía libre, merced al valor de sus hijos, y gracias, sobre todo, a la protección del Dios de los ejércitos.

Estábamos llenos de una esperanza inmensa. Pensábamos que nuestras armas habían descargado tan rudos golpes a la República, que nuestros enemigos se cansarían, por fin, de chocar contra una resistencia invencible, y que respetarían la libertad de los que tan bien sabían defenderla.

Desde el 23, tan pronto como el marqués de Serant y Arturo se reunieron con nosotras, emprendimos llenos de gozo el camino de Bois-Joli, siendo este segundo viaje más alegre que el primero. Aquello era una loca algarabía, una charla constante de mujeres y de niños, que no paraba ni de día ni de noche; gritos atronadores y explosiones de risa que venían de todos los grupos, de los que marchaban a pie y de los que iban en carreta. En esto se revela el carácter vandeano, melancólico de ordinario, pero con sus arranques de exuberante alegría y animación.

Esta vez disfrutábamos Genoveva y yo del curioso y pintoresco espectáculo que nos proporcionaba aquella buena gente. Por supuesto, que tampoco éramos nosotras las menos charlatanas de la partida, y el gozo que inundaba nuestras almas nos salía a borbotones muchas veces por los labios. ¡Tan dichosas nos considerábamos disfrutando de la vida después de haber pasado por los horrores de la muerte!

El 26, al atardecer, percibimos las blancas torrecillas de nuestro amado Bois-Joli, iluminadas por los sonrosados rayos del sol poniente. A la señal dada por el marqués, se detuvo la caravana, y de todos los pechos brotó el *Magnificat.*

XX
La huida

De cortísima duración, ¡ay!, iba a ser nuestra alegría. Apenas habían transcurrido ocho días desde nuestra llegada a Bois-Joli, cuando el peligro se nos presentó más inminente que nunca. Comprendiendo la Convención que en la Vendée era donde estaba su más terrible enemigo, juró ahogar en sangre a nuestras infortunadas provincias. Con una rapidez prodigiosa reorganizó y reforzó con tropas de refresco sus vencidos ejércitos, y los lanzó de nuevo sobre el Bocage. Desde los primeros días de octubre, los republicanos, ávidos de venganza, lo volvieron a invadir, llevando por doquier el hierro y el fuego juntamente.

Se mantenía todavía la Vendée bastante poderosa para agrupar todas sus fuerzas y dar al enemigo más de una seria lección, a no haberse, por desgracia, introducido el desacuerdo entre los principales jefes. Todos tenían, sin duda, laudables intenciones pero, de hecho, la mayor parte no se inspiraba más que en el propio interés y no obraban sino a impulsos de miras personales. Charette se había retirado, después de su última victoria, a su acantonamiento de Legé, en el instante en que era indispensable para el buen resultado el que se concentrasen todas las fuerzas realistas. De seguro que no previó las consecuencias de su apartamiento, pero fue una falta considerable, que originó en gran parte la desastrosa derrota de Cholet. Unidos, podíamos contar todavía con la victoria; desunidos, estábamos condenados a perecer.

Bien lo había comprendido así el marqués de Serant. El 3 de octubre, por la noche, llegó con Arturo a Bois-Joli, y después de la cena, sin más tardar, se retiró al aposento de la marquesa, con la que estuvo largo rato. Nada le ocultó. Más temprano que tarde sucumbiría el ejército vandeano, quedando todo el país en poder de la República. No había, por tanto, que perder un instante si se quería ponernos a todos a salvo.

Entonces expuso a su mujer el plan que había concebido, que consistía en que ella partiese inmediatamente para Nantes, llevando consigo a mi hermana y a mí, a Luis, a Tonio y a nuestras criadas Justina y Victoria. Nos acompañaría el señor cura, al cual no permitían seguir al ejército ni su mucha edad ni sus achaques.

Al oír hablar a su marido de enviarnos a Nantes, en medio de nuestros más encarnizados enemigos, manifestó la marquesa su extrañeza.

—Comprendo, querida esposa —le dijo el marqués— tu sorpresa; pero este proyecto, tan descabellado a primera vista, me parece después de pensado que es el que nos puede ofrecer mayores y más seguras ventajas. El doctor Ledru, uno de nuestros administradores en el departamento del Loira inferior, me está, como sabes, muy obligado, y últimamente he sabido, por un paso que le honra, que este caballero está deseoso de mostrarnos su agradecimiento por nuestros favores. Acaba de proponerme, para una ocasión segura, el servirme de él, y yo me creo obligado a no desechar su ofrecimiento. Aunque sus ideas políticas son muy distintas de las nuestras, estoy seguro de que podemos tener plena confianza en su lealtad. Él es el que me propone que nos establezcamos en Nantes, en una casa que él mismo alquilará, y en donde, gracias a su protección, estaremos, según creo, completamente seguros. Además, dentro de ocho o diez días habrá encontrado el modo de enviarnos a Inglaterra. Ha procurado que se me expidan certificados de «civismo» y un pasaporte en regla para toda la familia. Ya se deja entender que Arturo y yo seguiremos al ejército hasta el fin, pues nunca se nos hubiera pasado por las mientes el ponernos en seguro cuando nuestros campesinos mueren en el campo de batalla, y doy gracias a Dios, al mismo tiempo, porque me ha proporcionado medios de proteger tu vida y la de nuestras hijas. He mandado decir al doctor Ledru que aceptábamos sus ofrecimientos, y que el 5 de octubre por la noche estaríamos en Nantes. Vosotras llegaréis allí a las cuatro de la mañana, disfrazadas de campesinas, según se deja entender. Pasaréis por una familia de patriotas perseguida por los bandidos y obligada a refugiarse bajo el manto de la nación. Arturo y Santiago, vestidos con uniformes de soldados republicanos, os escoltarán hasta el término de vuestro viaje. Creo que está bien concebido el plan, y que con la ayuda de Dios ha de tener feliz éxito. Desde mañana por la mañana daremos comienzo a los preparativos, y al caer la noche abandonaréis Bois-Joli.

Escuchó sin interrumpirle la marquesa a su marido, y luego que concluyó, le dijo:

—¿Y piensas, querido esposo, que voy a tener

ánimo para dejarte, separándome de ti en tan inminente riesgo? ¿No sería preferible morir juntos a conservar por más tiempo esta miserable vida separados unos de otros?

Comprendo tu pena, querida Juana —replicó el señor de Serant—; pero debemos pensar en nuestros hijos, en Genoveva, en Luis, en esa Mariquita que no tendrá muchas ganas de morirse, y también en las mujeres que están a nuestro servicio. Si tú estuvieses sola, no insistiría; pero no me puedo persuadir que quieras exponer a la muerte esas vidas tan preciosas. Marcha, pues, con nuestras dos queridas hijas, a cuya juventud eres muy necesaria, lo mismo que a su inexperiencia. Procúrame la gran dicha, después de tantas otras, de saber que mi mujer y todos los míos están sanos y salvos. Arturo y yo estaremos más tranquilos aguardando el día cercano, así lo espero, en que Dios, bondadoso, nos devolverá a los dos a vuestro cariño.

Largo tiempo estuvo la marquesa sin responder, clavados los ojos, henchidos en lágrimas, sobre la imagen de Cristo crucificado. Levantando, por fin, la cabeza, dijo con voz reposada y firme:

—Llevas razón; estoy dispuesta a obedecerte.

Al día siguiente por la mañana el señor de Serant nos reunió a todos y nos dio parte de la determinación que había tomado de concierto con la marquesa. Nos retiramos inmediatamente para hacer los preparativos con objeto de partir aquella misma noche. Un barco nos esperaba para transportarnos a la otra orilla, algo más abajo de Ancenis, donde estaría a nuestra disposición un coche de campesinos, y así nos dirigiríamos a Nantes enseguida, bajo la dirección de Arturo y de Santiago, que debían volver a Bois-Joli después de habernos dejado instaladas en el término de nuestro viaje. Cada uno de nosotros debía desempeñar cuidadosamente su papel, a fin de que todo resultase como era de desear.

El señor cura representaría el personaje de abuelo, viejo cortijero patriota. La marquesa pasaría por hija suya, con el seudónimo de señora de Legrand, viuda de un oficial republicano muerto unas semanas atrás.

Esta señora llevaba consigo a toda su familia, hijos y nietos, y a sus dos criadas, Victoria y Justina. Arturo y Santiago, disfrazados de soldados republicanos, eran el hijo y el yerno, que venían a establecer a sus parientes en Nantes, bajo la protección de las autoridades locales, antes de ir a incorporarse a sus hermanos de armas para combatir con ellos a los enemigos de la nación.

Bien representada la comedia, prometía feliz éxito.

Añadió el señor de Serant que se quedarían dos días más en el castillo con José, con el tío Bureau y la mujerona Fina, para ocultar cuidadosamente los objetos de más valor, y que apenas estuviesen de vuelta Arturo y Santiago, partirían todos juntos para reunirse con Bonchamps.

Pero semejante proyecto no le agradaba en manera alguna a mi hermana, y declaró resueltamente que no podía soportar el separarse de Arturo, a quien seguiría en adelante hasta el fin, y que lo tenía muy resuelto, sin que nadie en el mundo le hiciese variar de resolución. Por más que le suplicaron el marqués y Arturo, poniéndole delante la obligación que le incumbía de velar por su hijo, todo fue en vano, y a esto contestó a su marido:

—Más me debo todavía a ti.

Todo conato se estrelló contra la firmeza de su

voluntad. Comprendiendo Arturo que la mataría en caso de exigirle un sacrificio superior a sus fuerzas, consintió en permitirla que lo siguiese. Mi madrina me dijo después que Genoveva, al no querer separarse de su marido, había obedecido, sobre todo, a un pensamiento sobrenatural.

—Usted sabe, madre mía —había murmurado al oído de la marquesa—, usted sabe que Arturo es capaz en algunas ocasiones de hacer verdaderas locuras, y que estando yo junto a él se repone enseguida. Dios me ha constituido en su ángel de la guarda; yo respondo de su alma, y le seguiré adondequiera que vaya. A usted dejo confiado mi hijo Luis, a quien amo cien veces más que a mi propia vida. Y si llegase a morir, su suerte no me intranquilizaría. Estoy convencida de que mi puesto es estar cerca de Arturo.

—Te comprendo, querida —le respondió la marquesa—, y no puedo menos de aprobar tu resolución.

Justina, por su parte, suplicaba también a su marido que la llevase consigo, a lo que repuso el honrado mozo:

—Pero ¿qué estás diciendo ahí, mujer? ¿Quién se quedaría para servir a la señora marquesa, a la señorita María y a los niños? Nuestra excelente ama necesita de ti ahora más que nunca. No la abandones; si me quieres una mijilla, harás lo que te he dicho de muy buena gana.

—Tienes razón; pero, con todo, se me encoge el corazón, porque se me figura que no hemos de volver a vernos.

Decidida Genoveva a seguir al ejército, se convino en que marchara aquella misma noche al castillo de l'Orangerie, donde entonces se encontraba la señora de Bonchamps[17]. Esta señora debía abandonar el referido castillo al día siguiente, escoltada por cien campesinos, para ir a unirse en Cholet con su marido. Era ésta excelente ocasión, pues cuando estuviesen de vuelta Arturo y Santiago en Bois-Joli, el viaje para incorporarse al ejército había de ofrecer mayores peligros. Actualmente nada había que temer, sobre todo para ir a l´Orangerie, que apenas distaba dos leguas de nuestra casa. Con todo, como medida de precaución, Arturo dio a su mujer por escudero a Perico Bureau, buen jinete y mozo valiente y vigoroso. A pesar de su juventud, el protector no era de despreciar, según lo demostrará el tiempo.

Me parece haberos dicho ya lo mucho que mi hermana se interesaba por este mozo, que sólo contaba doce años cuando vinimos a vivir a Bois-Joli. Ella fue la que le enseñó a leer y escribir, y la que lo preparó para la primera comunión. Pedro Bureau, por su parte, tenía por su señora un afecto y una veneración sin límites, y no hubiera vacilado ni un instante en arrojarse en los mayores peligros para salvarla.

Cuando se vio encargado por el conde de Serant de escoltar a la condesa y de velar por su seguridad, se enajenó de alegría y se llenó de noble orgullo. Tomando al punto un cierto aire de importancia que daba gozo verlo, iba muy grave por el castillo, alta la cabeza, y tirándose soberbiamente de un bigote que estaba por apuntar. Y si se encontraba con Genoveva, que andaba

17 El castillo de la Baronnière, perteneciente al marqués de Bonchamps, había sido incendiado por los republicanos algunas semanas antes.

en sus preparativos de viaje, se ponía a mirarla de hito en hito, como quien dice:

—Yendo conmigo, señora marquesa, no hay nada que temer.

El valiente mancebo se había armado hasta los dientes: carabina, sable de caballería, pistola de arzón... aquello era un arsenal.

A eso de las dos de la tarde se puso mi hermana en camino, pues su marido quería que estuviese aquella misma noche en casa de la señora de Bonchamps. La despedida fue muy triste. La marquesa, Genoveva y yo nos deshacíamos en llanto, pues ignorábamos si habíamos de volver a vernos. ¡Oh, qué tiernos y dolorosos besos prodigaba mi hermana a su querido Luis, el cual rodeaba con sus bracitos el cuello de su madre, como si quisiera retenerla!

Se condujo, por fin, al portal a Mignon y a Fauvette, y Genoveva montó a caballo. Yo, en mucho tiempo no había de necesitar cabalgadura. Mi lindo Mignon iba a convertirse en caballo de guerra, y probablemente me lo matarían los republicanos. Acaricié suavemente al pobre animal, que parecía estar triste por marcharse sin su dueña.

Genoveva había ya salido del patio principal, cuando, dirigiéndose a su marido, le dijo:

—Dame un par de pistolas, pues no sabemos lo que puede suceder. Tú nos has ejercitado en su manejo frecuentemente, tanto a María como a mí, y tus lecciones quizá me podrán ser útiles.

—Aquí tienes dos muy bien cargadas —le dijo Arturo—; aunque espero que no las precises.

El tío Bureau marchaba al lado de su hijo, que se

disponía a montar a caballo.

—No te olvides, chico —le dijo en voz baja, aunque yo lo oí muy bien—, que el señorito Arturo te ha confiado a la señora marquesa. Si es preciso, debes dar tu vida por defender la suya.

—Así lo haré, padre —respondió el joven vandeano, y se subió sobre Mignon.

Dos minutos después había desaparecido en un recodo del camino mi hermana, seguida de su fiel escudero.

A eso de las siete de la noche dejamos nosotros también Bois-Joli, con el pensamiento de no volverlo a ver. Jamás olvidaré la angustia que oprimió nuestros corazones en aquella hora de suprema despedida. Me parecía que hasta los mismos objetos inanimados tenían palabras y lágrimas.

No debíamos atravesar el Loira sino enfrente de Ancenis, pues de pasarlo delante de nuestra casa, hubiéramos llamado la atención de las gentes de la otra orilla, de las que no debíamos fiarnos.

Seguimos, pues, la margen izquierda hasta llegar a Liré. Afortunadamente mi madrina se encontraba muy mejorada desde hacía algunos días, y así nos dijo:

—Diez años hace que no me encuentro tan bien de mis dolores.

Pudo hacer el camino a caballo sin experimentar molestia alguna, cosa que hacía tiempo no le había acontecido.

A las nueve estábamos reunidos todos en el sitio en que debíamos atravesar el Loira. Nos esperaba un barco para conducirnos a la margen derecha. Era una especie de lanchón, parecido a los que sirven para pasar carruajes. No era inútil la precaución, pues llevábamos mucho equipaje, y mi cuñado llevaba consigo dos caballos de silla para volver después montados Santiago y él a Bois-Joli.

Excuso deciros la angustia de la postrer despedida, al separarnos del marqués y de sus criados, que nos habían acompañado hasta allí. Cada separación de éstas renovaba nuestras penas, pensando en los peligros, en el odio implacable y en las venganzas a que dejábamos expuestos a aquel padre tan amado y a aquellos fieles amigos.

La mujerona Fina, criada de la Sorinière, no iba con nosotros, pues quiso seguir al ejército hasta el fin. Como era fuerte y mañosa, podía prestar de hecho muy buenos servicios a los enfermos y heridos, y su padre le había permitido prodigarles sus cuidados.

Nos separamos, por fin, muy afligidos todos, y el barco nos llevó lentamente a la otra banda.

Luego que desembarcamos, nos encaminamos a una casita situada a poca distancia, donde nos habían preparado un gran vehículo y caballos para el viaje a Nantes. A eso de las once, después de tomar algún alimento y de haber descansado un poco (pues la etapa de Bois-Joli hasta Liré había sido pesada) nos pusimos en marcha. Santiago hacía de cochero en el vehículo en que íbamos el señor cura, mi madrina, Victoria, Justina y yo, que llevaba en brazos a Luisito. Arturo y Tonio, montados en Otelo y en Desdémona, nos seguían al trote.

Habríamos caminado unas dos leguas, y serían como la una de la noche, cuando Justina dio un grito que nos sobrecogió a todos.

—¡Ay!, señora marquesa —exclamó asustada—, he perdido la bolsa que me dio usted para que llevase... Paren, paren pronto... Bajemos del coche..., busquemos dentro de él para ver si... ¡Dios mío! ¿Dónde estará?

Me olvidé deciros que mi madrina, al salir de Bois-Joli, había confiado a su doncella un saco de viaje que contenía sus diamantes y los de Genoveva, con una importante suma en oro y billetes del Banco de Inglaterra. Estos valores nos habían de prestar recursos en caso de permanecer largo tiempo fuera de nuestra casa, y sobre todo si llegáramos a Inglaterra conforme a los deseos del marqués.

La pérdida de aquel dinero constituía una verdadera desgracia en el orden temporal, y noté que mi madrina se estremeció al oír que Justina había perdido el talego. Se mandó parar enseguida el coche, y todos nos bajamos. Se miró y remiró por todos lados: en los cajones, debajo de las banquetas... Todo inútil, el saco había desaparecido.

Justina palideció como una muerta, y apenas si tenía aliento para responder a las preguntas que le hacía la marquesa. La pobre mujer tenía la seguridad, según decía, de que al entrar en la barca llevaba la bolsa colgada de una correa al hombro. Después, no se acordaba de nada. Cuando saltamos en tierra, Justina se había movido mucho, a fin de ayudar a la marquesa a bajar, tomar en brazos a Luisito para llevarlo hasta la posada y volver para recoger los líos... Su pena y la de su marido causaban compasión, y mi madrina trataba de consolarlos.

—Vamos, hijos míos —les decía aquella santa—, tranquilizaos; Dios es el que permite esta nueva prueba. Quizá necesitábamos todos de ella. La llaga del dinero no es incurable —añadía—; perder el alma, esa sí que es una pérdida irreparable, la verdadera desgracia en todo el rigor de la palabra.

Victoria, la cocinera, mucho menos espiritual que

su ama, se había enfurecido contra la doncella, hasta llegar a pegarle dos bofetadas. Ya sabíamos que en tiempos normales solía haber sus borrascas en la cocina. Pero aquel día fue una tormenta deshecha. Indignada mi madrina ante aquella violencia, se interpuso vivamente, mandando callar a Victoria.

—Déjela usted, señora marquesa, ¡hoy sí que le sobra razón!

—Mujer —dijo de pronto Santiago, asaltado de una súbita idea—, volvamos los dos a la barca. Se me ha puesto en la mollera que debe estar allí el saco. Atravesaremos el Loira cuanto antes, si es que los barqueros lo han vuelto a pasar. Vámonos sin tardar; de día ya no sería tiempo.

Justina, asiéndose a esta esperanza, cogió con presteza el farol del vehículo y se dispuso a desandar el camino. Nosotros, mientras aguardábamos, distribuimos a los viajeros a lo largo del camino, resguardados por un espeso vallado, que nos preservaba algo del viento y de la lluvia. Después nos pusimos a rezar, suplicando a Nuestra Señora del Buen Socorro que se encontrasen los valores perdidos.

Durante este tiempo, nuestros pobres sirvientes se pusieron a buscar. Se encaminaron después hacia Ancenis, mirando con atención, a la luz de su linterna, en todas las desigualdades del suelo. Veíanse precisados a detenerse con frecuencia, porque la pena de Justina la ahogaba a veces de tal modo, que la derribaba en tierra en un acceso de desesperación.

—Nuestros amos están arruinados —exclamaba—, y arruinados por mi culpa, en el momento en que más que nunca necesitaban de su fortuna. ¡Mátame,

Santiago! ¡Pégame un pistoletazo en la cabeza! ¡No quiero volver al lado de mi ama!

La infeliz mujer había perdido por completo el sentido.

En los momentos de calma suplicaba a la Santísima Virgen y a todos los santos del cielo que la sacasen de aquella angustia, haciendo que encontrara el objeto perdido. Santiago, tan apenado como su mujer, pero más dueño de sí mismo, paseaba la luz del farol por todos los rincones del suelo, dirigiendo a la vez algunas palabras de consuelo a su compañera.

—No tengas miedo, mujercita, ya verás cómo aparece el saco. Y aunque no aparezca, nuestros amos son muy buenos, no dejará por eso de quererte la marquesa. Los serviremos toda nuestra vida sin salario ninguno. De este modo haremos todo lo que esté de nuestra parte para reparar el daño.

El pobre mozo estaba también afligidísimo, causándole angustia el pensamiento de las consecuencias, terribles para nosotros, que traería aquel incidente. Ambos iban caminando siempre inclinados hacia el suelo y registrando con la vista las rodadas del camino. A cada piedra que resplandecía a la luz, latían de esperanza sus corazones; pero, ¡ay!, pronto se desengañaban, y a cada nuevo chasco el peso de su angustia los aplastaba más y más.

Así recorrieron las dos leguas que habíamos hecho nosotros en carruaje. Justina quiso ir derechamente a la posada donde habíamos parado.

—Veamos primero en el barco —le dijo su marido, empujándola hacia aquella dirección.

Al llegar a la orilla, notaron con sorpresa que la

barca estaba todavía en la margen del río, amarrada al tronco de un sauce. Ambos esposos se precipitaron, y de repente lanzó Justina un grito. La luz proyectada sobre el fondo de la barca le hizo ver la dichosa bolsa, que había rodado debajo de un banco a dos pasos del sitio en que había estado sentada Justina algunas horas antes. La moza recoge el saco y se cerciora de que la cerradura estaba intacta. Nadie ha tocado allí, puesto que la marquesa se había guardado la llave. Además, el peso no ha variado. ¡Qué pesadumbre tan enorme se les ha quitado de encima! Los dos cayeron de rodillas en el fondo de la barca y dieron gracias con fervor a Nuestra Señora del Buen Socorro. Enseguida echaron a correr sin parar, riendo, gritando y llorando. La alegría les daba alas. A eso de las cuatro de la mañana oímos sus pisadas precipitadas, y su gozo bullanguero nos dio a entender que los valores perdidos se habían encontrado. Justina, jadeante, entrega a la marquesa el saco donde nada faltaba. Después, nuestra pobre criada, cansadísima de la caminata y enervada por las sucesivas emociones, perdió el conocimiento y fue preciso emplear un cuarto de hora para hacerla volver en sí.

Por fin emprendimos de nuevo la marcha. Eran las cuatro y media, y ya sería muy de día cuando llegásemos a Nantes algo que se debería evitar, pero sería más expuesto el detenernos. Continuamos, pues, nuestro viaje, rogando al cielo que favoreciese nuestra entrada en la ciudad.

Cerca de un cuarto de legua de la posta del camino de París dejó Arturo a Otelo y a Desdémona en una posada y se unió con Tonio a nuestra comitiva.

Pero no habían terminado todavía nuestras

fatigas. Los soldados que guardaban la barrera no querían dejarnos pasar, y respondían a nuestras instancias amenazándonos con llevarnos a la cárcel. En vano mostró Arturo sus papeles; era hablar con sordos. Consiguió, al cabo, el ir acompañado de dos hombres a presentar sus certificados al administrador del departamento, que se encontraba permanentemente en el Ayuntamiento. Nosotros continuamos en nuestro vehículo custodiados por Santiago, esperando que se decidiera nuestra suerte.

Mas hete aquí que algunos curiosos se acercan a nuestro carruaje y empiezan a mirarnos de arriba abajo, a cuchichear entre sí y a hacer conjeturas. No pasó mucho tiempo sin que se amontonase la gente a nuestro alrededor. Era cosa clara que sospechaban de nosotros, y la más viva emoción se apoderó de todos.

De súbito un hombre de mala catadura, que llevaba en la punta de una pica una cabeza ensangrentada, se abrió paso por medio de la apiñada muchedumbre, se aproximó a nuestra comitiva y nos metió por los ojos aquel horrible trofeo. Un grito de horror se escapó de nuestros pechos, y yo estuve a punto de perder el sentido. Nuestra criada Victoria pidió socorro, se santiguó y empezó a insultar al hombre de la pica.

No hay remedio, nuestros proyectos fracasan por completo. La muchedumbre comienza a susurrar y nos amenaza con una mala partida.

—Estos son aristócratas —gritan por todas partes—. ¡Al agua con ellos! ¡A la linterna! ¡A la guillotina!

Abren con violencia la portezuela del coche, se nos manda bajar... ¡Y Arturo sin llegar!

Quiere intervenir Santiago. Se inclina hacia la

marquesa y le insinúa si no sería conveniente romper la cabeza a dos o tres de aquellos canallas y echar al galope el vehículo. Se lo prohibió mi madrina, y con razón, pues hubiera sido perdernos irremisiblemente.

Por fortuna, en el momento en que todo parecía desesperado, llegó Arturo con el administrador que había revisado los papeles. Este magistrado era precisamente el doctor Ledru, el favorecido por el marqués, el mismo que se empeñó en que viniésemos a Nantes. Había estado aguardando toda la noche en la puerta de la ciudad, y acababa de entrar en su casa.

Pronto se enteró de lo que ocurría. Entonces, con un aplomo asombroso, dijo:

—Ciudadanos —grita, dando comienzo a un breve discurso según el gusto y el tono de la época, del que me acuerdo casi al pie de la letra—, no os extrañéis —dijo con gesto amplio y voz enfática— si las ciudadanas que estáis viendo han manifestado un sentimiento de repulsión y de espanto a la vista de un trofeo que recuerda una victoria de la nación. Acaban de llegar de una comarca salvaje, del país de los bandidos, donde no se observan las leyes de la naturaleza, donde las inteligencias se hallan pervertidas por el fanatismo, donde las costumbres contrarrevolucionarias no han sido todavía suavizadas por los benéficos rayos de la igualdad. Estas ciudadanas acaban de ver degollar ante sus propios ojos a sus hermanos, a sus amigos, a sus parientes... A la vista de esa cabeza ensangrentada, su sensible y generoso corazón se ha sentido emocionado por tierna compasión al recuerdo de las desgraciadas víctimas, muertas por defender nuestros derechos. Arrojadas por la superstición y la tiranía de una comarca en que el sol alumbra con pesar los crímenes que allí se cometen a la faz del cielo, han venido con el ramo de oliva en las manos a refugiarse en vuestros muros, para poner bajo la protección de justas leyes a la débil ancianidad —y señalaba con el gesto a Victoria y al señor cura—, a la inocencia de encantadores atractivos —y dirigía tierna mirada a Luisito, que tenía sobre sus rodillas mi madrina—, y las púdicas gracias de la juventud —a mí se dirigía el honor de esta alusión poética—.

En este tono continuó por espacio de doce minutos, entonando después La Marsellesa, que cantó la muchedumbre con delirante entusiasmo, y terminó haciendo vaciar una barrica de vino en la taberna de enfrente. Este argumento fue todavía de más fuerza que el discurso y que La Marsellesa. El pueblo nos aclamó, nos trajeron vasos de vino, y hubimos de beber por la destrucción de la tiranía y por el triunfo de la libertad (que era precisamente lo que anhelábamos). Aplaudió la muchedumbre, y el hombre de la pica se empeñó en darme el abrazo cívico, a lo que hube de prestarme, a pesar de la gran repugnancia que en ello sentía.

Por fin, nos vimos libres. Bajo la dirección del doctor Ledru partimos para Chantenay, donde aquel caballero había alquilado y amueblado una casita con su lindo jardín, cuyos espesos bosquecillos nos defendían de curiosas miradas. Estábamos a menos de doscientos pasos del Loira.

Nuestro protector puso el colmo a sus bondades prometiéndonos hacer todo lo posible a fin de que tomásemos la primera embarcación que saliese para Inglaterra.

—Actualmente —nos dijo— pueden ustedes estar tranquilas; los papeles están en regla, y yo respondo.

Pero acabamos de recibir en Nantes a un representante, al ciudadano Carrier, que se me antoja un canalla de la peor estofa. Acompaña en estos momentos al ejército de Kleber, que marcha para combatir a los vandeanos; pero temo que su vuelta sea causa de grandes males para la ciudad de Nantes, razón por la cual voy a poner todas las diligencias imaginables con objeto de que se embarquen ustedes cuanto antes.

Se despidió de nosotros, prometiéndonos que no tardaría en volver.

Aquella misma noche ya estábamos instalados en nuestra nueva habitación, donde hubiéramos podido vivir felices si el recuerdo de los que habíamos dejado no nos hubiera impedido el gozar. Además, al día siguiente, 6 de octubre, se verificó una nueva y dolorosa separación. Arturo y Santiago debían partir para incorporarse al ejército católico. Ni siquiera intentamos retenerlos, pues sabíamos que el deber los reclamaba. Pero nuestros corazones estaban destrozados. Veíamos que iban a la muerte y que ya no nos volveríamos a reunir en este mundo.

XXI
Genoveva en medio del fuego

Habíamos dejado a Genoveva y a su joven escudero en el camino de Orangerie. Mi hermana había tenido que hacer un gran sacrificio para permanecer tranquila al arrancarse de nuestros brazos, a fin de no aumentar nuestro dolor dejando ver el suyo, pero cuando estuvo sola en el camino, empezó a sollozar. Era durísimo para ella el dejar a la marquesa, a quien amaba como a una verdadera madre; a su picarilla hermana, a la que quería tiernamente a pesar de sus defectos; a Justina y a toda nuestra gente, que tanto respeto y tanto cariño tenían a su señorita; a aquel querido Bois-Joli, lleno de tan gratos recuerdos; y más que nada, a su amadísimo Luis, que acababa de entrar en los catorce meses, y a quien acababa de abrazar quizá por última vez. ¿Qué porvenir estaba reservado a aquella criaturita? Estuvo llorando mucho tiempo, y aquellas lágrimas le aliviaron un poco, pero lo que más bien le hizo, según me dijo más tarde, fue el pensamiento de que iba a exponerse a los mayores peligros para seguir por todas partes a su marido, y a compartir con él las fatigas y los sufrimientos de la expedición. La conciencia del deber cumplido mucho más allá de los límites de la estricta obligación fortaleció su alma, y pronto le devolvió la paz y la tranquilidad.

Al cabo de media hora, casi del todo repuesta, llamó a Pedro, que cabalgaba detrás de ella a la distancia reglamentaria. Cuando el criado, aflojando a Mignon las riendas, se reunió con su señora, ésta le dijo:

—Yendo contigo no tengo ningún miedo, porque sé muy bien que me defenderás.

—Eso dicho está, señora condesa —contestó el joven vandeano—. Que vengan, si quieren, los *bleus* y ya verán.

Sonrió Genoveva, y dijo:

—Me alegraría, con todo, que no viniesen.

Y replegándose en sus pensamientos, dirigió su corazón a Dios.

El viaje se verificó lo mejor posible, y a eso de las tres de la tarde del día 4 de octubre, llegaba mi hermana a la puerta del castillo de l´Orangerie. Le aguardaba una sorpresa muy desagradable. La casa, lo mismo que la vecina granja, estaba completamente desierta, las puertas cerradas y los ruidosos campanillazos quedaban sin respuesta.

Pedro, enviado a hacer investigaciones, vino a encontrarse con un campesino, el cual le informó de que la señora de Bonchamps había partido la víspera con toda su gente, y que debía encontrarse ya muy cerca de Cholet.

Cuando supo Genoveva esta noticia, se quedó perpleja, sin saber si debía volver a Bois-Joli, o si continuar adelante acompañada solamente de Pedro. Nada había que temer demasiado peligroso hasta Beaupreau, pero entre esta ciudad y Cholet debía atravesar una comarca en que los exploradores republicanos habían hecho ya algunos avances atrevidos. ¿Debía exponerse a este riesgo? Por otro lado, había sufrido tanto al separarse de nosotros, que se estremecía a la sola idea de renovar aquel dolor. Finalmente, Arturo le había dicho que el viaje a Cholet se haría mucho más peligroso algunos días más tarde.

Todo bien considerado, se decidió a continuar su camino, poniendo su confianza en su celestial Madre.

—Me acompañarás hasta Cholet —dijo a Pedro.

—Por supuesto, mi ama —respondió el mozo, dichosísimo al ver que se tomaba muy en serio su papel de protector—. Pero —añadió, por un escrúpulo de conciencia—, si aconteciese que topáramos con los *bleus*, el señorito Arturo sentiría gran pena si sucediese algo a la señora condesa.

—Eso es responsabilidad mía —dijo sonriente Genoveva—; en marcha.

Y aligerando el paso de Fauvette se lanzó en dirección a Beaupreau.

A eso de las seis de la tarde, cuando ya anochecía y estaba muy cerca de esta ciudad, un aldeano que encontró en el camino le dijo que el enemigo se había apoderado de Beaupreau. Aquel hombre estaba en un error, pero Genoveva no se atrevió a seguir adelante, y se decidió a torcer hacia la izquierda, en dirección a Jalais. Quiso Pedro adelantarse como explorador hacia las primeras casas de la ciudad, para cerciorarse si en realidad estaban allí los *bleus*; pero mi hermana, temerosa de exponerlo al fuego de fusilería de los centinelas, le prohibió pasar adelante.

Torció, pues, a la izquierda, dejándose conducir por su rústico paladín, el cual, según decía, estaba seguro de encontrar el camino de Cholet rodeando Beaupreau.

Por desgracia sus cálculos eran inexactos, y muy pronto, ya bien entrada la noche, se vio precisado a declarar a su señora que había perdido el camino y que ignoraba por completo el sitio en que se hallaban. Genoveva se sintió muy contrariada, y empezó a concebir serios temores. Cabalgó no obstante, dos o tres horas más, siempre con la esperanza de encontrar alguno que la pusiese en buen camino; pero no pasaba alma viviente por aquellos sitios desiertos y nuestros viajeros no tuvieron más remedio que confesarse enteramente perdidos. Eran las diez de la noche, y estaba tan oscuro, que hubo que renunciar a seguir adelante. Se decidió entonces Genoveva a pasar la noche en el paraje donde se encontraban; pues su caballo y el de Pedro se hallaban rendidos a causa de la caminata que habían hecho desde las dos de la tarde. El sitio no era nada a propósito para acampar en él. Era el suelo árido y arenoso, sin hierba alguna ni gota de agua para las cabalgaduras, muertas de hambre y de sed. Fácil era prever que las pobres bestias se habían de encontrar al día siguiente en estado lastimoso.

Mientras que mi hermana estaba entregada a estas tristes reflexiones, Pedro Bureau, que andaba de acá para allá en busca de un abrigo, descubrió una barraquilla construida con madera y con barro, donde podían defenderse un tanto de la lluvia y del viento. Vino muy contento a donde estaba su señora y la condujo a la cabaña. Sacó después su eslabón y encendió una de esas pajuelas de resina que los campesinos del Anjou sujetan en la pared del hogar para alumbrarse en las noches de invierno. De mucho sirvió aquella escasa luz a nuestros viajeros, los cuales pudieron así darse cuenta de los recursos que les ofrecía aquel albergue. Lo confortable estaba del todo ausente de allí. Se componía el local, en todo y por todo, de un mal cuarto, frío y húmedo, sobre el cual había una especie de granero muy estrecho, adonde se subía por el exterior mediante una escalera de palo. El edificio se encontraba deteriorado y expuesto a los cuatro vientos. Pero, al fin y al cabo, más valía dormir allí dentro que no a la intemperie.

Por fortuna, había llevado mi hermana en su maleta de viaje algunas provisiones, y gracias a esta previsión pudieron ella y su criado tener una modesta cena, que les devolvió un tanto las fuerzas y el ánimo. Después de lo cual, el joven campesino encontró en el granero un montón de virutas, las arregló lo mejor que pudo en el rincón más resguardado de la cabaña, y así pudo su señora tomar algún descanso. Se puso enseguida a quitar los arreos a Fauvette y a Mignon, y los ató a los travesaños que sostenían el techo de la barraca. Después, abandonando a las bestias a su mala suerte, comenzó su tarea de centinela, proponiéndose no pegar los ojos en toda la noche para velar por su ama la condesa.

Con la carabina al hombro, iba y venía con presteza a la entrada de la cabaña, a fin de ahuyentar el sueño, que le asaltaba a su pesar. Pero a eso de las dos de la madrugada reivindicó la naturaleza sus derechos, y el pobre muchacho se dormía andando. Finalmente, sin tener de ello conciencia, cayó al suelo, y se quedó profundamente dormido.

Era ya muy de día cuando se despertó Genoveva, tardando algunos instantes en darse cuenta de su situación. Por fin recobró la memoria de todo, y saliendo de la barraca vio a Pedro Bureau tendido en el suelo y durmiendo a pierna suelta. Al escuchar su voz, el mozo abrió los ojos, y apenas se recobró, avergonzado de haberse dejado rendir por el cansancio, se puso más encendido que una amapola y pidió perdón por su descuido.

—¡Cómo! —exclamó mi hermana— ¿Has pasado la noche durmiendo en el suelo? Yo te hacía allá arriba en el granero.

—Es, mi ama, que tenía yo mis recelos de que pudiesen venir los *bleus* a causar a usted algún mal, y por eso no quise echarme a dormir; pero el sueño ha podido más que yo, y, sin saber cómo, me quedé hecho un tronco.

La abnegación del vandeano impresionó tiernamente a mi hermana.

—Cuidadito con volverlo a hacer —le dijo. Y añadió enseguida, medio enfadada, medio risueña:— Ya se te podía haber ocurrido que yo te lo habría prohibido.

—Eso no vale la pena, mi ama —replicó Pedro, enteramente despabilado—; ya me tiene usted más despierto que las liebres. Lo que me apena es no tener pienso para las pobres bestias.

Lo cierto era que los animalitos estaban extenuados a causa del largo ayuno, y urgía darles algún alimento para que pudiesen aguantar hasta el fin. Por eso, sin más tardar, montaron nuestros viajeros y se encaminaron a un bosquecillo que había al final del arenal en que habían pasado la noche. Esperaban que sus caballos encontrarían allí pasto suficiente. Por otra parte, el sol brillaba en el cielo, y así podrían orientarse y volver a encontrar el camino de Cholet.

De repente, Pedro Bureau, que iba siempre alerta, se acercó a su señora y con voz trémula por la emoción, le dijo:

—Señora condesa, nos siguen; no sé quienes, pero algunos hombres a caballo vienen tras nosotros. Démonos prisa.

—Tuve mucho miedo —dijo más tarde Genoveva— al escuchar esta confidencia de mi escudero; pero no perdí del todo la serenidad, y dando con la fusta a Fauvette, la puse a moderado galope. Algunos segundos después distinguimos claramente a tres húsares republicanos, los cuales habían reconocido en nosotros a enemigos, y nos perseguían a todo correr con sus caballos.

En cualquier otra circunstancia —continuó Genoveva— hubiera sido cosa de juego para Fauvette y para Mignon el ponernos a salvo en pocos instantes; pero los pobres animales, como llevo dicho, estaban extenuados por falta de alimento durante casi veinte horas. Era evidente que en aquel estado no podían prestarse a una rápida carrera. Percibió Pedro que el enemigo nos daba alcance, y acercándose a mí, me dijo:

—Fusta, señora condesa, utilice la fusta de firme, y a galope, en línea recta, siempre de frente. Dentro de una hora estará usted en Cholet... yo les cortaré el paso.

Y tirando de la rienda y picando con ambas espuelas se dirigió contra el enemigo.

No debo callar que mi primer pensamiento fue de cobardía, y que, al principio, no se me ocurrió otra cosa sino aprovecharme de la abnegación de Pedro para ponerme a salvo lo más pronto posible. Fustigaba con todas mis fuerzas a la pobre Fauvette, la que, a pesar de su debilidad, arrancó a gran galope, llevándome lejos del peligro. Pero al cabo de algunos segundos me avergoncé de mi egoísmo.

—¡Cómo! —me dije—. ¿Te vas a aprovechar de la generosidad de ese muchacho para salvar tu vida a costa de la suya, abandonándole a furor de sus enemigos?

Ya había yo tirado de las riendas, e iba al galope hacia los republicanos. Cosa singular, no llevaba miedo ninguno. Ya no pensaba en mí; sólo temía una cosa, y era el llegar demasiado tarde.

El combate había comenzado. Pedro había parado su cabalgadura a cincuenta pasos de los republicanos, y montando una de sus pistolas apuntaba cuidadosamente al húsar *bleu* que iba a la cabeza. Con admirable sangre fría aguardó a que el jinete estuviese muy cerca, y, tirando del gatillo, le destrozó el cráneo. Por fortuna, este húsar se había adelantado algo a los otros, y de este modo pudo el vandeano desenvainar el sable y ponerse en guardia. Los dos enemigos restantes no llevaban, afortunadamente, armas de fuego; pero se arrojaron con rabia sobre el joven campesino, a quien asaltaron, tirándole tremendos mandobles. A pesar de la bravura y de la destreza de este último, la lucha era desigual, y mi pobre Pedro iba a sucumbir, cuando llegué al sitio del combate. Sentí que mi corazón latía con violencia, la idea de que iba a matar me causaba horrible impresión, pero era preciso obrar sin pérdida de tiempo. Mi presencia no turbó lo más mínimo a los republicanos. Entonces, tomando una de mis pistolas, lancé resueltamente a Fauvette en medio del tumulto, y apuntando con mano temblorosa tiré del gatillo, volviendo, sin querer, a otro lado la vista. No sé lo que pasó. Sin duda mi buen ángel dirigió mi brazo, lo cierto es que mi bala saltó la tapa de los sesos a uno de los jinetes, que cayó rodando al suelo. Casi al mismo tiempo, Pedro Bureau asestaba un terrible golpe al último húsar, atravesándole de parte a parte. El infeliz expiró casi al instante.

—¡Bravo, bravo, mi ama! —gritó mi joven escudero, entusiasmado a la vista de nuestra victoria.

Ya se había apoderado de los tres caballos de los húsares republicanos y los trababa para que no pudieran escaparse. Yo, entretanto, bajada, mejor diría, caída, del caballo, era presa de tan violenta emoción que me tuve que asir al cuello y a las crines de Fauvette para no caer desmayada. Era aquella la primera vez que yo veía sangre, cadáveres, y ¡era yo la que había matado a uno de aquellos desgraciados! Los que habían caído a nuestros golpes eran dos oficiales y un sargento. Pude, por fin, recobrar poco a poco mis fuerzas y el ánimo, y no pensé más que en alejarme cuanto antes de tan horrible espectáculo. Nos hallábamos cerca de un bosquecillo atravesado por un arroyo límpido, a cuyos bordes crecía la hierba en abundancia; nos encaminamos hacia aquel paraje, y después de haber aliviado nuestras cabalgaduras de las sillas y del bocado, las dejamos beber y pastar a sus anchas por espacio de dos horas.

Así nos lo contó Genoveva. Aquella misma noche entraban ella y su criado triunfalmente en Cholet, donde se estaba concentrando el ejército vandeano. Mi hermana dejó a su fiel compañero dos de los caballos capturados, animales soberbios y llenos de vigor. Pedro debía ceder uno a Santiago cuando éste volviese, y reservar para sí el otro. En cuanto al tercero, que era también excelente y muy manso, lo regaló Genoveva a la señora de R*, que seguía al ejército con su hijo, de edad de ocho años. Esta infeliz mujer, que había perdido a su padre y a su marido, muertos ambos recientemente en una batalla, se hallaba sin recursos y sin protector. Como andaba mal de cabalgadura, no pudo menos que agradecer el magnífico regalo, que llegaba muy a tiempo. Arturo debía traer consigo sus dos caballos de silla, que le bastaban; y en cuanto a Genoveva, no necesitaba otra cabalgadura que Fauvette; y si guardaba a Mignon, era para ponerlo a disposición de la pobre gente que seguiría con dificultad al ejército, si era preciso declararse en retirada.

XXII
La vuelta de urbano

Os he referido, amados hijos, cómo después de conducirnos a Nantes, Arturo y su compañero nos dejaron, muy de mañana, el 6 de octubre. Pasaron sin dificultad la trinchera de París, y se encaminaron hacia la posada del León de Oro, para recoger los caballos que habían dejado allí la víspera. Desdémona y Otelo, frescos y descansados, estaban con ganas de echar a correr, con lo que se hizo rápidamente el camino de Nantes a Ancenis. A eso del mediodía nuestros viajeros pasaban el Loira, y apenas desembarcaron en la margen izquierda se dirigieron inmediatamente a Bois-Joli. Muy poco después echaban pie a tierra para subir la «Loma de las Zorras», desde donde la mirada descubre un espacioso horizonte.

Muchas veces, al atardecer, de vuelta de nuestros paseos, nos habíamos detenido Arturo, Genoveva y yo para contemplar aquel encantador paisaje, que conocéis muy bien, mis queridos nietos, pero que hoy me parece a mí menos pintoresco y risueño, acaso por efecto de mis años. Tengo para mí que la mayor parte de la gente vieja experimenta semejantes desilusiones, porque espera en vano de sus debilitados sentidos las vivas impresiones de sus años juveniles, impresiones que, de ordinario, quedan grabadas en la memoria. Conozco a una señora de ochenta años, la cual asegura que los comerciantes de bujías son unos ladrones, porque se acuerda perfectamente que en otro tiempo podía coser con una sola luz sin cansarse la vista, mientras que para leer ahora en su devocionario necesita dos o tres. Esta misma señora se lamenta, además, de que los curas párrocos de ahora no levantan bastante la voz cuando predican, y que por eso no se les oye y, en confirmación, suele citar por sus nombres a ciertos párrocos de otros tiempos, cuya sonora voz resonaba por toda la iglesia. La pobre anciana aún no se ha dado cuenta de que está sorda y casi ciega. Algo de esto me parece a mí que hay en el desencanto que experimenté el año pasado al mirar el paisaje que se descubre desde la «Loma de las Zorras», mientras que me parecía deliciosísimo cuando sólo contaba yo dieciséis abriles.

Al norte se veía[18] el Loira, el Loira querido, que pasaba majestuoso entre la llanura de Varades y las sombreadas colinas de la orilla izquierda, galano cinturón de nuestro Bocage. Al mediodía, en el lejano horizonte, se escalonaban las blancas casas de Montrevault, entre los espesos bosques de Chasserolles, incendiados por los *bleus*. Al oeste, Liré, Champtoceaux, y allá a lo lejos, muy lejos, perdidas entre la sonrosada bruma de la tarde, las extensas praderas que riega el río hasta las puertas de la gran ciudad de Nantes. Al este, casi a nuestros pies, veíamos el amado santuario de Nuestra Señora de Marillais, y mucho más lejos, en la sombra que se agrandaba y

18 Mi abuela, sin pensar en ello, emplea el imperfecto. Desde luego el paisaje me resulta un tanto realzado. Lo cierto es que Bois-Joli dejó de existir (nota del coronel Rembure).

donde brillaban las primeras estrellas, la torre de Saint-Florent-le-Vieil, que asomaba en medio de un océano de verdor. Finalmente, a la orilla del Loira, más abajo de Saint-Florent, se veía el nido adonde, cual palomas viajeras, volvíamos con amor; nuestro amado Bois-Joli, cuyas plantas se bañaban en las aguas, que la naciente sombra hacía lucir con ondulante brillo metálico, en tanto que sus delgadas torrecillas lanzaban una nota de luz sobre el fondo gris del firmamento. Pero veo que me entretengo en soñar como una joven... Volvamos a vuestro tío Arturo.

Nuestros dos jinetes, llevando de la mano sus cabalgaduras, subían a pie la colina.

—Respiraremos un poco cuando lleguemos a lo alto —dijo el conde de Serant a su criado—; el paisaje es encantador y no me canso de mirarlo.

Llegados a la cumbre de la colina, dirigieron la mirada hacia Bois-Joli. Al cabo de un rato, dijo Arturo:

—Es cosa singular, no alcanzo a ver el castillo... Pero ¿estoy ciego? ¡Oh! ¿Qué significa esa columna de humo que sube allá en el horizonte? ¡Dios mío! Allí es donde está Bois-Joli... Es Bois-Joli, que está ardiendo.

—Sí, sí —exclamó a su vez Santiago—; es el castillo el que está ardiendo... ¿Qué será de mi padre, de mi hermana, del señor marqués?

—Al galope —gritó mi cuñado, y montando a caballo se lanzó a galope tendido hacia Bois-Joli.

Un cuarto de hora después se detenían ante la puerta de entrada Desdémona y Otelo, bañados en sudor y blanca espuma.

Ambos jóvenes echaron pie a tierra y entraron precipitadamente en el patio. ¡Qué espectáculo les aguardaba! El incendio acababa de devorar la noble morada, cuyos muros, ennegrecidos por el humo, eran los únicos que quedaban en pie. Muebles y tapicerías, techos y maderajes, esbeltos aguilotes, soberbio campanil, elegante cornisa que corría armónica bajo las finas pizarras... Todo lo había consumido el fuego.

Arturo y su compañero se acercan temblando a las gradas de piedra que conducía al salón de recibo. Adivinan la espantosa realidad y temen el instante en que desaparezca la ligera esperanza que aún conservan... Ya no cabe duda: por allí han pasado los *bleus*. He aquí más de veinte cadáveres de soldados republicanos amontonados en la escalinata de entrada. El castillo ha sido tomado a viva fuerza y sus defensores han opuesto heroica resistencia. Pero ¿habrán podido escapar de la muerte el marqués y sus sirvientes, el tío Bureau y su hija, o estarán sepultados entre los escombros?

Los jóvenes entran en el salón y retroceden sobrecogidos de horror.

En el suelo, que el enemigo ha cuidadosamente escombrado para que se vea manifiesta su venganza, se ven tendidos cinco cuerpos horriblemente mutilados. Son los del marqués, de José y de Alano, sus criados, y los del cortijero y de su hija. La cabeza y las extremidades de aquellos infelices habían sido separadas del tronco. Del pecho de Josefina, horrible detalle, habían arrancado el corazón, en el que el asesino había dejado clavado un puñal y, en una pizarra larga colocada sobre la víctima, Arturo y Santiago leyeron con espanto estas palabras, escritas con grandes letras: «Recuerdo de mi vuelta a Bois-Joli, 5 de octubre de 1793.—URBANO, capitán de Húsares de la República».

Pasado el primer momento de estupor, se arrojó Arturo sobre el cuerpo de su padre, llorando a lágrima viva y besando con ternura a aquel padre de familia venerado, aquellos labios queridos que le habían sonreído tantas veces llenos de bondad: la misma víspera, al partir con la marquesa para Nantes. ¡Ah!, su madre, su pobre madre... ¿quién tendrá valor para darle la terrible noticia? Es mejor que la ignore. Y tal vez la ignore siempre si viene también ella a caer entre las manos de sus enemigos.

Santiago Bureau lloraba en silencio, arrodillado entre el cadáver de su padre y el de su hermana.

Se levantó de pronto Arturo de Serant, y causaba miedo verle. Ya no lloraba: pero sus ojos brillaban con siniestro brillo, y su voz tenía un acento de odio que hizo estremecer a su compañero.

—Santiago —gritó—, hagamos un solemne juramento en presencia de los cuerpos mutilados de nuestros padres. Juremos que si alguna vez llega a nuestras manos ese miserable, le haremos sufrir el más cruel suplicio que podáis imaginar. Por mi parte, lo juro a la faz del cielo y en presencia del cadáver de mi padre.

El campesino extendió el brazo y pronunció el mismo juramento, añadiendo:

—Esto alivia un tanto.

—No perdamos tiempo —repuso Arturo—. Enterremos antes que nada los restos de nuestros padres, y fijémonos bien en el sitio, a fin de darles más tarde una conveniente sepultura, cuando lo permitan las circunstancias. Después nos reuniremos con el ejército; se me ha puesto en la cabeza que me encontraré frente a frente con Urbano en la primera batalla.

Se dieron prisa los dos vandeanos en abrir una fosa en un bosque cercano al castillo, y en ella depositaron los cadáveres con los vestidos que llevaban, pues de este modo esperaban reconocerlos fácilmente. Después procuraron hacer desaparecer toda huella de su trabajo, con objeto de sustraer las víctimas más profanaciones del enemigo. Arturo tuvo mucho cuidado de fijar en su memoria el sitio en que se habían depositado los cuerpos, y gracias a esta precaución me fue posible, cuando volví al Anjou, encontrar aquellos preciosos restos y depositarlos en el cementerio de Liré. Vosotros conocéis, queridos nietos, el sepulcro de nuestra familia, cerca del que hemos ido a orar juntos muchas veces, ¡Cuánto siento no tener el consuelo de unir a esos queridos despojos los de la marquesa, de mi queridísima Genoveva, de mi marido y de todos nuestros buenos criados!

Dios no lo ha querido, pero su infinito poder vela por esos huesos, que veremos glorificados en el día de la resurrección. Esta es la fe que profesamos en el bautismo, y en esa fe quiero morir...

He dejado de escribir durante una semana entera, mis queridos hijos. Estos tristes recuerdos, de tal modo me afligieron, que casi había resuelto dejar a un lado esa triste historia. Pero me dije a mí misma que yo os debía esta lección, y vuelvo a continuar, pues hoy me encuentro más repuesta...

La noche de aquel mismo día, 6 de octubre, mi cuñado y Santiago Bureau se volvían a poner en marcha para incorporarse al ejército. Hicieron noche en Beaupreau, y a la mañana siguiente emprendieron el camino para Cholet. Arturo se daba prisa para volverse a unir a su mujer, pues ahora temía por ella, y se decía a sí mismo, lleno de angustia:

—¿Se habrá encontrado Genoveva con esa partida de asesinos?

Y metía espuelas a Desdémona con ansia febril, temiendo, con todo, el encontrarse en presencia de su amada esposa, a la que no había más remedio que hacerle saber la terrible desgracia acontecida.

Ya, por fin, se divisa a Cholet en el horizonte. Otra carrera al galope, y sabrá el partido que se debe tomar. Pero ¿quién es esa mujer que se adelanta a caballo hasta donde él está? Pronto lo adivinó; es Genoveva. No puede conocerla, sin embargo, a aquella distancia, pues el sombrero que usan las aldeanas del Anjou le oculta todavía las líneas de aquel rostro amado. Mas la cabalgadura que monta la rústica amazona se distinguiría entre mil. No cabe duda; es Fauvette con su ligero trote.

La angevina reconoció también al viajero, pues aligeró el paso de su cabalgadura, y suprimida en breves instantes la distancia, Genoveva se encontró entre los brazos de su marido.

Radiante de felicidad, le acosó a preguntas sobre los incidentes de nuestro viaje, sobre nuestra instalación en Nantes y sobre los mil detalles de que quiere ser cuanto antes. Sobre todo, no se cansaba de preguntar pormenores acerca de su querido Luisito. ¿Ha sido bueno? ¿Dormía bien? ¿Le continuaba la tos? ¿No le hacía sufrir la dentición? ¿Había dicho mamá muchas veces durante el camino?

—¿Y nuestro padre? —dijo por fin—. ¿Cómo no viene contigo? ¿Te has adelantado a él para verme más pronto? Esa es demasiada bondad, Arturo. En cuanto a mí, no podía estar tranquila, figurándome siempre que los republicanos te iban a acometer en el camino, y yo venía a tu encuentro... para defenderte —añadió con una alegre sonrisa—. Y, por cierto, que no sería a manera de ensayo.

Y le refirió, con cándido entusiasmo, su viaje desde Bois-Joli a Cholet, las aventuras de aquella noche, el ataque de los *bleus* y cómo con su intervención había salvado la vida a Pedro Bureau.

—No puedo por menos dar gracias a Dios por haberte protegido de modo tan señalado —dijo tristemente Arturo.

—Pero no pongas esa cara tan afligida —le dijo Genoveva con tono algo burlón—; estás escuchando el relato de tu mujer como si no te hubiese importado nada que los republicanos te hubieran desembarazado de la carga de tu mujercita. En verdad, mi señor marido, que para esto no valía la pena el abandonarlo todo: a mi madre, a mi hermana y hasta a mi querido Luisito, nada más que por seguirte. Ganas me están viniendo de marcharme a Nantes y de dejarte aquí morir de aburrimiento. ¿No es verdad, hermosa, que nos iríamos bonitamente las dos a Nantes? —añadió, acariciando las fosas nasales de su cabalgadura—. Vámonos a pie a Cholet —dijo finalmente; y dejando a Santiago las riendas de Fauvette, tomó el brazo a su marido y se encaminaron despacio hacia la ciudad.

La alegría, el buen humor de la joven, su felicidad en volverlo a ver, torturaban el alma del pobre Arturo. Se preguntaba si tendría el suficiente valor para anunciarle la horrorosa noticia, que inundaría de lágrimas sus ojos y destrozaría su amante corazón. Pero era indispensable el decidirse a hablar. Al pasar por delante de la iglesia, dijo:

—¿Quieres que entremos un momento para hacer breve oración?

—Con mucho gusto —contestó Genoveva—; ya sabes que mi mayor satisfacción consiste en rezar contigo, desde aquella tarde que lo hicimos con tanto fervor, el día de nuestros esponsales, a los pies de Nuestra Señora de Marillais.

«Allí es donde conviene hablarle, se decía Arturo. La ciudad de Cholet rebosa gente y no encontraríamos un apartado rincón donde llorar. Probablemente, nadie habrá ahora en la iglesia... Además, ama tanto Genoveva a Nuestro Señor, que cerca de él recibirá el golpe terrible con más resignación».

Anochecía, ambos jóvenes penetraron en el santuario, entonces desierto. Hallábanse solos con el Dios del tabernáculo, que desde hace dos mil años invita a que vayan a él los corazones afligidos y desolados. Cuando estuvieron cerca del altar se hincaron de rodillas y, pasados breves instantes, dijo Arturo:

—Querida esposa, tengo que comunicarte una triste noticia.

Se estremeció la joven.

—¿Qué sucede? —dijo con voz apagada por la emoción.

—¿Estás dispuesta, querida Genoveva, a aceptar la prueba que Dios te envía?

—Sí —contestó haciendo un esfuerzo—; pero habla ya, por favor. La angustia me ahoga.

Entonces, suprimiendo los detalles más horrorosos, le dio cuenta del incendio de Bois-Joli, de la muerte de su padre, de los criados, del tío Bureau y de Josefina. Para no afectarla demasiado, nada dijo de la crueldad de Urbano. Además, callaba sus proyectos de venganza, temeroso de que Genoveva, con el ascendiente de su virtud, llegase a inclinarlo al perdón.

Después de estas breves palabras, Arturo de Serant guardó silencio, respetando el dolor de su compañera, que derramaba a los pies del Salvador su corazón contristado con aquel terrible golpe. Luego que hubo llorado mucho, dijo:

—Me siento mejor; ahora vamos, que necesito respirar el aire libre... Ya no hay para nosotros felicidad sobre la tierra —añadió al salir de la iglesia—; pero, afortunadamente, nos queda el cielo. Allí es donde Dios, según su palabra, ha de enjugar las lágrimas de los ojos de sus elegidos. ¡Oh, allá arriba, querido esposo, no temeremos ni la violencia, ni el destierro, ni la separación, ni la muerte, y estaremos reunidos en el seno mismo de Dios!

Mas todavía se encontraban en este mundo, y no había terminado para ellos el camino del calvario.

Arturo supo aquella tarde que las tropas de Bonchamps marcharían a Chatillon a primera hora del día siguiente, con objeto de defender esta ciudad de un ataque de Westermann. Las mujeres y los niños debían quedarse en Cholet, defendidos por una fuerte división; sólo tomarían parte en aquel movimiento los combatientes, razón por la cual no permitió Arturo a Genoveva que le siguiese.

—En caso de una derrota —le dijo—, nos retiraremos enseguida a Cholet, y, por tanto, aquí es donde, suceda lo que suceda, he de volver a encontrarte después de corta ausencia.

Al otro día, 8 de octubre, se pusieron en camino los vandeanos hacia Chatillon, y en la mañana del 9 llegaron frente a la ciudad. Aquella misma tarde causaban una sangrienta derrota a Westermann, que perdió veinticinco cañones, muchos miles de hombres y todos sus bagajes. Él mismo sólo pudo escapar de la muerte, dándose a una precipitada fuga. Esta fue la última victoria del gran ejército a la margen izquierda del río. Por lo demás, a este brillante éxito siguió un sangriento epílogo. Durante la noche siguiente, Westermann, lleno de rabia su corazón, volvía a Chatillon con algunos miles de soldados, entrando en la ciudad a favor de las tinieblas. Los vandeanos estaban descuidados. Agobiados por el cansancio, se hallaban profundamente dormidos en las casas, en las calles, en la plaza pública. Muchos de ellos, muertos de sed después de la batalla, se dieron a beber sin precaución vino y otras bebidas alcohólicas, y se encontraban entonces sumergidos en el entumecimiento de la embriaguez. El general republicano penetró en Chatillon en medio de aquellos soldados desarmados, y durante toda la noche, llevándolo todo a sangre y fuego, causó una espantosa carnicería, justificando así una vez más el nombre de carnicero de vandeanos, que había más que justamente merecido.

Al día siguiente de esta catástrofe, el ejército católico y realista emprendía el camino hacia Cholet, donde llegó el día 12. Los jefes, reunidos en Consejo de guerra, decidieron que se aguardaría el ataque de los republicanos en aquella posición, a fin de dar una batalla decisiva. Todavía se esperaba rechazarlos hasta Nantes, como en la batalla de Torfou. Sin embargo, en previsión de una derrota, resolvióse asegurar el paso del Loira, a fin de refugiarse en la margen derecha en caso de necesidad. Algunas compañías del Cuerpo de Bonchamps debían ir a Saint-Florent-le-Viel con parte de la caballería del príncipe de Talmont. Arturo fue designado entre los oficiales encargados de preparar el paso, poniéndose en camino el día 13 junto a las compañías bretonas.

Se alegraba de partir antes de la batalla, con la idea de que su mujer se alejaba al menos un tiempo del teatro de la guerra.

Esta vanguardia llegó a Saint-Florent el día 15, y aquella misma tarde se hacía dueña, en la margen derecha, de la posesión de Varades, de donde desalojaba a la guarnición republicana. Después de haber cumplido con su cometido, Arturo dejó algunos hombres para ocupar el puesto conquistado, y pasó a la margen izquierda para volver a estar con Genoveva.

Ya sólo quedaba aguardar el resultado de la gran batalla que iba a decidir la suerte de la Vendée.

XXIII
Venganza y perdón

La jornada de Cholet, el 17 de octubre de 1793, fue desastrosa para nuestras armas. Tres de nuestros mejores generales, Bonchamps, Lescure[19] y d´Elbée, fueron mortalmente heridos, y esta pérdida era irreparable. La retirada comenzó a poco de empezar la batalla, y pronto se convirtió en derrota. Una multitud enloquecida de mujeres, ancianos y niños, se precipitó hacia el Loira en un desorden indescriptible. Los primeros fugitivos llegaron a Saint-Florent en la mañana del 18, y la afluencia fue creciendo sin cesar durante todo aquel día y la noche siguiente.

Imposible formarse una idea del espanto de aquella pobre gente y de lo mucho que sufrieron. Algunos iban medio desnudos y atormentados de un hambre cruel, por no haber podido llevar suficientes provisiones. Y era tal la confusión y el barullo, que fue de todo punto imposible una ordenada y regular distribución de víveres.

---

19 El señor Lescure fue herido el 15, y no el 17, como cree mi abuela (nota del coronel Rembure).

Más tarde supimos que durante aquellos tristes días la abnegación de mi hermana había causado admiración a todo el ejército. Al venir de Cholet a Saint-Florent con las tropas de la vanguardia había hecho conducir muchos carros por sus órdenes cargados de ropa blanca, vestidos, remedios, víveres y provisiones de todo género. Gracias a esta previsión pudo mi hermana socorrer a muchos indigentes, quienes probablemente habrían perdido la vida sin su asistencia. En aquella universal desolación, fue en realidad el ángel del consuelo. Atenta día y noche a la cabecera de los enfermos y de los heridos, los animaba y les infundía valor con sus cariñosas y compasivas sonrisas y sus dulces palabras, sugiriéndoles pensamientos que despertaban su fe, preparándolos para comparecer delante de Dios.

En estos santos empleos de caridad pasó dos días con sus noches, desde el 17 al 19 de octubre, mientras que la multitud de los vandeanos, oprimida en el estrecho valle de Saint-Florent, extendía los brazos hacia el Loira, pidiendo a grandes voces barcas para pasar a la otra orilla.

Los republicanos se habían lanzado a perseguir al ejército católico, esperando aniquilarlo de una vez mientras que atravesaba el río. Pero, gracias al valor de nuestra retaguardia, en que se habían colocado nuestros mejores soldados, se pudo contener a los *bleus*, y los fugitivos tuvieron tiempo de alcanzar la margen derecha y de reorganizarse una vez llegados a ella.

No ignoráis, mis queridos nietos, que en el momento mismo en que sufrían semejante descalabro los vandeanos llevaron su magnanimidad hasta perdonar y dejar libres a los prisioneros de guerra que traían consigo[20]. Muchos de ellos habían cometido crímenes espantosos y merecían, sin duda alguna, ser pasados por las armas. Antes os referí cómo el general Bonchamps, ya a punto de expirar, sabedor de que iban a degollar a aquellos desgraciados, se incorporó en su ensangrentado lecho para conjurar a sus soldados a fin de que perdonasen a sus verdugos, a ejemplo de Nuestro Señor Jesucristo. Fue escuchada su voz, y los *bleus* fueron perdonados.

Si os recuerdo esta escena heroica es porque vuestro tío Arturo, vuestra tía Genoveva y sus criados intervinieron en ella, como vais a ver.

Mientras que una muchedumbre amenazadora se agolpaba[21] lanzando gritos de muerte alrededor de la iglesia de Saint-Florent (donde se había amontonado a los prisioneros republicanos) uno de nuestros cortijeros de Bois-Joli, que estaba de centinela a la entrada, reconoció a Urbano entre los cautivos más próximos a la portada principal. El campesino había sabido por Santiago Bureau los crímenes de aquel miserable. Saltando de gozo al pensamiento de que sus amigos podrían, por fin, vengar a su padre y a su hermana, llama a algunos hombres de su parroquia que reconoce entre la muchedumbre, y les dice con rapidez:

—Urbano está aquí. Miradle allí, a la derecha de la primera columna..., ese capitán de húsares..., ése es. Entrad en la iglesia, que yo os dejaré pasar como si

---

20 La mayor parte de los historiadores cifran en cinco mil el número de estos prisioneros (nota del coronel Rembure).

21 En aquel momento muchos vandeanos habían ya atravesado el río (nota del coronel Rembure).

estuvieseis de servicio; traedlo para conducirlo adonde están Pedro y Santiago Bureau, los cuales en este momento llevan al abrevadero a los caballos del señor marqués... Van a subir por la calle principal. ¡Cómo se van a reír los Bureau!

Entendido —respondieron los mozos de Saint-Cyr—. Ten la seguridad, camarada, de que pondremos todo nuestro empeño en el negocio.

Y penetrando en la iglesia atravesaron por medio de la muchedumbre de prisioneros, y dirigiéndose al capitán de húsares, le dice uno de ellos:

—Síganos usted.

—¿Adonde me lleváis? —preguntó el oficial.

—Pronto lo sabrá usted; síganos; ésa es la orden.

Urbano se vuelve hacia sus compañeros y les dice fríamente:

—Voy a la muerte; lo estoy leyendo en los ojos de estos malvados; pero sucumbiré, no lo dudéis, como verdadero republicano.

Y siguió a los hombres que lo sacaban fuera de la iglesia.

Apenas estuvo en la plaza, los campesinos que lo condujeron allí se arrojaron sobre él, lo derribaron al suelo, le ataron las manos detrás de la espalda y pusieron en sus pies trabas que sólo le permitían difícilmente andar. Entonces lo levantaron, y dándole culatazos le obligaron a ir delante de ellos por la calle principal del pueblo. Reconocieron al traidor, al pasar, muchos campesinos de aquellos contornos, los cuales fueron en pos de él, lanzando gritos de muerte.

Entretanto, los dos Bureau, al volver del abrevadero, se encontraron, a mitad del camino, al cortejo que les llevaba al prisionero.

—Aquí lo tenéis —les gritaron desde lejos sus amigos; aquí tenéis al asesino del tío Bureau y de Josefina, al asesino del señor marqués y al incendiario del castillo.

Ambos hermanos saltaron a tierra, para ponerse frente a frente de su enemigo. Al verlo en su poder, experimentaron un gozo salvaje. Levanta Pedro la mano para descargar sobre él un golpe, mas Santiago dice con imperio:

—No le toques; no puede defenderse.

—Está bien —contesta Pedro, cuyos ojos chispeaban de odio—; pero matémosle cuanto antes; porque si pasa más tiempo, me creo capaz de cortarlo en pedazos menudos.

Hace Santiago una señal a los que le rodean, y dice:

—Volvamos allá arriba; lo ataremos a la boca de un cañón, y la metralla se encargará de desatarlo.

Todos aplauden tumultuosamente, y el cortejo subiendo por la calle principal, desemboca muy pronto en la plaza, donde hay colocados varios cañones frente a la puerta de la iglesia. Allí están los vandeanos apiñados en masas compactas. Un soplo de odio agita a la muchedumbre, que, exasperada, pide a grandes gritos el suplicio de los republicanos. Los jefes no han dado la orden, pero los campesinos no la necesitarán. Están en el paroxismo del furor; ningún poder humano será capaz de evitar el que satisfagan su deseo de venganza.

Entretanto, los aprestos del suplicio que preparan a Urbano Marchand distraen por un instante la atención de la multitud, que refluye violentamente en torno de la pieza, donde los mozos de Bois-Joli se disponen a amarrar sólidamente a su prisionero.

—Convendría traerle un sacerdote— murmuró Pedro Bureau.

—¡No, no! —gritaron algunos campesinos, embriagados por el odio—. Que vaya a los infiernos ese malvado... que no haya perdón para él.

Un estremecimiento de horror corrió por toda la muchedumbre.

—No, de ningún modo —dijo Santiago con enérgica firmeza—. Venguémonos..., sí... Pero, en el otro mundo, es menester que lo dejemos a la gracia de Dios.

Fueron al punto en busca de un sacerdote. Un cura joven, que se trajo del hospital, se esforzó primeramente en librar a la víctima, y arengó a los campesinos para que perdonasen. Mas aquel lenguaje, perfectamente comprendido de ordinario, fue impotente aquel día. Tan ardiente era la sed de venganza que devoraba aquellos corazones.

—Señor cura —dijo Santiago con tono resuelto—, le respetamos mucho; pero le advierto que sólo tiene usted cinco minutos, y nada más, para confesar a ese hombre. Pasados los cinco minutos, ni uno más, prendo fuego al cañón: ¿me entiende usted?

Entonces, volviéndose el sacerdote hacia el oficial *bleu*, le dijo:

—Salvemos al menos vuestra alma, mi pobre amigo, ya que es inevitable vuestra muerte temporal.

Urbano hasta entonces no había abierto su boca, y la palabra del sacerdote puso término a aquel silencio, que solamente para blasfemar rompió el desgraciado.

—Yo no creo en Dios —gritó con soberbia—; por tanto, son inútiles todas esas muecas... Matadme, pues, bandidos —añadió, encarándose con la muchedumbre—; quisiera tener en las manos a todos vuestros reyes y a todos vuestros curas para acabar con ellos de una vez. Vengaos, pues; en vuestra mano está. Si en la mía estuviese, no dejaría yo de hacerlo... ¡Viva la República una e indivisible! Esa es la única divinidad en la que yo creo.

Rugía la muchedumbre al escuchar tales blasfemias.

—Ha pasado la hora —dijo bruscamente Santiago; y tomando en su mano la mecha, estaba ya a punto de aplicarla al oído del cañón, cuando una súbita intervención detuvo su brazo.

Un campesino de Bois-Joli, al ver que se conducía al suplicio a Urbano, corrió a dar de ello aviso a mi cuñado y a mi hermana, que en aquel instante se hallaban tomando un poco de alimento en una casa del vecindario.

—Señor marqués —gritó en son de triunfo (así llamaba nuestra gente a Arturo después de la muerte de su padre)—, venga usted pronto... los mozos han cogido con habilidad a Urbano, a ese bandido que mató al señor marqués, al tío Bureau, a Alano, a José y a Josefina, y que prendió fuego a Bois-Joli. Los mozos, como digo, lo han pillado y lo han amarrado a la boca de un cañón. Buen almuerzo se le prepara esta mañana al demonio.

Mi cuñado guardaba en su corazón ardiente deseo de vengarse; así, que se sintió muy contrariado de que se le hablase de lo ocurrido delante de su mujer, a la cual había con todo empeño ocultado el funesto papel que había desempeñado Urbano en el incendio del castillo y en el asesinato de sus habitantes. Sobre todo lo que deseaba era que su mujer no llegase a saber sus proyectos de venganza ni su ejecución, en el caso de que pudiese realizarlos.

—Te sigo —respondió al mensajero con indiferencia. Y luego que se fue el campesino, dijo a su mujer:— Dentro de unos instantes estaré de vuelta, querida esposa; ese hombre es un imbécil y no he comprendido ni palabra de su historia... Voy a enterarme de lo que pasa.

—Pues yo lo he comprendido todo perfectamente —dijo Genoveva con resolución—, y he de ir contigo para evitarte cometer un crimen.

Un violento acceso de ira se enseñoreó súbitamente de Arturo, el cual gritó súbitamente:

—Quédate aquí, te lo mando —y se precipitó fuera.

—Pues por primera vez te desobedezco —repuso enérgicamente la joven. Y siguiendo los precipitados pasos de su marido llegó sin aliento a la plaza de la iglesia, en el instante preciso en que Santiago Bureau iba a arrojar a su enemigo a la eternidad.

Al punto, abriéndose paso por entre la muchedumbre, que se apartaba respetuosamente, se adelantó hacia el prisionero, y colocándose delante de él, dijo:

—¡Ahora tirad si os atrevéis; os juro que para quitarle la vida es menester que también me matéis a mí. ¿No os avergonzáis de arrogaros un derecho que sólo a Dios pertenece? Si este hombre es culpable, a vuestros jefes toca el castigarlo, y no a vosotros. De otra suerte, no es la justicia la que arma vuestro brazo, es la venganza..., y bien se advierte que es el odio el que os inspira la elección de ese cruel suplicio.

Urbano, que hasta entonces se había mostrado firme ante la muerte, se turbó con la intervención de Genoveva.

—Es inútil, señora —dijo con voz mal segura—; estos son tigres, y no lograréis ablandar su corazón.

Se acercó entonces Arturo, y dijo con voz dura e imperiosa:

—Retiraos, señora; no es éste vuestro sitio.

Pero ella le miró cara a cara. Transfigurada por la caridad, la suave y tímida Genoveva se erguía intrépida entre el prisionero y sus verdugos, y asiéndose fuertemente a la víctima, gritaba:

—Preciso sería que me arrancaseis de aquí a la fuerza.

Arturo no fue dueño de sí. Su mano de hierro cayó dura e implacable sobre la delicada muñeca de la joven, y bajo su potente presión, la diminuta mano de Genoveva soltó la presa.

Por fin triunfaba el odio, y Santiago, con la mecha encendida en la mano, sólo aguardaba el final de aquella lucha desesperada, cuando súbitamente una voz, seguida de cuarenta mil voces, lanzó el grito de la misericordia y del perdón:

—¡Indulto, indulto para los prisioneros! Bonchamps, moribundo, lo reclama; Bonchamps lo manda en nombre de Nuestro Señor Jesucristo.

A estas palabras, que les anuncian que su queridísimo general se encuentra agonizando, y que al mismo tiempo les recuerda que son cristianos, los vandeanos se enternecen, y extinguiéndose en los corazones el odio, cede su puesto a la conmiseración. Entonces la multitud, con un solo corazón y con una sola voz, repite el grito de perdón: ¡Indulto, indulto para los prisioneros!

Al punto cortan las ataduras a Urbano, y, libre ya, se apresura a salir de Saint-Florent, temeroso de que encendiéndose de nuevo la ira, atraiga sobre su cabeza el castigo merecido por sus crímenes.

XXIV
El huerto de la Saulaie

Extenuada por aquellas violentas emociones y por el desesperado esfuerzo que acababa de hacer, la joven se volvía a su reducido alojamiento apoyada en su marido, que había recobrado su sangre fría y que experimentaba en aquel instante un amargo pesar de haber tratado con tanta dureza a su amada Genoveva. Apenas estuvieron solos, Arturo se arrojó a sus pies, suplicándole que le perdonase su mal comportamiento.

—Ya ves que hice muy bien al ir contigo —respondió con dulzura—; de no haberme hallado presente allí, hubieras realizado una acción cuyo recuerdo te hubiera hecho desgraciado para siempre. Ea, Arturo, dime que perdonas, que perdonas de todo corazón, pues de lo contrario, no viviría yo y me causaría horrible temor la suerte futura de tu alma.

—Sí, perdono —repuso Arturo enteramente tranquilo—. Y tú, Genoveva, me perdonas, ¿no es verdad?

—¿Perdonarte? —dijo con cierta malicia—. Pues qué, ¿no tiene el marido derecho sobre su mujer? Pues tú no me has puesto aún las manos encima. Hubo, sin embargo, un momento —añadió riéndose— en que creí que ibas a hacerlo.

—¡Eres especial, Genoveva! ¡Cuánto siento el no merecerte, y cuántas gracias rindo a Dios por la esposa que me ha dado!

—¡Vaya un tono, señor marido; bastante distinto, por cierto, del de hace poco! Te distingues en eso de pasar de lo grave a lo agradable, de lo alegre a lo severo, según frase de nuestro Boileau. Pero basta de charla, y pensemos en atravesar también nosotros el Loira.

Ambos esposos se encaminaron al río. La joven marquesa de Serant estaba ya del todo repuesta y casi alegre. Aquella naturaleza vibrante y sensible también pasaba rápidamente, según lo hemos notado repetidas veces, de la tristeza a la alegría y del abatimiento al más expansivo gozo; carácter compuesto de una buena cualidad y de un defecto y, desde luego, netamente angevino.

Pero Pedro y Santiago Bureau no habían perdonado a su enemigo, y cuando la suprema intervención de Bonchamps les arrebató su víctima, interiormente se juraron que habían de saciar a cualquier precio su deseo de venganza.

En cuanto quedó libre el prisionero se pusieron a espiar atentamente la dirección que tomaba al salir de Saint-Florent, y haciéndose una seña de inteligencia, se escabulleron suavemente para seguirle la pista, disimulando su marcha detrás de los vallados y de los matorrales.

Urbano se encaminaba a grandes pasos hacia Montrevault, donde se decía que acababa de entrar Westermann con la vanguardia republicana.

Era el 19 de octubre de 1793, como a las once de la mañana. El tiempo, que la víspera había sido lluvioso, estaba magnífico aquel día. Un sol radiante acariciaba con sus tibios rayos los campos y los bosques, engalanados entonces con los variados esplendores del otoño. Estaba la atmósfera límpida y pura; el aire era transparente y agradable como en una mañana primaveral.

Como a una legua de Saint-Florent se detuvo Urbano con objeto de espaciar la vista en aquellas hermosas campiñas, para él tan familiares. Saboreando el gozo intenso de vivir, después de haber pasado hacía poco por los terrores del suplicio, respiraba a sus anchas, embriagándose de sol, de aire y de libertad. Pero ni la dicha de haber recobrado la vida, ni el espectáculo de aquella hermosa naturaleza que cantaba la gloria de Dios hacía penetrar dentro de su alma el sentimiento de la gratitud ni el pesar de sus crímenes, sino que excitaba todavía más los perversos instintos de aquel miserable y el deseo de verter sangre.

—Urbanito mío —se dijo alegremente al emprender de nuevo su marcha—, ¡qué cerquita has visto a la muerte! Pero según parece, nada quiere contigo. ¡Bravo! ¡Bravo! Contamos todavía con largos días y buenos. Voy a incorporarme a Westermann, para traerle conmigo hacia este rebaño de bandidos que trata de pasar a la margen derecha del río... Confío en que no serán muchos los que pasen a la otra banda. Lo cierto es que ese Loira lleva muy clara su corriente... Y es menester enrojecerla un poco.

Se detuvo de pronto, sobrecogido de espanto. De una espesura que bordeaba el camino, dos campesinos se abalanzaron sobre él. Reconoció al punto a Pedro y a Santiago Bureau, sus mortales enemigos. No llevaba armas, intentó huir, pero en seguida le dieron alcance, lo derribaron al suelo y lo amarraron fuertemente.

El miserable se vio perdido; pero no dijo, sin embargo, ni una palabra para alcanzar perdón, porque comprendía que el odio de los dos hermanos sería implacable.

Estos condujeron a Urbano detrás de la espesura, a doscientos pasos del camino, para llevar a efecto libremente la venganza que meditaban. Se hallaban entonces en el huerto del cortijo de la Saulaie, cuyos habitantes habían huido al acercarse los ejércitos republicanos.

Arrojaron a su víctima al pie de un murete compuesto de pedruscos sin mezcla, sobre un montón de estiércol preparado para las próximas siembras. Allí se pusieron a deliberar por breves instantes.

—¿Cómo le mataremos? —preguntó Santiago—. ¿Con cuerda o con cuchillo? No vale ni siquiera un escopetazo.

—Todo eso sería demasiado rápido —respondió su hermano Pedro—; y es preciso que se sienta morir lentamente[22].

Reflexionaron un instante. Una cruel sonrisa asomó a los labios del más joven.

—Démoslo, pues, a comer a las abejas —dijo— ¡Un oficial *bleu*! ¡Si no se contentan los animalitos, son, por cierto, muy difíciles de contentar!

El colmenar de la Soulaie, compuesto de una docena de colmenas cubiertas con paja, se encontraba situado al otro extremo del huerto, como a unos cien pasos. Aunque la estación estaba ya bastante adelantada, los rayos solares de aquella espléndida mañana de otoño traían alborotadas y alegres a las abejas, que

22 Mi abuela nos decía: «Me acuerdo perfectamente que Pedro Bureau se había mostrado, hasta aquel día, en toda circunstancia humano y compasivo para con los prisioneros; mas en aquella ocasión el odio que había concebido turbó por completo su razón. Se dio cuenta, poco después, que habían hecho aquello en un acceso de locura, y se arrepintió muy de veras de haberse dejado llevar del deseo de venganza». (Nota del coronel Rembure.)

revoloteaban, zumbadoras, alrededor de su morada, ardorosas y vivas como en la primavera.

Santiago experimentó un sobresalto de horror al escuchar la propuesta de su hermano.

—Hombre, eso de ninguna manera; es demasiado.

Los ojos del joven Bureau relampaguearon, y dijo:

—¿Has olvidado que es este infame el que asesinó a nuestro padre, el mismo que arrancó el corazón a Josefina? ¿Puede, acaso, darse un suplicio demasiado cruel para este miserable?

—Tienes razón —repuso Santiago, cuyo odio se despertó más intenso—; venguemos a nuestros parientes.

Escuchaba Urbano este diálogo, y a pesar de su soberbia y de su valor, no pudo menos de estremecerse y hasta rebajarse a la súplica:

—Matadme de un solo golpe —gritó—; la suerte se declara en vuestro favor; aprovechaos, pues, de ella; pero no os convirtáis en pieles rojas. ¡No fui yo tan cruel!

Ni siquiera se dignaron a contestarle los dos hermanos, y en breves instantes le despojaron de sus vestidos y apretaron más y más sus ataduras.

—Ahora —dijo Pedro—, demos su correspondiente pasto a las moscas.

Entonces, abriendo su navaja, practicó ligeras incisiones en los brazos, en las piernas y en el pecho de la víctima, y la sangre cubrió todo su cuerpo. Después llevaron al infeliz hasta cerca de las colmenas, lo arrimaron, enderezándolo, junto al tronco de un árbol, y lo ataron a él fuertemente con cuerdas en las manos, en los pies y en la cintura. Enseguida se alejaron algunos pasos y se pusieron a tirar contra las colmenas puñados de arena y piedras, que obligaron a salir de su morada a una multitud considerable de abejas. Los insectos, después de dar varias vueltas alrededor del enemigo, se arrojaron zumbando de rabia sobre el cuerpo del oficial *bleu*, cubriéndolo de una capa viviente desde la cabeza hasta los pies. Embriagadas de sangre, hormigueaban sobre los miembros del ajusticiador picándole sin descanso con sus inflamados aguijones.

Muy pronto se hinchó de un modo prodigioso el cuerpo de la víctima, perdió su rostro toda apariencia humana, convirtiéndose en una especie de bola enorme ensangrentada, convertida en un tumor, del que manaba repugnante líquido.

Continuamente llegaban tumultuosos enjambres que se lanzaban con furia sobre el desgraciado, luchando con las que habían venido primero, a fin de hacer presa, a su vez, en aquella flor roja y tomar sitio en el festín.

El espectáculo se hizo tan horrible que Pedro y Santiago Bureau, que se habían complacido en él al principio, se sobrecogieron de espanto y huyeron hacia Saint-Florent. Apenas llegaron al pueblo se encontraron con sus amos, que se encaminaban al Loira, porque tan sólo quedaba por pasar la retaguardia, y a dos leguas de allí ya se habían visto a los exploradores de Westermann. La turbación de ambos hermanos, sus rostros descompuestos y sus esquivas miradas sorprendieron a Arturo y a su mujer, que los acosaron a preguntas. Atormentados por los remordimientos, confesaron la verdad.

Mi cuñado, al oír aquel relato, se estremeció de horror y exclamó:

—¡Ah! ¡Esa es venganza propia de demonios!

Genoveva tomó su resolución desde luego.

—Ven, ven conmigo —dijo a su marido— para salvar al menos el alma de ese infeliz. Ven, este acto de misericordia te alcanzará el perdón de la falta que cometiste hoy por la mañana.

Arturo hizo un signo de aprobación, y dio orden a Santiago de que les trajese pronto a Desdémona y a Fauvette, que los estaban aguardando cerca del río.

Genoveva había cogido ya de su maleta unos guantes gruesos y dos pedazos de tela endeble, de los que hizo en pocos instantes para ella y para su marido velos destinados a cubrirles el rostro. Después, montando en Fauvette, se precipitó seguida de Arturo en dirección a Montrevault.

Santiago, que estaba ya arrepentido de su crueldad montó también a caballo y los condujo al lugar del tormento.

Cuando llegaron, la víctima apenas respiraba. Se veía ondular la capa devoradora a las palpitaciones de aquella masa de sangre roja que había sido el cuerpo de Urbano.

A punto estuvo la joven de caer desfallecida en presencia de tan repugnante espectáculo; pero reconcentrando todo su valor e invocando el auxilio divino, puso bajo sus pies al horror y al espanto, y dijo con rapidez:

—Sé que las abejas emprenden la fuga al primer contacto de materias líquidas. ¡Probemos!

Había, a dos pasos, una cisterna de agua fangosa; nuestros amigos se apresuraron a llenar un barrilete que servía para el riego del huerto. Después Genoveva y su marido, tapándose la cara y las manos, corrieron hacia la víctima y la inundaron desde la cabeza hasta los pies.

El efecto fue irresistible y repentino. En un abrir y cerrar de ojos las abejas abandonaron la presa, dispersándose en todas direcciones. Entonces Genoveva, venciendo la horrible repugnancia que le causaba el estado de aquel infeliz, cortó las ataduras que le sujetaban y, con ayuda de los dos hombres, tomó en sus brazos aquel cuerpo desfigurado colocándolo suavemente sobre la hierba. De repente, asaltada por súbita idea exclamó:

—¿Seré estúpida? ¡No haberme traído a un sacerdote…!

Se dirigió entonces a Santiago y le dijo:

—Monta a caballo sin pérdida de tiempo y marcha corriendo a Saint-Florent en busca de un sacerdote, y tráele aquí a la grupa de tu caballo. Sólo te doy un cuarto de hora... ¡Marcha! Así podrás resarcir tu crimen.

Santiago Bureau fue a todo el galope de su caballo a ejecutar la orden de su señora. Entretanto, Genoveva, de rodillas cerca del moribundo, le hablaba de Dios y de la salvación de su alma. El infeliz no podía verla. No quedaban huellas de ojos en aquella masa informe y ensangrentada que se movía aún. Pero oía, y su boca podía articular algunos sonidos. Reconoció la voz de Genoveva, y aquella alma de hierro pareció enternecerse.

—¿Usted aquí, señora —murmuró con esfuerzo—; usted, a quien tanto mal he causado?

—No pienses en mí —le dijo Genoveva—; piensa en Dios, que pronto va a juzgarte. Pídele perdón, y su misericordia te lo concederá.

—He cometido demasiados crímenes —repuso Urbano—; ya no hay perdón para mí.

—Sí, amigo mío —replicó la joven—; Dios es infinitamente misericordioso. Así debes creerlo, puesto que yo, siendo mala, como lo soy, te perdono con toda mi alma. Dios es, sí, Dios es el que me da fuerzas para perdonarte. Mi marido, que está aquí, también te perdona. ¿No es verdad, Arturo; no es verdad que tú también perdonas de corazón a Urbano?

—Sí sí, lo perdono muy de veras —contestó Arturo.

—Pues bien, amigo mío. Dios, que es infinitamente mejor que nosotros, te perdonará con mayor razón, con tal que tú te arrepientas de tus pecados y confíes en su bondad.

Después de un momento de silencio, repuso el agonizante;

—Señora, su bondad me prueba la bondad de Dios. Me siento mudado sin saber cómo; creo en Dios y espero en él; lo amo y le pido perdón, y yo también perdono.

Otelo llegaba al galope, trayendo a Santiago y al cura de la Pommeraye, a quien el guarda de caza había encontrado a la entrada del pueblo.

—Aquí está —dijo Genoveva, inclinándose hacia Urbano—, aquí está un sacerdote que viene a absolverte. Dile solamente que detestas todos tus pecados, y la gracia de Jesucristo va a abrirte las puertas del cielo.

Recibió el sacerdote la suprema confesión, y su mano se alzó sobre el moribundo. Después derramó el santo óleo en los sentidos todavía visibles y se apresuró a montar a caballo para asistir a otros moribundos.

Arturo y su mujer se quedaron solos al lado de Urbano. El infeliz pudo hablar todavía, y dijo;

—Muero en paz; doy a usted, señora, las gracias; es usted un ángel de Dios... A usted deberé el cielo... Lo único que le pido es que no me abandone...; quédese aquí hasta mi último suspiro. No será por mucho tiempo, porque siento que esto se acaba muy pronto.

—Estáte tranquilo —le dijo Genoveva—; no te abandonaremos.

Y tomando en su fina mano de patricia la mano lívida y sangrienta de su antiguo sirviente, agregó:

—Aquí me quedo para rezar contigo.

Arturo, entretanto, rogaba a su mujer que montase a caballo a fin de encaminarse lo más pronto posible hacia Saint-Florent, pues temía por momentos ver aparecer a los exploradores de Westermann, que iban en persecución de los aldeanos fugitivos. Se había replegado la retaguardia vandeana para atravesar el río, y muy bien podía a cada instante ser envuelta por la caballería republicana. ¡Qué horror si aquella mujer adorada, si aquel ángel de Dios viniese a caer en semejantes manos!

—Genoveva, mi querida Genoveva —le decía Arturo suplicante—; vente, te lo ruego; oigo al enemigo cerca, dentro de poco será ya demasiado tarde.

—Espera un poco más, querido esposo —decía la joven—; este infeliz está ya para expirar; no debemos abandonarlo así. Además, los ángeles buenos velan por nosotros; no hay que temer.

Por fin, el moribundo exhaló el postrer aliento, y el alma de Urbano se encontraba en la presencia de Dios. Hizo Genoveva por última vez la señal de la cruz sobre el cadáver, diciendo:

—Lo perdonamos para que Dios nos perdone.

En aquel momento resonaron los gritos salvajes y la caballería de Westermann apareció por todos los senderos. Distinguieron los soldados la escarapela blanca del oficial vandeano y se lanzaron al galope para acabar con él a sablazos. Una granizada de balas silbó en los oídos de Arturo y de Genoveva. Pero Arturo había cogido ya con su nervudo brazo a su mujer y, levantándola a pulso, la colocó sobre la yegua, a la que sacudió un vigoroso latigazo. Subió también él a caballo y, picando espuelas, se lanzó al galope.

Justo a tiempo. En el instante mismo en que echaron a correr sus caballos, una bala atravesaba el sombrero de su mujer, y otra rompía la espuela izquierda de Arturo.

Pero Desdémona y Fauvette, como si hubieran tenido alas, salvaron jarales y malezas y pronto pusieron a sus dueños fuera del alcance de las balas republicanas.

Veinte minutos después Arturo y su mujer atravesaban el Loira con las compañías bretonas y tomaban tierra en la margen derecha.

TERCERA PARTE
Víctimas y verdugos

XXV
Muerte de Pedro

Apenas hubieron los vandeanos pasado el río, Enrique de la Rochejaquelein, que acababa de ser nombrado general en jefe, se ocupó ante todo de organizar su ejército, al que la sangrienta derrota del 17 de octubre había dejado en completo desorden. Gracias a su inteligente actividad y, sobre todo, a la ciega confianza que a los campesinos inspiraba, pudo en breve tiempo mejorar la moral de sus tropas y establecer algún orden en sus divisiones.

Apenas vio a sus soldados en estado de hacer frente al enemigo, dio la señal de marcha, y se dirigió hacia Laval. Era un ejército de cuarenta mil combatientes que encuadraban dentro de sus filas sesenta mil personas, mujeres, ancianos y niños, que no tenían otra esperanza de salvación sino el valor de sus defensores.

Lejos de su querido país, en medio, sí, de una comarca simpática a su causa pero que en su mayor parte no conocían, los vandeanos se hallaban en la alternativa de morir o de vencer.

Rochejaquelein sólo aguardaba la ocasión de dar una gran batalla que restituyese a sus soldados la confianza y el empuje de los primeros días al devolver la victoria a sus banderas. Pronto se la concedió el Señor.

En la noche del 24 al 25 de octubre su vanguardia causaba, junto a las murallas de Laval, una sangrienta derrota a Beaupuy y a Westermann, y dos días después, entre Laval y Chateau-Gontier, en un encarnizado combate que duró toda la tarde y la noche del 27, desbarató materialmente al ejército enemigo, al que no pudieron librar de un espantoso desastre los más afamados generales de la República, ni Kléber, ni Beaupuy ni aun el mismo Marceau.

Jomini, Kléber y Napoleón elogiaron el genio militar de aquel joven de veintiún años, que se nivelaba desde los primeros encuentros con los más ilustres hombres de la guerra.

Aquella hermosa victoria levantó por completo el espíritu de nuestros soldados, e hicieron su entrada en Laval con indescriptible entusiasmo, a los repetidos gritos de: «¡Viva el rey! ¡Viva nuestro general!».

Pero me estoy deteniendo mucho en tan gloriosos recuerdos... Volvamos a los que concierne principalmente a vuestro tío y a vuestra tía Genoveva.

Habían descansado un poco los vandeanos en Laval después de la victoria del 27. El 2 de noviembre se pusieron en marcha hacia Fougères, donde entraron después de corto pero activo combate.

El general Rochejaquelein permaneció cuatro días en esta ciudad. Se dice que hubiera debido encaminarse inmediatamente a Rennes, dado que tenía intenciones de penetrar en Bretaña. Lo hubiera llevado a efecto, sin duda, si hubiera podido gozar de libertad en sus movimientos; pero hay que tener en cuenta que no conducía a un ejército solamente, y que se veía forzado a no desatender a la muchedumbre de mujeres y de niños que consigo llevaba, y a quienes rendía la fatiga.

Después del combate en que el ejército católico se hizo dueño de Fougères, la caballería vandeana (de la que formaban parte el marqués de Serant y Santiago Bureau) persiguió vigorosamente a los republicanos. Dos horas después, al volver los jinetes a la ciudad, se cruzaron con Rochejaquelein, que salía por el camino de Rennes con objeto de examinar las posiciones que debieran ocupar sus tropas en caso de que el enemigo se decidiese a contraatacar. El generalísimo, de quien entonces era ayuda de campo mi cuñado, pidió a Arturo que le acompañase con algunos soldados que le sirviesen de escolta. Ya se deja entender que Santiago Bureau siguió a su amo.

La excursión de Rochejaquelein duró muchas horas, y ya estaba muy adelantada la tarde cuando pudo entrar Arturo en Fougères.

Mientras que el marqués galopaba en la campiña con el generalísimo, Genoveva se hallaba bajo la angustia de una mortal inquietud. Hacía mucho tiempo que había terminado la batalla y todavía no estaba de vuelta su marido, el cual solía venir inmediatamente después de cada encuentro para que no estuviese intranquila.

Llena de ansiedad, preguntaba por su marido a cuantos soldados de caballería encontraba, sin que ninguno le pudiese dar razón del señor de Serant.

No pudiendo aguantar por más tiempo, se fue a buscar a Pedro Bureau, a quien había ordenado Arturo que velase por la seguridad de Genoveva y por eso el mozo, fuera del tiempo en que se combatía, estaba siempre a su servicio.

—Vente conmigo —le dijo mi hermana—; el señor de Serant no ha vuelto aún, como tampoco tu hermano.

Estoy muy intranquila. Han perseguido al enemigo hacia Avranches; es preciso que vayamos en su busca.

Pedro ensilló a Fauvette y a Mignon, y a los pocos minutos salían de la ciudad Genoveva y su paje.

Ya sabéis cuáles eran los lazos recíprocos de respetuosa adhesión y de maternal afecto que unían al hijo de los Bureau y a la joven marquesa de Serant. Hacía muchos días que buscaba ésta una ocasión favorable para recordar al joven la horrible venganza que había ejercido con Urbano y para procurar que el arrepentimiento encontrase cabida en su corazón.

Después de algunos instantes de silencio le dijo mi hermana con dulzura:

—¿Sabes, amigo mío, que he experimentado por ti un miedo muy grande durante la batalla de Laval?

—¿De veras, mi ama? ¿Y pudiera saberse por qué, sin que esto sea un mandato?

—Porque cometiste hace quince días un enorme pecado tomando de tu enemigo terrible venganza... ¿Has pedido perdón a Dios?

—Ya lo creo, mi ama. Mire usted, en el primer momento estaba fuera de mí, como un loco. Yo me dije: Bien hecho está... No has hecho más que vengar a tu padre y a Josefina. Pero después me empezó a remorder la conciencia. Entonces me dije: ¡Si Dios dispusiese de ti ahora, mal andarías, Pedro! Y luego los mozos de la casa no paraban de echarme en cara lo que yo había hecho, y me volvían las espaldas repitiendo: «No te has portado como buen cristiano». Lleváis razón —les contestaba—. Pero es que perdí la cabeza... Y lo veía todo rojo, muy rojo... Ahora bien pesaroso que estoy de ello. Por eso, apenas supe yo que íbamos a zurrar la badana a los *bleus*, dije para mi capote: «Es menester confesarse, que ya hay de qué». Y, sin más, me fui a buscar al cura de Liré, ya sabe usted, al señor Rochard, que vino y le vacié todo el saco... Al presente no queda ponzoña alguna. Ya no quiero mal a nadie. Porque, sin eso, ya lo sabe usted, no entra en la idea de Dios el perdonarnos.

—Has hecho perfectamente —repuso Genoveva, sonriendo ante la sencillez y hombría de bien de su criado. Ahora estoy tranquila por lo que a ti se refiere. Si mueres, tu alma se salvará, al menos.

—De seguro, mi ama. En el día de hoy casi vale más irse con Dios que quedarse aquí abajo, con tanto pícaro como anda por ahí.

Entretanto, los dos jinetes habían llegado hasta el punto donde dejaron los nuestros de perseguir al enemigo, quedando sin resultado todas sus investigaciones. Mi hermana, cada vez más angustiada, se decidió a volver a la ciudad, con la esperanza de que su marido hubiese vuelto durante su ausencia.

Hacía un rato que caminaban hacia Fougères. Súbitamente, cuando iban por un camino encajonado entre dos sotos, silbaron balas en sus oídos, y a derecha e izquierda resonaron clamores. A los pocos momentos se precipitaban, sable en mano, una docena de húsares republicanos sobre la joven y su sirviente.

Pedro se defendía denodadamente, y a sus tremendos mandobles cuatro jinetes enemigos mordieron el polvo. Pero, sucumbiendo al cabo, a causa del número de los contrarios, y cubierto de heridas, el heroico mozo cayó moribundo al suelo. Los republicanos se lanzaron al punto contra Genoveva, la cual hubiera, sin duda, sufrido la misma suerte, sin la intervención del oficial que mandaba el destacamento, y que obligó a sus soldados a que envainasen los sables. Entonces se acercó a mi hermana, y ayudándola a echar pie a tierra, le preguntó en tono áspero:

—¿Quién eres, ciudadana?

—Antes de responder a usted, caballero —dijo Genoveva con voz suplicante—, le ruego que me permita auxiliar a ese mozo que acaba de sacrificar por mí su vida.

Y señalaba a Pedro Bureau, que, tendido en mitad del camino, atravesado el pecho a sablazos, estaba a punto de expirar.

—¡Sea! —dijo fríamente el oficial.

Se apresuró mi hermana a aprovecharse del permiso, y corriendo hacia el herido lo levantó suavemente entre sus brazos, con ayuda de un húsar republicano, y lo puso sobre el césped, al pie de una encina, a pocos pasos del sitio en que había caído. El joven vandeano parecía haber perdido el conocimiento.

—¿Me oyes, hijo mío? —le dijo Genoveva—, soy yo, que estoy a tu lado para cuidarte y para sanarte, si Dios quiere.

Pedro entreabrió los ojos, y mirando a su ama con expresión de amargo pesar, dijo haciendo un esfuerzo:

—¡Oh, perdón, señora marquesa; perdón por haberos defendido tan mal, dejándoos en manos de esos bribones! ¿Qué pensará mi padre desde el cielo cuando sepa que no he podido salvar a nuestra ama? ¡No estará contento de mí!

—No te preocupes Pedro, y no pienses más que en Dios.

Pero siempre le asaltaba la misma idea del reproche paternal. Entonces Genoveva, siguiendo el mismo tema del sencillo joven, le replicó con la sonrisa en los labios:

—Mira: si tu padre te riñe, dile de mi parte que te has portado muy bien, que me has defendido como un valiente, y que puede estar orgulloso de ti. Y ahora, ¿estás tranquilo?

—¡Oh, sí, señora marquesa! —respondió el joven herido, a quien tranquilizó de repente aquella seguridad que le dio mi hermana.

—¿No es verdad que estás muy arrepentido de tus pecados?

—¡Oh, sí, sí!

—¿Porque amas a Dios de todo corazón?

—Téngalo por cierto, mi ama.

—¿Perdonas a tus enemigos?

—Sí que los perdono, para contentar a Jesús.

—Subes, pues, al cielo, hijo mío; envidio tu suerte, pues van a tener fin todos tus males. Pide por nosotros allá arriba, para que Dios se apiade también de nosotros.

Pedro se acababa visiblemente; la muerte era inminente.

—¡Oh, señora marquesa —murmuró todavía—, cuánto me alegraría si usted estuviese muy lejos de aquí... Se lo voy a pedir a Dios!

El joven vandeano acababa de expirar. Genoveva le cerró los ojos, después hizo una breve pero ferviente oración cerca del cadáver, se levantó y, acercándose al comandante republicano, que parecía también bastante emocionado, le dijo:

—Doy a usted las gracias, caballero.

El oficial la miró con una expresión inequívoca de lástima. Era un capitán de cuarenta a cincuenta años de edad, cuyo heroico bigote no llegaba a disimular su hombría de bien.

Comprendió Genoveva que no había caído en manos de un enemigo cruel, y con esta seguridad pudo tranquilizarse un tanto.

A una seña de su jefe, los húsares se habían retirado, quedándose a cierta distancia, desde donde no podían oír lo que hablasen el oficial y la joven. El interrogatorio se entabló con acento enteramente afable y casi paternal.

—¿Cuál es su nombre, señora? —preguntó cortésmente el oficial.

Nada tenía que ocultar la joven, pues su crimen era patente.

—Genoveva de Serant —respondió con dignidad y con sencillez.

El comandante se estremeció y dijo suspirando:

—¡Pobre hija mía! Perdone usted, señorita..., o señora, este familiar tratamiento —repuso al cabo de un instante—. Soy padre, y tengo una hija poco más o menos de la edad de usted. Se ha quedado en el Mediodía, y teme mucho por la vida de su viejo papá... Quisiera salvarla a usted, créamelo; pero, ¡ay!, mis húsares son unos malvados, que me denunciarían, y me jugaría la cabeza si la dejase a usted libre. Todo lo que puedo hacer por usted se reduce a lo siguiente: Montará usted a caballo y nos seguirá hasta Rennes. Allí la entregaré al representante de la Convención, delegado para los asuntos del departamento. No es hombre demasiado malo... Ha perdonado a algunas personas... En fin, espero que respetará la vida de usted. Defenderé calurosamente su causa, pues no me es posible hacer otra cosa.

Genoveva le dio tristemente las gracias, y le dijo:

—No quiero que se exponga usted por mí, y pediré a Dios que recompense sus buenos deseos.

A la orden del capitán montaron los soldados a caballo, disponiéndose para la partida. Genoveva se volvió a subir en Fauvette, cuya silla se sujetó sólidamente por ambos lados al arzón de dos jinetes. Mignon, la cabalgadura del pobre Pedro, la llevaba de las bridas uno de los hombres de la escolta.

XXVI
¡Pobre Genoveva!

Serían como las cinco de la tarde cuando se pusieron en marcha. A eso de las ocho llegaron al pueblecillo de Saint-Luce, situado a mitad del camino, entre Rennes y Fougères. El capitán Bernard —así se llamaba el oficial *bleu*—, advirtiendo entonces que su prisionera estaba rendida de fatiga y de tristeza, determinó proporcionarle algún reposo.

—Pasaremos la noche en este pueblo —le dijo—, y mañana temprano terminaremos nuestro viaje.

Echaron pie a tierra los húsares, y su jefe fue a llamar a la puerta de la casa más próxima. Era la vivienda de una buena campesina llamada Juana Robín, que desde que se quedó viuda habitaba allí con el pequeñín Juan María, hijo único, de unos diez años de edad. A la primera palabra que le dijo el capitán Bernard se mostró muy dispuesta a suministrar habitación y alimentos a la vandeana, cuya tristeza y agotamiento excitaron vivamente su misericordia.

Antes de dejar a la prisionera a los cuidados de su caritativa anfitriona, le recordó el capitán que era preciso volver a emprender la marcha a la mañana siguiente muy temprano, pues debían estar en Rennes antes del mediodía.

—Estoy obligado —añadió—a confiscarle sus caballos. Son una buena adquisición. Pero no quiero llevarlos conmigo, porque son excelentes monturas y de seguro que se los adjudicaría el representante, cuando son propiedad de mi regimiento. Los dejaré, por tanto, en este pueblo, y los recogeré pasado mañana al pasar por aquí.

Como esta declaración no dejase de afectar a Genoveva, repuso el comandante:

—Ya puede entender, señora, que no hará usted andando el camino, sino que irá a la grupa de mi caballo.

Al retirarse, añadió:

—Mi deber me obliga a poner un funcionario en cada una de las puertas de esta casa; en la que da al pueblo y en la que cae al campo. Siento, señora, el rigor de la consigna; pero nada puedo variar.

El dicho capitán Bernard, que de seguro no era un mal hombre, poseía incontestablemente una buena dosis de candidez. Su prisionera lo había advertido, y como no podía esperar (dada la pusilanimidad de carácter del oficial *bleu*) que la pusiese llana y sencillamente en libertad, se determinó, por lo menos, a sacar partido de la sencillez del buen hombre para tratar de avisar a Arturo del peligro que la amenazaba.

Apenas desapareció el señor Bernard, la viuda Robín, puesta por Genoveva al corriente de la situación, le expresó en sencillas y conmovedoras palabras la simpatía que le inspiraba su triste suerte. Se dio prisa la buena mujer en prepararle cena, y en poner a su disposición la única alcoba de su pobre vivienda.

—Mi hijo y yo iremos a dormir al granero —dijo la buena mujer; y como Genoveva se opusiese, volvió a insistir, diciendo: —Nos consideramos muy dichosos en servirla a usted. En este pueblo somos también realistas; pero ¿qué podemos hacer cuando nos cercan tantos malos?

—Pues bien, mi buena amiga —dijo Genoveva, contentísima de ver a su anfitriona en tan excelentes disposiciones—; usted puede hacerme un gran favor... Y consistirá en hacer llevar cuanto antes a Fougères cuatro renglones, que escribiré con lápiz si no tiene usted tinta que darme. Es para mi marido, que está en el campamento de los vandeanos (si es, ¡ay!, que todavía vive). ¿Conoce usted alguno que quisiera llevar mi carta?

Juana Robín reflexionó algunos momentos, y dijo:

—Es asunto concluido. Ahora es imposible salir de aquí, pues lo impedirían los funcionarios; pero mañana, por la mañana, apenas haya ido usted, mi Juan María irá a cumplir su encargo.

Y diciendo esto, designaba a su hijo, muchacho de semblante agraciado y picaresco, que estaba sentado junto al hogar y miraba a Genoveva con sus grandes ojos, medio ocultos por un bosque de cabellos rubios.

—Pero ¿cómo se le ocurre a usted —dijo Genoveva— que un niño de esa edad haga tan larga caminata?

—Señora, no se equivocaría usted en aceptar lo que le he propuesto —repuso Juana Robín—. Mi Juan María no es robusto, pero créame que vale por dos —añadió la buena mujer con cierta satisfacción—. ¡Si viese usted con qué garbo lleva su borriquillo al mercado de Saint Aubin-du-Cornier! Además, los chicos no reparan en menudencias..., están dispuestos a todo... ¿No es verdad, Juan María? —continuó, dirigiéndose al rubillo, que estaba escuchándolo todo sin perder palabra—. ¿No es verdad que irás tú tan campante montado en tu jumentillo a Fougères a llevar una carta de esta señora para su marido?

—Sí, mamá—respondió el muchacho, con voz clara y decidida—. Tú dirás que...

—Dígame usted, señora, el nombre de su marido.

—El marqués de Serant —dijo Genoveva—. Además, yo pondré el nombre en el sobre, y si el chico no sabe leer, podrá enseñarlo al primer vandeano que se encuentre.

—Como usted guste, señora —replicó la buena mujer—; pero Juan María no se olvidará del nombre: se queda con todo lo que oye. Vamos a ver, Juan María, di a la señora lo que has de hacer mañana por la mañana, cuando se hayan ido los soldados.

Levantóse el muchacho, brillaron sus ojos azules con una mirada viva y penetrante, y dijo con su graciosa vocecita:

—Voy a acechar mañana a los soldados, y apenas se hayan ido, tomaré a Coco y enseguida, a escape, sin pararme, iré hasta Fougères. Allí preguntaré por el marqués de Serant, y le daré la carta que la señora va a escribir.

—Perfectamente, amiguito —exclamó Genoveva acariciando la blonda cabellera de Juan María—; veo que puedo tener plena confianza en ti. Si no encontrases al señor marqués, pregunta por el general Rochejaquelein y entrégale mi carta... ¿Te acordarás?...

—¡Ya lo creo!

—Seguramente ha sido Dios —dijo mi hermana, dirigiéndose a la madre del muchacho—; el que me ha traído a su casa.

Reanimada con la esperanza de comunicarse con su marido, consintió Genoveva en tomar algún alimento, ocupándose después en preparar su misiva. Como la viuda Robín no tenía ni papel ni tinta, Genoveva arrancó una hoja de su cartera y escribió con lápiz.

Encontré esta carta, entre los papeles que me confió mi hermana el día mismo que murió. Ahora apenas se puede leer, pero hace tiempo que la copié:

«Sainte-Luce (nombre de esta aldehuela), 5 de noviembre de 1793, a las diez de la noche.

»Mi querido Arturo:

»Tu pobre Genoveva es la que te escribe desde una pequeña morada de campesinos, en una extraviada aldea, a mitad, poco más o menos, del camino entre Rennes y Fougères. ¿Cómo he venido a parar aquí? Me parece un sueño... Voy a explicártelo con toda la brevedad posible, pues cuando hayas recibido estos renglones el tiempo te será muy precioso.

»¡Ay!, mi querido esposo; te estoy hablando... y no sé si todavía estás en este mundo, ni si estas cortas líneas llegarás a leerlas. Mis lágrimas empañan mis ojos y apenas distingo las letras que estoy trazando.

»Figúrate que hoy, después de mediodía, devorada por la angustia al ver que no volvías después de terminado el combate, me decidí a ir en tu busca, llevando por compañero a Pedro Bureau. Sorprendida en el camino por húsares republicanos soy ahora su prisionera, después de haber visto al heroico mozo que me acompañaba perecer bajo los golpes de los republicanos por defenderme. Dirás a Santiago que su hermano cumplió valientemente con su deber, y que murió como buen cristiano entre mis brazos. Ahora los republicanos tratan de conducirme a Rennes, con objeto de entregarme al representante de la Convención, a cuya casa me llevan. Parece que a veces ha concedido la libertad a algunos prisioneros. Si no está bien dispuesto, me aguarda la muerte. Pero ten ánimo y arrójate en brazos de la bondad de Dios, que te proporcionará, no lo dudes, el medio de rescatarme. Estoy convencida de que apenas recibas mi carta has de ponerte en camino para librar a tu mujer con uno de esos arranques de audacia que tantos ejemplos tienes dados. ¡Quiera Dios favorecerte para que podamos reunirnos otra vez en este mundo!

»Un detalle importante: me han quitado a Fauvette; la dejan aquí con Mignon, y los republicanos volverán a recogerla dentro de tres días, cuando pasen de vuelta por este pueblo. Como tendrás necesidad de sus piernas para librarme de las garras de estos crueles enemigos, pon todo empeño en librar también esta cabalgadura. Mi bondadosa anfitriona, que me colma de maternales atenciones, te aguardará mañana todo el día en el camino, y ella te dirá el sitio donde los republicanos tienen nuestros caballos.

»Adiós, mi querido, mi amadísimo esposo; no se me oculta el inmenso dolor que vas a sentir cuando sepas que tu mujer está en manos de semejantes bandidos. Juzgo de tu aflicción por la que yo misma estoy sintiendo. No lo veas, sin embargo, todo por el lado oscuro. Hasta el presente no he sido maltratada, y el jefe de la tropa que me conduce es un buen hombre, que parece estar disgustado de haberme hecho prisionera. Al ver mi fatiga y mi tristeza, me concedió para mi descanso esta noche. El susodicho señor Bernard me parece que posee una dosis nada común de sencillez. Gracias a esta cualidad, tan preciosa para nosotros en las presentes circunstancias, he sabido de su misma boca el lugar adonde he de ser llevada y la hora de nuestra llegada a Rennes (a las once de la mañana, según creo), así como todos los otros pormenores de que te he hablado.

»No dejes de recompensar a mi pequeño mensajero (muchacho de diez años). Va a ponerse en camino para ir en tu busca; pero no lo hará hasta mañana, cuando hayamos salido para Rennes, pues tenemos en las puertas de la casa dos funcionarios, y sería fácil que sorprendiesen al chico y cogiesen mi carta si intentase salir esta misma noche. ¡Adiós, adiós! —Tu desconsolada Genoveva, que espera en ti».

Entretanto, Juana Robín se empeñaba con insistencia en que mi hermana tomase el descanso que tanto necesitaba.

—Vamos, señorita —le dijo alegremente—, váyase a dormir, y prontito. Se me antoja que mañana a la noche su señor marido hará una de las suyas, y que los dos irán galopando de espaldas a la ciudad de Rennes. Mañana —añadió— esperaré todo el día a la puerta de casa a ver si llega el señorito. Ya me he enterado de que han conducido los caballos a casa de Francisco, el albañil, que está a dos pasos de aquí. Ese hombre es amigo mío, y los devolverá cuando se quiera. Además, rezaré varios rosarios durante el día para que la Santísima Virgen saque a usted con bien de este peligro.

Genoveva dio las gracias con efusión a la buena mujer.

—Mi deseo sería —le dijo— mostrar a usted y a Juan María mi reconocimiento por su generosidad; pero los republicanos me han quitado el portamonedas y la maleta, así es que nada tengo.

—¿Dinero por eso? —repuso la buena mujer—. No hable usted así señorita, porque de lo contrario me voy a enfadar, y muy de veras. Conque buenas noches, que duerma usted muy bien. Todo el cuarto está a su disposición; que yo me subo arriba con mi pequeño. ¡Hasta mañana!

El día había sido tan fatigoso, que a pesar de sus inquietudes Genoveva bien pronto se quedó profundamente dormida. Este descanso le hizo mucho bien, y le animaba además la esperanza de que iba a ser liberada. Conocía la destreza y arrojo de su marido y de Santiago Bureau, y estaba segura de que harían prodigios para salvarla.

A la mañana siguiente, después de tomar algún alimento, se despidió de la viuda de Robín, y advirtiendo desde la ventana que ya venía el capitán para llevársela, se inclinó hacia Juan María, y dándole un beso en la frente, le dijo:

—No te olvides de que mi vida y la felicidad del señor de Serant están entre tus manos.

El muchacho fijó en ella su límpida y penetrante mirada, y dijo con gravedad:

—Señora, confíe usted en mí.

Dos minutos después montaba Genoveva a la grupa en el caballo del capitán, y el pelotón de húsares emprendió a trote corto la marcha a Rennes.

Cuando llegaron a la puerta de la ciudad, serían como las once. El capitán Bernard condujo enseguida a su prisionera a casa del representante, en la calle de la Moneda. Tenía la intención de hablar en su defensa, aunque sin comprometerse demasiado, advirtiéndole a ella de antemano que se guardase de decir su verdadero nombre ni su título. Se sintió muy contrariado al saber que el convencional no estaba en casa y que no volvería hasta muy entrada la tarde. No sabiendo qué hacer con Genoveva, determinó confiarla al conserje del ayuntamiento, después de tomar todas las precauciones para hacer inútil cualquier tentativa de evasión. El miedo del capitán Bernard le inducía a cometer ciertas bajezas, por más que detestaba los excesos de la Revolución. No eran raras entonces las personas de este jaez, ¿acaso existen menos en nuestros días?

Brutus Souriceau (tal era el nombre del conserje a quien el capitán había confiado su cautiva) era hombre de cincuenta años, de formas hercúleas y de terrible aspecto. Como feroz republicano, aborrecía a los aristócratas y se comunicaba asiduamente con los más exaltados jacobinos. El representante de la Convención le encargaba siempre la custodia de los prisioneros, que retenía provisionalmente en el ayuntamiento, y no se había dado caso ninguno de evasión permitida por el terrible carcelero.

Este austero republicano tenía su punto débil: estaba encariñado con el zumo de la uva, y cuando había empinado mucho el codo, cosa no rara por cierto, se caía desplomado en el mismo campo de batalla, cerca de los vencidos jarros, y se quedaba dormido como una marmota.

Después de la botella, su más tierno afecto lo consagraba a su esposa, la digna señora Olimpia, que, viuda de su primer marido, no pudo resistirse a los suspiros del Hércules bretón, dándole su mano algunos meses antes, en el verdor de sus cincuenta y dos abriles. Pero pronto pasó la luna de miel, y la adorada esposa había ya experimentado, con demasiada frecuencia, la fuerza del brazo conyugal. Así que, durante las horas en que la embriaguez ponía a su disposición a su marido y dueño, cosa que sucedía bastante, Olimpia se desquitaba devolviendo a su querido Brutus los porrazos y mojicones recibidos durante la semana. A la mañana siguiente se despertaba el hombre con los ojos como puños y con las narices hechas una lástima. Pero como no se acordaba absolutamente de nada de lo que le había ocurrido, la cotorrona Olimpia fácilmente alejaba toda sospecha con aire de ingenuidad, y el borrachón achacaba todas aquellos moratones y arañazos a las espinas y a los cantos del camino.

La señora Souriceau, que en su juventud había recibido cierta educación, era, por lo demás, una mujer honrada, cuyo entusiasmo republicano estaba muy distante del diapasón de su esposo y precisamente este desacuerdo era el que producía las peloteras entre marido y mujer.

En festivo Olimpia desempeñaba el cargo de carcelera en vez de Brutus, ocupado entonces en recorrer las tabernas de la ciudad. La buena mujer se aprovechaba de su efímero poder para hacer aquel día más llevadera la vida a los prisioneros, sin atreverse, sin embargo, a darles libertad.

Para dar por terminado el retrato de la señora Souriceau, diremos que, como charlatana en extremo, solía contar historias interminables asegurando a cada momento lo aficionada que era a callar, manía inocente compensada por sus virtudes.

Por desgracia, no era fiesta el día en que Genoveva llegó a Rennes, y su implacable carcelero gozaba del pleno ejercicio de todas sus facultades.

Por orden expresa del capitán Bernard se apresuró a conducir a su prisionera a un cuarto del tercer piso, donde la encerró, dando dos vueltas a la llave de la cerradura.

—¡En la jaula el lindo pajarito! —gritó con tono burlón—. ¡Ahí nos ha traído usted, capitán, caza para la guillotina! No tenga cuidado en que se escape —añadió—, a no ser que tenga alas o que se le antoje romperse la cabeza contra el suelo.

El capitán Bernard, antes de retirarse y siguiendo las indicaciones del carcelero, puso un soldado de centinela a la entrada del corredor, otro a la mitad de la escalera y un tercero en el patio interior del ayuntamiento. Después, con la conciencia absolutamente tranquila, se marchó satisfecho de sí mismo, echando maldiciones contra los excesos de los perseguidores y compadeciéndose de la suerte de las víctimas. El pobre hombre se persuadía de veras de que había realizado un acto heroico, y quizá no se equivocaba del todo, si se tiene en cuenta su carácter meticuloso y por extremo pacífico.

Cuando Genoveva se quedó sola en el cuarto que le servía de cárcel, sintió que se le escapaba toda su energía, apareciendo a sus ojos claramente lo horroroso de su situación. Estaba a merced de un tirano cruel, que enviaba sus víctimas al cadalso o les daba libertad, según el capricho del momento. Ese tirano debía volver aquella misma tarde, y si estaba mal dispuesto la entregaría al verdugo a la siguiente mañana. Es cierto que esperaba la intervención de su marido en la próxima noche pero ¡qué débil le parecía al presente esta esperanza que la había sostenido hasta entonces! ¿Habría recibido Arturo su carta? ¿Llegaría aquella misma tarde a Rennes? Y ¿cómo, sobre todo, podría lograr el llegar hasta ella para arrancarla de las garras de sus enemigos? El éxito se le presentaba ahora como imposible. Aquella casa estaba muy bien custodiada, el marqués de Serant no podría penetrar en su calabozo, y se devanaría inútilmente los sesos en arbitrar medios de libertarla. ¡Oh, qué arrepentida estaba de haberle pedido auxilio! ¿No hubiera sido mejor resignarse con su suerte, sin exponer a su marido a perecer con ella? ¿Y qué llegaría a ser de su pequeñito Luis, sin padre y sin madre que lo protegiesen?

Un profundo desaliento se apoderó de la joven, que se creyó abandonada de Dios. ¿De qué aprovechaba entonces el amarlo, el orar, el servirle, si nada hacía para libertar a los que le sirven? ¿Por qué la había dejado caer en manos de aquellos miserables..., a ella, que lo había abandonado todo para asegurar la salvación eterna de su esposo? ¿Estaría ella en prisión, en víspera de ser conducida al suplicio, si realmente esa providencia, de que tanto se habla, se ocupase de nosotros?

Se sentía invadida por tentaciones de blasfemia y por pensamientos de rebelión contra la justicia de Dios. Hubo un instante en que, agotados su valor y su fuerza, abrió la ventana, y su vista midió la altura que la separaba del empedrado de la calleja a que daba su habitación. Atraída por el abismo, experimentó el horroroso deseo de acabar con su martirio y con su vida. Mas de pronto la fe, adormecida durante aquella tempestad, se despertó en su alma, y la pobre cautiva, rechazando horrorizada la tentación, cayó de rodillas y suplicó a Nuestro Señor que le perdonase su falta de confianza y de resignación.

La oración le restituyó la tranquilidad y la paz. Se puso enteramente en manos de Dios para la vida o para la muerte, pidiéndole fuerzas para sobreponerse a todos los desfallecimientos de alma y cuerpo.

En la profunda angustia en que hacía poco se encontró, no quiso tomar el alimento que le trajeron; pero tan pronto como triunfó del terrible asalto del infierno y se tranquilizó su alma con el auxilio divino, pensó en que debía conservar sus fuerzas, teniendo en cuenta las fatigas que tal vez habría de tolerar si Dios permitía que su marido llegase hasta ella. Le era imposible, sin duda, prever los medios con que debía obtenerse su libertad; pero en cualquier caso necesitaría de toda su energía para secundar la acción de sus defensores.

Hechas estas reflexiones se decidió a comer, y cuando hubo reparado las fuerzas del cuerpo, se puso a rezar con todo fervor.

XXVII
Las ideas de Olimpia Souriceau

Cuando mi cuñado volvió a Fougères, como dos horas después de haberse marchado mi hermana, le causó mucha extrañeza el no encontrarla ni en la casa en que se habían instalado ni en la iglesia, adonde acostumbraba a retirarse de ordinario para orar cuando sabía que su marido estaba expuesto a los peligros de un combate. Empezó Arturo a concebir serios temores, aumentándose todavía más su inquietud cuando le dijo Santiago que él no sabía tampoco dónde estaba Pedro, y que habían desaparecido los dos caballos.

Luego Genoveva había dejado Fougères. Pero ¿cuándo?, ¿con qué objeto?, ¿cómo no había vuelto a la entrada de la noche? Alguna desgracia le debía haber sobrevenido, sin género de duda... Quizá habría muerto... o sería prisionera de los republicanos. Este pensamiento le hizo estremecerse de espanto. ¡Oh, qué noche tan triste debió pasar mi pobre hermano! Creyó, según me dijo después, que iba a morir de pena.

Hasta la siguiente mañana anduvo por la ciudad y por el campo preguntando noticias acerca de

Genoveva. Todo el mundo participaba de sus angustias, porque la joven marquesa de Serant se había granjeado el afecto y el respeto de cuantos la trataban. La señora de Lescure, que velaba a la cabecera de su moribundo esposo, tuvo la bondad de manifestar a mi cuñado que ofrecía sus penas a fin de que el Señor le conservase a su querida esposa. Nadie, sin embargo, sabía su paradero.

Amaneció el día y crecieron las angustias de Arturo. Cuanto más tiempo iba pasando, tanto más aumentaba la certidumbre en su entendimiento de que ocurría alguna espantosa desgracia.

Cuando andaba errante por las calles de la ciudad, sin saber adónde dirigir sus pasos, vio que se dirigía hacia él un muchacho, montado en un borrico. El animal daba muestras de estar rendido a causa de un largo camino, y el jinete parecía que iba buscando alguna cosa o persona. Sin saber por qué, mi cuñado miraba al muchacho como si alguna secreta simpatía lo atrajese hacia él. Por su parte, Juan María (por las señales, creo que habréis reconocido a nuestro hombrecito), al notar que el oficial vandeano encaminaba su cabalgadura hacia donde él estaba, le dijo:

—Caballero, quisiera hablar con el señor marqués de Serant. ¿Lo conoce usted?

Miró Arturo sorprendido al muchacho, y le contestó:

—¿Dices que quieres hablar con el marqués de Serant? Pues bien: Yo soy el marqués de Serant. ¿Qué deseas?

La alegría brilló en los ojos de Juan María, y exclamó:

—¡Qué alegre estoy!

Sacó de la faltriquera de su chaqueta una carta, y entregándola a mi cuñado, dijo:

—Tome usted, de parte de su señora.

—¿De mi mujer? ¡Dios mío! —dijo Arturo poseído de inefable emoción.

Entonces, sorprendido, sin saber lo que le pasaba, dichoso y trémulo, abrió la carta y leyó a toda prisa lo que Genoveva había escrito la noche anterior. Mientras que estuvo leyendo la carta, las lágrimas inundaban su rostro, y su sangre juvenil, enardecida en oleadas impetuosas por la ira y por el amor, parecía que iba a romper las venas.

—¡Sí, sí, querida mía, te salvaré! —gritaba su enamorado corazón—. Gracias por no haber dudado de mí. Esta misma noche he de arrebatarte a la muerte, o pereceremos juntos.

Después, dirigiéndose a Juan María, que aguardaba respetuosamente con la gorra en la mano, tomó al niño en sus brazos, y estrechándole contra el pecho, exclamó:

—Gracias, mil gracias, mi querido pequeñuelo. Te debo más que la vida. Habla: ¿qué puedo yo hacer por tu madre y por ti? Permíteme que agradezca este inmenso favor...

Y sacando la bolsa, intentó llenar de monedas de oro las manos de Juan María. Este retiró prontamente sus manitas diciendo:

—Estamos muy bien recompensados.

—Pero, muchacho, ¿por quién?

—Por la satisfacción de usted y por la satisfacción de la señorita.

—Tienes razón. ¿La has visto? Dime algo: ¿no está enferma o herida? ¿Llora mucho?

—Sí, mucho; pero no está enferma. Mi mamá la obligó a comer y esta mañana, al partir con los republicanos, ya no lloraba, y nos decía que esperaba volver a verle a usted hoy mismo...

—¡Oh, sí, me verá... aunque fuese necesario horadar los muros de la prisión!

—Entonces, apenas salió la señorita, me subí en Coco, y hala le hice correr como nunca.

—Pues bien: voy a llevarte a la grupa, pues tu borriquillo no está para llevarte hasta tu casa.

—Muchas gracias, caballero; no quiero dejar a Coco; los dos nos iremos a pie esta tarde; usted hará el favor de decir a mi mamá, cuando pase usted por allí, que llegaré a eso de las diez.

Después de haber mandado a Santiago ensillar los caballos, se fue a toda prisa a casa del general para comunicarle las noticias que había recibido y pedirle permiso para partir a Rennes con su criado. Se alegró lo indecible el general al saber que la marquesa de Serant estaba sana y salva.

—¡Ah, mi querido Serant! —dijo—. ¿Por qué he de estar aquí encadenado con estas ocupaciones que de tan poco me valen? Preferiría de mejor gana ir con usted a Rennes a fin de librar a su querida esposa, manejando mi sable. Sí, sí, vaya usted, amigo mío, y tráiganos pronto a su amada esposa. Todavía permaneceremos dos días más en Fougères, y apostaría cualquier cosa a que estará usted aquí antes de nuestra partida.

Y estrechando afectuosamente las manos de Arturo, el joven héroe le deseó feliz éxito y una pronta vuelta.

Mi cuñado se encaminó más que a prisa hacia su morada, donde encontró a Santiago, el cual le traía a Desdémona y a Otelo muy descansados y dispuestos a emprender un largo camino. Como su esposa le decía que había perdido la maleta, Arturo llevó consigo un buen chal, una bufanda y dos mantas; porque se persuadía que Genoveva habría de galopar a caballo a su lado la noche siguiente, y temía que arreciase el frío.

Santiago se había procurado dos uniformes republicanos, uno para su amo y otro para él. No le había costado gran trabajo hacerse con ellos, pues la víspera habían sucumbido en la batalla gran número de enemigos. Tomadas estas precauciones, ambos jóvenes desayunaron en un periquete, y armándose de sables, de puñales y de pistolas, montaron a caballo y se dirigieron al galope hacia Rennes.

Las once estaban dando en la iglesia de Fougères cuando se pusieron en marcha. Arturo se lanzó en un principio a toda rienda, poniendo de acuerdo, sin pensarlo, la velocidad de su marcha con el anhelo que espoleaba su corazón. Pero pronto reflexionó que toda tentativa durante el día sería inútil, y que por tanto sería más razonable no agotar a las cabalgaduras, a fin de que no llegasen a Rennes demasiado cansadas. Sobre todo porque sería preciso a la noche siguiente exigirles un supremo esfuerzo. Pusieron, pues, a trote corto sus caballos, y los jinetes llegaron a Sainte-Luce a la una de la tarde.

Fiel a su promesa, la viuda Robín estaba aguardando a la puerta de su casa la llegada del marqués de Serant. La buena mujer le invitó a entrar dentro a fin de refrescarse y descansar. Confirmó cuanto Juan María había dicho, afirmó que la marquesa estaba tranquila y muy animosa al partir por la mañana para Rennes, y que el pensamiento de volver a ver muy pronto a su marido era lo que le daba aliento. Mientras que la mujer decía esto, exclamaba Arturo:

—¿Conque es aquí donde ha estado mi amada Genoveva? ¿Aquí donde tanto ha rezado y llorado? ¿En esta mesa fue en la que me escribió derramando tantas lágrimas, mientras que su corazón me llamaba? ¡Ya voy, querida de mi alma, ya voy!

Y a fin de engañar las horas de espera, después de algunos momentos de descanso el joven quiso ponerse de nuevo en camino. Dio las más afectuosas gracias a la buena de Juana por los cuidados que había prodigado a la prisionera, y a ruegos de la viuda le prometió que, si lograba librar a su esposa, se detendría con ella en Sainte-Luce de vuelta para Fougères.

Les aguardaré a ustedes toda la noche —dijo Juana Robín—; pondré una linterna en la ventana, y así podrán ustedes reconocer la casa. Descansarán aquí un rato, y tomarán una taza de leche caliente. Tendré especial satisfacción en ver reír a la señorita después de haberla visto llorar.

Guiados por la viuda Robín, Arturo y su criado fueron a casa del tío Francisco, donde los republicanos habían dejado los dos caballos de la marquesa. El buen hombre, que en el fondo era realista por más que fingiese ser patriota, dejó de muy buena gana que se llevasen las cabalgaduras que le habían dado a guardar.

—Si los republicanos me reclaman —dijo sin alterarse—, afirmaré que los bandidos se las han llevado.

Y para hacer más verosímil su historia se puso a derribar a hachazos la puerta de la cuadra, y a quemar a la entrada dos o tres haces de paja, para hacer creíble una tentativa de incendio.

Después de haber recompensado generosamente Arturo a aquel hombre, dio la señal de partida. Fauvette y Mignon estaban muy descansados, así que nuestros dos caballeros se montaron en ellos para hacer la segunda parte del viaje, dejando sin carga a Desdémona y Otelo, que llevaron consigo atados al arzón de los otros dos caballos.

Durante el camino iba mi cuñado trazando el plan para hacer salir de Rennes a su mujer, si tenía la suerte de sacarla de la prisión. Pensó que era muy expuesto forzar a la guardia, como lo había realizado con Santiago al dejar París la noche del 21 de enero. De ir solo se hubiera arriesgado a tal aventura, pero la presencia de la que amaba más que a su vida, le hacía en estas circunstancias muy prudente y muy circunspecto. Se decidió, pues, a no intentar un ataque violento, sino a procurar más bien salir en barca. Contaba con sobrado tiempo antes de terminar el día para prepararse una embarcación y para examinar el curso del río Vilaine. Santiago y él, desde la infancia, aprendieron a remar y a manejar el timón, así que no habría ninguna dificultad en dirigir por sí mismos el esquife y, en caso de ser perseguidos, fácilmente se escaparían a favor de la oscuridad.

Todo bien considerado, le pareció que el plan ofrecía bastantes seguridades de éxito, y lo aceptó provisionalmente. Pero el punto capital, y a la vez el más difícil, era liberar a la prisionera. Y naturalmente resultaba imposible combinar un plan de evasión antes de reconocer el sitio.

Las cuatro serían cuando llegaron a las murallas de Rennes. Torciendo un poco a la izquierda, atravesaron el Vilaine; después, subiendo hacia la derecha, pronto volvieron a entrar en el río algo más abajo de la salida de la ciudad. Un minucioso examen no les hizo descubrir más que un puesto de guardia de poca importancia establecido en la orilla, a la entrada del arrabal. Una barca vieja, que servía para impedir el paso, estaba amarrada a algunos pasos de la casa, lo que como cuestión de vigilancia era bien poca, y Arturo quedó convencido de que la burlaría fácilmente.

Continuando en sus investigaciones, descubrieron a quinientas o seiscientas toesas, río abajo, una modesta posada donde dejaron sus caballos, recomendando que se los cuidasen bien y que se les diese doble pienso. Prometió Arturo una buena propina si los encontraba en buen estado y dispuestos a partir a cualquier hora de la noche. Volviendo enseguida sobre sus pasos, se encaminaron a la ciudad, donde se podía entrar sin dificultad durante el día.

Extraordinaria agitación reinaba en aquellos momentos en Rennes a causa de la noticia de la gran victoria que en Laval habían tenido los realistas, y de su entrada en Fougères, sucesos que tenían consternadas a las autoridades republicanas. A cada paso recibían los generales y los representantes en actual servicio cartas conminatorias de la Convención y del Comité de Seguridad pública, en las que se les acusaba de incivismo, de moderantismo, de federalismo, etcétera. Era aquel un primer paso hacia el cadalso, razón por la cual toda aquella gente había perdido la cabeza y se agitaba febrilmente, temiendo por instantes algún ataque de Rochejaquelein. En las calles había un continuo movimiento de carretas, de coches, de artillería. Los patriotas corrían desalentados, cruzándose unos con otros, aguardándose, preguntándose mutuamente, teniendo todos en los labios la misma pregunta:

—¿Hay noticias de los bandidos? ¿Han abandonado Fougères?

—Sí —gritaba uno—; acabo de ver a un oficial, que me ha dicho que se dirigían a Rennes, donde llegarían mañana por la mañana.

—No —afirmaba otro—, ese es un falso rumor, esparcido por los aristócratas para poner espanto en los patriotas.

—Le digo a usted que el oficial ha visto con sus propios ojos a la vanguardia de los vandeanos en Saint Aubin-du-Cormier... Mañana mismito, de seguro, los tenemos aquí.

Por toda la ciudad dominaban el barullo, la algazara, la confusión más indescriptible.

Este desorden no podía menos de favorecer los proyectos de nuestros amigos, algo que les regocijó.

—Ánimo, mi amo —repetía de vez en cuando el buen Santiago—; no hay que requemarse la sangre. Pronto voy a volver a ver a mi ama, o mucho me engaño.

—Amigo mío —le decía Arturo—, bien caro ha costado a tu familia su adhesión a la nuestra. Y hace poco dio su vida por nosotros el bueno de Pedro... ¡Oh! ¿No es verdad que nos amamos con alma y vida?

—Pues ya lo creo, señorito. Todavía quedamos Justina y yo para servir a ustedes. Si es necesario, haremos lo mismo que los otros dos.

Los dos vandeanos pudieron entrar sin dificultad en la ciudad, gracias a su uniforme. Volvieron a bajar primero hacia el río Vilaine, y alquilaron un barco pequeño, en que cabían holgadamente tres o cuatro personas; después, habiendo preguntado dónde vivía el representante, se dirigieron rápidamente a la calle de la Moneda. Serían como las siete de la noche cuando llegaron, hacía bastante tiempo que había oscurecido.

Empezaron por ponerse en observación delante de la puerta de la casa, paseándose lentamente, como si estuviesen esperando a alguno, todo ojos y oídos, espiando el menor incidente que les permitiese abocarse con el personal de la casa.

Aquella noche, precisamente, el tío Souriceau, el feroz conserje que ya conocimos en el capítulo anterior, furioso con las noticias que corrían sobre la próxima llegada de los bandidos, se hallaba delante de su casilla, bajo la bóveda que conducía de la calle al patio interior de la casa, perorando en medio de un grupo. Había empinado bien el codo para olvidar sus penas, y aquel comienzo de borrachera contribuía a encender su odio contra los enemigos de la República.

—¡Bandidos de mil demonios! —gritaba con gestos trágicos y moviendo los ojos, que la cólera y el vino hacían chispear—. Que vengan acá, y ya verán lo que vale este brazo —y en posturas de Hércules de feria agitaba sus músculos de acero, en presencia de sus maravillados espectadores—. Que vengan, pues —repetía con voz campanuda—; aplastaremos propiamente a esos viles almadreñeros. A propósito, amigos míos —añadió con sonora carcajada—, vamos a proporcionarnos mañana por la mañana una fiesta patriótica; vamos a saborear anticipadamente la salsa en que haremos cocer a esos bandidos. Allá arriba guardo una picarilla aristócrata que hicieron ayer prisionera unos húsares, en los alrededores de Fougères, y que mañana, al despuntar el día, va a escupir en el canastillo de la ensalada. Acaba de llegar el representante, y al preguntarle qué haríamos de la aristócrata, gritó:— Que muera. «Vaya mañana a la guillotina, y si vienen los bandidos, se les mándará su cabeza en el primer cañonazo».

Ruidosos aplausos saludaron semejante bestialidad.

Arturo y Santiago, que lo habían oído todo, se estremecieron de rabia. Mi cuñado, sin poderse contener, iba a echar mano al sable para arremeter contra el orador, cuando se sintió fuertemente asido por el brazo, al mismo tiempo que una voz de mujer le decía al oído:

—No se mueva usted, pues de lo contrario todo estaría perdido. No se dé por enterado de nada.

Volvió la cara y se encontró con una mujer del pueblo, que, mirándole fijamente a la cara, parecía decirle:

—Pronto hablaremos.

Con un violento esfuerzo logró el joven disimular su ira, y esperó con aparente calma el final de aquella escena. Apenas puso fin a su arenga el tío Souriceau, dando cita a sus oyentes para que al día siguiente estuviesen al pie del cadalso, se dirigió, siempre refunfuñando, al interior de la casa. Dispersáronse al mismo tiempo los grupos, y quedaron desiertos pasadizo y patio interior.

Se quedaron Arturo y Santiago, y mi cuñado se preguntaba ansioso si debía dar importancia al aviso misterioso que acababa de recibir. Transcurridos breves instantes, vio que la mujer que le había hablado hacía poco salía del cuarto del portero y se dirigía hacia él.

—¿Conoce usted a la joven? —preguntó con desenvoltura.

—Sí, señora —contestó Arturo prontamente—. ¿Es cierto que será ejecutada mañana? —añadió, reprimiendo apenas los fuertes latidos de su corazón.

—¡Ay!, sí, mi señorito —repuso la señora Souriceau, a la que, sin duda, habréis reconocido—; y es una lástima —añadió—, porque es lindísima y será una crueldad hacer perecer una juventud como esa.

El tono de la buena mujer expresaba verdadera compasión.

—¡Ah!, señora —insistió Arturo con fuego—, veo que tiene usted buen corazón; puedo, por tanto, decírselo a usted todo. La prisionera de que está usted hablando es mi mujer, y he venido a salvarla..., a salvarla a cualquier precio. Ayúdeme usted, por favor. Le pido a usted más que mi propia vida, y si puede sugerirme un medio de librarla, dígame sólo dónde está, y le estaré eternamente agradecido. Soy rico, muy rico, y al terminar la guerra me hallaré en disposición de recompensar a usted espléndidamente: obtendrá de mí cuanto quiera.

—¡Ah! —repuso la señora Souriceau, sonriendo con fina malicia—, ¿conque es usted su marido? Pues sepa usted, amiguito mío, que ya me lo había yo calado. Cuando le vi a usted ponerse amarillo como la cera hace un instante, y luego ponerse colorado como un bogavante cocido, dije para mi capote: Se me antoja a mí que dentro de ese pecho hay un corazoncito que hace tic-tac. Ese caballero tiene que tocarle algo a la joven, no hay remedio: o es su hermano, o su marido, o su amante.

—Usted dispense, señora, los momentos son preciosos; indíqueme , se lo ruego, los medios para llegar adonde ella se encuentra.

—¡Válgame Dios y qué apremiante es usted! —exclamó majestuosamente la comadre, tomándose a la vez una buena dosis de rapé—; ni siquiera deja tiempo a la gente para que se explique. Por ahora, nada hay que hacer absolutamente. Dentro de dos o tres horas... sí; entonces será el momento.

—Decía a usted, estimado caballero —repuso la mujer muy tranquilamente—, que cuando hace poco le vi palidecer y ponerse colorado en poco tiempo, me acordé de Alcides Ledoux, mi difunto marido. Porque sepa usted que mi nombre de pila es Olimpia Sauvageau. Me he casado dos veces; la primera vez fue con Alcides Ledoux —se parece usted algo, caballero, pero no tenía, como usted, dinero contante y sonante en las venas...—. La segunda fue con el tío Souriceau, Brutus, como lo llaman estos estúpidos. Es ese que hace poco vomitaba tantas majaderías acerca de los bandidos, y al que, si no es por mí, le ajusta usted las cuentas, cosa que hubiera retardado el asunto de la joven... Pues bien, le iba diciendo que Alcides Ledoux, el día que llegó a pedir mi mano a mi papá Sauvageau...

Arturo pateaba de impaciencia, y poco faltó para que no se lanzase a coger por el gañote a aquella charlatana. Pero la necesitaba y fue preciso contenerse, lo que le costó enérgicos esfuerzos.

—Le iba diciendo, pues —repuso con cachaza la señora Souriceau—, que Alcides Ledoux, mi difunto marido, el día que vino a pedirme en casamiento a papá y a mamá, estaba al principio enteramente amarillo, como usted lo estaba hace poco, y cuando papá y mamá dijeron que sí, y cuando yo dije también que sí, se puso colorado, lo mismito que usted, mi estimado caballero. Por eso, al verlo a usted, me decía: se me antoja que el corazón de ese caballero está haciendo tic-tac. Pero me parece, mis buenos amigos, que ya hemos platicado bastante. Como sigan ustedes charlando, nada adelantaremos, y no libraremos a la señorita, que está llorando allá arriba sin parar.

—¡Oh! Sí, señora —exclamó el pobre Arturo, que había agotado todos sus tesoros de paciencia—; pongamos sin tardanza manos a la obra; se lo suplico muy de veras.

—Pero, amigo mío, si de ese modo sigue usted interrumpiéndome, me vuelvo tarumba... Usted me escuchará, ¿no es cierto?

—Desde luego, señora.

—¡A fe mía que así irá todo muy bien! Tengo para mí, que si hoy día anda todo tan mal, y cada vez peor, se debe a que la juventud no hace caso de los viejos... Así me lo decía mi difunta suegra, la señora Ledoux, que era verdulera en la plaza de Lices.

—Por favor, señora —prorrumpió Arturo enteramente fuera de sí—, dejemos a un lado a su suegra y pensemos cuanto antes en hallar medio de librar a Genoveva. ¿Quiere usted, por ventura, que esa desgraciada joven perezca mañana en el cadalso?

—Eso, joven amable —repuso Olimpia solemnemente—, ni me ha pasado por la cabeza. No insista usted en cortarme la palabra, y no hable usted tan alto, pues de lo contrario lo oirá el tío Souriceau, que hasta ahora no está más que medio chispo, llamará a la guardia y no volverá usted a ver a su linda esposa. Si en vez de estar hablando sin parar me hubiera usted escuchado, hace tiempo que todo estaría concluido.

—Ya la estoy escuchando —repuso Arturo, cual manso cordero.

—Eso es, escúcheme usted. Entra en mis ideas, ¿sabe usted?, que los representantes, que ahora están comiendo, estarán borrachos perdidos al cabo de dos horas, pero borrachos hasta tal punto que andarán rodando por los suelos. Han criado tan mala sangre desde que los vandeanos los derrotaron en Laval, que procuran ahogar sus penas con vino. Esto lo sé muy bien, ¿sabe usted? De aquí a dos horas, hasta un niño de teta se daría cuenta de ello. También mi hombre querrá tal vez echárselas de listo..., pero a mi cargo queda ponerlo como una malva. Lo que quiero solamente es no verles hasta dentro de tres horas. ¿Me entienden? Váyanse a dar un paseo adonde más les agrade, pero no me pongan aquí los pies hasta que hayan dado las diez en el reloj del palacio[23]. De otro modo, en nada me meto..., tanto más, cuanto que no deja de pasar gente a estas horas por la calleja a que da la ventana de la señorita... La primera calleja a la derecha, al salir, la ventana del tercer piso. Créame usted o no, lo cierto es que por ahora nada hay que hacer.

Y como Arturo le preguntase ansioso acerca del plan que maquinaba, Olimpia contestó con majestad:

—Déjeme usted a mí, joven impaciente, que yo sé dónde me aprieta el zapato, y entra en mis ideas que todo saldrá a pedir de boca. Pero ¡chist!... ¿sabe usted?; en semejantes asuntos el silencio es oro, y el hablar demasiado, perjudica.

—Pero, por fin, señora —dijo Arturo suplicante—, compadézcase usted de la angustia en que estoy,

23 El Palacio de Justicia en Rennes.

y decláreme el medio que piensa emplear. De saberlo, pudiera apoyarla a usted con más provecho.

—¡Vaya con los enamorados! Lo mismito que mi difunto Ledoux... Veo que tiene usted ganas de que se lo cuente..., lo cual no puede servir de plato de gusto a una persona que expone su vida por salvar a su esposa de usted. Pronto, retírense ustedes, porque siento los pasos de Souriceau, y de ninguna manera conviene que los encuentre aquí. Muy buenas tardes, caballeros. No digo ciudadanos —añadió con aire misterioso—, porque entra en mis ideas que, a pesar de esos uniformes de oficiales de la República, son ustedes, ni más ni menos, vandeanos disfrazados. Ea, largúense pronto, y a las diez aquí, ni un minuto antes.

Los dos jóvenes salieron de la casa. Arturo respiraba algo más libremente con la esperanza de volver a ver pronto a Genoveva. Pero la ignorancia en que lo tenía Olimpia acerca del plan que meditaba, y la violencia que había tenido que hacerse para escuchar sus divagaciones, le pusieron nervioso en sumo grado, y sin la intervención de Santiago, que, gracias a Dios, no perdió la calma, se hubiera lanzado desde luego a un golpe de mano atrevido que todo lo hubiera echado a perder.

Al salir de la casa del representante, mi cuñado se dirigió instintivamente a la derecha, y pocos segundos después pasaba por delante de la calleja de la que la señora Souriceau le había hablado. Se detuvo un instante, y muy pronto reconoció la ventana del piso tercero, en la que se reflejaba la luz que alumbraba la habitación.

—¡Dios mío —dijo Arturo en su interior—, estar tan cerca de ella... y no poder hablarle, ni gritarle que me encuentro aquí aguardando la hora de librarla! ¡Qué angustias estará pasando en este instante! ¡Tal vez esté pensando que yo no vendré!

Y mi pobre hermano permanecía inmóvil delante de la calleja, fija la vista en la ventana. Por fin, Santiago lo asió por un brazo y lo arrancó de allí violentamente, diciéndole:

—Dispénseme usted, mi amo, si hago esto, pero la gente se fija en nosotros. ¿Quiere usted que se descubra todo?

—Tienes razón —repuso Arturo, cayendo en la cuenta de la situación—; vámonos.

Y los dos vandeanos desaparecieron en las sombras.

Durante este tiempo, la señora Souriceau había pedido prestadas a un primo suyo, tabernero de profesión, dos cuerdas bastante largas y muy sólidas, de modo que pudiesen sostener el peso de un hombre.

—Ni media palabra de esto a mi marido —dijo a su pariente, alfeñique de quien fácilmente pudiera dar cuenta—; ni media palabra de esto, o te aplasto como a una rana.

Y echándose a las espaldas el lío, dióse prisa a volver a su casa para terminar sus preparativos.

Le restaba adormecer la vigilancia del tío Souriceau.

La buena mujer no tuvo que devanarse los sesos para encontrar el modo de conseguir su objeto. Se procuró una botella de coñac extrafino, según rezaba la etiqueta, bebida por la que se pirraba su hombre, como sabía muy bien la señora Souriceau. Tampoco ignoraba que los más apremiantes cuidados del borracho se disipaban como por encanto con los aromáticos efluvios de un alcohol de muchos grados, ni que su razón embotada sustituía en el fondo del vaso la ola perfumada del dulce licor.

Segura de que su esposo no se resistiría al pérfido atractivo de su bebida preferida, se contentó con poner la botella bien a la vista, en medio de la habitación, sobre un velador, y esperó el resultado llena de confianza.

A los pocos instantes entraba el tío Souriceau.

Al aspecto de la divina botella, que contenía en su seno placeres y sueño, brilló en los ojos del borracho una mirada de ternura.

—¡Hola, mi incomparable Olimpita! —dijo con meliflua entonación—. ¿Has querido dar a tu maridito esta agradable sorpresa?

—¡Quién duda de ello, mi querido esposo! —contestó la comadre con voz melosa.

—Vales un Perú, Olimpita mía.

Se acercaba el buen hombre a la botella, sin poder quitar de ella la vista. Pero en el momento de irle a echar mano se detuvo como contrariado. Conocía perfectamente que, a la altura en que estaba, bastarían una o dos copas de coñac para acabarlo de emborrachar, y aquella noche, más que ninguna, le convenía estar fresco para vigilar.

Se retiró dos pasos, alejándose de la tentación. Pero no era más que para leer la etiqueta y cerciorarse del año de la fabricación. Después de un momento de vacilación, destapó muy despacito la botella pero solamente, se dijo a sí mismo, con objeto de ver si estaba en buen estado el corcho del tapón. Luego, con el fin de ver si el licor no retenía el gusto del tonel, se decidió a humedecer los labios con la cuarta parte... con la mitad de la cuarta parte de una copa... Nada más que para ver...

Durante este tiempo, sentada Olimpia en el fondo oscuro de la habitación, seguía con maliciosa sonrisa y con interés el progreso de la tentación. Pronto llegó a su oído el ruido del alcohol provocador sobre la copa, y dijo para sí:

—La joven está salvada; qué contento se va a poner dentro de poco su marido.

Después de la primera media copa, chispearon los ojos del borracho. Su mano se afirmó pesadamente sobre la mesa.

—¡Por vida de la mala suerte! —dijo con voz enronquecida—. Esto es de lo bueno... de lo bueno... de lo bueno. No hay más remedio que echárselo al coleto y ponerlo así en parte segura, no vayan a venir esos perros de bandidos y se lo traguen.

Diciendo esto, escanció un buen vaso, que se bebió de un solo trago. Su conciencia enmudeció. Al primer vaso siguió el segundo, y al segundo, el tercero. Al cabo de dos segundos el coloso osciló un momento y se desplomó pesadamente, comenzando un sueño que iba a durar hasta venir el día.

Orgullosa con su triunfo, la señora Souriceau cogió con brazo vigoroso a su lamentable marido, y tumbándolo desdeñosamente sobre la cama, exclamó:

—Anda allá, ronca a tu sabor, y déjame en paz hasta mañana.

Y apoyando el puño izquierdo sobre la cadera con desenvoltura, Olimpia hizo con el brazo derecho un gesto homérico, y exclamó:

—Entra en mis ideas que hoy día una mujer vale por tres hombres, y me quedo corta.

XXVIII
Vuela el pájaro

Durante la tarde permaneció Genoveva tranquila; pero a medida que iba el día avanzando y se aproximaba la hora en que iba a decidirse su suerte, renacía en su alma la zozobra.

—Arturo debe hallarse ya en Rennes —se decía a sí misma a cada momento—. Juan María debió salir después de nosotros, y llegar a Fougères a las diez y media... Si mi marido estaba en el campo, tengo la seguridad de que a la media hora de haber visto a mi pequeño mensajero estaba ya galopando en compañía de Santiago por el camino de Rennes. Debe, por tanto, encontrarse ya en esta ciudad, si no ha habido algún contratiempo que no acierto a adivinar... ¡Ah! ¿Y si no se hallaba en Fougères? ¿Y si ha perecido yendo en persecución de los republicanos?... Tal vez ha llegado a Rennes y hecho tentativas para liberarme... Si así es, ha fracasado su intento, lo han cogido, y está perdido. ¡Dios mío! ¡Cuánto estoy sufriendo!

Y la infeliz esposa, asaltada por estas crueles angustias, sola y sin amigos, se refugiaba en la oración, que, sin consolarla al menos le daba fortaleza. Porque, si bien se resignaba a la divina voluntad, no desconocía sin embargo lo terrible de su situación. En su abatimiento, se dejó caer sobre el suelo de su cuarto, presa de mortal agonía. Pasaban las horas, ya era muy entrada la noche, y aquella horrible oscuridad acababa de turbar a la cautiva.

Se animaba al menor ruido que sentía en la calle o en el corredor, imaginando que venían a su cuarto, y entonces se entregaba a una loca esperanza, a la esperanza de qué le dirían... ¿Qué le habían de decir? ¡Qué locura! ¿Qué otra cosa podían anunciarle sino la hora de su suplicio? Bajo el imperio de este nuevo sentimiento, se echaba a temblar cada vez que sentía pasos en dirección de su cuarto.

A eso de las seis y media su carcelero había entrado en su habitación, para traerle luz y algún alimento, retirándose al instante sin hablarle media palabra. Ella misma, por más que ardientemente lo deseaba, no se había atrevido a preguntarle nada.

Cuando se fue el carcelero, la joven se sintió menos abatida, porque ya no estaba a oscuras. Se levantó haciendo un esfuerzo, probó a comer, sintiendo la necesidad que tenía de sostener sus fuerzas, a fin de estar dispuesta a cualquier evento. Pero, a pesar de toda su buena voluntad, no pudo tragar ni un bocado. Para calmar su agitación nerviosa, quiso dar algunos pasos por la habitación. Trémula y helada, iba y venía como fuera de sí, apretando entre sus manos el rosario y levantando su corazón a Dios, pero sin poder articular palabra.

Serían entonces las nueve. De repente, volvióse a abrir la puerta para dar paso a Olimpia. Genoveva, que no había visto hasta ahora a aquella mujer, se contentó con saludarla con una inclinación de cabeza, y esperó a ver. La señora Souriceau, por su parte, miraba en silencio a la prisionera, y muy pronto adivinó el profundo abatimiento, la angustia cruel que la estaba martirizando; se complacía su excelente corazón con la idea de que iba, con una sola palabra, a cambiar aquel dolor en alegría.

—¡Vaya una cara de Dolorosa! —exclamó en tono jovial—. Supongo, señorita, que no pondrá usted esa cara tan compungida cuando suba aquí su marido. A mí, en su lugar, maldito lo que me agradaría verla de ese modo.

—¡Mi marido! ¿Qué está usted diciendo? —exclamó Genoveva, enteramente extrañada; pero no pasó adelante, reprimiendo su natural deseo, temerosa de echarlo todo a perder.

¿De qué manera se hallaba aquella mujer al corriente de los proyectos de Arturo?

—¡Vaya, vaya! —repuso riendo la señora Olimpia—. Veo que es menester informarle a usted de todo. Pues bien: ha de saber usted, querida mía..., pero nada de lágrimas, nada de ataques nerviosos, sobre todo nada de gritos... Pues el hombre que está de guardia la oiría y haríamos un pan como unas tortas... Ha de saber usted que su marido ha venido para sacarla de aquí, y que dentro de dos horas escasas lo tendrá usted a su lado.

—¡Cómo! —replicó Genoveva—. ¿Está preso?... ¡Así, al menos, moriremos juntos!

—¡Quite usted allá! ¿Quién piensa ni habla ahora de muerte? ¡Qué juventud ésta! Haga el favor de escucharme una mijita si lo tiene a bien ¡Qué buena pareja hacen ustedes dos! Si hubiera usted visto y oído hace poco al señor... No sé cómo se llama... En fin, a su marido de usted. ¿Y esto? ¿Y lo de más allá?... ¿Y dónde está? ¿Y qué dice? ¿Y qué hace? ¿Llora? ¿Canta?... Nada, que no me dejaba meter baza, hablándoselo todo.

—Señora, por favor —exclamó Genoveva suplicante—; dígamelo todo, que ya no puedo más...

—Bueno, pues eso faltaba, que se nos desmayase ahora... Parece usted una gallina mojada... Mire, señora marquesa, o duquesa, o condesa, que algo así debe ser, si usted me hubiese escuchado, ya sabría que dentro de dos horas, poco más o menos, subirá él aquí, por la ventana, y que usted bajará por el mismo camino.

—Pero ¿y él, señora?

—¡Y él también; eso ya se entiende! ¿Imagina usted que he de quedarme con su marido?

Genoveva se arrodilló para dar gracias a Dios, y levantándose a los pocos momentos, dijo a la señora Souriceau;

—He dado, ante todo, gracias a Dios, y ahora se las doy a usted con todas las fuerzas de mi alma, por mí, por mi marido y por mi hijito, que sólo tiene catorce meses. ¡Pero me doy cuenta que la alegría me hace egoísta! ¿No se expone usted, señora, al salvarnos?

—En cuanto a eso —contestó solemnemente la señora Olimpia—, no me atreveré a decir que no...; pero no se trata de eso.

—Permítame usted nada más que una palabra —dijo Genoveva, manifestando alguna inquietud—: ¿de qué modo podrá subir mi marido y podremos bajar ambos después?

—¡Por medio de cuerdas, amiga mía! No tenga miedo, déjeme maniobrar a mí, que nada perderá.

—¡Oh, sí! tengo confianza —repuso Genoveva sin hacer más preguntas.

—Ahora, a tomar la cena y pronto... ¿No sería una locura continuar sin tomar bocado? Porque supongo que no piensa usted en ir con su marido a comer después a la fonda de la plaza del Palacio, sino en que ha de galopar a caballo gran parte de la noche. Pero eso no me toca a mí; allá se las compondrá su marido y su criado. Ea, prontito, y sobre todo, sin ningún ruido.

Y salió, dejando que la joven entonase a Dios con indecible gozo de su corazón el himno de su gratitud y de su amor.

Acababa de dar remate a sus preparativos la señora Souriceau cuando Arturo y Santiago, al dar la primera campanada de las diez, se presentaron de nuevo en la entrada de la casa del Ayuntamiento, en la calle de la Moneda. Olimpia, que los estaba aguardando, les sonrió agradablemente.

—¡Ah!, ya están ustedes aquí —dijo. Y mirando con malicia a Arturo añadió:— Imaginé que ya se había usted olvidado. Vamos, vamos, no es tiempo este de charlar, mi querido caballero, sino de poner manos a la obra. Razón tuve al afirmar antes a usted que los representantes estarían a estas horas borrachos perdidos y durmiendo la mona. No hay cuidado de que vengan a estorbarnos. Expliquémonos en dos palabras, y convengamos en lo que hemos de hacer. Su mujercita lo aguarda a usted allí arriba. Uno de ustedes se echará a cuestas este lío de cuerdas, y lo irá a colocar enseguida al pie del muro de la calleja, debajo de la ventana donde hay luz. Nadie les pondrá impedimentos, pues a estas horas no pasa alma viviente por ahí. Dentro de cinco minutos estaré allá arriba y les echaré una guita, a la que atarán sólidamente un cable, quiero decir, los dos cables... porque se necesitan dos, pues será preciso hacer sentar a la señorita en una silla o sillón para que baje.

Manitas tan delicadas como las suyas... no podrían en manera alguna, aguantar tanto peso. Luego que yo haya subido las cuerdas (y es preciso subirlas por la ventana, pues de lo contrario, si las llevase por el corredor, caería en la cuenta el funcionario), luego que yo haya subido las cuerdas, las ataré fuertemente al balcón. Entonces no creo que les sea a ustedes difícil el trepar por ellas... ¡Bien! Veo que ustedes me comprenden.

—Sí, señora, sí.

—Llegados allí arriba, colocan ustedes a la joven en una silla, que atarán fuertemente, y la irán bajando con habilidad. Hecho lo cual, buenas noches: se largan ustedes como han venido, y después... a ustedes toca lo demás. Sólo les aconsejaría que no traten de ir a visitar el museo, sino de partir aprisita hacia Fougères... ¡En marcha! ¡Ah!, no hay que olvidarse de dejar abajo la silla y las cuerdas, con objeto de que se entienda claro que el pájaro voló por la ventana, y que no he sido yo la que he abierto la puerta.

Arturo no sabía cómo darle las gracias.

—A ocupar su puesto —dijo la señora Olimpia, interrumpiéndose bruscamente—. Ya sabe usted que no gusto de gastar saliva en balde. Hasta ahora, que nos veremos allí arriba.

Y despidiéndose con un gesto digno de sus dos interlocutores, se dirigió la señora Souriceau hacia la escalera.

Arturo y Santiago salieron enseguida de la casa, deslizándose silenciosamente por la sombra del muro para no llamar la atención de los transeúntes. Un instante después se hallaban debajo de la ventana, esperando la señal convenida. A los cinco minutos, que a mi cuñado se le hicieron larguísimos, se abrió la ventana. Quiso Genoveva asomarse para ver..., pero con ademán imperioso y con tono un tanto rudo se la relegó al fondo de la pieza.

Entretanto, la señora Olimpia había echado a los dos vandeanos un ovillo de guita, quedándose con uno de sus cabos en la mano. Santiago ató fuertemente la guita a los cordeles por los extremos, y después imprimió un ligero sacudimiento a la guita para avisar que todo estaba dispuesto.

Las cuerdas desaparecieron en la oscuridad, y muy pronto, con nuevo sacudimiento, advirtió que ya se podía subir. El primero en realizarlo fue Arturo. A los pocos instantes saltaba del balcón a la pieza, y Genoveva se arrojó en sus brazos, bañado el rostro en lágrimas de alegría.

—A lo que importa, a lo que importa. El domingo se abrazarán ustedes —exclamó con ímpetu la señora Olimpia—. Es preciso que todo esté terminado en cinco minutos. Temo que haya esta noche una ronda..., y si es así, estamos frescos.

En aquel momento Santiago Bureau entraba por el mismo camino y besaba en silencio la mano de su ama.

—Tu hermano murió como héroe y como cristiano —le dijo Genoveva— tú has venido también para salvarme...; no dudaba yo de ello ni por un instante, mi querido amigo.

—Sí, sí te salvaremos —repuso Arturo—; no tengas miedo, nos iremos juntos.

—¡Oh!, ahora no tengo ningún temor —contestó gozosa mi hermana—. A tu lado, ¿qué podré temer?

Encaminóse a la ventana y cogió la cuerda como para bajar por donde habían subido los dos hombres.

—¡Vaya con la loquilla —exclamó riéndose la señora Souriceau—, a todo se atreve! Venga usted acá, inocente; ¿se ha creído usted que su marido ha venido expresamente de Fougères para tener el gusto de ver a su mujer estrellarse contra el suelo de la calle?

—Lleva razón esta buena mujer —dijo Arturo—; no podrías sostenerte, querida mía. Siéntate en este sillón; Santiago y yo vamos a sujetarte fuertemente, y de esta manera bajarás sin ningún peligro.

En aquel instante se oyeron pasos de un grupo de hombres en el corredor, y la señora Souriceau exclamó:

—¡La ronda nocturna!

—¡Estamos perdidos! —dijo Genoveva temblando.

—No tengas miedo —replicó Arturo.

Y se colocó delante de ella, montando sus pistolas.

—¡Valientes locos! —exclamó la señora Olimpia—. A obedecerme, y pronto.

Y levantando con bríos el jergón de la cama, dijo:

—¡Aquí los dos hombres!

La ronda se había detenido un momento para el relevo del centinela, y este breve retardo permitió a nuestros vandeanos ejecutar su maniobra. En un abrir y cerrar de ojos, Santiago y su amo se habían extendido debajo del jergón, y la señora Olimpia había echado encima del jergón, el colchón, las mantas, las almohadas y el almohadón.

—Y ahora usted, señorita —dijo la señora Olimpia, y cogiendo a Genoveva con sus nervudos brazos, la echó sobre la cama—. Ahora llore usted cuanto guste y cuidado con menearse.

Enseguida se apresuró a cerrar la ventana, ocultando detrás de un mueble las cuerdas.

En aquel momento chirriaba la llave dentro de la cerradura, y se abrió la puerta, dando entrada a un oficial escoltado por cuatro soldados.

El jefe saludó militarmente, y encarándose con la señora Souriceau, a la que tenía bien conocida, preguntó, señalando a Genoveva:

—¿Esta ciudadana es la persona que condujo aquí el capitán Bernard?

—Sí, camarada —contestó Olimpia Ledoux con tono enteramente arrogante—. He venido para consolarla una pizca, porque me da en las narices que esta niña no se las puede prometer muy felices.

—En efecto —repuso el soldado, que daba muestras de estar despistado por completo—; estoy encargado de indicar a esta ciudadana que el representante se niega a concederle gracia, y que la ejecución se verificará mañana, a las cinco, en la plaza de Lices.

Durante este tiempo, Genoveva, tapándose los ojos con el pañuelo, gimoteaba que daba compasión.

El sargento, muy emocionado, dio media vuelta, y saludando a Olimpia, salió seguido de sus soldados para terminar la inspección.

Apenas se cerró la puerta, y luego que dejaron de oírse los pasos de los soldados en el corredor, la señora Souriceau y Genoveva se dieron prisa en sacar a los dos jóvenes, que se asfixiaban en su escondite.

—¡Valientes pillos! —exclamó Arturo, riendo y enfadándose a la vez— ¡que vengan por ella a las cinco de la mañana, temprano! Tengo en mis ideas —añadió atrevidamente, mirando a la señora de Souriceau—, que a esa hora estaremos mañana muy cerca de Fougères.

Volvieron a emprender los preparativos de la bajada, y terminaron muy pronto. Se sentó Genoveva en su sillón, a cuyo respaldo se la sujetó muy bien y se ataron con exquisito esmero las cuerdas a los pies y brazos del vehículo improvisado, con objeto de evitar cualquier percance. Estaba todo dispuesto, mi hermana y mi cuñado dieron con efusión las gracias a la señora Olimpia, la cual, por su parte, derramaba lágrimas, por más que se esforzaba en reprimir su emoción.

—Comprendo muy bien —le dijo Genoveva— que llevaría usted a mal que se le hablase de dinero. Así, que deme usted un abrazo, y no dude de la viva gratitud de nuestros corazones.

La mujer se inclinó, y dando un tierno beso a la joven en la frente, dijo:

—Rueguen por mí; es cosa muy dura el tener que vivir siempre entre ganapanes.

Después, dando un fuerte apretón de manos a Arturo, le dijo:

—He hecho lo que he podido, ya está el pájaro fuera de la jaula; a usted toca el dar cima a la obra. ¡Buen viaje, y que la bendita santa Ana les libre de todo mal encuentro!

Ya el sillón, suspendido en el aire, bajaba suavemente hacia el suelo.

Apenas llegó mi hermana a tierra, hizo la señal convenida, y los dos jóvenes, saludando por última vez a la señora Olimpia, se deslizaron rápidamente hasta abajo.

Un instante después estaban cortadas las ataduras que retenían a Genoveva, y los tres vandeanos desaparecieron entre las sombras de la noche.

Pocos son, hijos míos, los detalles que he podido recoger acerca de lo que aconteció a vuestro tío y a vuestra tía después de que ésta se libró de la prisión. Solamente sé que sus penas no terminaron entonces y que fueron perseguidos vivamente en las aguas del río Vilaine, donde se habían embarcado para salir de Rennes. Ya recordaréis que Arturo se había proporcionado una lancha, creyendo que de este modo podrían evadirse más fácilmente. Se dieron prisa en embarcar, se apoderaron Arturo y Santiago de los remos, y secundaban vigorosamente la acción de la corriente, que los conducía fuera de la ciudad. En un principio todo salió bien, mas cuando llegaron cerca del fortín que servía para vigilar desde él el curso del río a la salida del arrabal, mi cuñado, temiendo que tendría que sufrir algunos disparos de fusilería, ordenó a Genoveva que se tendiese en el fondo de la embarcación y que bajo ningún pretexto intentara levantarse.

En el momento de pasar frente al guardacosta, el centinela gritó:

—¿Quién vive?

Los fugitivos dieron la callada por respuesta, e inclinándose remaron con toda la energía posible a fin de pasar cuanto antes la zona peligrosa. Pero entonces el funcionario había vuelto a dar el «¿quién vive?» montando el fusil. Al no obtener respuesta disparó hacia el sitio donde se sentía el ruido. Pero un segundo antes, ordenándolo así Arturo, los dos remeros obligaron a la embarcación a dar una vuelta brusca, que la dirigió hacia la izquierda, de suerte que el proyectil pasó muy lejos de ellos.

Parece que el barco que servía a los republicanos para vigilar el río se lanzó en su persecución, mas

Santiago y su amo tenían brazos vigorosos, y al cabo de un cuarto de hora debieron renunciar a darles alcance. Una vez cerciorados de que el enemigo había desistido de su intento, dirigieron suavemente su barca hasta la posada en que habían dejado los caballos pocas horas antes. Al llegar hallaron ya prevenidas las cabalgaduras, pues el mozo de cuadra tenía empeño en ganarse la buena propina que se le había prometido. Arturo se mostró espléndido. Verdaderamente que no sé lo que hubiera sido capaz de dar aquel día, atendiendo a que su corazón estaba de fiesta por verse libre de la espantosa angustia que lo había martirizado durante aquellas treinta horas mortales.

Sólo faltaba el montar a caballo y darse prisa para incorporarse lo más pronto posible al ejército realista. No ignoraba mi hermano que algunos destacamentos republicanos andaban explorando la campiña en los alrededores de Rennes, y temía encontrarse con ellos.

Sería como medianoche cuando los tres se pusieron en marcha. Hacía mucho frío, según parece, y Genoveva estimó mucho los abrigos y mantas que había traído su previsor marido.

Caminaron al principio en silencio. Experimentaban los dos esposos alegría tan intensa que se sentían incapaces de expresarla; pero la gratitud a Dios se desbordaba de sus corazones, y la significaban sin valerse de palabras.

A eso de las dos de la madrugada llegaron al pueblecito de Sainte-Luce y, fieles a su palabra, se detuvieron nuestros viajeros un instante en casa de Juana Robín. Es indecible lo que se alegró la buena mujer al ver libre y contenta a la señorita que algunas horas antes se deshacía en llanto al partir para Rennes montada a la grupa detrás de un oficial *bleu*. Había deseado verla reír después de haberla visto llorar, y os aseguro que Genoveva satisfizo muy colmadamente sus deseos.

A los tres viajeros, que la víspera apenas habían tenido tiempo ni ganas de comer, y que, ya sin penas, sentían despertárseles el vigoroso apetito propio de su edad juvenil, les supo a gloria la frugal cena que les había preparado la casera. En fin, después de dar repetidas gracias a la buena mujer y de prodigar tiernas caricias al pequeño Juan María, contentísimos y satisfechos por haber contribuido a librar a Genoveva, se dispusieron para emprender la última jornada del camino. Nada había ya que temer, pues los republicanos no se atrevían a aproximarse tanto al campamento vandeano, y se tenía casi la seguridad de no encontrarse con ellos. Por eso Arturo y Genoveva, que habían permanecido silenciosos durante la primera parte de su viaje, emocionados todavía con el recuerdo de las horas terribles que habían pasado, volvieron a recobrar al presente su natural alegría y animación, no cesando su animada charla hasta que llegaron a las puertas de Fougères. Evocaron el recuerdo de los incidentes cómicos que se mezclaron con las escenas trágicas de aquel día, y Arturo, que imitaba a las mil maravillas, empezó a imitar a la señora Olimpia, en tanto que Genoveva se desternillaba de risa viéndolo y oyéndolo. Al acercarse a Fougères sacó mi cuñado el reloj, y dijo burlonamente:

—¡Las seis! ¡Este es el instante, señora, en que van a venir a suplicar a usted se sirva subir al cadalso!

Y luego añadió con tono enfático:

—Creo que no ha de ser hoy.

Pocas horas después estaban en el campamento.

Nos enteramos algún tiempo después de que, al saberse en Fougères la vuelta de la marquesa de Serant, acudió considerable número de gente para verla y para felicitarla, lo cual demuestra hasta qué punto se hacía querer mi buena hermana.

El primero en venir a saludar a los esposos fue Rochejaquelein, el cual se constituyó en fiel intérprete de la general alegría, presentando a Genoveva un ramo de flores que para ella habían cogido algunas jóvenes en los jardines de las cercanías. Muy raras eran las flores en aquella época del año, y modesto el ramo; pero mayor era el sentimiento que impulsaba a ofrecerlo y la mano que lo presentaba.

XXIX
Tres meses en Nantes en 1793

Mientras que mi hermana y su marido hacían la campaña al otro lado del Loira con el ejército católico, mi madrina y yo, refugiadas en Nantes con el señor cura, los niños y las criadas, pasábamos también por muy crueles pruebas.

No habréis olvidado, queridos hijos míos, que en los primeros días de octubre nos condujo mi cuñado a esta ciudad, donde el señor Ledru, uno de los administradores del departamento, nos había instalado en una casa del arrabal de Chantenay. Este excelente sujeto, que a pesar de ser partidario de la República detestaba los crímenes que en su nombre se cometían, nos había presentado a las autoridades locales como una familia de vandeanos patriotas que se veían obligados a huir de las persecuciones de sus enemigos. ¿No era esta la pura verdad? La morada que ocupábamos la había alquilado a nombre de la señora Legrant, refugiada en Nantes con su anciano padre (el señor cura), con su hijo y con su hija (Tonio y yo), con su nieto (Luis) y con dos criadas (Victoria y Justina).

Nuestra vivienda se componía, en el piso bajo, de cinco piezas; sala, comedor y cocina, alcoba y tocador.

En el primer piso, el cuarto del señor cura, el mío, el de Tonio, y, en fin, el de las criadas que tenían consigo al chiquitín Luis. En cuanto a mi madrina, ocupaba la habitación más grande del piso bajo, pues como sabéis, le costaba mucho trabajo subir y bajar escaleras.

Si el Señor se dignaba concedernos la dicha de volver a ver a nuestros queridos ausentes, no sería dificultoso encontrar sitio para todos, cediendo mi madrina el gabinete contiguo a la sala, y viviendo el señor cura en el mismo cuarto con Tonio, y de esta suerte podríamos disponer de cuatro piezas sólo con habilitar la sala. Contábamos, además, con el granero, donde hubieran podido instalarse fácilmente los otros criados.

Fue nuestro primer cuidado el proporcionarnos el gozo de poder oír misa todas las mañanas, para lo cual era preciso tomar minuciosas precauciones.

He aquí lo que se nos ocurrió. Había en la habitación de mi madrina una gran cama con gruesos cortinones, y nos servimos de ella para tapar la puerta del tocador, que todas las mañanas transformábamos en capilla. Aunque este obstáculo no era difícil de quitar, servía, al menos para embarazar por algunos instantes el paso a los revolucionarios, en caso de que penetrasen en el departamento. Apenas terminada la misa, se retiraba el ara, el crucifijo, las vinajeras, los ornamentos[24], y todo se ocultaba en un hoyo que habíamos practicado de noche en el jardín. Esta sacristía de nuevo género se cerraba con una piedra, que se tapaba al punto con tierra de tal

24 Mi abuela nos decía que no había altar, y que el señor cura celebraba la misa en una cómoda ordinaria, sobre la que se ponía el ara (nota del coronel Rembure).

suerte que, de no saber de antemano dónde estaba, sólo a fuerza de minuciosas pesquisas por todo el jardín era posible dar con ella.

Fuera del tiempo en que se celebraba la misa, presentaba la habitación que nos servía de capilla todo el aspecto de un cuarto destinado a guardar trastos, o para servir de tocador. Pero fue preciso además prever el caso, no enteramente improbable, de una visita a domicilio en el momento de estarse celebrando el santo sacrificio.

Oíd lo que pensamos:

Justina, Victoria y yo íbamos turnándonos para quedarnos durante la misa cerca de la puerta exterior del jardín, única entrada por donde se podía penetrar en nuestra casa. En el momento de presentarse la policía, daríamos aviso de la presencia del enemigo con una campanilla de alarma que estaba en comunicación con el cuarto de la marquesa. Entonces, si esto acontecía después de la consagración, el señor cura consumía inmediatamente las especies sacramentales y se quitaba los ornamentos para que nuestro Tonio, que hacía de primer sacristán, los ocultara en un escondrijo practicado debajo del entarimado. No ofrecía esta sacristía la seguridad que la enterrada en el jardín, pero en caso semejante nadie hubiera podido ir a ésta sin ser notado. Rápidamente las mujeres lo arreglaban todo en la habitación y se escabullían por una portezuela que daba al jardín por el lado del camino de Couëron. Esta salida estaba disimulada por un espeso bosquecillo de laureles, y tan bien disimulada, que en mucho tiempo no sospecharon los republicanos que existiese.

Todas estas evoluciones se hacían en pocos minutos después de oírse la campanilla de alarma, mientras que los vengadores de Marat debían emplear mucho tiempo en organizar sus pesquisas, pues comenzaban por poner centinelas en todas las salidas para impedir cualquier evasión. Por otra parte, la persona encargada de abrirles la puerta debía parlamentar el mayor tiempo que pudiese, con objeto de retardar sus operaciones.

Más de una vez recibimos semejantes visitas, y con el auxilio de nuestros ángeles buenos siempre logramos disimular la presencia del sacerdote y la celebración del santo sacrificio.

El señor Ledru, que estaba ansioso de sustraernos lo más pronto posible al peligro de ser declarados como sospechosos (lo que en aquella época equivalía, por regla general, a un decreto de muerte), nos había prometido embarcarnos enseguida en un buque mercante que salía para Inglaterra. Desgraciadamente no pudo realizar sus generosos proyectos. A los ocho días de nuestra llegada se lo llevó al otro mundo, en breves instantes, un ataque de apoplejía.

Esta muerte fue para nosotros una verdadera desgracia, pues nos privaba del único protector con que podíamos contar en aquella ciudad, en que nos hallábamos cercados de enemigos.

Desde entonces vivimos en perpetuo sobresalto, temiendo a todas horas las visitas domiciliarias, y sin atrevernos apenas a salir a la calle. Repetidas veces intentamos, durante el mes de octubre y los primeros días de noviembre, ver si podríamos hallar pasaje en uno de los buques anclados en el muelle de Salorges, pero todo fue en vano. El capitán nos respondía que su embarcación sería visitada al salir del puerto, y que si encontraban en ella personas tenidas por sospechosas, cargamento y tripulación serían detenidos.

Por más que mi madrina les ofrecía sumas considerables, aquellos hombres permanecieron inflexibles.

Peor lo pasamos cuando Carrier volvió a Nantes, después de su expedición por el Bocage. Este monstruo, sediento de sangre humana, la iba a derramar a torrentes. ¿No tenía, además, que vengarse de la humillación que había sufrido, aun para con los mismos republicanos, por su cobardía en la batalla de Cholet?[25]

Desde aquel día la ciudad de Nantes vino a ser presa de una banda de asesinos. Los secuaces de Carrier, que se hacían llamar vengadores de Marat, tenían amplia facultad para cometer toda clase de crímenes. Estos malvados, que apenas llegaban a sesenta, consiguieron por espacio de cerca de cuatro meses imponer su infame yugo a aquella gran ciudad, donde no escaseaban, sin embargo, los hombres animosos, como se había visto algunos meses antes, cuando los nanteses resistieron con tanto valor el ataque de los vandeanos.

Ahora el terror tenía subyugadas las almas y encadenados los brazos, dejándose degollar sus habitantes sin oponer la menor resistencia. ¡Y si hubieran podido esapar del suplicio con semejante sumisión! Pero no fue así, pues no se perdonó a los cobardes ni a los tímidos, y su miedo no los salvó.

A excepción de cuatro o cinco hombres de corazón que hicieron frente a las órdenes sanguinarias de

---

25 Al principio de la acción, Carrier, al ver que las líneas republicanas eran derrotadas por el empuje de los vandeanos, echó a huir a todo escape hasta las últimas filas del ejército. Dicen que Kilber gritó con tono burlón, señalándole a sus oficiales: «Dejad paso libre al Representante; deja la matanza para después de la victoria» (nota del coronel Rembure).

Carrier, y lograron arrebatarle algunas víctimas, la mayor parte de los nanteses permanecieron rendidos y humillados a los pies del tirano[26].

Entonces se vio lo que la audacia de unos pocos criminales decididos a todo puede cometer contra una multitud de hombres honrados y valerosos, cuando éstos se dejan intimidar por el fantasma del miedo. Semejante suposición me hubiera parecido imposible si con mis propios ojos no la hubiera visto realizada en la ciudad de Nantes.

Si durante aquellos días se hubiera dicho a un hombre vigoroso y en la fuerza de su edad, a un soldado, a un general coronado por la victoria: «Los asesinos van a venir a buscaros esta noche, a tal hora, para conduciros al suplicio», sobrecogido el infeliz de estupor, hubiera aguardado la llegada de los asesinos y dejado arrastrar sin resistencia al cadalso.

Y ¡cuántos otros, que todavía no habían sido presos ni declarados como sospechosos, pero que andaban siempre temiendo el serlo, sirvieron de instrumentos para perpetrar crímenes que detestaban interiormente, y que ayudaba, sin embargo a cometer porque temían comprometerse, porque tenían miedo a la cólera de

26 El anciano actor Gourville libró a cuatrocientos sacerdotes a quienes Carrier condenó a ser ahogados en el Loira. Boivin, oficial de la Guardia nacional, salvó también a algunos prisioneros, resistiendo de frente al tirano. Siguieron su ejemplo Lofficial y Boursault, representante del pueblo. El capitán Hugo se negó a ejecutar a los bandidos, etc. (nota del coronel Rembure).

La conciencia no obliga, sin embargo, a dejarse degollar por una banda de ladrones y asesinos. ¿Y no eran ladrones y asesinos aquellos malvados que, despreciando toda ley divina y humana, enviaban al suplicio a los que, o su odio, o su codicia tenía interés en hacerlo desaparecer? La misma Revolución se negaba en otro tiempo a hacerse solidaria de semejantes bandidos, muchos de los cuales expiaron sus crímenes en el cadalso. Después, la teoría del bloque se abrió camino: Dantón tiene su estatua. ¿Cuándo se levantarán las de Robespierre y de Carrier? (nota del coronel Rembure).

los que eran entonces dueños y señores! ¡Esos mismos hombres, que hubieran afrontado la muerte con valor en el campo de batalla, temblaban a la sola idea de incurrir en la censura de aquellos representantes, hacia los cuales experimentaban horror y desprecio!

¡Qué bien se descubren entonces las bajezas, las cobardías y las ruindades de nuestra corrompida naturaleza! ¡Y qué bien se comprende que el hombre, sin la divina gracia, es capaz de descender hasta las más vergonzosas capitulaciones!

No os retrataré, mis queridos nietos, el cuadro de crímenes de todo género que mancharon la ciudad de Nantes durante los tres meses de la dictadura de Carrier, pues eso me llevaría demasiado lejos, y sería cosa reprensible el ponerse a hacer pasar ante vuestros ojos unas torpezas que igualaron las abominaciones cometidas por los más execrables tiranos del paganismo. Sabed que los otros vicios de aquel miserable no iban en zaga a su crueldad, la que llegó hasta el punto de sobresalir por encima de la crueldad de sus colegas de la Convención por su bestial ferocidad y por los medios infames que empleaba para satisfacerla.

Sobre el cadalso de Bouffay, donde se guillotinaba sin tregua; en las canteras de Gigant, donde a veces se estaba fusilando durante muchas horas seguidas; en los buques con válvulas, que se llenaban de prisioneros de toda edad, sexo y condición, y que se abrían de pronto en medio del río, sepultando debajo de las aguas hasta cien víctimas de una sola vez; en todos esos horrorosos teatros, los favoritos de Carrier, los vengadores de Marat, trabajaban sin descanso, mientras que desde el fondo de su guarida el monstruo se gozaba en aplaudir aquellas infames proezas, y se disponía a recompensar a los que más se distinguían en llevarlas a efecto.

Se ha llamado a aquel tiempo el del Terror, y el nombre le cuadra perfectamente.

Jamás se borrará de mi memoria la noche del 10 de noviembre, en que se nos hizo una visita a domicilio a las dos de la madrugada.

De súbito, cuando estábamos en el más profundo sueño, nos vino a despertar la campanilla del jardín, tocada violenta y ruidosamente. Se levantó Justina, y fue a abrir la puerta. Unos veinte hombres armados, de siniestra catadura, se precipitaron sobre la infeliz, llenándola de injurias e intimidándola con terribles amenazas. Uno de ellos llegó hasta descargar sobre ella violentos golpes. Le mandaron, por último, conducirles inmediatamente a la casa, para registrarla minuciosamente. Al oír aquel ruido infernal, nos habíamos levantado a toda prisa, a excepción de mi madrina, a la que tenían clavada en el lecho unos fuertes dolores de reuma. Algunos instantes después los vengadores de Marat (eran ellos mismos en persona) entraron en nuestra morada rompiendo puertas y ventanas, sondando a golpes de pica paredes y techos, para encontrar, según decían, los depósitos de armas y municiones que estábamos juntando. ¡Y luego echaron por aquellas bocas sapos y culebras, obscenidades y blasfemias que causaban horror!

El señor cura, que, se entiende, había dejado el ropaje talar desde el principio de la rebelión, trató de parlamentar con los invasores y detenerlos a la puerta de mi madrina, haciéndoles saber que la señora Legrand se hallaba gravemente enferma, y les suplicaba, por tanto, abreviasen sus pesquisas para evitar una crisis fatal, originada por el espanto en la pobre señora; pero los malvados contestaron a estas urbanas y corteses manifestaciones con brutales risotadas. Uno de los soldados hizo saltar en astillas, de un culatazo, la puerta del aposento, y aquella tropa furiosa penetró en él con desaforados gritos. No pude menos de admirar en aquellas circunstancias el valor y la calma de mi madrina.

—¿Qué queréis, ciudadanos? —les preguntó con voz firme y digna.

—Ahora mismo, ciudadana —respondió brutalmente el jefe—, nos vas a decir dónde has escondido el depósito de armas que hay en esta casa.

—Aquí no tenemos arma alguna —respondió con mansedumbre mi madrina—. ¿Para qué nos habían de servir? Delante de usted están unas pobres mujeres, dos niños y un anciano que apenas puede tirar de sí.

—Por lo menos, tendrás joyas y oro que darnos.

—Nada de eso tenemos, ciudadanos —replicó mi madrina sin titubear.

—¡Cómo! ¿Así te burlas de la nación? Tú lo que eres es una perversa aristócrata. Las vas a pagar todas juntas—. Y mientras así gritaba, desenvainó el sable, blandiéndolo sobre la cabeza de la enferma. Al ver esto, me arrojé sobre el miserable, y con una fuerza que no hubiera sospechado en mí, logré evitar el golpe.

El hombre se echó a reír a carcajadas, y fijando la vista en la marquesa, gritó:

—¿No quieres hablar, vejestorio? Pues bien: pagará por todas ustedes esta joven ciudadana que está aquí. Atadla —continuó, dirigiéndose a dos de los soldados, al mismo tiempo que me designaba con la punta del sable—; atadla fuertemente piernas y brazos. ¡Estaría bueno que fuera a burlarse esta astuta aristócrata de los hombres de bien!... Se la conducirá a casa de Carrier, y el representante escogerá entre Bouffay, el Loira o Gigant.

En un instante me ataron fuertemente aquellos malvados, sin hacer caso de mis lágrimas ni de mis clamores, me conducían ya fuera de casa. Mi madrina, a quien el peligro propio no había conmovido, se puso amarilla como la cera al verme entre las manos de aquellos forajidos, y gritó:

—Deteneos, ciudadanos; devolvedme a esa joven y os lo entregaré todo. No esperéis nada si no la dejáis libre... Ya habéis visto que vuestras pesquisas han sido completamente inútiles. Os importa, por tanto, el devolverme a mi hija.

—Merecías, vieja bruja —respondió entonces el comandante—, que os cortásemos a las dos la cabeza. Pero la nación es grande y generosa. Si el gato está rollizo, se te devolverá la ciudadana.

Al punto, a una señal de mi madrina, Justina, acompañada de dos soldados, subió al cuarto del sacerdote, señor Berteaux, y dio a un resorte oculto detrás de la placa de hierro sellada, que estaba en el fondo de la chimenea.

Este mecanismo abría una especie de armario, en que habíamos guardado las alhajas y el oro que constituían entonces todo nuestro caudal. Este debía ser el precio de mi rescate.

Ebrios de gozo a vista de tan inesperada ganga, los vengadores de Marat tuvieron la grandeza de alma de cumplir con su palabra y de soltar mis ataduras. A lo que yo creo, tenían prisa para ir a contar y a repartirse el tesoro.

Sea lo que fuere se marcharon al punto, lanzando gritos de triunfo, dejando el jardín y los muebles de la casa en lastimoso estado. Nos quedamos, por fin, sanos y salvos, y mi madrina nos mandó arrodillar para rendir gracias a Dios por haber protegido nuestras vidas.

Bien a las claras se veía, en efecto, la intervención de la Providencia, pues nunca había ocurrido que los vengadores de Marat se hubieran retirado tras registrar la casa por sospechosa, sin haber vertido sangre, o sin llevarse, al menos, algunos como prisioneros.

Pero nos encontrábamos completamente arruinados. Todo lo que poseía mi madrina era un luis en el portamonedas, que no se les ocurrió a los republicanos irlo a buscar debajo del almohadón de su cama. Con eso contábamos solamente para comer durante algunos días. Por fortuna, ya se había pagado al dueño de la casa el alquiler por todo un año, y en este particular estábamos tranquilos. En vista de lo ocurrido, hubo necesidad de buscar medios de ganar algún dinero si no queríamos morirnos de hambre, pues en Nantes no conocíamos a nadie, y sólo podíamos contar con el producto de nuestro trabajo. Había que alimentar siete bocas... ¡y buenas obreras estábamos hechas nosotras para ganar el pan para tanta gente! Nuestras veinte libras se fueron volando, y por algún tiempo experimentamos las angustias de una extremada pobreza y el tormento del hambre. Habíamos conservado los últimos cuartos para comprar la provisión de leche con que alimentar a Luisito, y durante muchos días tuvimos que conformarnos con algunas onzas de pan solamente.

Aquella prueba fue para mí un tanto más dura, porque estaba acostumbrada a vivir en la opulencia desde que llegué a Bois-Joli, donde todo contribuía a hacerme muy dulce la vida. Era yo la preferida del marqués de Serant, quien me trataba como niña mimada, sin que nunca me negase nada. Mi madrina misma, mi cuñado y Genoveva se desvivían por hacerme feliz, y todos los criados de la casa se esmeraban en servirme.

¡Qué triste y doloroso era para mí el presente cuando acudía a mi memoria el recuerdo del pasado! Fue una lección amarga, queridos hijos míos; pero bien la necesitaba. Entonces comprendí algo de lo que sufren los pobres, y tomé la resolución de ser con ellos más compasiva de lo que hasta entonces había sido, si Dios se dignaba un día restituirme a mi antigua prosperidad.

Experimenté, además, una gran humillación pensando en el estado a que habíamos venido a parar, y mi orgullo se sintió tan mortificado, que este sufrimiento del espíritu se me hacía más insoportable que el tormento del hambre. En cuanto a este punto, no llegué a comprender la lección que el Señor me daba. En medio de nuestra extrema miseria cuando, para ganar el pan, me veía obligada a estar cosiendo desde por la mañana hasta la noche como una costurera asalariada, conservaba yo toda mi altivez, mejor diría, todo mi orgullo. Continuaba tratando con altanería a Justina, nuestra doncella, y si la infeliz, que se afanaba en trabajar por nosotras y en servirnos sin la menor recompensa, se descuidaba en contestarme con alguna viveza o en hacer algo que me contrariase, la trataba con una severidad tan odiosa como ridícula. No se había doblegado mi orgullo, y fue preciso para abatirlo que el Señor me enviase el más duro de los castigos, como presto os diré. Ya me lo había pronosticado mi madrina.

—El Señor te quiere mucho, María —me dijo aquellos días—; el Señor te quiere mucho, y no puede permitir que continúes siendo tan orgullosa. Apiadado de tu alma, no dejará de quebrantar tu orgullo, y la prueba, hija mía, ha de ser terrible. Procura humillarte tú misma, a fin de que la Providencia, forzada por ti, no se sirva de medios extraordinarios.

Mas yo no entendía ese lenguaje, y tuvo Dios que hablarme claro.

El mes de noviembre lo pasamos muy mal, pues careciendo absolutamente de recursos estuvimos quince días sin encontrar alma que nos proporcionarse medios de ganar algo. Ya, por fin, a últimos de mes, conseguimos que se nos encargase algún trabajo.

El señor cura se puso de maestro de escuela. Todas las mañanas, de nueve a once, daba lección de latín a cuatro muchachos que pagaban una modesta cantidad, creo que eran diez cuartos, por las dos horas de clase. Cuando mi madrina podía mover los dedos, estaba haciendo calcetas todo el día, mientras que yo me dedicaba a la costura o al bordado, según lo que me encargaban. Entre las dos veníamos a ganar de veinte a veinticinco cuartos diarios. Pero a menudo tenía yo que interrumpir mi trabajo, porque la doncella se hallaba muy ocupada entonces en cuidar de Luisito, y yo debía sustituirla en sus faenas. ¡Sólo Dios sabe lo que aquel serafín estaba dando que hacer a su tía María!

En los primeros días, no podía Justina reprimir las lágrimas viendo trabajar a sus amas, y costó a mi madrina mucho trabajo persuadirla de que en este particular se conformase con la voluntad de Dios. En cuanto a sus propias penalidades, no reparaba gran cosa en ellas. Después de haber prestado sus servicios a la marquesa, salía todas las mañanas de casa para volver por la tarde trayendo los veinte cuartos que había ganado haciendo la limpieza en algunas casas. Este prolongado trabajo era superior a las fuerzas de una mujer; pero Justina hubiera padecido más si mi madrina hubiera intentado poner límites a su abnegación.

También contribuía Tonio, en la medida de sus fuerzas, al sustento de su familia adoptiva. Ese muchacho, que vendría a tener unos doce años, era de rostro tan franco y tan agraciado que bastaba verlo una sola vez para que se ganase las simpatías de cuantos lo miraban. Ofreció sus servicios en casa de un repostero, el cual lo admitió, desde luego. ¡Si hubieseis visto qué bien le caía el traje de marmitón! Todos los días, después de las doce de la mañana, se ponía su uniforme blanco y se iba a casa de su amo, que le confiaba un carro cargado de cestas con tortas, que Tonio iba pregonando con su voz atiplada y sonora, invitando a los transeúntes a que se parasen a examinar sus riquísimas tortas. Pronto se hizo famoso y diestro en el oficio de vendedor, y logró adquirir muchos parroquianos. En las calles, a la hora de pasear, se hacía irresistible a las niñeras y a las mamás, especialmente en los días de fiesta, en que se llenaba los bolsillos. Ganaba un ochavo en cada torta, y venía a sacar, por término medio, unos cuarenta cuartos por día.

Creo haberos dicho ya que nos tenían embelesados a todos las virtudes y la gran piedad de este muchacho. ¡Si lo hubierais visto cuando venía de comulgar! Hacía pensar en los ángeles del paraíso. Hacía un año que andaba diciendo que quería ser sacerdote, para consagrarse a la salvación de los niños abandonados, como él mismo lo había sido. Enormemente consolaban estos santos deseos al señor cura, el cual continuaba dándole lecciones de latín, a fin de prepararlo para que pudiese entrar en el seminario tan pronto como fuera restablecida en Francia la religión.

Tonio dedicaba las mañanas al estudio, y hallaba forma de podernos ayudar en los quehaceres de la casa, en los mandados, etcétera. Era muy listo y mañoso, y se desvivía por dar gusto a todos. Su genio alegre, su viveza y su graciosa y amable sonrisa nos consolaban en medio de nuestras penas, y venía a ser como nuestra estrella durante la borrasca, y como un rayo de sol en la noche profunda que nos envolvía. No sé verdaderamente lo que de nosotros hubiera sido sin él y sin Justina.

En cuanto a nuestra vieja Victoria, se ocupaba en hacer la cocina, bien pobre y escasa por cierto. No se le podía exigir más, pues sus fuerzas se iban debilitando, y pronto necesitó ser servida. Murió a fines de noviembre, después de haberle administrado nuestro señor cura todos los auxilios espirituales.

Tonio fue el que hizo de cocinero. No nos dejaba sino después de terminado el almuerzo, y por la tarde, cuando volvía, hallaba tiempo para prepararnos la comida. Es verdad que tampoco tenía mucho que preparar.

A partir del mes de diciembre, sufrimos algo menos los rigores de la pobreza, pues nuestras ganancias, reunidas, ascendían a la suma diaria de cinco o seis libras. Poco era esto, sin duda, para una familia acostumbrada a vivir en la opulencia; pero era lo suficiente, y pensábamos en que otras familias tendrían mucho menos. Me acuerdo de una pobre mujer que vivía cerca de nuestra casa, la señora de Lenoir, que no poseía mucho más que nosotros pero tuvo la bondad de ayudarnos, procurándonos el vino y las hostias para la misa, y además leche para Luisito.

El monín iba desarrollándose a las mil maravillas, y el 25 de noviembre cumplió quince meses. ¡Pobre criatura! ¿Volvería a ver a su papá y a su mamá?

La mayor de nuestras pruebas era, sin duda, la ignorancia en que estábamos acerca de la suerte de los que se hallaban ausentes de nosotros, y a quienes tanto amábamos. Nada sabíamos entonces, ni del incendio de Bois-Joli, ni de la muerte del marqués y de nuestros campesinos, ni de los peligros que habían corrido Arturo y Genoveva en la expedición a la otra orilla del Loira. En ciertos días la desesperación de los republicanos o el estupor de que parecían estar poseídos nos hacían adivinar el triunfo de nuestras armas. Aunque no se publicaban oficialmente las malas noticias, al fin y al cabo llegaban a saberse. Así supimos, durante el mes de noviembre, las victorias obtenidas por los vandeanos en la Croix-Bataille, en Chateau-Gontier y en Fougères, y un poco más tarde, después de nuestro desastre en Granville, con el que se había metido mucho ruido, las gloriosas jornadas de Dol y de Autrain. La alborotada alegría de nuestros enemigos nos dio a conocer finalmente, los últimos desastres; la derrota de Angers, la sangrienta de Mans, que presagiaba en breve plazo el aniquilamiento de los restos del ejército católico,

Y entretanto, ¿qué era de Arturo, de Genoveva, de nuestros colonos, de nuestros sirvientes? ¿Había alguna esperanza de que pudiésemos volver a verlos después de escapar de tantos peligros? Esta cruel incertidumbre nos abrumaba.

XXX
La Nochebuena

En la noche del 24 de diciembre de 1793 nos hallábamos todos reunidos alrededor de la chimenea en el aposento de la marquesa. Estaba con nosotros Justina, porque desde que éramos pobres era preciso economizar leña, y por eso no se encendía fuego nada más que en una pieza. El frío era intenso aquel año, y Justina, a pesar del desagrado que sentía a sentarse entre nosotros, tuvo que obedecer a su señora, que así lo ordenó para que no se congelase en la cocina, en la que se apagaba el fuego tan pronto como estaba preparada la comida.

Aquella noche era fiesta para nosotros, en cuanto cabe en casa de pobres. Así que se determinó que el señor cura, fiel a la usanza de la vieja Francia católica, celebrase las tres misas, y que el Niño Dios se albergase en nuestro pecho. Iba a nacer sacramentalmente en una tierra impía, donde corría a torrentes la sangre cristiana, y donde un pueblo delirante blasfemaba a Su Divina Majestad, proscribía su culto y profanaba sus templos. Aquel mismo día, queridos hijos míos, aquellos locos e insensatos habían paseado en triunfo en torno de la iglesia de la Santa Cruz un ídolo impuro, que habían hecho sentar en el altar, en el sitio mismo donde bajaba el Cordero de Dios. Nosotros, con objeto de reparar tales ultrajes, anhelábamos llenos de amor que llegase el momento de recibir a Jesús en nuestros corazones. Todos nos habíamos confesado por la mañana, con excepción, por supuesto, del pequeñuelo Luis, radiante todavía con la inocencia del santo bautismo. También era aquel día el cumpleaños de mi madrina, que cumplía cuarenta y siete. Cada uno de nosotros le había ofrecido su regalito. Yo, por mi parte, me había quitado algunas horas de sueño para hacerle unas medias de lana gruesa, pues siempre tenía los pies helados. En cuanto a Justina, también había velado para hacerle una manta de mucho abrigo. El señor cura le ofreció la única estampa que tenía en su breviario, y era una Dolorosa al pie de la cruz; y el buen Tonio, que en las tres últimas semanas se había cuadruplicado a fin de ganar algunos cuartillos más, le presentó triunfalmente dos macetas de brezo en flor, recientemente brotadas... Estas florecillas formarían el modesto adorno de nuestro oratorio durante las misas de medianoche.

¡Qué notable diferencia entre estas humildes ofrendas y los riquísimos regalos y magníficos ramos de flores ofrecidos a su mujer por el marqués de Serant en el tiempo de la prosperidad. Y, a pesar de todo, nuestro filial obsequio arrancó lágrimas de cariño y de gratitud a mi madrina. Nos abrazó con ternura a Tonio, a Justina y a mí, y escuché que dijo a nuestra doncella:

—Cuando te llame hija mía, toma este calificativo en su genuina acepción, porque eres para mí una verdadera hija.

También ella, por su parte, nos dio, como todos los años, su correspondiente aguinaldo. Los dados a Arturo, a Genoveva y a mí solían ser objetos de verdadero valor artístico, y a los sirvientes hacía regalos útiles, que estimaban en mucho. Los de ahora consistían en estampas que representaban al Divino Infante reclinado en el pesebre. La marquesa se los había mandado comprar a Tonio en una librería, cuyo dueño era un excelente cristiano, que continuaba expendiendo algunos objetos piadosos, escondidos en la trastienda dentro de un cajón secreto, como ciertos libreros ocultan los malos libros.

Esta fiesta de familia nos había consolado y fortalecido un tanto en medio de nuestras tristezas, y lo por venir se nos presentaba menos oscuro cuando de súbito suena la campanilla del jardín. Una viva emoción se apoderó de nosotros. ¿Quién podía venir a tales horas? ¡Los secuaces de Carrier, sin género de duda! ¡El recuerdo de la visita que pocas semanas antes nos habían hecho nos helaba de espanto!

Justina se levantó para ir a abrir la puerta... Al poco rato llegó hasta nosotros, desde el jardín, un gran grito, al parecer de gozo y de alegría. Nos miramos con muda admiración, sin atrevernos a manifestar nuestra esperanza, la dulce esperanza que se despertaba en nuestros corazones de que íbamos a volver a ver a nuestros queridos ausentes.

¡Ay!, esta dulce alegría, más bien prevista que saboreada, iba a ser seguida de una amarga decepción.

A poco volvía a entrar Justina, pálida, con la palidez de la muerte, seguida de Santiago Bureau, su marido, que vino temblando a arrojarse a los pies de la marquesa, hecho un mar de lágrimas. Mi madrina alzó por unos instantes los ojos al cielo como para obtener de lo alto la fuerza para escuchar la verdad, y fijándose después en su sirviente, a sus pies arrodillado, le dijo con ahogada voz:

—Levántate, hijo mío, y dímelo todo, absolutamente todo. Lo que Dios hace, bien hecho está; ¡bendito sea su santo nombre!

Entonces, con vez trémula por la emoción, nos refirió Santiago Bureau los acontecimientos que se habían sucedido desde el día en que su amo y él nos habían dejado: el incendio de Bois-Joli, el asesinato del marqués y de su gente, la muerte de Pedro y las aventuras de Arturo y Genoveva. Nos habló también de los hermosos ejemplos de caridad y de valor que habían dado mi cuñado y mi hermana. Y nos refirió, por último, lo que todavía no os he contado, mis queridos nietos, y fue que en la mañana del día anterior, en el supremo desastre de Savenay, habían caído mi pobre hermana y su esposo en manos de sus enemigos, conduciéndolos prisioneros a Nantes. Hacía un momento que los habían puesto presos en la cárcel del Bouffay. Santiago, que había quedado en libertad, siguió cautelosamente, sin ser notado de los republicanos, para ver lo que sería de sus amos. Por fin pudo llegar, exhausto de fuerzas y agobiado por el dolor, y nos anunció los espantosos males que pesaban sobre nuestra casa.

Apenas hubo terminado su relato no hicimos sino llorar por largo tiempo sin hablarnos palabra. Interrumpió el silencio mi madrina, y dijo:

—Van a dar las doce de la noche, hora en que el Divino Infante quiso nacer en este mundo para salvarnos muriendo en la cruz. Vamos a adorarle y a pedirle la gracia de permanecer fieles hasta el fin.

Algunos minutos después estábamos de rodillas en nuestro pequeño oratorio, y a las doce en punto el señor cura dio principio a la misa.

XXXI
El secreto de Justina

En la mañana del día de Navidad, al terminar mis rezos, oí que estaban conversando en el cuarto de los criados, sólo dividido del mío por un tabique delgado. La puerta estaba cerrada, mas el ventanillo practicado en la pared se quedó abierto aquella mañana. Santiago Bureau y su mujer conversaban en alta voz, sin sospechar que pudieran oírlos, y sus palabras llegaban directamente hasta mí. Estuve a punto de decirles que cerrasen el ventanillo, o que hablasen más bajo, cuando la conversación, indiferente al principio, vino a versar de pronto sobre un asunto por extremo importante para mí, y al que no pude menos que prestar suma atención.

—Vamos a ver, Santiago —dijo Justina—, ¿cómo nos las compondremos para salvar a nuestros amos? ¿No se te ocurre nada?

—No, por cierto —contestó Santiago—; y eso que me he estado devanando los sesos durante toda la noche. Si yo conociese aquí cuatro o cinco mozos de los nuestros, ya nos arrojaríamos a librar al señorito Arturo y a la señorita Genoveva cuando los condujeran de la cárcel al patíbulo. Pero todos mis camaradas han muerto o han sido hechos prisioneros. Si yo solo quisiese intentarlo, me matarían veinte veces antes de que pudiese llegar adonde estén ellos.

—Tienes razón —repuso Justina—. Por lo que yo entiendo, aquí de nada sirve la fuerza. Yo también he estado dándole vueltas al negocio toda la noche, y se me ha ocurrido una idea, que no me parece del todo desacertada. Solamente que no me atrevo a decírtela, porque temo que te va a causar pena.

—¿Por qué, Justina?

—¡Hombre, como hace tan poco tiempo que nos casamos! ¡Como te marchaste a París con el señorito Arturo casi enseguida de nuestro casamiento, y a poco de volver tú a Bois-Joli comenzó la guerra, eso de que, apenas nos volvemos a reunir, vayamos a separarnos para siempre..., eso no deja de ser muy duro..., y yo no sé si tú querrás!...

—Pero, ¿qué es, mujercita, lo que me quieres decir? A ver, explícate; así lo exijo. Acuérdate que el día en que nos casamos nos echó un sermón el señor cura, y en él dijo que la mujer buena debe obedecer a su marido.

—Pero ¿me prometes no decir nada? Es un secreto, y no lo sabrás si no me juras que no has de hablar palabra.

—Te lo juro. Dímelo ya. ¿Qué es?

—Pues bien, óyeme. Si tenemos que separarnos, ya se entiende que ha de ser solamente en este mundo; porque yo espero que Dios, que es muy bueno, nos llevará a los dos a la gloria, y allí no nos separaremos nunca... Ya te acordarás que repetidas veces hemos dicho que preferiríamos la muerte antes que dejar perecer a nuestros amos. Además, el tío Bureau nos lo encomendó mucho el día que dejamos Bois-Joli: «Hijos míos (me parece que lo estoy oyendo): si es preciso dar la vida por el señorito Arturo y por la señorita Genoveva, cumplid con vuestro deber». El pobrecito de Pedro así lo ha hecho, como tú mismo nos lo contaste ayer noche. No hemos de ser nosotros menos que él, mostrándonos cobardes.

—Hablas como un libro, Justina; pero dime tú, ¿qué has pensado hacer?

—Los dos nos vamos a ir a la cárcel del Bouffay; lo haremos callandito, sin que nadie lo sepa, pues de lo contrario, la señora no nos dejaría salir. Fingiremos que salimos a dar un paseo, y lo primero que haré será irme enseguida a casa del señor Boursault[27], adonde voy tres veces por semana para encerar los entarimados de las habitaciones. Es verdad que es republicano, pero no es hombre malo. Conoce mucho a ese demonio de Carrier, y no me cabe la menor duda de que obtendremos un permiso para ir a visitar en la prisión a nuestros amos.

Una vez que estemos allí, me dejarás que yo hable, ¿entiendes? Porque... tú eres más fuerte que yo, Santiaguito, eso es cosa clara, y en caso de atizar candela, dicho se está que a ti te correspondería; pero yo soy una mijilla más lista que tú, y sea dicho sin ánimo de ofenderte. Soy nantesa legítima, como lo sabes tú muy

27 El representante Boursault, que en muchas circunstancias se atrevió a oponerse de frente al tirano, no tenía, por desgracia, bastante autoridad para poner término a los males que afligían la ciudad de Nantes. Sólo el 26 pluvioso del año II (14 de febrero de 1794) fue denunciado Carrier por Julien, y llamado por la Convención. Se le enjuició y fue ejecutado (nota del coronel Rembure).

Algunos días antes de la batalla de Savenay, mi tía Genoveva había vuelto a tomar su vestido ordinario, porque el de campesina, con el que se disfrazaba desde el comienzo de la campaña, estaba completamente deteriorado y no tenía otro de la misma clase con que sustituirlo. Por lo que toca a Arturo, llevaba, al ser hecho prisionero, la escarapela y el brazal blancos de oficial vandeano (nota del coronel Rembure).

bien. A ti se te va a veces la lengua y dices cosas que debieras guardarte dentro del buche. Así que punto en boca, no digas nada y déjame a mí, que ya verás cómo me doy maña para persuadir a nuestros amos de que disponemos de un medio para librarlos a ellos y para librarnos también nosotros. No saben que ha muerto el señor Ledru, aquel buen caballero que nos trajo a Nantes; se persuadirán que él es el que manipula en este asunto. Yo les diré que es necesario que cambien sus vestidos con los nuestros , y que se escapen de la cárcel cuanto antes, y que nosotros dos nos libraremos al día siguiente valiéndonos de un sujeto muy pudiente, capaz de poner en razón a toda esa gente loca de atar. Ya verás cómo me creen. Por lo demás, a cuenta de Dios queda el sacarnos con bien o de librarnos del todo con llevarnos a la gloria. Así que, como ves, tienes que confesarte para prepararte a la muerte. Yo me confesé ayer tarde, y he comulgado esta noche. Conque anda a buscar al señor cura (ahora está en su casa) y límpiate muy bien, porque, hijo mío, ya sabes que no se muere más que una sola vez en esta vida. Como todavía estás en ayunas, el señor cura te podrá dar la comunión. Me consta que desde hace ocho días tiene guardadas, llevándolas consigo, algunas hostias consagradas. Lo dicho, dicho. ¿Estamos conformes?

—Por supuesto —contestó el pobre mozo con voz llorosa—; pero nuestros amos no lo consentirán... Los conozco muy bien.

—Te digo que sí; se avendrán a ello —exclamó Justina—; también yo los conozco. Claro está que no consentirían si llegasen a entender mi tramoya, pero queda a mi cargo el cogerles la palabra, sin que entiendan ni palote de lo que intentamos. Repetidas veces me ha dicho la señorita Genoveva: «Buena trucha estás tú hecha, Justina; capaz eres de pegársela al más pintado». Pues a ella se la voy yo a pegar ahora.

—Entonces, al lío —dijo Santiago—. Voy a verme con el señor cura, y después... marcharemos cuando se te antoje.

La conversación había terminado. Sentí que abrían la puerta que da a la escalera excusada, y todo quedó en silencio.

Me quedé completamente perpleja, sin saber qué partido tomar. ¿Debía callarme y aprovecharme del heroico sacrificio de nuestros sirvientes? ¿No estaba obligada a hablar para descubrir a mi madrina todo lo que yo había oído? Bien claro veía yo que mi madrina no había de aceptar tamaño sacrificio, y que les había de prohibir el llevar a efecto su generoso designio... Pero como ellos mismos se ofrecían como víctimas, ¿con qué derecho iba yo a impedir aquel acto de sublime caridad, que salvaba a mi hermana y a su marido, devolvía a la marquesa un hijo y una hija, a Luisito a su padre y a su madre, y que granjeaba una recompensa eterna a aquellas almas heroicas? No; no me asistía derecho alguno para impedir tan magnánimo proyecto... No diré nada; sepultaré dentro de mi corazón el secreto de esos corazones intrépidos, y aguardaré en silencio y en oración la vuelta de mi amada Genoveva.

Creo que la principal razón que me decidió a respetar el secreto de Justina fue el inmenso deseo que yo tenía de volverla a ver y de estrecharla entre mis brazos. Quizá al obrar de este modo cedí al egoísmo, y merezca ser censurada por ello..., pero hay circunstancias en la vida en que es muy difícil conocer uno cuál es su deber.

Guardé, pues, silencio; pero ese secreto terrible pesaba sobre mí como un remordimiento. Por la mañana se fue Justina a casa del señor Boursault, el cual la recibió bondadosamente, prometiéndole que aquel mismo día tendría en su poder un permiso por escrito para entrar en la prisión. Volvióse enseguida a casa, ayudó a Tonio a preparar la comida, que ella misma sirvió, como de costumbre. Después, habiendo almorzado con su marido, fue a pedir a su ama permiso para ir a dar una vuelta con él por los alrededores. Yo estaba viendo que la pobre mujer hacía un sacrificio extremo para ocultar su emoción. Había obtenido la autorización pedida y, en vez de alejarse, continuaba allí como contrariada, y tan emocionada que sentía que iba a desmayarse, hasta el punto que tuvo que apoyarse en uno de los muebles para no caerse. Sentía vehementes impulsos de arrojarse a los pies de su ama, a quien tan tiernamente amaba, para besarle las manos, bañarlas con lágrimas y transfundir toda su alma en la efusión del último adiós.

Mi madrina, enteramente absorbida en su dolor, no se apercibió de la turbación de Justina.

—¿Qué más deseas? —le preguntó algo alterada.

—Nada, señora marquesa. Dispénseme usted; se me va la cabeza; necesito respirar aire libre.

Y ahogando con violento esfuerzo el grito que se le escapaba del corazón, salió del aposento huyendo precipitadamente.

Renació entonces en mí la terrible duda con que pocas horas antes había luchado mi conciencia. Me parecía que en aquel momento el deber me obligaba a hablar, y al punto estuve de abrir la boca y revelar a la marquesa el secreto que me estaba abrasando las entrañas, cuando sentí una voz interior que me decía con fuerza irresistible: «Cállate; respeta ese secreto y deja obrar a la providencia».

Intenté hablar, pero me fue imposible articular una sílaba. Creo que Dios detuvo mi lengua.

Dos minutos después oí que se cerraba la puerta del vestíbulo, y sentí pasos que hacían crujir la arena del jardín. Comprendí que el sacrificio se cumplía, y sobrecogida de indecible emoción me eché a llorar, y mis lágrimas eran de ternura, de gratitud y de pesar también por mi pecado. ¡Oh, qué vergüenza experimenté al recordar mi arrogancia, mis exigencias, mis severidades y mis durezas para con aquella mujer heroica, cuya virtud no podía menos de admirar!

Me hallaba en aquel instante sentada junto a mi madrina, pero no llegó a darse cuenta del sentimiento que entonces me embargaba, y nada me preguntó. Teníamos, además, tantos motivos para llorar, que ni siquiera se le ocurrió preguntarme la causa de mis lágrimas.

XXXII
En el que Justina se la pega a su ama

Lo primero que efectuaron Justina y su marido fue pasarse por casa del señor Boursault, el cual les entregó la autorización por escrito para que pudiesen visitar a los presos que tuviesen a bien. Acto seguido se encaminaron a la prisión, donde llegaron entre las dos y tres de la tarde. Después de muchas formalidades, el carcelero principal los introdujo en el calabozo en el que estaban encerrados Genoveva y Arturo. La entrevista debía durar veinte minutos, pero no más.

A la vista de sus fieles criados, mi hermana y su marido dejaron escapar un grito de alegría, y se fueron hacia ellos con los brazos extendidos. Santiago y Justina quisieron besar la mano a sus amos; pero éstos, echándoseles al cuello cambiaron con ellos un fraternal abrazo.

—¡Ah, señora marquesa, qué dicha la de volverla a ver! —dijo a su joven señora, Justina.

—¡Ay, no será por mucho tiempo! El señorito Serant y yo hemos sido juzgados esta mañana y, como era previsible, condenados a muerte. La sentencia se llevará a cabo mañana o pasado mañana... Pero, vamos,

¡dame noticias de mi madre, de mi hermana, de Tonio y sobre todo de mi querido Luisito! ¡Cuánto siento no poder verlo ni estrecharlo entre mis brazos!... ¿Ha crecido? ¿Anda ya solo? ¿Le duelen mucho los dientes al salir?

Y la infeliz madre, abatida y deshecha en lágrimas, se dejó caer sobre el banquillo de madera que le servía de asiento.

Justina comprendió que era aquel el momento de representar resueltamente su papel, y rebosando su corazón de amargura, halló fuerza bastante para sonreírse, y dijo con tono desembarazado:

—Pero, señora marquesa, no hay por qué llorar, cuando debiera usted reír; como que dentro de una hora volverá a ver a Luisito, a la señora, a la señorita María, a Tonio y, por último, a todo el mundo.

—¡Vamos, Justina —repuso mi hermana—, no te pongas a decir cosas que me hacen morir de pena! Arturo, hazme el favor de repetírselo, porque me parece que no han llegado a entender que estamos condenados a muerte, y que todo ha concluido enteramente para nosotros...

Arturo meneó tristemente la cabeza, y dijo:

—Lo que importa es resolverse a mirar cara a cara la muerte. No saldremos de aquí, mis queridos amigos, nada más que para subir al cadalso. ¡Más fácilmente que a esa gentuza se amansaría a los tigres!

Justina fingió impacientarse, y dando una patada en el suelo, exclamó:

—Pero, señoritos, ¿quieren hacer ustedes el favor de escucharme? Perdónenme si les hablo con esta vivacidad tan poco respetuosa; pero va en ello su libertad, su vida.... y hay poco tiempo que perder. Digo, pues, que les traemos la libertad. Por tanto, escuchen ustedes y déjennos obrar.

—Vamos a ver, Justina —replicó mi hermana—, ¿hablas en serio?

—Muy en serio, señora marquesa. Dos palabras nada más: van ustedes a cambiar sus vestidos por los nuestros, pero al instante. Y perdóneme usted, señorita —añadió con el tono más jovial del mundo—, si la visto de doncella, porque esto es preferible a dejarse cortar el pescuezo. La señorita y yo venimos a tener la misma estatura, y lo mismo sucede con el señorito y con mi marido. No soy yo, ni con mucho, tan bonita como usted; pero esto se halla tan oscuro, que el carcelero todo lo verá gris. En cuanto a Santiago, no deja de darse un aire al señorito Arturo. No dude ni un momento de que esto va saliendo a pedir de boca. Dentro de un cuarto de hora se las piran ustedes de aquí, y a la media hora, si caminan bien, Luisito estará en los brazos de su mamá.

—¡Eso es imposible! —exclamaron a la vez mi hermana y mi cuñado.

—¿Te has podido llegar a persuadir, Justina —replicó mi hermana con impetuosidad—, que me apego tanto a mi vida que quisiera conservarla a expensas de la tuya?

—¿Te imaginas tú, Santiago —dijo a su vez Arturo—, que vamos a aceptar el trato?

—Pero, señoritos —exclamó Justina con una indignación maravillosamente fingida—, hagan ustedes el favor de escucharme hasta el fin. ¿Se han figurado ustedes que hemos formado el propósito de morir en su lugar? Gustosísimos lo haríamos así; pero sabemos que ustedes no lo consentirían de ninguna manera. No se trata de eso. Lo que se pretende es que durante esta noche nos quedemos aquí nosotros dos en lugar de ustedes, pues mañana, a más tardar, vendrá a librarnos alguien muy influyente que se interesa por nosotros, que nos quiere y que nos restituirá la libertad.

—¡Cómo! ¿Conoce, por ventura —preguntó Arturo—, nuestra detención el señor Ledru, y quiere...?

—Vaya —replicó Justina con aire de sorprendida extrañeza— estoy viendo que el señorito tiene muy buen olfato, y que no se le escapa nada... ¡Y yo que quería darle una sorpresa! Pues bien, si les es a ustedes posible, no dejen de dar las gracias a ese caballero.

—Pero, vamos a ver, Justina —repuso mi hermana—, ¿me aseguras de verdad que ni tú ni Santiago corréis ningún riesgo, y que el señor Ledru os hará salir de la prisión?

—Vuelvo a repetirle de nuevo, mi señorita, que pasado mañana, lo más tardar, estaremos libres y fuera de todo peligro. Ya comprenderán ustedes que es más fácil librar a campesinos que no a nobles. Ni el mismo señor Ledru podría sacarles a ustedes de aquí; pero a nosotros..., ¿es acaso lo mismo?

Y como Justina leyese una última duda en los ojos de su ama, se apresuró a decir:

—Ea, deprisita, que no hay tiempo que perder; es preciso que de aquí a diez minutos yo quede convertida en ama de usted, y usted en mi doncella. Santiago y el señorito pronto se arreglan; nosotras echaremos más tiempo; conque pronto, pero muy pronto.

Hablaba Justina con un tono tan sencillo y tan natural, bromeaba con tanto donaire, que se desvanecieron todas las dudas de Arturo y su mujer. Es verdad que Santiago se callaba como un muerto, lo cual no extrañaba, a causa de su carácter taciturno, que jamás exteriorizaba ni sus más vivas emociones. Nada podía sacarse de su calma ni de su aspecto, más bien triste, y Justina bastaba para producir el convencimiento con su actitud. Esta joven, de suyo tan viva, tan sensible, tan impresionable, no hubiera llevado el fingimiento hasta tal punto. La alegría que brillaba en sus ojos era sincera, y si parecía enajenada de gozo era porque tenía la seguridad de que volvería, en efecto, a ver a sus amos. Por otra parte, Arturo y Genoveva se hallaban en una edad en que el propio interés ilusiona más fácilmente a las naturalezas más generosas. Deseaban tan ardientemente vernos y abrazarnos después de tantas fatigas y de tantos peligros, que todavía que se dejaron dominar por esta dulce esperanza, y su corazón oscureció su inteligencia.

—Démonos prisa, señora, démonos prisa —repetía Justina.

Entonces ya no vacilaron.

—Sí, sí; démonos prisa —exclamaron.

Pronto se disfrazaron, y desde aquel momento las dos parejas no pensaron en otra cosa más que en representar bien su papel.

—¡Qué maja estoy! —decía riendo Justina, sobreponiéndose con energía a la turbación que, a pesar suyo, la invadía—. ¡Vaya si va ganando la República! ¡Heme aquí hecha una gran señora... aunque tan sólo por veinticuatro horas... lo cual es una lástima!

En aquel momento abrió el carcelero la puerta.

—Ya ha pasado la hora —dijo—, y más de la hora; es preciso partir.

—Adiós, querida —dijo con gesto digno Justina, tendiendo la mano a Genoveva, que se la besó en silencio.

—Adiós, mi amo —díjo a su vez Arturo, inclinándose torpemente delante de Santiago Bureau.

Este permaneció mudo. Su mujer, temerosa de que cometiese alguna pifia, le había hecho prometer que no hablaría palabra.

Dos minutos después, mi hermana y su marido habían franqueado la puerta del calabozo, que el carcelero cerró con doble vuelta. Entonces, la energía ficticia que había sostenido hasta entonces a nuestra pobre Justina desapareció de repente, y abrumada por el esfuerzo y sucumbiendo a la emoción, perdió el conocimiento y cayó desplomada al suelo.

XXXIII
Nobles y plebeyos

Serían como las cuatro, cuando mi hermana y mi cuñado llegaron a casa.

Renuncio, mis queridos hijos, a pintaros su alegría al encontrarse en medio de nosotros; el gozo de la marquesa al estrechar contra su corazón a sus amadísimos hijos, a quienes se había imaginado que no volvería a ver nunca; la alegría del bueno del señor cura y la de Tonio, que tanto amaba a su madre adoptiva. ¡Si hubierais visto a Arturo y a Genoveva apoderarse de su Luisito, mecerlo en sus brazos y cubrirlo de besos y de abrazos! Lo encontraron más alto, más gordito y hermoso. Lo pusieron en el suelo, le hicieron ir diez veces de papá a mamá y de mamá a papá. El bebé los conoció: era cosa evidente. ¡Qué claro pronunciaba sus nombres! Y enseguida volvían a tomarlo en brazos y a abrazarlo de nuevo. ¡Y pensar que estuvieron en peligro de no volver a verlo! No; Dios no podía permitir tal cosa. Y de nuevo hablaban a la marquesa, a mí, al señor cura, a Tonio; pero al instante se tornaban a Luisito. Cuando por fin mi madrina pudo decir algo, preguntó a Genoveva cómo habían recobrado la libertad. Entonces mi hermana refirió sencillamente la historia que Justina les había contado, añadiendo que, tanto la criada como su marido, se les reunirían al día siguiente a más tardar, gracias a la intervención del señor Ledru. Noté que la marquesa se estremeció al escuchar estas palabras. La sorpresa y la ansiedad se pintaron por un instante en su rostro y abrió los labios como para hablar; pero reprimió de pronto su emoción y guardó silencio. Comprendí que no se dejó engañar con la historia inventada por Justina, y que no se le pasó por alto el terrible secreto[28].

Por lo que a mí toca, estaba contentísima de ver a mi hermana. Pero cuando pensaba que su libertad se debía al sacrificio heroico de nuestros criados, cuya sangre iba muy pronto a correr para pagar la dicha de que nosotros disfrutábamos, sentía una amarga pena y un remordimiento que me impedía saborear aquella alegría.

Entretanto, aquella noche del 25 de diciembre, el día 26 y la mañana del 27 se pasaron sin tener noticias de Justina ni de su marido.

En la mañana del 27, a eso de las diez, hizo Genoveva a mi cuñado algunas preguntas, que manifestaban un comienzo de zozobra.

—No hay razón para que te inquietes, querida —le dijo Arturo—; ya sabes muy bien que la intervención del señor Ledru ha de verificarse hoy. Serénate, pronto veremos entrar por las puertas a Santiago y a su mujer.

28 Mi abuela nos decía que la señora de Serant estuvo a punto de esclarecer la situación; pero que en el momento de ir a realizarlo, cediendo también ella a una impresión íntima, se resolvió a callar ignorando si Arturo y su mujer hubieran tenido el valor de hacer de nuevo el sacrificio de su vida. Solamente la marquesa y mi abuelita habían escuchado el relato de mi tía. El señor cura, Tonio y mi tío Arturo se hallaban en aquel momento en la pieza inmediata (nota del coronel Rembure).

—¡El señor Ledru! —exclamó Tonio atolondradamente—. Si hace ya tres meses que murió y se le enterró.

Se miraron Arturo y mi hermana; en sus gestos se delineó la sorpresa, y enseguida, el espanto.

—¿Es cierto, mamá, lo que acaba de decir Tonio? —preguntó Genoveva.

—Sí, respondió en voz baja la marquesa, sin levantar la cabeza.

Vi que Genoveva se puso espantosamente pálida.

—Entonces —exclamó—, era falso cuanto nos decía... entonces, nadie los liberará... y ¡van a morir por nosotros!

No pudiendo dominar en aquel momento mi emoción, me deshice en llanto.

—¿Sabes algo, María? —me preguntó mi hermana—; habla, por Dios; dímelo todo. Lo exijo, sí, lo exijo.

Entonces, angustiada por el dolor, sin saber qué hacer, pero sin poder guardar por más tiempo el secreto, dije toda la verdad.

—¡Dios mío! ¡Dios mío! —exclamó Genoveva—. ¡Infelices! ¡Van a morir por nosotros! Vayamos, Arturo; corramos a salvarlos, si es tiempo todavía.

Y arrojándose a los pies de la marquesa, dijo:

—¡Bendíganos, madre mía; bendiga a sus hijos, que van a morir!

Mi madrina, pálida como una muerta, puso sobre sus cabezas las manos, y les dijo:

—Id, hijos míos, adonde os llama el honor y el deber. Tengo destrozado el corazón, pero mi alma os aplaude.

Se levantó mi hermana, y tomando en sus brazos a su hijo, que iba a dejar huérfano, lo estrechó contra su corazón, y depositándolo sobre las rodillas de la marquesa, dijo:

—Háblele usted a menudo de nosotros para que entienda un día lo mucho que lo amábamos, y para que aprenda, con nuestro ejemplo, a cumplir con su deber.

—Ahora —añadió, fijando su vista en Arturo— sólo nos importa pensar en Dios, que presto nos ha de juzgar. Vamos a comulgar juntos, mi querido Arturo, para que el Señor nos reúna por siempre en la eternidad.

Los oyó en confesión el señor cura, y como iban a morir, no tuvo dificultad en darles la comunión sin estar en ayunas.

Fortalecidos con la real presencia del rey de los mártires, se encaminaron presurosos a Bouffay, mientras que por las calles se pregonaba a voz en grito la gran ejecución que se estaba preparando. De todos los barrios de la ciudad acudía la multitud a presenciar aquel espectáculo, mientras que ambos esposos se apresuraban, temiendo llegar tarde.

Era cerca del mediodía cuando llegaron al lugar del suplicio. En aquel momento salían de la prisión las víctimas. En la primera fila de aquel siniestro cortejo iban Santiago y Justina, que con el nombre y con los vestidos de sus amos iban a dar la vida por salvarlos.

—¡Deteneos, deteneos! —gritó Arturo con voz potente; y llevando cogida a su mujer, que lo seguía, rompió por la apiñada muchedumbre, abriéndose paso hasta llegar al sitio en que se hallaban los condenados a muerte, y dijo al verdugo: —Yo soy el marqués de Serant y ésta es mi mujer; nosotros somos los que debemos morir. Esta pobre mujer y su marido han querido sacrificarse por nosotros; son inocentes, no son nobles. No es justo que mueran en vez de nosotros; ponedlos en libertad y conducidnos a nosotros al patíbulo. Es un derecho lo que estamos reclamando.

—¡Ah, señor marqués! ¡Ah, señora marquesa! ¿Qué han hecho ustedes? —así gritaron Santiago y Justina—. ¡Nos creíamos tan felices con haberlos salvado!

—Hiciste muy mal, Justina, en habernos engañado —dijo mi hermana.

—¡Ay, señora de mi alma! Yo no soy madre. ¿No es mejor que yo muera?

—Yo no entiendo nada de eso —gruñó el verdugo—; yo no tengo nada que ver en ello, y con tal que el número esté completo, nada me importa lo demás.

Llegó entretanto el carcelero principal y preguntó sobre qué se disputaba. Apenas se enteró de lo que ocurría exclamó con risa insolente:

—¡Pardiez! La cosa tiene fácil arreglo. ¡Apodérense de estos dos hombres, que son bandidos peligrosos a la seguridad de la nación, y en cuanto a las mujeres, llévеselas el diablo, si es que quiere cargar con ellas! La República no tiene que temer nada de esas brujas. Y no hay más que hablar —dijo mirando al verdugo—. Es cosa concluida, y... ¡marchen!

Entretanto, Genoveva y Justina reclamaban con la mayor energía el privilegio de morir juntamente con sus maridos, protestando para seguirles al suplicio y queriendo obligar al verdugo a inmolarlas también a ellas. Se opusieron Arturo y Santiago a tan desesperada resolución, y armándose de la autoridad que sobre sus mujeres les dio el Señor, les mandaron resignarse a vivir.

—Conserva tu vida para nuestro hijo —gritó Arturo—; así lo quiero y así te lo mando. Si me amas, no vaciles en obedecerme.

—Vete, Justina, y continúa al lado de nuestros buenos amos —dijo a su vez Santiago—. ¡La señora marquesa tiene mucha necesidad de ti! Te prohíbo morir, ¿lo entiendes?

La muchedumbre, que hacía poco lanzaba gritos feroces e insultaba a las víctimas, mudada de repente, se compadecía ahora de la suerte de aquellas desgraciadas mujeres, y reclamaba a grandes voces que se las dejase libres.

A una señal del verdugo se cortaron las ataduras de Justina, y Arturo, a quien acababan de atar, vino a colocarse junto a Santiago. El cortejo se puso en marcha hacia el cadalso.

Genoveva, entretanto, fuera de sí, loca por el dolor, se asía a los vestidos de su marido sin poder resolverse a abandonarlo.

—Justina, hija mía —exclamó mi cuñado—, llévate a tu señora; yo te la confío.

A esta última demanda que su amo hacía a su abnegación, la joven criada se estremeció, y recobrando de repente su valor, cogió a Genoveva y la llevó a la fuerza por entre la muchedumbre, que se apartaba para dejarles paso.

—Es preciso vivir, señorita —le decía—; es preciso vivir para su hijo.

Y sosteniéndola en sus brazos casi en peso, se encaminó despacio hacia la casa.

Durante este tiempo, Santiago y su amo, llamados los primeros, subían con paso firme los escalones del patíbulo. Llegados a la plataforma, se dieron un tierno abrazo.

—Hasta que nos veamos allá arriba, amigo mío —dijo Arturo.

—Hasta que nos veamos con Dios, mi amo.

Ambos lanzaron al mismo tiempo un grito sonoro, que resonó hasta más allá del primer brazo del Loira:

—¡Viva la religión! ¡Viva el rey!

Pocos minutos después, sus almas estaban delante de Dios.

XXXIV
El viático

Desde la muerte de mi cuñado hasta mediados de enero no nos molestaron los revolucionarios, y nos fue, al menos, permitido llorar en paz. No os será difícil, hijos míos, el formaros idea de lo que sería nuestra tristeza íntima en aquellos primeros días de enero del año 1794: tres pobres viudas, dos de las cuales eran todavía muy jóvenes; un anciano de cerca de ochenta años atormentado por crueles achaques; una jovencita de dieciséis años, a quien aquella prueba exasperaba y que apenas servía más que de estorbo; un muchacho de doce, y un bebé con dieciséis meses.

Nos encontramos tan abatidos durante la semana que siguió a la ejecución de Arturo y de Santiago, que nos fue imposible dedicarnos a los trabajos ordinarios. En el alma y en el cuerpo, a todos nos faltaban las fuerzas. El hambre fue la que nos obligó a emprender de nuevo las acostumbradas tareas, pues, como os llevo dicho, desde la noche del 10 de noviembre no teníamos recursos ningunos, y debimos servirnos de nuestros dedos para ganar el pan de cada día.

Genoveva y Arturo llevaban todavía consigo una suma bastante considerable cuando los hicieron prisioneros en Savenay; pero los despojaron al punto, y vinieron a casa tan pobres como lo estábamos nosotros. Mi madrina y yo tornamos a tomar la aguja, y ya se deja entender que Genoveva hizo otro tanto. Como cosía más aprisa y mejor que yo, ganaba casi el doble, a pesar de las molestias que le causaba su bebé. El señor cura siguió con sus discípulos, Tonio volvió a vender sus tortas y Justina a encerar entarimados.

Con objeto de dar a esta excelente joven un nuevo testimonio de gratitud y de cariño, determinó mi madrina que en adelante se sentase con nosotros a la mesa.

—Continuarás sirviéndonos, puesto que esa es tu voluntad —le dijo—; pero has de sentarte a nuestro lado durante la comida. Así lo ordeno terminantemente, porque formas parte de la familia.

Rompió Justina en llanto al escuchar estas palabras.

A sus ojos era esto lo mismo que consumar la decadencia y la humillación de sus amos. Así que protestó con toda energía que no había de consentirlo en manera alguna, y que si la obligaban a sentarse a nuestro lado la haríamos morir de hambre, porque le sería imposible pasar bocado. El señor Berteaux vino, con su acostumbrada bondad, a dirimir la contienda.

—Que Justina continúe comiendo en la cocina, puesto que en ello se empeña; pero que ella y la señorita Genoveva vayan juntas a recibir la sagrada eucaristía. En esa mesa espiritual serán hermanas, y después, a la hora de la comida corporal, sin dejarse de amar entrañablemente, cada cual vuelva a tomar sus correspondientes papeles.

La decisión fue aceptada, considerándose Justina muy feliz en que la dispensasen de una obligación que tanto le costaba.

He llegado ya, queridos hijos, a lo más doloroso de mi tarea, y no sé si tendré ánimo de llegar hasta el fin.

En la mañana del 14 de enero, a eso de las siete y media, estando celebrando la misa el señor cura en nuestro modesto oratorio, resonó con violencia la campanilla del jardín. Acudió a abrir Justina, y viendo por el ventanillo que era tropa armada que venía a hacer una visita domiciliaria, dio inmediatamente la señal de alarma. Al punto el sacerdote, que acababa de consagrar, consumió las especies sacramentales y se quitó los ornamentos sagrados. Nosotros hicimos desaparecer lo más pronto posible el mobiliario de la capilla, que presentó enseguida el aspecto de un cuarto de tocador.

Apenas terminada la maniobra, los vengadores de Marat, a quienes había entretenido Justina todo lo que pudo, entraron en el cuarto de la marquesa. Nos dieron a entender sin tardanza y con brutales maneras que debíamos seguirles inmediatamente. Súplicas, lágrimas y ruegos hubieran sido del todo inútiles, y no hubo más remedio que obedecer a nuestros verdugos, o, para hablar con mayor exactitud, a la voluntad de Dios, que nos entregaba en manos de nuestros enemigos. Tuvieron la generosidad de permitirnos llevar alguna ropa blanca y algunos vestidos. Como pocas semanas antes nos habían saqueado por completo, juzgaron cosa inútil registrarnos, y por eso pudo mi madrina conservar algunas monedas de plata, que constituían todo nuestro caudal.

El jefe nos hizo salir a la calle, y después de habernos colocado en medio de los soldados, dio la orden de partir.

La marquesa apenas podía tirar de su cuerpo, y caminaba trabajosamente, apoyada en el brazo de Justina y en el mío, marchando Genoveva detrás con su bebé, envuelto en un mantón.

En cuanto al señor cura, como reparasen que apenas podía dar un paso, y que hubiera sido menester cargar con él, el oficial decidió, bajo su responsabilidad, dejarlo en casa.

—Ese viejo pajarraco de seguro que no se escapa —dijo con gesto insolente—; y si un día fuera necesario echar mano de alguno para completar cualquier lista de los que hayan de ser fusilados, ahogados o guillotinados, ya daremos con este caballero.

Los vengadores de Marat dejaron, pues, al presbítero Berteaux enteramente solo en mitad del jardín, y, sin ocuparse más de él, nos condujeron a la Alhóndiga, que debía servirnos de cárcel.

Nuestro querido Tonio, gracias a Dios, pudo escapar al furor de nuestros enemigos. Apenas oyó la señal de alarma dada por Justina, nos dijo rápidamente:

—Voy a escaparme, pues si quedo libre, tal vez pueda servirles en algo; pero si me pillan, nada podría hacer por ustedes.

Dicho esto se escabulló con presteza por entre los laureles hasta un verde roble que se elevaba por encima de las tapias del jardín, y con maravillosa agilidad, que recordaba sus proezas de antaño, se encaramó hasta lo más alto. Desde allí, con ligereza de ardilla, se pasó a un árbol de otro jardín inmediato, y saltando de rama en rama, concluyó por salir de los jardines, hasta plantarse en la carretera. Se había salvado.

Durante este tiempo, mi madrina, Genoveva, Justina y yo llegamos a las prisiones de la Alhóndiga, donde inmediatamente nos encerraron.

¿Cómo daros, hijos míos, una idea de lo que eran aquellos espantosos calabozos? Aun después de transcurridos cincuenta y dos años, me estremezco al solo recuerdo de aquellos dias lúgubres.

Al penetrar en aquel infecto calabozo, se sentía un mareo por el insoportable olor que allí había. Cadáveres en putrefacción yacían, durante muchos días, en medio de los vivientes, sin que los carceleros se tomasen el trabajo de llevárselos. Centenares de presos, de toda edad y condición, se hallaban hacinados en el edificio central, que ha quedado impreso en mi memoria como una imagen del infierno. Aquellos infelices, devorados por la miseria y sin tener apenas con qué cubrirse, en medio del frío riguroso que se dejaba sentir, estaban tendidos sobre paja podrida, entre excrementos amontonados de muchas semanas atrás. Al principio pusieron agua casi limpia, en grandes cubetas colocadas en los cuatro ángulos de la prisión. Pero aquel agua no se había renovado, y estaba tan sucia y despedía tan mal olor, que nadie se servía de ella para lavarse. Yo vi con mis propios ojos cadáveres de niños pequeñitos que se estaban corrompiendo en aquellos sótanos, en medio de escombros que no tenían nombre. La disentería, el tifus, el garrotillo, la viruela y otras muchas enfermedades causaban espantosos estragos en aquella muchedumbre prensada, sin aire y sin agua, en aquella horrible morada.

Los guardias y los carceleros tenían tal miedo a contagiarse, que sólo una vez al día entraban en la prisión para arrojar, deprisa y corriendo, a los detenidos un poco de pan y algunas legumbres, todo tan sucio, que era preciso hacer un gran esfuerzo para tomar algunos bocados, y aquel mezquino alimento se distribuía con tanta escasez, que los presos sufrían día y noche la tortura del hambre.

Los pequeñuelos, privados de los cuidados indispensables a su edad, caían enfermos apenas llegaban a los calabozos, y sus madres, desesperadas, los veían expirar delante de sus ojos sin poderlos favorecer.

Tengo para mí que en aquella prisión de la Alhóndiga padecían los cautivos cuantas miserias de alma y cuerpo se pueden sufrir.

Además, aquellos infelices a cada momento temían ser conducidos al último suplicio, como quiera que no pasaba día en que no viniesen a buscar un número considerable para hacerlo perecer en las aguas del Loira o en el cadalso.

En aquella mansión de horror fuimos encerrados en la mañana del 14 de enero de 1794. Los carceleros nos llevaron a toda prisa por entre la mulitud de presos, que nos miraban al pasar con melancólica y estúpida mirada.

Se nos echó a nosotros cuatro en el fondo de la prisión, en un rinconcillo de los más oscuros y de los más inmundos, donde apenas teníamos espacio suficiente en que sentarnos y acostarnos. A nuestra derecha estaba el muro de la prisión; a la izquierda, un tabique de madera, como de cinco pies de alto, nos separaba de los presos más próximos. Solamente podían vernos los de enfrente, que eran un joven y una joven con su madre y un bebé. Esta relativa soledad nos era de algún consuelo.

Lo que acabo de referiros, hijos míos, solamente puede daros una débil idea de los males que tuvimos que padecer durante nuestro cautiverio. Atormentadas cruelmente por el frío y por el hambre, esperando a cada momento la hora del suplicio, no teníamos reposo ni de día ni de noche, porque los lamentos desesperados de los enfermos y de los moribundos no nos dejaban pegar ojo, o nos despertaban sobresaltadas cuando, rendidas de fatiga, habíamos podido conciliar un poco el sueño.

Pero lo que ponía el colmo a nuestras angustias era ver a nuestro pequeño Luis, que se iba demacrando. Nos era imposible alimentarlo por no tener leche. Probó Genoveva a ver si lo conseguía con un poco de pan mojado en el líquido nauseabundo que nos daban una vez al día y que se honraba con el nombre de sopa. El pequeñuelo no lo pudo atravesar. Iba debilitándose cada vez más; se le iban velando los ojitos, respiraba con dificultad, lloraba sin parar, extendiendo sus bracitos hacia su madre para pedirle la vida.

La imposibilidad de aliviarlo nos ponía locas de dolor.

Me acuerdo que Genoveva, viendo un día que la mujer de uno de los guardias pasaba tapándose las narices, se adelantó hacia ella, y mostrándole su hijito agonizante, le dijo:

—Por piedad, señora; si es usted madre, procúreme unas pocas gotas de leche.

Aquella furia la rechazó con dureza, y dijo con risa de desprecio:

—¿Para hacer brotar semilla de aristócratas?... ¡Que reviente pronto! ¡Cuanto antes, mejor!

Se volvió Genoveva donde estábamos nosotras, trayendo secos los ojos y sin articular palabra. La expresión de su rostro era de lástima, ¿puede sufrir más el corazón humano?

Entonces la joven que estaba frente a nosotras, y que daba de mamar a su bebé, se adelantó tímidamente hacia mi hermana y le dijo:

—Tengo muy poca leche; pero tal vez me dé Dios para dos: déjeme usted a su hijo.

La miró Genoveva sin poder decir palabra; pero en sus ojos se leía su indecible gratitud.

Fortalecido por el reparador alimento, se tranquilizó Luisito un tanto, quedándose dormido en el regazo de su madre. Respiraba libremente, y reaparecieron en sus mejillas los perdidos colores. Fue aquel, para nosotras, un momento de alegría. Hasta el 19 de enero nuestro querido pequeñuelo fue alimentado por nuestra compasiva vecina; pero aquel día el hijo de aquella pobre mujer fue atacado de convulsiones, que se lo llevaron en pocas horas, y la pena hizo que se le retirara a su madre la leche. Esto era como el decreto de muerte para Luis. Además, aquella misma noche se llevaron a la joven juntamente con su marido y con su madre. Al dejarnos, nos dijo:

—Creo que vamos a la muerte, mis queridas amigas. Adiós. No dejaré de pedir por ustedes allá arriba.

La abrazamos derramando lágrimas.

—Pidan también ustedes por mi —añadió—, porque temo el juicio de Dios.

—Tenga usted confianza —le respondió mi madrina— en aquel que ha prometido no dejar sin recompensa un vaso de agua dado en su nombre.

Nunca llegamos a saber lo que fue de ellos. ¡Hay almas cuyo encuentro en el cielo nos llenará de gozo!

Al día siguiente, 20 de enero, nuestro querido bebé volvía a debilitarse, y asistíamos, sin poder hacer nada, al fin de aquella vida que se iba apagando como una lámpara, privada de alimento.

Ese mismo día recibimos, en medio de nuestras angustias, un dulcísimo consuelo. Nuestro querido Tonio vino a eso de las tres de la tarde. Lo abrazamos con la más viva efusión de alegría. El estaba radiante de gozo por habernos vuelto a ver; mas al inclinarse para dar un beso a Luisito, quedó espantado al notar la opresión de su pecho y lo alterado de sus facciones.

—Pero, ¿qué tiene este angelito, mamá? —preguntó a Genoveva, la cual contestó con dulzura:

—Tiene, que se muere de hambre por no tener un poco de leche.

A estas palabras, el semblante de Tonio se iluminó:

—¡Ah! ¡Bien lo había yo adivinado! Ahora verá usted cómo he pensado yo en mi hermanito.

Y sacando del talego que traía colgado al cuello un frasco lleno de leche, se lo alargó a Genoveva, la cual se apresuró a dar de beber de aquel líquido a su hijo, quien pareció reanimarse. Pronto su respiración fue más tranquila, y el enfermito pareció volver de nuevo, una vez más, a la vida.

Algo tranquilizadas, nos apresuramos a preguntar a Tonio acerca de lo que le había sucedido.

Deseábamos también saber qué había sido del señor cura, a quien, como recordaréis, dejamos en nuestra casa de Chantenay.

Tonio nos contó su evasión. Apenas se vio libre del peligro, vino a rondar alrededor de nuestro jardín, y nos vio pasar conducidas por soldados. Nos siguió de lejos y se cercioró de que se nos ponía presas en la Alhóndiga. Enseguida, volviendo sobre sus pasos, se dirigió a casa de la señora Lenoir, excelente dama de la que creo haberos hablado otra vez. Interesábase mucho por nosotras, y algunas veces venía a nuestra casa a oír la santa misa. Al punto se le ocurrió medio de ayudarnos y de salvar al señor cura, el cual podía a cada paso ser puesto en prisión. Se convino en que Tonio, acompañado de un hombre de confianza, iría a la noche siguiente en busca del presbítero Berteaux, el cual, apoyado en los brazos de ambos, iría a refugiarse a casa de nuestra buena vecina, donde se le tendría oculto con el mayor cuidado.

El proyecto se llevó a cabo, y el señor cura habitaba en casa de la señora de Lenoir, donde celebraba misa todos los días.

Después Tonio estuvo ideando el medio de llegar hasta nosotras. El día 15 fue a casa del señor Boursault, sirviéndose de las señas que le había dado antes Justina. El representante no estaba en Nantes; pero lo aguardaban al otro día. Habiendo vuelto a ir el 16, el 17 y la mañana del 18, y viendo que nunca estaba en casa el señor Boursault, se decidió a buscar el modo de introducirse en la prisión sin permiso de nadie.

No se le había pasado por alto que guardias y carceleros pasaban alrededor de la cárcel todo el día en completa ociosidad, y que se aburrían soberanamente. Ideó el procurar ganarse sus simpatías y su protección.

El 18 por la tarde, se presentó vestido de blanco de pies a cabeza, como en los días festivos, y llevando por delante su carrillo para ofrecerles su mercancía. La mujer del carcelero, que se hallaba en el grupo, quedó prendada de la gentileza de Tonio, y le compró algunas tortas. El astuto muchacho, conociendo que había caído en gracia, desplegó la suya y los recursos todos de su ingenio. Se puso a reír, a charlar con los soldados, a contar chascarrillos y a cantar algunas canciones burlescas. Pronto se vio rodeado de curiosos que le aplaudían a más no poder. Cada vez más envalentonado, se puso a cantar con su preciosa voz de contralto las coplas revolucionarias de la época, como el *Ça ira, La Carmañola, La Marsellesa*, etcétera. Su timbre agradable, su aire marcial, la convicción completamente republicana con que declamaba su papel, hicieron que acabase por ganarse las simpatías.

Pero lo que vino a poner el colmo al entusiasmo de los espectadores fue el verlo ejecutar con sorprendente flexibilidad y agilidad saltos peligrosos, brincos y volatines de todas clases. Fue aplaudido, aclamado y acariciado. La carcelera le ofreció liberalmente un vaso de casis, que se echó al coleto por la muerte del último tirano. Le dejaron marchar, por último, después de que le hicieron prometer que volvería al día siguiente.

El 19 cumplió su palabra, y divirtió a los espectadores que era un gusto. El 20, es decir, el mismo día que logró llegar hasta nosotros, obtuvo el mismo éxito. Entonces, seguro de conseguir su objeto, intentó dar el ataque.

—¡Ah!, mi excelente señora y mis buenos caballeros —dijo con voz musical, en un momento en que le aplaudían calurosamente—, quisiera obtener de ustedes un favor.

—¿Qué deseas, muchacho? —le dijo un soldado.

—Creo que usted no podría concederme lo que deseo.

—Vaya, pues ya estás pidiendo por esa boquita —dijo la carcelera—, porque, pidas lo que pidas, no habrá nadie que nos impida concedértelo. ¿No somos ahora nosotros los que mandamos?

—Así me gusta —repuso el muchacho—. Pues tengan ustedes entendido, señora y señores, que tengo que alimentar a mi abuelito enfermo y que apenas nos alcanza para vivir los dos. Mi amo no me da más que un ochavo por cada torta que vendo, y no ignoran ustedes que apenas se despachan en estos tiempos. Si me permitiesen entrar en las prisiones, sería éste para mí un buen negocio, porque esos tunos de aristócratas no dejarían de comprarme algunas tortas, y así podría yo dar al viejo todas las mañanas su tacita de café.

—¿Pero no ves, hombre, que los presos no tienen un cuarto, por habérseles confiscado la bolsa al entrar aquí?

—¡Oh! —dijo Tonio con malicia—, esa gente sabe muy bien cuántas son cinco. De seguro, y yo se lo garantizo a usted, de seguro que no tienen vacío el bolsillo y que no se lo han quitado ustedes todo.

Guardias y soldados se pusieron a consultar entre sí, pero la carcelera cortó por lo sano.

—¡Bah!, no será este rapaz quien impida que los aristócratas vayan a escupir en el cesto de escurrir la ensalada, ni de ir a engordar las lampreas. Dejad entrar a ese querubín a que se gane la vida como pueda. Es cosa que da gusto ver a un chico de esa edad trabajando para mantener a su abuelo. Vente conmigo, chiquilín, ya verás cómo entras. Esos hombres son unos tiotes y yo no temo a nadie.

Y sin más oposición, introdujo en el calabozo central a su protegido.

—Mira, chico, no estés aquí mucho tiempo, que no se puede sufrir la peste. No tardes en llamar, que vendré a abrirte enseguida.

Cuando hubo terminado Tonio su historia, se apresuró a distribuirnos las provisiones con que la señora Lenoir había llenado su saco.

—Es preciso que me retire —añadió—, sobre todo por ser ésta la primera vez, no sea que vengan a sospechar. Mañana volveré a la misma hora y traeré leche y otras provisiones, lo mismo que hoy. Además —dijo bajando la voz y hablándonos al oído traeré otra cosa mucho mejor: la sagrada eucaristía, que prometió confiarme el señor cura para que la traiga a ustedes si salía bien la experiencia de hoy.

Se despidió de nosotros con un tierno abrazo y nos dejó muy consoladas y llenas de gratitud para con la divina bondad.

Parte de la mañana del siguiente día la empleamos en prepararnos para recibir la sagrada comunión. Tonio nos dijo que le era imposible entrar en la prisión antes de la una de la tarde. Nos quedamos en ayunas, reservando para después de la comunión el pedazo de pan que vinieron a arrojarnos a las nueve de la mañana.

La mejoría que se había iniciado en la salud de Luisito nos consoló sobremanera la víspera; pero el 21 por la mañana experimentamos nuevas inquietudes, porque el angelito empezó a empeorar rápidamente. La fiebre y la debilidad aumentaron. Una tos convulsiva hacía estremecer todo su cuerpecito, y no podía pasar por su garganta, en continuo ruido, ni una gota de leche. Abrumada por la pena, pero resignada con la voluntad divina, mi buena hermana ofrecía a Dios su hijo.

—No tengo más que él, Jesús mío —decía—, pues todo os lo habéis llevado. Prefiero verlo partir ante mis ojos, para unirse a vos, a dejarlo en este triste mundo, para ser educado... ¿por quién?... y para ser víctima de abominables doctrinas. ¡Aquí lo tenéis, Dios mío: tomadlo para llevarlo con vos al cielo, si veis que os ha de ser traidor un día! Pero no permitáis que yo lo vea sufrir por más tiempo.

Era cerca de la una cuando Tonio entró en la prisión. Al acercarse a nosotras adivinamos, por su grave compostura y por su recogimiento, sin que nos hablase una palabra, que traía consigo el santísimo sacramento. Todas nos pusimos de rodillas para adorar al rey de los cielos y tierra, que se dignaba a bajar a nuestro calabozo para consolar a sus pobres esclavitas.

—El señor cura me ha mandado —dijo Tonio— que yo mismo les distribuya a ustedes la sagrada comunión. Mamá —dijo a Genoveva—, le ruego a usted que se siente y que acueste sobre sus rodillas a Luisito, a mi querido hermano. Sobre su corazón debo colocar el Santísimo.

Ya comprenderéis, hijos míos, cuán viva sería nuestra emoción en aquel solemne momento. Se sentó

Genoveva sobre la paja, y colocando sobre sus rodillas a aquel angelito que estaba agonizando, cogió con sus manos las manitas de su pequeñuelo. Entonces Tonio, grave y modesto como un sacerdote en el altar, sacó del bolsillo de su chaqueta una cajita de plata, que depositó sobre el pecho del enfermito. ¡Qué contento debió estar el Niño Jesús reposando sobre el inocente corazón de aquel su hermanito!

El amado bebé se quedó tranquilo y sosegado, sin agitación ninguna, y miraba sereno y alegre, como si comprendiese lo que estaba pasando allí. Desplegando entonces Tonio un pequeño corporal que había en el fondo de la cajita, fue tomando, una por una, cuatro hostias consagradas, y las colocó en nuestras lenguas. Enseguida, después de haber respetado por breves instantes nuestro profundo silencio, dejó a nuestro lado la leche y demás provisiones que nos había traído, y se retiró, prometiéndonos volver al día siguiente.

Apenas salió, nuestras miradas se fijaron en Luisito, que no se movía, y cuyas mejillas estaban blancas como el pan del cielo que había reposado sobre su pecho. Genoveva puso la mano sobre el corazón de su hijo:

—¡Jesús se lo ha llevado consigo! —nos dijo—. ¡Oh! ¡Más vale así!

Y apretando contra su seno el pequeño cadáver, la pobre madre empezó a sollozar.

XXXV
A los pies del ídolo

Ya adivinaréis, hijos míos, lo que para nosotras debieron ser aquella noche del 20 al 21 de enero y el siguiente día. Genoveva estaba temiendo lo indecible la visita que hacían los carceleros una vez al día, pero a horas indeterminadas. ¿Descubrirían el cadáver de su hijo y se lo arrebatarían para arrojarlo dentro de aquellas cubas, donde se estaban ya corrompiendo los cuerpos de muchos niños pequeñitos?... Cuando le asaltaba esta idea procuraba ocultarlo cuidadosamente envuelto en su mantón, para sustraerlo a la vista de nuestros verdugos. Esperaba que una intervención providencial le permitiera confiar aquellos preciosos restos a manos piadosas que les diesen cristiana sepultura. Tonio era por extremo ingenioso y muy listo, y bien se podía esperar que nos había de prestar aquel último favor. Pero en vano lo estuvimos aguardando durante toda la tarde, y cuando vino la noche temimos que le hubiera ocurrido alguna desgracia, pues nos había prometido volver, y por nada de este mundo hubiera él querido dejar frustradas nuestras esperanzas.

Más tarde supe lo que había ocurrido aquel día. Hablo en singular, hijos míos, porque mis compañeras de cautiverio jamás llegaron a saberlo, por lo menos en todos sus detalles.

En la mañana del 22, los republicanos sorprendieron al señor cura cuando estaba diciendo misa en casa de la señora Lenoir. Una mala mujer que vivía cerca, y de la que no desconfiaba nuestra piadosa amiga, había concebido sospechas desde algunos días atrás a causa de ciertas idas y venidas que le habían parecido extrañas. A fuerza de preguntar, de hacer conjeturas y de espiar, acabó por convencerse de que se ocultaba un cura en casa de su vecina. Estuvo segura de ello en la tarde del 21 de enero. Sin pérdida de tiempo fue a dar el soplo a los miembros del Comité revolucionario, los cuales, siguiendo las indicaciones de aquella malvada mujer, ordenaron una visita domiciliaria en casa de la señora Lenoir. Debía hacerse dicha visita al día siguiente, a las cinco de la mañana. El proyecto de aquellos impíos les salió a medida de sus deseos.

Asediaron la casa en la noche del 21 al 22 y pusieron guardias en todas las salidas. Llegada la hora que la delatora les había indicado, los vengadores de Marat invadieron el departamento y se precipitaron en la habitación del presbítero Berteaux, que estaba celebrando misa. Afortunadamente, le dio tiempo de consumir las sagradas especies, sustrayéndolas así de las profanaciones de aquellos malvados.

Era imposible la fuga, y fueron hechos prisioneros el señor cura y la señora de la casa. Jamás supimos el paradero de ésta, siendo más que probable que pagaría con la vida su acrecentada fe y su abnegación. Tonio estaba ayudando la misa, pero gracias a su corta edad lo dejaron libre de hacer lo que más se le antojase.

Los republicanos tuvieron por muy preciosa la captura del presbítero Berteaux. Por unos momentos estuvieron deliberando los vengadores de Marat acerca de lo que habían de hacer con su prisionero. ¿Convendría matarlo inmediatamente, o llevarlo, para observar las formalidades, al Tribunal revolucionario? ¿O quizá meterlo en la cárcel para que pereciese luego en el Loira o en la guillotina?

Después de un momento de reflexión, uno de ellos hizo una propuesta que obtuvo todos los votos.

—Ninguno de vosotros ignora —dijo— que hoy se celebra en Nantes la fiesta de la Razón. Todas las secciones han sido convocadas al templo de la Fraternidad (antes iglesia de la Santa Cruz). La diosa ha de recibir allí los homenajes de la población nantesa, para ir después a la plaza Bouffay donde presidirá la ejecución de los aristócratas. Pues bien, vayamos a arrojar a sus pies a este miserable satélite del fanatismo, y que ella decida su suerte. Esta será una revancha de la humana razón, ultrajada hace dieciocho siglos por los sacerdotes de la religión católica.

Ruidosos aplausos acogieron esta proposición, que fue, sin más tardar, aprobada en medio de un frenético entusiasmo.

Decidieron dejar al prisionero revestido con los sagrados ornamentos, a fin de llamar mejor la atención de la multitud y comunicar un nuevo atractivo al espectáculo que se estaba preparando.

Como el sacerdote Berteaux apenas podía dar un paso, creyeron innecesario maniatarlo y se contentaron con dejarlo custodiado por dos soldados hasta la hora señalada para la ceremonia. Enviaron una comunicación expresamente al Comité revolucionario y a los organizadores de la fiesta para darles cuenta del aprisionamiento del cura y darles tiempo de preparar el aparato escénico.

Durante este tiempo, nuestro santo amigo, sentado entre sus dos guardianes cerca del altar en que acababa de celebrar su última misa, daba gracias a Nuestro Señor por llamarlo al honor de morir por él. Porque era indudable que le aguardaba el martirio. Había oído a los verdugos deliberar sobre su suerte, y sintió gozo al pensar que iba a ser inmolado como sacerdote católico y revestido de los ornamentos sagrados con que todas las mañanas celebraba el santo sacrificio. Aquel día se cumplía precisamente el quincuagésimo aniversario de su primera misa. ¿De qué mejor manera podía coronar aquellos cincuenta años de su apostolado?

En la efusión de su alegría, uniendo en su pensamiento el altar en que se inmola místicamente el Cordero inmaculado y el cadalso que iba él mismo a enrojecer con su propia sangre, repetía en divino arrobamiento las palabras que pronunciaba todas las mañanas al principio de la misa: *Introibo ad altare Dei, ad Deum qui laetificat juventutem meam* (Me acercaré al altar de Dios, al Dios que alegra mi juventud).

Aunque Tonio hubiese podido huir fácilmente, se quedó con el señor cura para acompañarlo hasta el patíbulo. Él fue quien me refirió, algo después, los acontecimientos de aquel día.

A eso de las once se hizo bajar al prisionero para conducirlo a la muerte. Por burla y escarnio se le había hecho montar de espaldas sobre un jumento, y en medio de una estúpida muchedumbre que entre aullidos lo llenaba de injurias, lo condujeron hasta la iglesia de la

Santa Cruz, profanada desde hacía muchos meses por las orgías revolucionarias.

Tonio seguía al cortejo, porque deseaba ser testigo del martirio de su amadísimo padre.

El santo anciano, insensible a los ultrajes de sus verdugos, conservó una paz y una serenidad maravillosas mientras era conducido. Sus labios no cesaban de moverse, y a menudo sus ojos se alzaban al cielo, como buscando el camino por donde iba a subir dentro de poco.

Pocos minutos antes de mediodía llegaron al templo de la Fraternidad. Había tal multitud de gente que las tres cuartas partes de los espectadores se quedaron fuera del edificio, sin poder penetrar en él. Hicieron bajar al sacerdote Berteaux de su cabalgadura, y se le obligó a entrar en la iglesia con las otras víctimas que debían ser guillotinadas aquel mismo día.

Los representantes (Carrier a su cabeza), las autoridades del departamento, las delegaciones de los Comités, los generales y los oficiales del ejército del Oeste que todavía no habían salido de Nantes, los vengadores de Marat, y otros personajes, ocupaban ya toda la nave central. Se amontonó a las víctimas delante del altar, haciendo sentar en medio de ellas, al sacerdote Berteaux, a fin de que todos pudiesen verlo sin dificultad. El pueblo rebullía en el templo.

Al dar las doce, la Razón y su cortejo hacían su entrada por el gran pórtico, y se dirigieron al coro en medio de aclamaciones.[29]

29 Afirmaba mi abuela que tenía todos los detalles que se siguen de un proceso verbal de la fiesta de la Razón, que puso ante su vista durante su estancia en Nantes en 1803. Copió de su propio puño y letra el texto del discurso que se verá más adelante (nota del coronel Rembure).

Rompían la marcha tres mujeres jóvenes, marchando de frente. La primera, que iba a la derecha, vestía de azul; la que marchaba en medio, de blanco; y la última, de rojo. Pretendían simbolizar la libertad, la igualdad y la fraternidad.

Seguían veinticuatro adolescentes vestidos de azul que iban caminando de espaldas mientras sembraban el suelo de verdes hojas, y movían incensarios de oro en honor a la divinidad.

Sobre un trono ricamente adornado, que llevaban ocho jóvenes coronados de ramos de encina, estaba sentada la diosa. Vestía túnica roja, ceñida la cintura con un cinturón tricolor, y llevando en la cabeza el gorro frigio. Ostentaba triple collar de perlas blancas sobre el pecho, cubierto con una manteleta de color azul. Empuñaba en la mano un cetro de ébano, que extendía al pasar sobre la multitud como para bendecirla.

Ocho ancianos marchaban al lado de los que llevaban el trono, sujetando con sus manos cordones que pendían de éste.

Finalmente, cuatro jovencitas vestidas de blanco y coronadas de rosas, iban detrás del trono entonando himnos patrióticos, que iban alternando con las letanías del corazón de Marat.

Habréis notado, hijos míos, que esta ridícula ceremonia era una parodia sacrílega de los homenajes tributados en otros tiempos por el pueblo cristiano al santísimo sacramento. ¡Pidamos a Dios que nos preserve de la desgracia de volver a ver días semejantes!

Cuando hubo entrado el cortejo en el coro, la diosa descendió de su trono y se la hizo sentar en el altar, en el mismo sitio en que otras veces se inmolaba el Cordero sin mancha.

Entonces dio comienzo el grotesco e impío desfile de los adoradores, que hincaban la rodilla delante del ídolo, en tanto que aquella mujercita sin vergüenza charlaba riendo con los jóvenes que la habían conducido, y que estaban en pie a los lados del altar.

Después subió al púlpito un orador y empezó un discurso en alabanza de la Razón, única divinidad digna de recibir los homenajes de los hombres regenerados por su culto.

—Por fin, ha llegado el día —exclamó en un lenguaje que pretendía ser lírico y resultaba grotesco—; en el que el suelo de Nantes va a ser purgado definitivamente de las inmundicias del fanatismo y de la superstición. El día en que el sol de la libertad va a brillar a las miradas de los hombres, sumergidos largo tiempo en profunda noche, hará pronto dos mil años, por los velos del oscurantismo. Ha llegado el día en que la Razón, simbolizada ante nuestros ojos por una obra maestra de la naturaleza, preside pacífica y sonriente a un pueblo venturoso, que ha salido por fin de las tinieblas del antiguo culto y que ha de ser ilustrado de aquí en adelante por los rayos bienhechores de la igualdad.

Señalando después, con ademán teatral, a las víctimas destinadas al cadalso, continuó en el mismo tono:

—Esos criminales, ¡oh, diosa!, han sido condenados por justo juicio de la nación, y dentro de poco vas a ver rodar sus cabezas al pie de tu trono. Pero entre ellos hay un malvado más perverso que todos los demás, un sacerdote católico, un representante de esa religión bárbara que oprimió por largo tiempo a nuestros padres. A ti, ¡oh, diosa!, te hemos reservado el juicio de ese miserable. Será traído a tus pies a fin de que tú decidas su suerte. Si se inclina delante de ti abjurando de un culto estúpido para abrazar el de la razón, la nación, por tu voz, le perdonará todos sus crímenes. Mas si, por el contrario, ese malvado persiste en vivir esclavo de una superstición vergonzosa, de tus divinos labios partirá la sentencia que hará caer sobre su cabeza la espada de nuestras justas leyes... Pronuncia tus oráculos, ¡oh, diosa! Tu pueblo te implora de rodillas.

En aquel instante, a una señal del maestro de ceremonias, se condujo al sacerdote Berteaux hasta los pies del ídolo.

—¡Arrodíllate! —le gritaron de todas partes—. ¡Ofrécele incienso, reconoce su divinidad!

La diosa extendió su cetro para imponer silencio, y, todo en calma, dijo con ademán insolente:

—¿Quieres adorarme?

Entonces, en medio de la atenta muchedumbre, el sacerdote fiel, levantando la voz, dijo:

—Yo adoro sólo al Dios verdadero, que me juzgará dentro de breves instantes, y al cual ofrezco mi sangre por este pueblo desgraciado que ha renegado de la fe de sus mayores. Y tú, desgraciada, ¿no te sonrojas de tu impiedad? Haz penitencia, porque el castigo está pendiente sobre tu cabeza, y si no procuras desarmar la cólera divina próximo está el día en que los gusanos del sepulcro devorarán esa carne de pecado, mientras que tu alma será arrojada para pasto de las llamas eternas.

El confesor de la fe habló con tal fuerza y tanta autoridad que aquella miserable mujer, que hacía poco había entrado en lugar santo con la frente alta, se turbó y se estremeció al escuchar aquellas palabras amenazadoras. Se la vio mudar de color, enrojecerse y ponerse amarilla sucesivamente. Quiso hablar, pero su garganta no dejó pasar sino sonidos inarticulados. Por fin pudo serenarse un poco y, recobrando su insolente orgullo, sólo pensó en vengarse de la humillación que acababa de sufrir. Cuando el orador de oficio la invitó de nuevo a decidir la suerte del sacerdote fiel, dijo con acento de rabia:

—¡Que se le achique después de los otros, y con eso no volverá a hablar ese indecente!...

Se puso en marcha el cortejo, y como la distancia entre la iglesia de la Santa Cruz y la plaza de Bouffay es muy corta, pronto llegaron los sentenciados al lugar del suplicio.

Frente a la guillotina se había levantado un vasto pabellón adornado con soberbios tapices y con flores. Los representantes comisionados, las autoridades locales, los personajes oficiales, las princesas del día en traje de baile, estaban todos apretados en aquellos elegantes salones, donde algunos braseros mantenían una temperatura agradable que permitía gozar del espectáculo sin sufrir los rigores de la estación. Vinos generosos y platos delicados fueron servidos a los convidados quienes iban a gustar los placeres de la mesa mientras contemplaban la ejecución. ¡Qué bien supo disponerlo todo Carrier!

Apenas se colocó la diosa en el sitio reservado para ella, teniendo a Carrier a su derecha y al general

Westermann a su izquierda, se hizo en la plaza un absoluto silencio mezcla de curiosidad, de miedo y de horror. Iba a dar comienzo el espectáculo.

De súbito se dejó oír, potente y clara, la voz del cura de Saint-Cyr en medio de la atenta multitud:

—Recogeos dentro de vosotros, mis queridos hermanos —exclamó, dirigiéndose a las víctimas—, pues voy a daros la absolución.

Levantó la mano derecha, y el perdón de Jesucristo descendió sobre aquellas frentes inclinadas.

La ejecución duró cerca de treinta minutos. Y mientras que bajo los tapices del pabellón oficial, en una atmósfera templada y perfumada, se cambiaban dichos obscenos e impíos, al pie del cadalso, tiritando bajo el látigo de un viento glacial, los cristianos que iban a morir entonaban un hermoso cántico a Nuestra Señora del Buen Socorro, como en otro tiempo en las gloriosas jornadas de Torfou y de Laval.

El sacerdote Berteaux, como el más culpable, debía ser ejecutado el último de todos. En pie junto al cadalso, todavía revestido de los ornamentos sagrados, daba una nueva absolución a cada una de las víctimas que subía al llamamiento del verdugo; al tocarle su turno, cuando ya habían rodado todas las cabezas, se santiguó muy despacio y dijo con voz poderosa:

—*In manus tuas Domine, commendo spiritum meum* (Señor, en tus manos encomiendo mi espíritu).

Enseguida, con vacilante paso, subió las gradas de la guillotina y se puso en manos de los ejecutores. Pocos minutos después, la cuchilla caía por última vez, y el mártir entró en la gloria.

XXXVI
El oficial *bleu*

El espectáculo había terminado, y la multitud se iba retirando lentamente. El escuadrón de húsares encargado de mantener el orden durante la ejecución se disponía a recogerse en su cuartel, cuando el oficial que lo mandaba se fijó en un muchacho que lloraba desconsolado al pie del cadalso. Era Tonio, como habréis adivinado, nuestro ángel consolador durante aquellos días tristísimos. Había acompañado hasta el suplicio al sacerdote Berteaux, su amado padre, y su dolor no le dejaba abandonar la plaza en la que el santo anciano lo había dejado para subir al cielo.

El comandante Rembure (así se llamaba el oficial *bleu*) se compadeció del pobre niño, echó pie a tierra y acercándose a él le habló con bondad:

—¿Qué te pasa, hijo mío? —le preguntó con voz compasiva.

Alzó Tonio los ojos, y animado con la expresión de franqueza y de simpatía que estaba leyendo en el semblante del militar, le respondió:

—Lloro al cura de nuestra parroquia, que era un santo. Esos malvados lo han matado, como también mataron al señorito Arturo, que era tan bueno, y como también matarán muy pronto a mi mamaíta, a mi abuela, a mi tía, a su doncella, que están encerradas en la Alhóndiga.

Y sucumbiendo al exceso de dolor, el muchacho ocultó entre sus manos su rostro, lanzando sollozos del pecho.

El comandante Rembure estaba profundamente conmovido.

—¿Y quién cuidará de ti al presente? —preguntó.

—Nadie en este mundo —replicó el muchacho—; pero allá arriba está Dios.

—¿Te quieres venir conmigo?

—Con mucho gusto, caballero —repuso el niño, al mismo tiempo que su cándida y confiada mirada daba gracias al señor Rembure.

Este hizo una seña a uno de sus soldados.

—Lleva a este muchacho a la grupa —le dijo— y condúcelo a mi vivienda, calle de la Fose, número 6. Dirás a la señora Derelle, en cuya casa estoy viviendo, que haga el favor de tenerlo allí hasta mi vuelta. Consuélate, hijo mío —añadió dirigiéndose a Tonio—; este valiente que ves aquí te va a llevar a casa de una señora muy buena, que te cuidará muy bien, y dentro de una hora escasa volveré a estar contigo. Hasta pronto.

Y el comandante, subiendo de nuevo a su caballo, dio a su escuadrón la señal de partir.

Carlos Rembure[30] era un valiente militar que hacía al enemigo una guerra leal, y que veía con horror las atrocidades cometidas en nombre de la libertad.

30 Carlos Rembure, ya jefe de escuadrón, no contaba más que veinticuatro años. En aquella época se ascendía más pronto que ahora. Algunos generales de la República no llegaban a los treinta (nota del coronel Rembure).

Educado por una madre incrédula, que se quedó viuda a los dos años de casada, no había recibido ningún principio religioso, y apenas si había oído hablar de la Iglesia católica. Tenía una idea vaga de un Dios supremo, de un ser superior, sin duda respetable, pero que habitaba regiones inaccesibles a la humanidad. Lejos de ser un impío, detestaba la guerra que se hacía a la religión y a los sacerdotes, y en distintas ocasiones había manifestado de un modo terminante la repulsión que le causaban los perseguidores. A milagro debe atribuirse el no haber pagado con la vida una temeridad muy rara entonces.

Alma sencilla y recta, por instinto se inclinaba al cumplimiento del deber, y no comprendía que se pudiese dudar en obedecer a la conciencia. Lleno de compasión para con los débiles y los oprimidos, sentía inclinación al sacrificio y a la abnegación. Estas admirables virtudes naturales le facilitaron, sin duda, el conocimiento y el amor de Dios con el auxilio divino, porque hasta entonces aquellas virtudes naturales habían permanecido del todo estériles.

La señora Rembure, madre del comandante, se había establecido en Chartres después de la muerte de su marido, y todavia moraba allí en 1793. Esta señora, que no tenía principios ni sentimientos religiosos, era de escasa inteligencia, y muy ordinaria en sus modales. Pronto se me presentó la ocasión de cerciorarme de ello.

Su hijo era el reverso de la medalla. Su naturaleza fina y delicada hubiera sufrido lo indecible con los defectos de la señora Rembure, pero su piedad filial, ocultando los defectos de su madre, no le hacía ver más que sus buenas cualidades. La amaba con ternura y tenía en ella entera confianza.

Apenas dejó el joven comandante en sus cuarteles al escuadrón, se apresuró a volver a la calle de la Fose. Su anfitriona, la señora Derelle, se estaba ya ocupando en consolar y en cuidar al pobre Tonio, que había llegado sin fuerzas y desfallecido, pues nada había tomado aquel día. La buena mujer le había dado de comer, le acostó, y se constituyó en su enfermera.

Con ella presente el comandante hizo nuevas preguntas al muchacho, quien les refirió toda nuestra historia, rogándoles que, si podían hacerlo, tratasen de sacarnos de la prisión. Vivamente emocionados con el relato de Tonio, la señora Derelle y el comandante se lamentaban de su impotencia, y no podían menos que sentirlo mucho.

—Probemos, sin embargo —dijo, por fin, el señor Rembure—; voy a procurar obtener, valiéndome de Marceau, una autorización para entrar en la Alhóndiga. Espero llegar hasta donde están esas infelices, y tal vez hallemos medio de salvarlas.

Probó Tonio a levantarse para volver enseguida a la prisión y darnos cuenta de lo que se iba a hacer en favor nuestro; pero le faltaron las fuerzas y volvió a caer en la cama.

Como sabía que aguardábamos impacientes su visita, el pobre muchacho se desesperaba. Su agitación acabó por alarmar a la señora Derelle, que para calmarlo le dio una bebida soporífera, que pronto produjo su efecto y dejó a Tonio perfectamente dormido.

Entretanto el señor Rembure, dejando a su protegido al cuidado solícito de su casera, se dirigió a toda prisa hacia la vivienda de Marceau. El joven general acababa de entrar en Nantes, donde sólo debía permanecer dos o tres días. Estimaba en mucho al comandante Rembure, así que lo recibió muy bien. Apenas le puso en antecedentes su subordinado acerca de lo que pretendía, dijo:

—Mucho me alegro de hallar ocasión de poderte servir. Desde luego apruebo en todo tu conducta, mi querido camarada. La guerra a que nos obligan es una guerra de salvajes, y de buena gana asestaría mis golpes sobre los malvados que nos dirigen, que no sobre los aldeanos de estas infelices provincias. Procuremos salvar, al menos, el mayor número que nos sea posible. Pero te deseo mejor suerte de la que yo tengo.

Entonces refirió Marceau al comandante cómo de nada habían servido todos sus esfuerzos para librar de la guillotina a la joven Angélica de Melliers, que había caído en manos de sus soldados en la sangrienta jornada del Maris, y a la que había tomado bajo su protección. La había confiado a una honrada familia de Laval, la cual le había prometido velar por ella. Pero enterada la joven de que estaban condenados a muerte los que ocultaban a realistas, no quiso comprometer a sus anfitriones, y ella misma, valerosamente, se dio por prisionera. En presencia del tribunal revolucionario invocó el nombre de Marceau; de nada le sirvió, y fue condenada a la pena capital. Sabedor del peligro en que se hallaba su protegida, acudió el general a toda prisa a Laval, pero cuando llegó, la cabeza de la joven acababa de caer sobre el cadalso.

Al referir esta historia al señor Rembure, tenía el general henchidos los ojos de lágrimas.

—Esto es atroz —añadió suspirando—. En fin, puedes contar conmigo; haré cuanto pueda por secundar tus intenciones.

—Creo, con todo, que lo mejor por ahora será contentarme con pedir un permiso para entrar en la prisión. Después trataremos de obtener algo más.

Acto seguido escribió de propio puño y letra una esquela a Carrier.

Una hora después traía el cartero una autorización por escrito. Dueño de ella, y después de dar las gracias a su general por sus bondades, Carlos Rembure se encaminó a la Alhóndiga sin pérdida de tiempo.

Serían como las seis de la tarde cuando se presentó en casa del carcelero principal. Apenas pasó este hombre los ojos por la autorización, dijo en tono burlesco:

—Ha hecho usted muy bien en darse prisa si quiere ver amueblado el departamento, porque esta noche todos los moradores del calabozo central habrán bebido en la gran taza. La ejecución será a las diez.

Al señor Rembure, según él mismo me lo refirió más tarde, le costó lo indecible reprimir su cólera para no romper la cabeza a aquel miserable, cuyo cinismo le causó rabia. Conducido por un carcelero hasta el oscuro y sucio rincón en que estábamos, se compadecía al ver la miseria a que nos hallábamos reducidas. El hedor del calabozo, la paja infecta que nos servía de silla y de lecho, los gritos desesperados de los enfermos y de los moribundos, y todos los horrores de aquella prisión infernal, causaron vivo dolor e indignaron mucho al joven oficial.

Pocos momentos antes de su llegada a la Alhóndiga supimos de boca de nuestros carceleros que íbamos a ser ahogados en el Loira aquella misma noche. Mi madrina, mi hermana y Justina, recibieron con serenidad la terrible noticia, y sólo pénsaron en prepararse para aparecer ante el tribunal de Dios. Por lo que a mí toca, el pensamiento de la muerte me helaba de espanto. Murmuré contra la Providencia. Me estrechaba entre sus brazos mi santa madrina, esforzándose en tranquilizarme y en hacerme aceptar generosamente aquel suplicio espantoso. Su dulce voz y sus cristianas palabras me tranquilizaron algo, y concluí por resignarme a la divina voluntad, aunque bastante imperfectamente. Mi dolor era inmenso, y si bien no me rebelaba, todavía me apegaba a la existencia y esperaba contra toda esperanza. Es verdad que yo era entonces una jovencita de dieciséis años. Confío en que la bondad de Dios me habrá perdonado mi poca resignación.

Me hallaba, pues, relativamente tranquila cuando el señor Rembure se aproximó a nosotras. Nos informó con breves palabras que había asistido, por deber, aquella misma mañana, al suplicio del sacerdote Berteaux, y que nuestro querido Tonio había sido recogido por una piadosa mujer, que lo cuidaba como si fuese hijo suyo. Él mismo, al saber de boca del muchacho nuestras desgracias, había venido a la Alhóndiga a fin de manifestarnos la simpatía que le inspiraba nuestro infortunio, y para decirnos que iba a poner todo empeño y solicitud con objeto de sacarnos de la prisión. Había esperado que una tregua de algunos días le hubiera permitido preparar nuestra evasión; pero acababa de saber, al mismo tiempo que nosotras, que la ejecución iba a ser aquella noche. Estaba, por tanto, resuelto a tentar lo imposible a fin de arrebatarnos a la muerte, razón por la cual nos dejaría inmediatamente, con objeto de empezar sus diligencias.

Le manifestó mi madrina, en nombre de todas nosotras, la viva gratitud que su generosa abnegación nos inspiraba, y así le dijo:

—Salga usted o no airoso en su empresa, tenga entendido, caballero, que se hará usted acreedor de nuestra gratitud, y si no podemos manifestarle en este mundo nuestros sentimientos, pediremos a Dios por usted en el cielo.

Acercándose entonces mi hermana al joven oficial, le dijo en tono suplicante:

—Ya que es usted tan bondadoso, caballero, me atrevo a pedirle un favor, que estimo en más que la propia vida. Llévese el cadáver de mi hijito, que murió ayer, y procure darle honrosa sepultura, pues de otra suerte los carceleros lo arrojarán al muladar.

El señor Rembure hizo, emocionado, una profunda inclinación, y dijo a Genoveva:

—Juro a usted, señora, que he de cumplir su deseo, que para mí es un sagrado mandato.

Y recibiendo de manos de la joven madre el cuerpo inanimado de Luisito, lo envolvió respetuosamente en su capote, y nos dejó al punto, exhortándonos a tener confianza.

Apenas salió de la prisión, buscó un carruaje, dando orden al cochero de conducirlo a escape a casa del general Marceu.

—Es preciso a todo trance —decíase a sí mismo por el camino— salvar a esa desgraciada familia... ¡Pobre joven esposa! ¡Cuántos sufrimientos ha tenido que padecer durante un mes!

Era que Genoveva, al ser vista en medio de los horrores de la prisión, se había atraído los ojos y el corazón de Carlos Rembure, y la viva simpatía que le había inspirado redoblaba en él el deseo de librarnos del peligro. Aquel magnífico corazón soñaba en procurarnos, después de tantas pruebas, la paz y la seguridad, ya que no felicidad, para nosotros imposible de allí en adelante. Pensaba además que tal vez estaba destinado a enjugar las lágrimas de la joven marquesa de Serant, si, participando ella de los mismos sentimientos que le había inspirado, le permitiese un día consagrarle su vida.

Llegado con la velocidad del viento a casa de Marceau, explicó el joven oficial en dos palabras a su general que, debiendo verificarse la ejecución aquella noche, sólo podría salvar a la señora de Serant una inmediata intervención cerca de Carrier.

No titubeó Marceau, y subiendo al punto con el comandante al coche, se hizo conducir al barrio de Richebourg, donde vivía el convencional.

Llegado a casa de Carrier —serían las siete—, el general rogó a Carlos Rembure que lo aguardase, y se hizo anunciar.

El procónsul estaba a la mesa, y había dado orden terminante de que no se le molestase bajo ningún pretexto. Marceau se resignó y tuvo la paciencia de aguardar durante dos horas a que se le antojase al potentado acabar de comer. El comandante del ejército de las costas del Oeste no pudo obtener la audiencia pedida hasta las ocho y media.

Durante este tiempo el señor Rembure, presa de la más terrible ansiedad, se estaba deshaciendo dentro del coche. Por dos veces había venido su general a decirle que se tranquilizase, que no se podía ver a Carrier por el momento, pero que él, Marceau, estaba muy decidido a forzar la puerta si fuera necesario. Carlos contaba los minutos, y su fogosa alma bramaba de impaciencia y de ira. Veinte veces se sintió tentado de precipitarse en casa de Carrier y levantarle de un pistoletazo la tapa de los sesos; luego se calmaba un poco, no por mucho tiempo, pensando que Marceau, que se había encargado de su causa, haría lo imposible por llevarla a cabo.

Entretanto, Carrier, que se había levantado de la mesa medio borracho, apenas se enteraba de lo que le decía el general. Cuando comprendió, por fin, se negó claramente a dar la libertad a la familia de Serant. Como le convenía, sin embargo, tener contento a Marceau, consintió en conceder la gracia de dejar libre a una de las prisioneras, a elección del interesado. Era preciso contentarse con esto.

Se apresuró Marceau a reunirse con el señor Rembure, y le entregó la orden de excarcelación.

—Pon el nombre —le dijo— que te parezca.

—¡Desgraciadas! —exclamó el comandante al pasar los ojos por el papel que su general le presentaba—. Al menos puedo salvar a aquella infeliz mujer.

Dirigiéndose entonces al cochero le dijo:

—Te ganas un luis de propina si dentro de diez minutos estoy en la Alhóndiga.

Mucha era la distancia, y ardua la empresa, pero la propina valía la pena, sobre todo en aquel tiempo. Por eso el conductor se colocó de un salto en el pescante, y con un fuerte latigazo puso a sus caballos a galope. A las nueve y media se paraban las bestias, jadeantes, en la puerta de la prisión. Marceau, que no quiso entrar en el coche, a fin de no quitar tiempo a su amigo, se había marchado a pie, deseándole feliz éxito.

Carlos salió del coche, y alargando al cochero la propina prometida le dijo:

—Aguárdame —y, con la orden de excarcelación en la mano, se dirigió a la habitación del carcelero principal.

Manifestó éste gran extrañeza, pero el documento estaba en toda regla, y no había más remedio que bajar la cabeza y obedecer. El comandante Rembure escribió en el documento el nombre de la exmarquesa de Serant, y siguió los pasos del carcelero que lo conducía.

¡Ya era tiempo! Los soldados que debían asistir a la ejecución estaban ya sobre las armas; los verdugos preparaban los barcos y se había comenzado a atar a las víctimas.

Yo fui la primera que reconocí al señor Rembure, que se dirigía hacia nosotras, y con angustia indecible exclamé:

—¿Viene usted por nosotras?

El joven oficial bajó tristemente la cabeza; comprendí que estábamos perdidas sin remedio, y armándome de valor no pensé ya en otra cosa más que en rezar.

—Tengo el corazón partido de dolor —nos dijo el comandante—; hubiera pagado con mi propia sangre vuestra libertad, y estoy desesperado por no haberla podido conseguir.

Llevándose entonces aparte a mi hermana y a mi madrina, les habló en voz baja. No pude oír lo que decían, pero más tarde supe del mismo señor Rembure las palabras que habían mediado en aquel supremo instante.

—Señoras, aunque muy a mi pesar —les dijo—, no puedo arrancar a todas ustedes a la muerte, y sólo me ha sido otorgado librar a una. Sígame usted, señora— añadió dirigiéndose a Genoveva—; su madre de usted, seguro estoy de ello, estima en más la vida de usted que la suya propia. Venga usted, pues le traigo su salvación. A su edad nadie quiere morir. Sígame usted, que yo le juro hacer todo lo que de mí dependa para suavizar su inmensa pena.

—No puede ser, caballero —respondió Genoveva con resolución—; no acepto su generoso ofrecimiento. Antes que vivir sin ellas, prefiero morir con mi madre y con mi hermana.

—Pero, señora —repuso con calor el joven—, si le pido que acepte la vida, es también por mí sobre todo... La amo a usted, la amo a usted con pasión... Perdóneme el que me exprese de esta manera tan brusca; pero los instantes son preciosos. Si se determina a seguirme, llegará el día en que usted me ame también al ver cuánto la amo. Será usted mi esposa, y hará mi vida feliz; pero sin usted nunca podré ser dichoso.

Sonrió tristemente Genoveva y respondió:

—Tres semanas hace que pereció en el cadalso el hombre a quien he amado, y a quien sólo podré amar. No insista más, caballero. Por más que se haya usted granjeado mi gratitud y mi estima es irrevocable mi determinación... Pero —añadió asaltada por una súbita idea— salve usted en mi lugar a mi hermana, yo se lo suplico. La infeliz no puede conformarse con la idea de morir. Por favor, sálvela usted. Es una niña, sí; pero ¿por qué no ha de realizar usted, movido de lástima, lo que inspiró a su generoso corazón un sentimiento más tierno? ¡Hágalo usted... por mí! Quizá algo más tarde llegue usted a amarla. Será de usted por habérsela dado yo, y Dios puede hacer que la simpatía que yo le he inspirado la llegue usted a sentir un día por ella, por mi queridísima hermana.

Carlos Rembure se inclinó.

—Su negativa me parte el corazón —dijo—; pero su deseo es para mí un mandato; juro a usted que mientras yo viva he de velar por la joven que usted me confía.

—Gracias, muchas gracias, caballero; no esperaba yo otra cosa de su generosidad.

—Entonces, volviéndose a mí, dijo:

—Mi querida Mariquita, el señor de Rembure ha logrado conseguir una orden de excarcelación que va a salvarte. Síguele, querida; te trae la vida. Tu madrina, la buena de Justina y yo nos consideramos muy felices pensando que, al morir, te dejamos libre de todo peligro y bajo el amparo de un protector enteramente leal.

Mi temor a la muerte era tan vivo que, al oír este lenguaje, dejé al punto de llorar, y una ligera sonrisa asomó a mis labios.

—Pero ¿no te librará también a ti, a mi madrina y a Justina?

—Imposible, Mariquita —repuso mi hermana— Dios quiere otra cosa.

—Entonces tampoco quiero yo que me libre —le dije al oído.

¡Singular estado aquel en que se hallaba mi alma! Era sincera al expresarme así. Parecíame cosa horrible el vivir perdiendo a las que tanto amaba. Y además me asustaba la idea de seguir a aquel hombre, a aquel oficial *bleu* cuyo uniforme me producía un espanto y una repulsión indecibles. Tener por protector, y en cierto modo como padre, a uno de aquellos republicanos, enemigo mortal de todo lo que yo amaba; hacía que mi mente pintara el porvenir con tétricos y espantosos colores. Y con todo, sentía yo tanto horror a la muerte que estaba interiormente deseando que me obligasen a aceptar. Conociendo la incomparable ternura de aquellas mis queridas prendas, segura estaba yo que no habían de admitir mi negativa, y que su afecto me obligaría a continuar viviendo.

Así sucedió. Tanto mi hermana como mi madrina se revistieron de toda su autoridad, y me mandaron que siguiese al señor de Rembure. Urgía darse prisa, pues ya sacaban a las víctimas.

Roto el corazón por una indecible pena, abracé por última vez a la marquesa, a Genoveva y a nuestra Justina, a la que pedí perdón por todos mis malos modos para con ella. Prometí cuidar de Tonio. Hice, por fin, un esfuerzo para seguir a mi protector, pero estaba tan penetrada de horror, de miedo y de pena a la vez, que caí desmayada apenas había dado algunos pasos. El comandante tuvo que llevarme hasta el coche, donde me colocó con mucho cuidado, y dio orden al cochero de conducirnos a casa de la señora Derelle.

Muy pronto me reanimó el fresco de la noche, y al llegar a la calle de la Fose ya había recobrado enteramente el conocimiento. La señora Derelle, a pesar de no conocerme, me recibió con tanta caridad y con tantos miramientos que nunca podré olvidarlo. Me forzó a tomar algún alimento, pues me encontraba desfallecida a causa de no haber tenido durante ocho días nada más que lo mínimo para no morirme de necesidad. Me dio alguna ropa suya para que me quitase la que llevaba puesta, que estaba llena de miseria y tan sucia que causaba asco. Y tuvo, en fin, para conmigo, atenciones verdaderamente maternales.

A pesar del inmenso consuelo que sentía al verme libre de la prisión y del peligro de la espantosa muerte que durante ocho días había estado de continuo suspendida sobre mi cabeza, el pensamiento de que no volvería a ver a mi madrina ni a mi hermana me hacía sufrir espantosamente. Un cuarto de hora después de haber salido yo de la prisión, mis queridísimas perecieron sumergidas en las aguas... Me hallaba sola en el mundo, y el porvenir me espantaba, pues carecía de recursos y sólo mi nombre era para mí un peligro que siempre me estaría amenazando.

Después de tomar algún alimento, la señora Derelle me llevó adonde estaba Tonio, que se encontraba mucho mejor, y que experimentó al verme suma alegría. El pobre muchacho sentía, no obstante, una gran pena por la pérdida de la marquesa y de mamá Genoveva. El infeliz se preguntaba qué iba a ser de él, y comprendí los vivos deseos que tenía de permanecer a mi lado.

Mientras conversábamos con la señora Derelle recibí un recado de parte del señor Rembure, preguntándome si podría recibirlo, y como le diese tímidamente las gracias por haberme salvado, me dijo:

—Daría mi vida por devolver a usted las santas a quienes llora.

Añadió que partiríamos al día siguiente, al despuntar el alba. Supo que se iban a repetir más y mejor las visitas domiciliarias, y se daba prisa en sacarme de Nantes. Marceau, a fin de secundar sus proyectos, acababa de designarlo para mandar dos escuadrones que debían separarse inmediatamente del ejército de las costas del oeste para ir a las fronteras del norte.

—He mandado preparar un coche para usted —me dijo—, y la acompañaré con mis jinetes hasta Chartres. En esta ciudad debemos separarnos, pero allí vive mi madre, que la recibirá a usted con mucho gusto, y la dejaré con la segura confianza de que ha de quererla como a una hija y de que ha de enviarme frecuentes noticias de usted. Disipe todo temor, juré a su hermana que le serviría a usted de apoyo, y he de cumplir con mi juramento.

La señora Derelle se ofreció a tener en su casa a Tonio, prometiendo que había de procurar que se le diese buena educación. Como, por otra parte, la señora de Rembure, al decir de Carlos, no hubiera podido fácilmente hacerse cargo del muchacho, se decidió que quedara en Nantes, y que yo partiría para Chartres al otro día.

Serían como las once cuando nos dejó el señor de Rembure, encargándome que estuviese lista muy de mañana, pues convenía salir de la ciudad antes de que amaneciera.

A las súplicas repetidas de mi anfitriona, consentí en echarme sobre la cama, pero estaba tan triste y con tanta pena, que me pasé casi toda la noche en claro. A eso de las tres de la madrugada, vencida por la fatiga, me quedé profundamente dormida.

CUARTA PARTE
Lágrimas y sonrisas

XXXVII
Desde Nantes a Chartres

Dos horas escasas habría dormido, cuando vino a llamarme la señora Derelle. Estaba muy necesitada de descanso, pero tuve que levantarme pues era preciso estar lista para las seis. El comandante creía necesario salir muy de mañana, y ya no debía tardar en venir el carruaje que había de conducirme. Me vestí, pues, a toda prisa, y después de haberme encomendado a Dios y a mi Madre celestial tomé algún alimento. Sentía entonces gran postración de cuerpo y alma. Los sufrimientos, los insomnios, las violentas emociones de aquellos últimos días me habían rendido de tal suerte que apenas tenía conciencia de mí misma, y cuando se presentó el señor de Rembure anunciando que el coche me estaba esperando, apenas si pude responder a su saludo ni a las preguntas que me hizo sobre el estado de mi salud.

La señora Derelle me permitió abrazar, antes de partir, el cadáver de Luisito, que había colocado en su propia habitación, en la cuna de su hijo único, al cual había perdido dos años antes, el mismo año de la muerte de su esposo. La vista de nuestro ángel querido renovó todas mis emociones. Lo abracé derramando muchas lágrimas, y me costó gran trabajo devolvérselo a la señora Derelle, que estaba ya arrepentida de haberme llevado con mi angelito, y que hubiera querido apresurar la partida para abreviar aquellos dolorosos instantes. Me prometió darle sepultura aquel mismo día y señalar cuidadosamente el sitio. Renovó la promesa de educar a Tonio como a un hijo y de procurar que continuase sus estudios tan pronto como las circunstancias lo permitiesen. El pobre chico estaba desconsoladísimo por quedarse solo, y tenía grandes deseos de venirse conmigo. Le hice ver que, no pudiendo el señor Rembure encargarse de nosotros dos, debía aprovecharse de la hospitalidad que le ofrecía la señora Derelle. Hizo este sacrificio valerosamente y me prometió continuar fiel a Dios.

Y bien que cumplió su palabra. Cuando la Iglesia de Francia recobró la paz entró en el seminario —entonces tenía Tonio veintidós años—, y se ordenó presbítero el año en que yo volví a Anjou. Tuve la dicha de asistir a su primera misa y de recibir de su mano la sagrada comunión. ¡Qué recuerdo y qué emoción para ambos cuando nos trasladamos con el pensamiento a aquella comunión que él nos había dado cuando sólo tenía doce años!

El presbítero Antonio de Serant, —este era el nombre que había tomado— partió poco después para las misiones extranjeras. Vivió diez años en la India, trabajando con infatigable ardor en la salvación de los paganos, y especialmente en evangelizar a los pequeñuelos, como lo había deseado toda su vida. Me escribió en varias ocasiones, y conservo sus cartas como las de un santo. Murió en 1814, de una enfermedad que contrajo a la cabecera de un moribundo al que administró los últimos sacramentos. ¡Qué gozo habrán experimentado todos los míos allá arriba al volver a ver a este santo! ¡Qué felizmente inspiradas estuvimos cuando en la plaza de Beaupreau lo arrancamos de las manos de aquellos miserables que lo habían robado! Bien podéis, hijos míos, invocarlo, pues es en el cielo un poderoso protector.

Pero este grato recuerdo me ha obligado a pasar por encima un largo período de veinte años. Nos encontramos al presente todavía en el 23 de enero de 1794.

Después de haberme despedido de la señora Derelle, y de darle las gracias lo mejor que pude por todo cuanto había hecho en nuestro favor, seguí al comandante, quien me hizo subir a un carruaje cerrado que había alquilado para todo el viaje. Me encargó que tuviese buen ánimo y que nada temiese, porque él me defendería, aun a riesgo de la propia vida, de cualquier peligro.

—Haremos el viaje en jornadas cortas —añadió—, pues durante el camino tengo que comprar algunos caballos para la remonta de mi regimiento. Nos detendremos en Oudon hacia mediodía para almorzar, y pernoctaremos en Ancenis. Hasta muy pronto; en Oudon vendré otro rato con usted.

Hubiera querido darle las gracias, pero mi cabeza andaba perdida, y no sé qué medias palabras pronuncié entre dientes. Me hizo un respetuoso saludo, cerró la portezuela y, montando a caballo, dio la señal a sus soldados de ponerse en marcha.

Heme aquí, pues, en camino, una jovencilla de dieciséis años, enteramente sola en medio de húsares republicanos, a los cuales tenía gran miedo, y no podía llegar a persuadirme de que me protegían ¡Como que los *bleus* habían cometido horrores en nuestro desgraciado país..., y a manos de ellos habían perecido todos los míos!

El señor de Rembure parecía bueno; mas no dejaba de causarme espanto la vista de su uniforme, que producía en mí malísima impresión. Siempre que se acercaba me echaba a temblar, y me costaba mucho el no manifestar mis terrores. Con todo, tenía yo menos miedo de él que de los otros, y si me hubiera atrevido le hubiese rogado que no se apartase de mí, pues a cada paso se me figuraba que los húsares que marchaban al trote delante o detrás del carruaje iban a echarme mano para matarme. Si hubiese tenido alguna persona a mi lado, tal vez hubiera conseguido alejar de mí estos negros pensamientos y aterradores fantasmas. Pero estaba sola y mi imaginación, sobreexcitada con las tristes escenas de los días precedentes, mantenía mi corazón y mi mente en perpetua angustia.

Quiso el Señor que mi pensamiento se fijase en los seres que yo había perdido, y en la memoria de mi corazón reaparecieron Bois-Joli con sus hermosas campiñas. Y en ese cuadro encantador se pintaban figuras para mí queridísimas, el marqués de Serant y mi santa madrina, Arturo y mi amada Genoveva, y el angelito que había volado al cielo, y nuestros fieles criados, y aquellos valientes campesinos que nos habían defendido hasta morir. Todos iban pasando por delante de mí en rápida visión, triste y alegre a un mismo tiempo, pareciéndome que en sus labios brotaba una sonrisa, con la que me animaban, diciéndome: «¡Ten confianza! Rudo es el combate de la vida, pero es eterno el galardón, y las flores de nuestras coronas jamás se marchitan». Santamente enternecida con estos recuerdos, levanté mi corazón a Dios, arrojándome en sus brazos, y le pedí perdón por mis faltas y fuerzas contra mi debilidad. Me abandoné por completo en su amorosa providencia, y sentí enseguida en mi corazón y en mi alma un aliento poderoso. La profunda turbación en que me hallaba poco antes, desapareció para dar lugar a una gran paz, paz que no excluía, ciertamente, mi inmenso dolor, pero que me envolvía en una atmósfera de calma, de resignación y de confianza.

He aquí, hijos míos, el efecto ordinario de la oración a la que debemos acudir siempre que nos encontremos tristes o desconsolados. Pero no hay que olvidar que en tales circunstancias el demonio pone gran empeño en que no nos sirvamos de este saludable remedio. Es pues, de suma importancia el acudir entonces con mucho ánimo a la oración, con lo cual conseguimos una gran victoria sobre nuestro enemigo. No os olvidéis de esto, pues de ello tendréis necesidad durante toda la vida.

A partir de aquel momento ya no sentí miedo alguno del señor de Rembure, y si bien no sentía ningún género de simpatía hacia su persona y uniforme, noté que la rectitud de su carácter merecía mi confianza, y que en él me concedía Dios un verdadero protector.

Así que, cuando hacia el mediodía hicimos una breve parada, poco antes de llegar a Oudon, experimenté agradable satisfacción al verlo dirigirse adonde yo estaba. Luego que abrió la portezuela del coche y me preguntó si quería bajarme, le respondí:

—Con mucho gusto, caballero; ahora me siento mucho mejor, y pido a usted me perdone mi falta de atención. Le estoy por extremo agradecida, y espero de su bondad que no dudará de lo que estoy diciendo.

Dio muestras de agrado al oír mis palabras, y volvió a repetirme que contase con él en toda circunstancia. Me invitó a entrar en una granja vecina, e hizo que las mujeres de la casa me sirviesen de comer, mientras que él iba a reunirse con sus hombres.

Como a las dos de la tarde vino a rogarme que subiese al coche, y me puse en camino, cercada de húsares de la República, lo mismo que por la mañana. En Ancenis procuró el señor de Rembure que se me diese la mejor habitación de la fonda, y mandó que me sirviesen en mi departamento, mientras él, con sus oficiales, pasaba al comedor.

Al día siguiente, que era el 24, apenas salimos de Ancenis, advertí que los húsares cercaban mi carruaje, hasta el punto de impedirme por completo la vista del río y de la orilla izquierda. Me pregunté a qué obedecía aquel movimiento; pero enseguida comprendí que el señor de Rembure, sabedor por Tonio de la situación exacta de Bois-Joli, quiso impedir que mis ojos se fijasen en las tristes ruinas del castillo. Se lo agradecí en el alma, y cuando nos detuvimos en Saint-Georges para almorzar, le manifesté cómo no se me había pasado por alto su delicada atención, que me conmovió sobremanera.

Llegamos a muy buena hora a Angers. El comandante, después de haberme instalado en el hotel del Faisán y de haberme recomendado a los cuidados de la dueña del establecimiento, se despidió de mí para ir a negocios del servicio. No volví a verlo hasta el otro día al ponernos en camino para ir a Mans.

Durante mi estancia en el hotel reconocí perfectamente al gerente de dicho establecimiento, donde me había yo detenido frecuentemente con mi hermana y con el marqués durante nuestros viajes. Más de una vez nos habíamos reído de sus ridículos extremos de finura, de sus interminables saludos de cabeza y de su extraña actitud en presencia de personas de la nobleza. Al presente, pasaba por republicano de cepa antigua y por empedernido defensor de la igualdad, y tenía de continuo la injuria en los labios al hablar de los exnobles, opresores del pobre pueblo, etcétera. No pude menos que hablar al día siguiente al señor de Rembure acerca de este hombre y del cambio que en él había notado.

—¡Si supiese usted, —me dijo— cómo abunda esa clase de hombres y lo que me repugnan! ¡Se les encuentra a cada paso!

El 25 por la mañana emprendimos el camino para Mans. Después de una breve parada en la aldea de Seiches, llegamos a la Flèche a eso de las cuatro de la tarde. Sabía yo que el corazón del buen rey Enrique IV se conservaba en la capilla de la antigua casa de los jesuítas. Ganas me vinieron de saber lo que había sido de aquel precioso depósito, pero no me atreví a pedir informes. Después me enteré que unos malvados habían arrojado al fuego el corazón del buen rey, y que un piadoso habitante del país había recogido las cenizas, que se colocaron en un relicario de plomo, encontrándose hoy día en la capilla del Pritaneo Militar.

El 26, después de una parada en una aldea de cuyo nombre no me acuerdo, llegamos a Mans, donde pasamos todo el día siguiente. Aún se veían en los caminos y en los campos gran número de cadáveres en putrefacción, restos de los infelices vandeanos, degollados a millares junto a las murallas de esta ciudad. Era un espectáculo horrible. Con gran sentimiento suyo, no pudo el señor de Rembure evitarme aquella vista, que me produjo dolorosísima impresión.

El 28 pernoctamos en Nogen-le-Retrou, y el 29, ya muy entrada la noche, llegamos a Chartres, donde debía yo habitar en casa de la madre de mi protector.

El comandante me había afirmado repetidas veces durante el viaje que su madre me amaría como a una hija, y que a su lado encontraría los cuidados, la solicitud y el afecto de que tan necesitada estaba. Apenas llagamos a Chartres encomendó a un oficial el cuidado de acuartelar a los dos escuadrones, y subiendo a mi coche hizo que nos condujesen a la calle de los Jacobinos, donde vivía su madre, a la que deseaba presentarme cuanto antes.

Era la señora de Rembure una mujerona fuerte, como de unos cincuenta años, de mirada fiera y adusta. El recibimiento que me hizo fue, sin embargo, correcto, si bien comprendí inmediatamente que no encontraría en la madre lo que el hijo me había prometido. Era preciso, pues, resignarse con la suerte que me deparaba la divina Providencia, dado que yo no contaba con más amigo, pariente ni protector que con el señor don Carlos, a quien no podía seguir por más tiempo.

Tristísima fue aquella noche, sospeché, por instinto, que iba a sufrir mucho; pero estuve muy lejos de imaginar la pesada cruz que sobre mis hombros iba a gravitar.

Se despidió de mí al otro día el señor de Rembure, y al darle el adiós no pude contener las lágrimas. Tenía plena confianza en él, y la generosidad de su carácter comenzó a hacérmelo simpático. Se acentuó en mí tanto más este sentimiento, cuanto que iba a verme privada de su protección. Él mismo manifestó tristeza en dejarme, y contento al ver que yo sentía su marcha. Me volvió a hablar de las buenas disposiciones de su madre con respecto a mi persona y, como se deja entender, tuve buen cuidado de no contradecirle. Se alejó, finalmente, exhortándome a tener buen ánimo y prometiéndome que tendría noticias suyas.

XXXVIII
La criadita de la señora de Rembure

Muy pronto adquirí la certeza de que no me habían engañado mis presentimientos. No era la señora de Rembure una mujer mala, y abrigo el pleno convencimiento de que en el fondo de su alma, a despecho de su exaltación republicana, desaprobaba las crueldades de la Revolución. Pero su vanidad y su orgullo democrático llegaban al extremo. De poquísimos alcances, de escasa cultura intelectual, y disfrutando, como rica improvisada, del triunfo de su casta y del abatimiento de la nobleza, no dejaba pasar ocasión alguna para subrayar la victoria de su partido.

Carecía aquella infeliz criatura de principios y de sentimientos religiosos. Había recibido el bautismo, pero tengo para mí que jamás se había confesado, y la certeza de que nunca había comulgado. En los comienzos de habitar yo en su casa no se recataba de decir claramente que no creía en Dios. Habiendo enviudado a los veintiún años, adoraba a Carlos, único hijo que tenía, y que era para ella su alegría, su orgullo, su dios.

Este joven, que a pesar de sus admirables virtudes naturales, tenía la desgracia de ser incrédulo, no sufría viendo la falta de religión de su madre. Su piedad filial, como os dije, no le dejaba ver los defectos de la que le dio el ser, habiéndose formado de ella un concepto muy diferente de la realidad. Por eso, de muy buena fe, me confió a sus cuidados persuadido de que nadie miraría como ella por mí, y de que su afecto me sería de gran consuelo.

No creo lastimar en lo más mínimo, hijos míos, la caridad al hablaros de este modo de la señora de Rembure. Nada de lo que digo la puede perjudicar, pues murió hace ya cincuenta años, y vuestros mismos padres no alcanzaron a conocerla.

Por otra parte, es necesario que os diga estas cosas para que comprendáis mejor por qué pruebas me hizo pasar el Señor, y las gracias que, como fruto de ellas, se siguieron. Esta lección será para vosotros de mucha utilidad.

Gran extrañeza, y sobre todo disgusto, manifestó la señora de Rembure cuando, al presentarse a ella don Carlos, le suplicó éste que me mirase como a una hija. Se indignó su orgullo democrático con la idea de acoger bajo su techo y entre su familia a una joven perteneciente a la aborrecida y vencida casta. Además, no tardó en concebir la sospecha de que su hijo pudiese un día, cuando la protegida fuese mayor, tomarla por esposa y esta perspectiva la soliviantaba más todavía. Por otra parte, la joven Sainte-Hèrmine no tenía ni blanca, y bien compredía la madre que esta consideración no sería obstáculo para que su hijo dejase, caso de que se le ocurriese, de unir su vida a la mía. Deseaba vivamente casarlo con una de sus primas, la señorita Cornelia Merland, que participaba por completo de las ideas democráticas de su futura suegra, y que llevaría en dote una respetable cantidad, lo cual aconsejaba no echarlo todo a perder. Así es que, desde cualquier punto de vista, era yo una enemiga de la cual era preciso desembarazarse a toda costa.

No se atrevió la señora de Rembure a negarse a recibirme, pues de sobra comprendía que este rigor no hubiera servido sino de hacerme más interesante a sus ojos y de apresurar el desenlace que se estaba temiendo.

Pensó que lo más acertado era disimular y acceder aparentemente a los deseos del joven, con el propósito de componérselas después de tal modo, que hiciese imposible semejante unión.

Al siguiente día de marcharse Carlos me llamó a su cuarto, y sin más preámbulo, sin decirme siquiera que tomase asiento, me dijo con tono altanero:

—Creo que está usted muy engañada acerca de las intenciones de mi hijo y de las mías al entrar usted en esta casa. No vaya usted a imaginarse que el señor don Carlos ha tenido la intención de admitirla en esta casa en calidad de hija y de hermana. Me creo en el deber de quitar a usted de la cabeza semejante ilusión, dándole a conocer la realidad de las cosas, por más que me cueste decírselo. Mi hijo la ha recogido a usted de pura lástima, librándola de una muerte cierta, en lo cual hizo perfectamente. Pero no pudo pensar en adoptar a una joven sin fortuna y cuyos principios son muy diferentes de los nuestros. Su intención fue que entrase usted a servir en esta casa, lo cual debió usted comprender desde luego, y ésta era la sola protección que podía ofrecerle. Con todo, si tal situación no se acomoda a usted, queda en libertad de poderse marchar. No es usted esclava, como en otro tiempo lo fuimos nosotros, cuando los vuestros nos gobernaban. Sírvase usted, por tanto, de manifestarme su determinación de aquí a una hora, sobre si quiere permanecer aquí de doncella o marcharse esta misma tarde.

Al llegar aquí, me hizo señas de que podía retirarme. Estaba yo de tal manera indignada contra aquella mentira y contra la injusticia que se estaba cometiendo, y veía al mismo tiempo con tanta claridad que me hallaba sin defensa en manos de aquella mujer, que me quedé sin palabra, y salí de la habitación para irme a mi cuarto, presa del más vivo dolor.

Lo primero que me vino a la cabeza fue volver adonde estaba la señora de Rembure para armarle un escándalo, diciéndole que me había mentido, y que no me cabía duda alguna de que había tergiversado las intenciones de su hijo; pero la reflexión me hizo entrar muy pronto dentro de mí y ver claro la realidad de las cosas. Ya sabía yo de manera indudable, por lo acontecido, lo que era aquella mujer, y comprendí que había reflexionado con madurez acerca de la propuesta que acababa de hacerme. Si no la aceptaba, tendría que salir al punto de la casa, lo cual era ponerme en peligro cierto de ser presa a las veinticuatro horas, pues no tenía ni pariente ni amigo a quien pedir refugio. La señora de Rembure me declaró antes que sería del todo inútil que yo escribiese a don Carlos, porque todo lo hacía de acuerdo con su hijo, y porque, además, no le llegarían mis cartas, dado que el director de Correos, conocido suyo, le había prometido devolverle cuantas cartas se me antojase escribir. No me quedaba, pues, apoyo alguno. Salir de la casa equivalía a ponerme en manos de mis enemigos, que me aprisionarían para llevarme, tal vez, al patíbulo.

Entonces asaltó a mi mente y me heló la sangre el recuerdo de los terribles días que había pasado en la Alhóndiga de Nantes. La víspera misma, al atravesar con el señor de Rembure las calles de Chartres, me crucé con la carreta que conducía al suplicio a una infeliz joven de mi edad, porque aquellos miserables no retrocedían ante ninguna infamia.

Además, aun dado el caso de que hubiera tenido la suerte de librarme de la prisión y de la muerte, me hubiera sido preciso trabajar para vivir, puesto que carecía enteramente de recursos. Reducida a tal extremo, ¿no era lo mejor continuar en aquella casa, donde probablemente estaría segura, para no exponerme a ser detenida al buscar una colocación, que tal vez sería peor que la que allí me ofrecían? Finalmente, en casa de la señora de Rembure podía abrigar la esperanza de que don Carlos, a su vuelta, había de hacerme justicia y librarme de aquella cruel situación. ¿No era, por tanto, más prudente callarme y aceptar aquella situación, terrible, sin duda, para una joven orgullosa, como lo era yo y acostumbrada desde niña a los respetos y a las más atentas consideraciones?

En mi perplejidad invoqué el auxilio del cielo, y me sentí, como siempre fortalecida con la oración. Resolví abandonarme en brazos de la divina Providencia, que me ponía en tan terrible prueba para provecho de mi alma, si bien no sentía consuelo con aquella tan pesada como imprevista cruz. Me sometí a la manera que se somete el esclavo a la servidumbre, por temor a más rigurosos castigos, y si doblé la cerviz fue por serme imposible sacudir el yugo sin temer alguna cosa peor.

Me fui, pues, sonrojada de confusión, pero con una firmeza en mí desconocida; a decir a la señora de Rembure que aceptaba su propuesta.

—Muy bien —me dijo—; mañana empezará usted a ejercer su cargo. Mis sobrinas Ceres y Cornelia Merland van a venir a habitar en mi casa, y como Catalina, por su avanzada edad, no podría atender a la vez a la cocina y al arreglo de la casa, atenderá usted a esto último. Nuestros padres sirvieron a los vuestros; a cada cual toca su vez. Como no debe usted entender gran cosa que digamos, Cornelia, que sabe perfectamente el manejo de una casa, la irá informando de todo.

La señora de Rembure estaba íntimamente persuadida que esta dura necesidad concluiría por hacerme abandonar su casa. Además, aun en el caso de que tuviese yo paciencia para continuar en su casa, era muy probable que su hijo, al verme más tarde convertida en criada de su madre y de sus primas, no pensaría en casarse conmigo, si es que alguna vez pensó en ello.

Desde el día siguiente empecé a desempeñar mi cometido. Mi ama me dio por habitación un cuartucho en lo más alto de la casa. No tenía chimenea, y era cosa de helarse durante aquel riguroso invierno. En verano debía ser un horno.

¡Oh, nido encantador de Bois-Joli, tan lindo y tan cómodo, que para su amadísima hija había preparado la ternura de una madre! ¡Qué cruel fue para mí en aquellos instantes este recuerdo!

Me vi precisada a cambiar los vestidos que me había regalado la buena señora Derelle por otros más adecuados a mi nueva condición. La señora de Rembure, que era muy expeditiva, me los había comprado ya hechos el día antes, por la noche.

Las señoritas Ceres y Cornelia Merland, mis nuevas amas, llegaron aquella misma mañana, un poco antes de la hora del almuerzo.

Eran hijas de labradores acomodados que se habían enriquecido con los bienes nacionales. Era casi nula su instrucción, y su educación dejaba muchísimo que desear. El padre, que deseaba hacer de ellas unas señoritas, se dio prisa en aceptar la proposición que le había hecho la señora de Rembure, su prima, de tenerlas consigo, y aquellas jóvenes sintieron gran alegría al saber que venían a Chartres, pues de tiempo atrás bebían los vientos por vivir en una ciudad.

A la señorita Cornelia, que era la mayor y contaba entonces veintidós años, le pusieron por nombre en el bautismo Juana; pero no le agradó, y a fines del año 1792 hizo que le pusieran un nombre romano. Desde luego puedo aseguraros que la pobrecilla no sabía ni palote de la historia de aquella romana.

La señorita Cornelia era la destinada por la señora de Rembure para esposa de su hijo. Ella y su hermana Ceres (alias Joaquina), que acababa de entrar en los diecinueve años, tenían gran parecido (en la parte moral) con su tía. De poquísimos alcances, muy ignorantes y por extremo vanidosas, como antes lo había sido yo, gozaron lo indecible al ver que tenían una doncella perteneciente nada menos que a la nobleza: una marquesa, según ellas decían, cuando hasta entonces solamente habían sido servidas por criadas de bajísima estofa, con las cuales compartían el trabajo.

Convertida yo en criada de las princesas del día, había de resignarme a sufrir de su parte no pequeñas humillaciones.

Experimentaban especial satisfacción en hacerme sentir mi dependencia, sobre todo en presencia de las personas que venían a visitarlas. Muchas señoras de su clase, improvisadas lo mismo que ellas, venían a casa de la señora de Rembure con el determinado objeto de ver a una marquesa desempeñando el cargo de doncella y, más que nada, para tener el gusto de ser por ella servidas los días en que la señora de la casa tenía convidados. ¡Oh, femenino orgullo! ¡Qué bien aprendí entonces a conocerlo! Cosa singular: sufría, sin duda, con todo esto, pero mucho menos de lo que hubiera imaginado, y no podía menos que sonreírme interiormente cuando la señorita Cornelia o su hermana me decían con afectada pedantería y con ridícula entonación, estudiada de antemano:

—¡Por Dios, María! ¡Cuidado que eres insoportable, hija de mi alma!... ¡Eres más desmañada! ¡No se puede hacer carrera de ti!

Apenas llegaba una visita, ya estaban ellas contándoles mi historia; después, con el más insignificante pretexto, me llamaban a la sala para mostrame a los que allí había.

Si hubieseis oído a la señorita Cornelia decir con su bronca voz, que procuraba afinar:

—No, señora, no se tome usted el trabajo de cargar con ese paquete. Le sería por extremo embarazoso. No, señora, no estaría eso bien. Permítame usted; mi criada lo llevará enseguida a su casa.

La infeliz de Ceres, que envidiaba la instrucción que yo había recibido, me preguntó cierto día, en confianza, qué había hecho la persona cuyo nombre llevaba, y en qué tiempo había vivido.

—¿Era también ella romana?—me preguntó.

Abrió unos grandes ojos cuando me oyó decir que Ceres era la diosa de las cosechas, personaje de fábula, y que jamás había existido.

—Entonces —replicó—, ¿cuándo me deben felicitar?

—Cuando a usted le venga en gana —le respondí muy seria—. Para semejante patrona, lo mismo da un día que otro. Sin embargo, atendiendo a las intenciones de los que han disfrazado a usted con ese nombre (no comprendió el valor del vocablo), soy de la opinión que deberían dársele a usted los días por el mes de agosto, en que se suele recoger la cosecha.

—Muchas gracias. ¿Y tú —me preguntó—, no te gustaría llevar un nombre ilustre?

—Estoy contenta con el mío; tengo la honra de llamarme María, y no la envidio a usted.

—¡Nada —dijo enfadada—, que no hay quien te saque de la cabeza esas tonterías!

Y con objeto de desquitarse de la lección que acababa de recibir, dijo en tono autoritario:

—Anda a limpiar mis botines, y disponte para acompañarme a paseo.

Desde aquel día procuraba que recayese la conversación sobre el nombre que llevaba, y hacía al estupefacto auditorio un discursito sobre la diosa Ceres con un aplomo que era para tirarse de risa.

La señorita Cornelia era la encargada de formarme, y no me dejaba ni punto de reposo, pues era por extremo exigente. Es verdad que yo no sabía hacer nada, y que merecía con frecuencia ser reprendida. En el fondo no era mala aquella joven, y pensaba yo a menudo que se portaba conmigo lo mismo que me portaba yo con Justina, con la diferencia, no obstante, de que yo no la humillaba a cada paso, mientras que mis amas no dejaban pasar ocasión alguna de mortificarme.

Esta vida tan infame a mi orgullo me ponía fuera de todo peligro, pues el reconocido civismo de la señora de Rembure hubiera hecho fracasar por completo cualquier acusación lanzada contra ella o contra su gente. En los cuatro años que permanecí en aquella casa, no hubo ni una visita domiciliaria.

Cierto día salí a pasear con un tiempo magnífico, aprovechándome del permiso que me habían dado. Al pasar por una barriada vi dos magníficos caballos atados a la puerta de una posada. Llevaba uno de ellos silla de amazona. ¡Qué recuerdos se despertaron entonces en mi mente! De pronto recordé mi envidiable pasado y aquellas horas deliciosas en que, en compañía de Genoveva y de Arturo, galopaba gozosa por las campiñas del Anjou, orgullosamente sentada en mi caballo de pura sangre, y embriagada de juventud y de libertad. Y cuando volvía por la tarde, después de estas agradables excursiones, ¡qué solícitos cuidados se me prodigaban; con cuánto afecto era yo recibida!

¡Qué hermosa era entonces para mí la vida, qué radiante el porvenir! ¡Ah, si alguien me hubiera predicho cuál iba a ser este porvenir!

Despierta súbitamente de esta dulce visión, para regresar a mi doloroso presente, sentí tal vergüenza y un disgusto tan espantoso de mi estado, que me acometió una tentación violenta de desesperación, a la que, gracias a Dios, pude resistir.

Después me pasó una idea descabellada por la cabeza. La calle estaba solitaria..., ¿por qué no desatar uno de esos caballos, montar en él y escaparme al galope lejos de tan vergonzosa esclavitud? Yo montaba perfectamente, y con un animal tan vigoroso bien podía en pocas horas hacer que mediase gran distancia entre mis tiranas y yo... Pero, después de reflexionar un instante, me dije suspirando:

—¿Y qué harás después, desgraciada? Si hubiera en Francia un lugar, uno sólo, en que se hiciese justicia, pudieras intentar llegar a él a fin de recobrar tu libertad; mas no olvides que hoy día (junio de 1794) se levanta por todas partes el cadalso, y pronto te haría subir a él el crimen de tu nacimiento.

Despidiéndome de mi hermoso sueño, me volví a casa, pues se acercaba la hora de volver, y la más pequeña tardanza me costaba siempre una severa reprensión.

Varias veces escribí al señor de Rembure para declararle toda la verdad; pues a pesar de las afirmaciones de su madre, estaba yo convencidísima de que no me había engañado en cuanto a sus intenciones; pero nunca obtuve respuesta. El director de Correos detenía mis cartas y las hacía llevar inmediatamente a la calle de los Jacobinos. Más tarde supe que don Carlos, al principio, hablaba con frecuencia de mí en sus cartas, y que me había escrito varias veces. Ninguna de sus cartas llegó a mis manos, y la señora de Rembure se limitaba a contestar a su hijo que la joven Sainte-Hèrmine la había abandonado, sin que se supiese qué era de ella. Manifestó al principio el comandante gran desagrado y sentimiento, concluyendo por no acordarse más de su protegida.

Transcurrieron así los primeros meses, entre penas y humillaciones, es cierto; pero también en paz. Lo que más me hacía sufrir era la privación de los sacramentos. No conocía a ningún sacerdote y estaban cerradas las iglesias. Además, sólo disponía de cortos instantes de libertad, el día de decadi, de doce a dos de la tarde, después de servir el almuerzo y de ayudar a la cocinera a fregar platos. Tampoco era esto una cosa fija; pues como se le antojase a la señorita Cornelia o a la señorita Ceres salir ese mismo día, adiós a mi paseo, porque tenía que peinarlas a ellas y a su tía, operación interminable, dado que a pesar de mi maña y destreza, eran muy difíciles de contentar y tenía que gastar tres cuartos de hora en cada una, cuando no pasaba más tiempo.

Al menor antojo, era preciso deshacer la obra terminada, para volver a construir el ridículo monumento con tanto trabajo levantado. Una vez terminado el arreglo de sus personas, no había más remedio que acompañar a paseo a mis amas, y no solíamos volver sino a la hora de la comida. Así que un mero capricho me privaba de dos tristes horas de libertad, por las que durante toda la semana había estado suspirando.

Me acuerdo de que la señorita Cornelia tenía el pelo de un rojo subido, que la mortificaba enormemente, y no se calmaba hasta que se conseguía transformar aquel inoportuno color en un hermoso negro de ébano, maniobra en que se nos iba cada mañana un tiempo considerable.

—Se me ocurre, señorita —le dije un día con su punta de malicia—, que yo, en lugar de usted, no tocaría mi pelo, dejándolo con su color; porque con el pelo blanco de la señora de Rembure, y tiñendo de azul el de la señorita Ceres, resultaría que vendrían a formar ustedes tres una bandera tricolor, y cuando fuésemos a ver desfilar las tropas, los oficiales harían un saludo con el sable, produciendo un efecto sorprendente.

No se pasó por alto la ironía, que me costó, por cierto, bastante cara; como que dos decadis consecutivos me tuve que quedar en casa.

Durante el mes de junio de 1794 contraje amistad con una sirvienta casi de mi misma edad, con la cual me paseaba algunas veces en los rarísimos instantes de libertad que se nos concedían. Aunque no tenía más instrucción que la que suelen tener las de su clase, simpatizó conmigo a causa de la bondad de su corazón y, sin contarle toda mi historia, le referí parte de la verdad. Me dijo palabras sencillas y conmovedoras, de las que se sirvió Dios para consolarme. Era muy buena cristiana, y me preguntó si yo me acercaba a los sacramentos, a lo que respondí:

—Por desgracia, estoy privada de ellos, con gran pena mía. No conozco a ningún sacerdote, y además no me dejan hasta después de mediodía. Meses hace que no me confieso, y ni siquiera he podido cumplir con la Iglesia.

Entonces me dijo con gran secreto que podía conducirme a casa del sacerdote Lermon, venerable religioso que vivía oculto en una barriada de Chartres, y que continuaba ejerciendo secretamente su santo ministerio, en cuanto se lo permitían las circunstancias.

Acepté llena de gozo, y como disponíamos de dos horas todavía, me llevó enseguida a la calle del Rempart, donde vivía el señor Lermon con Francisca, cristiana de avanzada edad.

Juana Leroy, que así se llamaba mi compañera, llamó a la puerta, dando el número de golpes que anunciaba la presencia de una persona amiga, y pronto escuchamos los pasos de la criada anciana, que bajaba la escalera. Cuando abrió la puerta, asomó a sus labios una bondadosa sonrisa al reconocer a su amiguita Juana. Después, al fijarse en mí, se pintó en su mirada una expresión de inquietud. Mi compañera, que había adivinado en su muda pregunta, le dijo:

—Esté usted tranquila, tía Francisca; ésta es de los nuestros, y desearía hablar un momento con el señor cura.

—Pasen ustedes adelante, queridas mías —dijo alegre la anciana, haciéndonos entrar en una habitación que servía de locutorio para las visitas—. No tardará en venir el señor cura —añadió—; tomen ustedes asiento, y entreténganse mirando las estampas mientras viene.

Apenas había Francisca tenido tiempo de llegar arriba, cuando oímos que se abría una puerta en el piso superior, y que un instante después alguien bajaba la escalera.

—Es él —me dijo Juana—; es muy anciano, ¡pero ya verás qué bueno es!

Pronto se abrió la puerta del saloncito, y el viejo sacerdote se dirigió hacia nosotras.

—Bienvenidas, mis queridas hijas —nos dijo con sonrisa indulgente.

Y después de habernos ofrecido sillas, se sentó cerca de nosotras. Le explicó Juana, en pocas palabras, que le traía una recluta, y que yo deseaba hablar con él en privado.

—A las órdenes de usted —me dijo haciéndome pasar a una pieza vecina, y allí me señaló un reclinatorio que le servía de confesonario cuando era menester.

Me arrodillé a sus pies y le abrí mi corazón de par en par. ¡Qué consuelos quiso el Señor que yo sintiese durante aquella entrevista! Aquel santo sacerdote me animó, me exhortó a tener confianza, y me enseñó a santificar mi cruz. Me hizo ver palpablemente las gracias que el Señor me había concedido y sus misericoridosos designios sobre mí. Comprendí que quiso humillar mi orgullo, el mayor enemigo de mi salvación.

El señor Lermon me concedió la absolución, y este sacramento me procuró un consuelo y una alegría que no había experimentado yo nunca. Luego que entramos en el saloncito, donde nos estaba aguardando mi compañera, me dijo el buen anciano:

—La primera vez que venga, es menester recibir la sagrada comunión.

Cuando le dije que no estaba libre sino los decadi, desde las doce hasta las dos, y esto no siempre, se quedó pensativo unos instantes, y luego dijo:

—Ya veremos cómo se arregla todo. Justamente me decía su amiga de usted que sus amos, hace algunos días, le dejan menos libertad, y que no podía salir antes de las doce. Verán ustedes lo que vamos a hacer: diré la misa a las doce y media los días de decadi, y así les doy a ustedes tiempo para que puedan llegar y asistir a ella cuando las dejen. A la una y diez ya habrán ustedes terminado su acción de gracias, y Francisca les preparará un buen almuerzo. A las dos estarán de vuelta en casa, y los amos no sabrán nada. Algo molesto será, pero ofreceremos ese ayuno por Francia.

Aceptamos gustosísimas, y me despedí del santo anciano, encantada de su bondad y consolada con sus dulces palabras. Experimenté un gozo íntimo y delicioso, gozo que solamente Dios puede producir en el alma, y que nada parecido tiene con los goces de este mundo. Sentí mi vida orientada por el ardiente deseo que había concebido de llevar por amor de Dios, y en conformidad con Cristo crucificado, aquella cruz que hasta entonces estaba mortificando mis hombros y que tan pesada se me hacía. Continuaría, sin duda, siéndome pesada, pero el amor me haría más ligera la carga. Semejantes consuelos traen consigo tanta dulzura, que aun en medio de grandes aflicciones, llenan el alma de contento. No siempre los concede el Señor, pues a veces oculta su presencia a fin de robustecer nuestra fe y de mantenernos en humildad por la conciencia que entonces tenemos de nuestra propia miseria. Existen también almas tan generosas, que siempre están privadas de dichos consuelos. Mas como el Señor tenía muy conocida mi flaqueza y la necesidad que tenía, desde aquel día me prodigó sus divinas caricias durante los tres años en que tuve que experimentar duras pruebas.

Abundando en estos pensamientos, entré radiante en casa, y pude sufrir sin rebeldía, en presencia de cinco o seis personas reunidas en la sala, una fuerte reprimenda de la señorita Ceres por haber llegado diez minutos más tarde de la hora reglamentaria. La joven había preparado aquella corta escena, y me parece que la hubiera mortificado, y no poco, si hubiera sido yo puntual. Se mostraron ariscas y refunfuñonas todo el día tanto ella como su hermana Cornelia, poniéndose de su lado la señora de Rembure. También hizo coro la cocinera para lisonjear a sus amas, de suerte que aquella jornada se me hizo la vida más pesada que nunca. Además me dieron a entender que si aquello se volvía a repetir se me negaría para siempre la salida. Toda esta tempestad doméstica no logró turbar mi serenidad. El demonio, por lo que se ve, quería desquitarse; pero quedó burlado.

Mi ángel bueno arregló las cosas de modo que aquellas señoritas no tuvieron ganas, de allí en adelante, de salir los días de decadi, con lo cual casi siempre pude ir a la calle de Rempart, donde gozaba de la dicha incomparable de oír misa después de haberme confesado y de recibir la sagrada comunión. Aquel día era para mí una verdadera fiesta, y lo estaba aguardando con vivas ansias durante toda la semana.

Con la gracia del Señor, que obraba en mí mediante la dirección de su siervo, llegué a amar el oprobio de mi situación, hasta el punto que, a veces, me preguntaba a mí misma si me consideraría feliz en caso de ofrecérseme ocasión de salir de ella. Era esto efecto de la divina gracia, y no de mi virtud, mis queridos hijos, pues os consta perfectamente que lejos estaba yo, por mi naturaleza, de tales sentimientos.

Tres años transcurrieron de esta suerte. El reinado del Terror había pasado, si bien se sentían a veces, en medio de la calma momentánea que se había producido, nuevas sacudidas de tiranías, y de vez en cuando se levantaba el cadalso en las plazas públicas. No hubiera corrido gran riesgo mi vida si hubiera dejado la casa en aquellos momentos. Pero ¿adónde iba yo a ir?

No me atrevía a entablar correspondencia con el señor de Rembure, porque no quería imponerme. Había escrito varias cartas a la señora Derelle y a Tonio, sin obtener respuesta. Sin amigos, sin parientes y sin fortuna, me hubiera visto obligada de nuevo a entrar a servir, y tal vez me hubiera ido peor. Por otra parte, como os decía hace poco, el Señor me había conducido paulatinamente hasta el punto de aceptar con amor la humilde situación en que me había colocado.

Hacia fines del verano de 1797, la señora Lallemand, tía de la señora de Rembure, vino a establecerse en Chartres. Era persona inteligente y, lo que vale más, excelente cristiana. Pero aunque los tiempos eran menos malos, se veía precisada a ocultar sus verdaderos sentimientos, a fin de no verse comprometida. La señora de Rembure se mostraba con ella muy complaciente, porque era pariente de quien se podía heredar, y mi ama estaba persuadida de que aquella fortuna había de pasar a su hijo. La señorita Cornelia, a quien no se le escapaban las intenciones de su futura suegra, rivalizaba con ésta en las atenciones y en los cuidados que se prodigaban a la anciana tía.

Un día que me enviaron a casa de esta señora con objeto de que ayudase a su criada en algunas faenas del interior —era el 16 de octubre, me acuerdo muy bien de esta fecha—, la señora Lallemand, terminado mi quehacer, me mandó llamar a su cuarto, y me dijo:

—He oído hablar de usted, hija mía, y quiero aprovecharme de la ocasión que la trae a usted a mi casa para saber de su vida.

Me hizo algunas preguntas con exquisita bondad. Muy pronto adiviné la nobleza de su carácter y lo bondadoso de su corazón, y le abrí el mío con toda ingenuidad, refiriéndole toda mi historia.

Luego que estuvo enterada, exclamó:

—¡Ay, hija mía!, ¡cuánto habrá tenido usted que sufrir!

Y atrayéndome hacia sí, me hizo sentar a su lado, abrazándome con ternura y prodigándome muestras de la más viva simpatía.

—Voy a escribir sin más tardar a Carlos —me dijo—; no es posible que continúe por más tiempo esta situación. Mi sobrino nunca pudo tener las intenciones que le achaca su madre. Lo conozco, y estoy segura de que va a tocar el cielo con las manos apenas sepa lo que pasa; hará que las cosas tomen muy distinto rumbo... Además —añadió la buena señora—, no acostumbro a andarme por las ramas, y si Carlos no toma la iniciativa, me veré yo con mi sobrina y le pondré las cartas boca arriba. Exigiré que la deje a usted venir a vivir a mi casa, donde será tratada, no como una criada, sino como una hija. Si se niega a ello, dispuesta estoy a desheredarla. Le aseguro a usted que ha de morderse la lengua.

Di las gracias a la señora Lallemand por el interés que por mí se estaba tomando.

—Pero —añadí— ¿será verdaderamente un bien para mí el salir de esta situación? Me parece que continuar así sería de provecho para mi alma.

—Vaya, vaya —repuso la señora Lallemand—, no alcanzo tan alto en cosas de espíritu, ni soy tan santa como todo eso. Quiero sacarla a usted de las garras de esas arpías, y voy a tratar el negocio sin rodeos. Esta misma tarde escribo a Carlos, pues le importa a usted que sea él mismo quien le haga justicia. Un poco más de paciencia, y tenga por seguro que el negocio no criará polilla.

Me despedí de la señora Lallemand, y me volví a la calle de los Jacobinos, donde se me sermoneó de lo lindo, pues mi buena amiga me detuvo mucho tiempo, y como no podía decir el motivo de mi tardanza, se me acusó de haberme entretenido por mi gusto.

Al otro día, 17 de octubre, nos dijo la señora de Rembure que se sentía indispuesta, quejándose de agudos dolores en el costado, por lo que ordenó a sus sobrinas que mandasen por un médico. El doctor reconoció, a los dos días, una fluxión de pecho y recetó una medicina enérgica, pero el mal fue progresando con rapidez, y el 28 de octubre por la tarde el médico llamado a consulta declaró que la señora estaba en peligro y que no pasaría del día siguiente. Conservaba la enferma todas sus facultades pero nadie se atrevía a hablarle del negocio del alma. Ni Ceres ni Cornelia creían en Dios, y la señora Lallemand, retenida en cama por una indisposición de carácter alarmante, no podía venir a ver a su sobrina.

A la mañana siguiente, viendo que la infeliz enferma se iba apagando por momentos, me resolví a hablarle, y aprovechándome de un instante en que me quedé sola con ella, le dije sin rodeos que se iba a morir dentro de pocas horas, y que si no se reconciliaba con Dios, se iría derechita al infierno por toda una eternidad. Al oírme decir tales cosas, y con tanta claridad, se echó a reír con manifiesto orgullo.

—Esas cosas se quedan para ustedes, las aristócratas —dijo con tono despectivo—. No me quiebres más la cabeza y vete a planchar la ropa, que hoy te toca, según creo.

Me callé y me fui a calentar las planchas, pidiendo a Dios que iluminase aquella pobre alma que iba a perderse.

A la media hora vino Cornelia a decirme que su tía quería verme sin más tardar. Obedecí al punto, y apenas entré en la habitación advertí con sorpresa el cambio que se había obrado en la expresión de aquel semblante, tan orgulloso y tan altanero hacía poco. La enferma parecía estar preocupada y emocionada. Tan pronto como me vio, me dijo:

—Haz el favor de cerrar la puerta y de acercarte a mí.

Después, haciéndome señas de que me aproximase a la cama, dijo con tono sumiso y humilde:

—¡Qué de cosas se han verificado en mí desde que me hablaste hace poco! Y desde luego, señorita, pido a usted perdón por todas las injusticias que contra usted he cometido. Quisiera poder besarle los pies en señal de arrepentimiento. Mentí al decirle que mi hijo la trajo aquí en calidad de sirviente. Si hablé así fue porque temí que llegase un día en que mi hijo quisiese tomarla a usted por esposa... ¿Me perdona usted?

—¡Sí, señora, de todo corazón! —le respondí—; pero a Dios es a quien debe usted pedir perdón de todos los pecados que ha cometido usted durante la vida.

—¡Dios! —exclamó—. Hace poco no creía en él. Ahora, no sé cómo se ha verificado esto, ahora me parece imposible que no exista. Pero, señorita de Saint-Hèrmine, ¿cree usted que Dios puede perdonarme?

Me apresuré entonces a instruirla brevemente en las verdades de la fe, según puede practicarse en casos semejantes. Gracias a Dios, conservaba la enferma todavía toda su presencia de espíritu. La exhorté a hacer un acto de fe en la existencia de Dios, en el misterio de la beatísima Trinidad, en la divinidad de Jesucristo y de su Iglesia, por él establecida.

Le expliqué en breves palabras la naturaleza de los sacramentos y las disposiciones esenciales para recibirlos...

Me escuchaba con avidez, y quiso Dios que estuviese en breve bastante instruida para recibir la absolución.

Cuando le propuse traerle un sacerdote, me contestó:

—Sí, sí, que venga. ¡Ah!, ¡qué manera tiene usted de vengarse de todo el mal que le he causado!

Le dije que no pensase más en mí, sino sólo en la divina misericordia.

No queriendo traer a mi confesor a casa de la señora de Rembure, sin estar segura de que este paso no lo pondría en peligro, hice entrar en el cuarto de su tía a la señorita Cornelia y a la señorita Ceres, y les hice jurar que bajo ningún pretexto, habían de hablar con nadie de la visita del sacerdote, y sin demora me fui a avisar al señor Lermon.

Gracias a Dios, le dio tiempo de llegar, y viendo suficientemente dispuesta a la enferma, le administró enseguida los sacramentos de la penitencia, eucaristía y extremaunción. Al conducirlo, terminada la ceremonia, hasta la puerta, me dijo el santo anciano:

—He aquí, hija mía, el premio de tu esclavitud durante cuatro años. No te pese de ello; este alma vale mucho más. Como que Jesucristo dio por ello toda su sangre.

Una hora después la señora de Rembure había dejado de existir. Era el 29 de octubre del año 1797.

XXXIX
Vuelve la primavera

Os he dicho, mis queridos hijos, que el señor de Rembure, después de haberme conducido a Chartres confiándome a su madre, se había dirigido a la frontera del norte, donde se estaba concentrando el ejército francés para rechazar a los austríacos y a los ingleses, que se habían coaligado. El año siguiente, 1795, había hecho la campaña en Holanda con Pichegrú; después combatió en Alemania en 1796, y por último en Italia, con Bonaparte, hacia fines del año 1797.

Acababa de ser nombrado coronel cuando recibió la carta de su tía, la señora Lallemand, que le ponía al corriente de todo lo que había sucedido durante su ausencia y, sobre todo, de la situación en que se me había colocado. Viva indignación le causaron tales noticias, y resolvió volver enseguida a Chartres con objeto de devolverme la libertad y de reparar la injusticia de que yo era víctima.

El tratado de Campo-Formio, 17 de octubre de 1797, que acababa de restablecer la paz entre Francia y Austria, permitía al señor de Rembure dejar provisionalmente el ejército. Fue a verse con el general Bonaparte, que lo había distinguido durante aquella campaña, y que lo recibió favorablemente. El coronel obtuvo una licencia de cuatro meses, con el permiso de partir enseguida. Se puso al punto en camino, y con el ansia de llegar cuanto antes, caminó de día y de noche, sin detenerse un punto. Entraba en Chartres en la tarde del 30 de octubre. Aquella mañana se había verificado el entierro de la señora de Rembure.

La señora Lallemand, casi repuesta de su indisposición, había exigido que me fuese a su casa después de terminada la fúnebre ceremonia. Ya comprenderéis que no deseaba yo otra cosa. Así que apenas volvimos del cementerio di los buenos días a mis jóvenes amas, que me pagaron el salario del último trimestre. Me habían ajustado generosamente por diez francos al mes. Aquellas señoritas ni siquiera me dieron las gracias por los cuidados que de día y noche había prodigado a su tía durante la última enfermedad de ésta.

—¿Tiene usted mucha prisa en marcharse? —me preguntó con sequedad la señorita Cornelia.

—Alguna —le respondí sonriendo—; lo confieso ingenuamente.

Y tomando un lío pequeño, me fui a toda prisa a la vivienda de mi buena amiga.

Debo deciros que en aquel momento había disminuido en mí el gusto por la vida humilde y mortificada. Y era que el Señor no me concedía el mismo género de gracias, por no ser las mismas mis necesidades. La lección que durante aquellos cuatro años había ya recibido me había sido provechosa, a lo que entiendo, y Nuestro Señor, después de haber domado mi orgullo, iba a valerse de otro medio. Necesitaba yo entonces de tranquilidad y de paz, y sobre todo de afecto, y estaba segura de encontrar todo esto bajo el techo de la señora Lallemand. Mi salud física era entonces bastante buena, y necesitaba que el Señor me sostuviese, pues salía apenas de la adolescencia cuando llegué a casa de la señora Rembure, donde me esperaban trabajos y fatigas superiores a las fuerzas de una joven de aquella edad.

¿Cómo pintaros el recibimiento que me hizo la señora Lallemand? No parecía sino que se había propuesto hacerme olvidar, a fuerza de ternura y de cuidados, mis humillaciones, mis sufrimientos, y más que nada la soledad de mi corazón durante aquellos difíciles años de mi esclavitud. Me fue preciso, para no disgustarla, ponerme enseguida otros vestidos, modestos, es verdad, pero conformes a mi condición. Hizo que se me preparase un lindo cuarto, que me pareció una maravilla, comparado con la miserable buhardilla que acababa de habitar.

—Me está usted mimando, querida mamá —le dije con tono un tanto zalamero.

—Pobrecita mía —me contestó la anciana señora, encantada de mi filial confianza—, hace ya tanto tiempo que no se la mima a usted, que no hay peligro en que reciba ahora una pizquita de mimo.

Apenas llevaría algunas horas en casa de la señora Lallemand, cuando se presentó el señorito Carlos. Al llegar a Chartres se fue a la calle de los Jacobinos, a su casa, donde conoció el fallecimiento de su madre. El golpe fue terrible, porque amaba a su madre con ternura; mas puedo asegurar que la indignación que sintió al saber lo que yo había sufrido por espacio de cuatro años, sirvió de alivio a su pena. Tenía ganas de verme, a fin de manifestarme su pesar por todo lo que yo había sufrido en su casa. A todos los cumplimientos de la señorita Cornelia y de la señorita Ceres se contentó con responder bruscamente que no convenía vivir juntos, y que, en consecuencia, les suplicaba que aquella misma tarde se volviesen a casa de sus padres. Añadió que mandaría un coche a este efecto, y que al otro día recibirían todo su mobiliario.

Al cuarto de hora estaba ya embarcando a las dos jóvenes, deseándoles feliz viaje, con un tono tal, que debió quitarles toda esperanza de reconciliación. Se alejaron llenas de confusión, especialmente Cornelia, la cual entendió que el casamiento, de tanto tiempo atrás proyectado por la señora de Rembure, se deshacía como la sal en el agua.

No he vuelto a oír hablar de dichas jóvenes, por las cuales he hecho oración con frecuencia, por haber sido causa ocasional de que el Señor me concediese gracias especiales y muy preciosas.

Desembarazado de sus primas, vino el señor de Rembure a casa de su tía. Me impresionó la manera sencilla y digna con que me expresó su pesar al saber lo que había pasado, y sentí despertarse en mí una gran simpatía por aquel joven tan amable. Lejos de quejarme, me esforcé en excusar a la señora Rembure y sus sobrinas, y le manifesté que participaba de su pena en la pérdida de su madre.

Comprendí por la emoción que se pintó en su semblante que mis palabras le habían llegado directamente al corazón, y que estaba muy agradecido de que hubiera olvidado las sinrazones que contra mí se habían cometido. Me suplicó, al retirarse, que le permitiese volver, permiso que le concedí de muy buena gana.

Ya adivináis, hijos míos, todo lo demás; a los quince días el señorito Carlos pedía mi mano a la señora Lallemand. Bien pronto se pusieron de acuerdo mi razón y mi corazón, pareciéndome que la divina Providencia lo había dispuesto por sí misma todo para que se realizase esta unión. Así que, después de haber orado con fervor y consultado a mi confesor el padre Lermon, autoricé a la señora Lallemand para que diese a su sobrino la respuesta que esperaba.

Vino enseguida Carlos a darme las gracias.

—Figúrate —le dijo alegremente su tía— que la señorita María vaciló en un principio porque no quería, así se expresaba, que cargases con su pobreza.

Y como el coronel diese señales de extrañeza, la señora de Lallemand repuso, frotándose las manos y con alegre buen humor:

—Y no deja esta picaruela de llevar un tanto de razón; así que, sobrinito mío, desde este día te desheredo y doy mi fortuna a tu novia. Conque date prisa en matarme. Te queda todavía tiempo, pues hasta esta noche no iré a casa del notario, y hasta entonces a ti pertenece la herencia.

La alegría de la anciana no tardó en romper el hielo de la primera entrevista, y sin más demora nos pusimos a formar castillos en el aire.

Se fijó el casamiento para el 3 de enero. Ya os dije que entonces no era cristiano el señor de Rembure, pero aunque no creía en ella respetaba la religión, y aceptó sin dificultad que un sacerdote bendijese nuestra unión.

A causa del luto de mi novio, y por otros motivos de alta conveniencia, se decidió que el casamiento se celebrase en la más estricta intimidad.

Algunos días antes de la ceremonia mandé llamar a Juana Leroy, mi amiguita, que tan compasiva se mostró para conmigo cuando estaba yo sirviendo en casa de la señora de Rembure. La pobre muchacha estaba enteramente confusa y aturdida al verme en aquel lindo cuarto y con vestidos muy diferentes de aquellos con que antes me había visto. La tomé de la mano, y haciéndola sentar junto a mí, le dije en tono jovial:

—¡Qué! ¿No me conoces ya, mi querida Juanita?

—¡Ya lo creo! —dijo sonriendo a la vez—. Pero está tan cambiado todo...

—Querida amiga, soy la misma que antes era; Dios es el que ha dispuesto las cosas de este modo.

—No sabe usted lo que yo me alegro de ello —respondió con viveza—, porque sufría mucho viéndola a usted reducida a servir lo mismo que yo. De muy buena gana hubiera yo servido por usted si hubiera podido. Pero —se detuvo para enjugar una lágrima que se le escapaba— usted se va a marchar con el señorito, y ya no la volveré a ver.

—Es que de ti depende, querida Juana, el seguirme. El señor de Rembure me permitirá, ciertamente, que te tome para mi servicio, y ya comprenderás que no te ha de ir del todo mal conmigo. Gracias a Dios, espero que no he de hacer sufrir de aquí en adelante a ninguno de los que de mí dependan. ¡He aprendido tanto en estos cuatro años! Por lo que a ti, mi querida Juana, más que criada, serás mi hermana, y juntas educaremos a los hijos que el Señor me conceda. La señora Lallemand será la madrina del primero, y tú la del segundo. ¡Cuánto vas a quererlo! ¿Estás, pues, dispuesta?, porque saldremos el 4 de enero, muy tempranito.

Una gran alegría brilló en los ojos de Juana.

—¡Oh! ¡Qué satisfecha estoy porque he de vivir al lado de usted, y sobre todo, porque voy a verla dichosa! Con todo —añadió con un suspiro de pesar—, estaba más contenta cuando las dos éramos de la misma clase. Siempre la amaré a usted, y usted también me querrá a mí; pero ya no seremos bastante iguales para ser amigas...

¡Qué profunda psicología en esta sencilla expresión! Cuando seáis mayores la comprenderéis.

Vosotros no llegasteis a conocer a la buena de Juana, pues murió cuando erais vosotros niños de pecho. La lloré como a una hermana; ella fue la que educó a mi pequeñita Genoveva y a vuestro pobre papá, mi hijo Carlos, de quien fue madrina, según se lo habíamos prometido.

Se celebró nuestro matrimonio el 3 de enero, secretamente, en la capilla del padre Lermon, el cual nos dio la bendición nupcial. Terminada la ceremonia nos despedimos de él, pues debíamos marchar al otro día. Carlos acababa de ser designado para mandar un regimiento del ejército de París, y si bien no había terminado aún el plazo de su licencia, quiso, con todo, tomar sin más tardanza posesión de su nuevo destino.

—Tenga usted confianza —me dijo el santo sacerdote en un momento en que nos quedamos solos—; el señor Rembure no tiene todavía fe, es verdad; pero es un alma tan recta, un corazón tan noble, que muy pronto, así lo espero lleno de convicción, tendrá usted la incomparable dicha de verlo convertido a Dios.

Tal era también mi íntima persuasión, sin la cual nunca me hubiera unido a él en matrimonio. Las infelices jóvenes que a esto no atiendan, se preparan, por la mayor parte, un triste porvenir.

El día 4, por la mañana, salimos en diligencia para París con la tía Lallemand, que quiso presidir nuestra primera instalación y ayudarnos con los consejos de su experiencia. Llevé conmigo a la buena de Juana y a otra amiga suya, a quien por su recomendación tomé de cocinera.

Mudamos de tiro en Rambouillet, y pernoctamos en Versalles, pues mi marido quiso que lo visitásemos en la tarde del siguiente día, y después volvimos a emprender el viaje a París, donde llegamos, bastante tarde, en la noche del día 5.

Había alquilado Carlos una linda casa cercada de un bonito jardín, en el barrio de Passy. El local era más amplio de lo que necesitaba un matrimonio solo, pero pensamos en los pajarillos que pronto habían de poblar la jaula, alegrándola con su gozosa algazara.

No debía disfrutar por mucho tiempo de la presencia de mi marido. Como un sueño se pasó el mes de enero, y no vi sin vivos temores acercarse el 1 de febrero, en que debía partir Carlos para Tolón, a unirse al ejército de Egipto. Con tristes presentimientos me despedí de él, pues durante mi vida había recibido con frecuencia tristísimas noticias, y al presente me estaba temiendo alguna nueva desgracia. Se esforzó cuanto pudo mi esposo para consolarme, prometiéndome volver a Francia y volar hacia mí tan pronto como fuera posible. Su primera carta me informó pronto de que se aplazaba la salida de la Armada. Le escribí enseguida pidiéndole permiso para unirme con él; pero no quiso consentir en ello porque temía renovar en mí emociones demasiado fuertes. Además, se esperaba que pronto llegaría la orden de salir. Los buques no zarparon, sin embargo, sino el 19 de mayo. ¡Qué irritada estuve contra Bonaparte por haberme robado a mi esposo durante aquellos cuatro meses!

La estancia de vuestro abuelo en Egipto y en Siria se prolongó hasta mayo de 1799. Herido el 16 de abril en la batalla del monte Tabor, obtuvo algunos días después una licencia para convalecer de la herida, y se embarcó con dirección a Francia. Llegó a París el 1 de junio. ¡Con qué gozo estrechó entre sus brazos a su pequeñita Genoveva, que había nacido el 15 de octubre del año anterior! La chiquita, al ver a su padre, balbuceó varias veces no sé qué grito inarticulado, y nos persuadimos, muy serios, de que había dicho papá. Hacía dos meses, por lo menos, que andaba yo atareada en hacerle pronunciar estas dos sílabas, que son como un rayo de sol en un matrimonio joven.

No era grave la herida de Carlos, no lo bastante grave para mi gusto, pues me había yo figurado que su licencia sería de dieciocho meses, o de dos años, y me equivoqué bastante en la cuenta. A los tres meses estaba perfectamente bien, y a fines del invierno se incorporaba a Bonaparte, el cual se disponía a bajar a Italia.

El 14 de junio de 1800 fue nombrado vuestro abuelo general de brigada en el campo de batalla de Marengo. Contaba entonces tan sólo treinta y un años. El mismo día nació nuestro segundo hijo, vuestro padre Carlos. Recibió esta noticia mi marido el 24 de junio, y ese mismo día supe su ascenso.

Creí desde luego que lo tendría pronto a mi lado. No sucedió así. No volví a verlo hasta dos años después, ya firmada la paz de Amiens (15 de marzo de 1802). Estaba de vuelta en París en los primeros días de abril. Ibamos a vivir juntos algo más de tres años, hasta la campaña de 1805. Este tiempo fue el más feliz de mi vida, y bendigo a Dios por haberme permitido disfrutar de él para consolarme de las pasadas pruebas, y para prepararme a las que me estaban reservadas en lo futuro.

Nuestros dos hijos, Genoveva y Carlos, gozaban de excelente salud y gorjeaban como pajarillos desde la mañana hasta la noche. No nos cansábamos de mirarlos, y tomábamos parte en sus juegos. Carlos era para mí de una bondad y delicadeza extremadas. Apenas me atrevía a formular el menor deseo, pues enseguida se apresuraba a realizarlo. Con todo, lo que yo anhelaba más que otra cosa alguna, lo que todos los días estaba pidiendo al cielo, no se me había concedido todavía. Ya habréis comprendido que me refiero a la conversión de mi marido, la vuelta a Dios de aquella alma tan hermosa, tan bien hecha para conocerlo y para amarlo.

Algunos progresos había hecho. Solíamos hablar de Dios, y estas pláticas, a que en un principio parecía no prestarse más que por darme gusto, llegaron muy pronto a interesarle vivamente.

Como conocía mis aficiones, me regaló un magnífico caballo de montar, al que puse por nombre «Djinn» en memoria de aquel pequeño póney que montaba yo en Bois-Joli.

El general me llevaba consigo dos o tres veces a la semana, y dábamos juntos magníficos paseos por los alrededores de París, que son tan encantadores: Saint-Claude, La Malmaison, Nauterre, Marly, etcétera. Nos gustaba internarnos en el bosque de Saint-Germain y detenernos en medio de la arboleda para platicar sentados al borde de un calvero, mientras que nuestros caballos pacían alegres la menuda hierba.

En estas conferencias familiares se suscitaba con frecuencia el pensamiento de Dios, y veía claramente y por días los progresos de mi Carlos. Pero no quería precipitarme, temerosa de echarlo todo a perder.

Me preguntó una tarde si creía yo que su madre hubiese recibido los últimos sacramentos con las disposiciones necesarias, y al escuchar mi afirmativa respuesta, mostró gran alegría. Semejante pregunta me dio a conocer todo el camino recorrido por mi esposo desde que nos casamos. Cuando llegó a Chartres para devolverme la libertad, me apresuré a decirle que su madre había muerto como una buena cristiana. Me dio las gracias por la noticia, pero leí en sus ojos la poca importancia que dio a mis palabras.

Logré hacia fines de aquel año de 1802 que asistiese a los catecismos razonados que el presbítero Frayssinous acababa de inaugurar en los carmelitas, y que debía desarrollar algo más tarde en Saint-Sulpice en forma más oratoria. El general lo tomó con mucho interés, y hasta fue algunas veces, según él mismo me lo declaró, a visitar a aquel joven sacerdote, cuyo nombre llegó a ser tan ilustre algunos años después. Desde aquel día Carlos era otro, y hacíamos juntos las oraciones de por la mañana y las de por la noche. Me acompañaba a misa los domingos y días de fiesta. Me encontré varias veces en su mesa de estudio algunas obras de controversia que le había prestado el presbítero Frayssinous.

Durante este tiempo multipliqué mis oraciones para obtener de Nuestro Señor que pusiese el colmo a sus beneficios esclareciendo del todo el alma de mi marido.

Donde descubría yo, henchida de gozo, los progresos de su alma hacia la verdad, era sobre todo en el bosque, donde nada venía a turbar nuestras íntimas conversaciones. A pesar del gusto que en ello sentía, no hubiera yo prolongado tanto mis paseos ni permanecido por tan largo tiempo fuera de casa, si no lo hubiera exigido Carlos a causa del estado de mi salud.

Preciso es confesar que ésta se había desmejorado mientras estuve sirviendo en casa de la señora de Rembure, a causa de haber tomado sobre mí una carga superior a mis fuerzas. Por más que aquellas excursiones me hacían mucho bien, jamás hubiera yo consentido en permanecer fuera de casa tan largas horas, de no estar, como lo estaba, segurísima de que dejaba a mis hijos en buenas manos, y de que mi tía Lallemand y mi querida Juana no los abandonarían ni un momento. Madres he conocido yo que, con objeto de procurarse tal o cual pasatiempo mundano, dejaban a sus hijos al cuidado de criados que no podían inspirar confianza alguna. No sé con qué conciencia hacían esto: la mía no me lo hubiera permitido. Desde el instante y hora en que tomé a mi cargo vuestra educación, queridos nietecitos, por muerte de vuestros padres, jamás me separé de vuestro lado, por no tener yo entonces ninguna persona de entera confianza.

A veces, cuando nuestras excursiones no iban a ser muy largas, me llevaba conmigo a Genoveva, a la que el general sujetaba muy bien en la silla de Djinn, colocándola delante de mí. Eran para oír y ver entonces los gritos, las palmaditas y las risas de la pequeñuela, encanto de su papá y de su mamá.

En aquella época solía Carlos ausentarse de París, a veces por más de una semana, sin decirme adónde iba. Un tanto picada de curiosidad, como todas las hijas de Eva, se lo pregunté cierto día, fingiendo estar algo enfadada por ocultarme el motivo de sus ausencias. Me contestó con misterio:

—Hija mía, cosas del servicio. Todo esto se terminará muy pronto, y no ha de transcurrir mucho tiempo sin que tú, nuestra tía Lallemand, los bebés y las criadas me acompañéis.

Aunque bebía los vientos por saber lo que pasaba, no quise insistir, y aguardé, no sin alguna impaciencia, el mes de abril, en el que según me había dicho el general, sabría aquel secreto.

En la mañana del día 31 de marzo lo vi muy alegre, y durante el almuerzo me dijo:

—Pronto tendrás que empezar a arreglar las maletas, porque es cosa decidida que partiremos el día 15 de abril. Arrancaremos con la casa entera, y el viaje ha de durar tres meses, por lo menos, si es que no dura más.

Al decir esto, me entregaba familiarmente por debajo de la mesa una licencia de tres meses firmada la víspera.

Estaba yo en ascuas y quería absolutamente saber dónde íbamos; pero todos mis artificios se estrellaban contra el silencio del general, que no hacía más que sonreírse maliciosamente.

Nos pusimos, al fin, en camino el 15 por la mañana, en una gran berlina, tía Lallemand y yo, con los dos bebés, su niñera y la cocinera.

El general y su ordenanza debían escoltar a caballo nuestro carruaje. Noté con sorpresa que el criado conducía también a Djinn, mi caballo de montar. Debíamos, pues, permanecer por algún tiempo en algún lugar... Pero yo no acababa de salir de mis extrañezas.

Cuando me di cuenta que tomábamos el camino de Chartres, y al siguiente día el de Mans, me dije a mí misma:

—Pero ¿adónde quiere llevarme?

Me sentí, sobre todo, conmovida cuando, al tercer día, continuamos en dirección al oeste. Empecé a caer en la cuenta: el señor de Rembure me conducía al Anjou, y por el mismo camino que seguí en 1794 escoltada por los húsares republicanos... Mi sorpresa alegraba a mi marido, que no hacía más que sonreírse. Pasamos en Angers la noche del 17 al 18 de abril, y partimos al otro día para Ancenis, donde llegamos hacia mediodía. Dos horas después pasábamos el Loira en barca y pisamos el suelo angevino, que dejé el 3 de octubre de 1793, hacía ya cerca de diez años.

—¡Ah! —dije al general al bajar del barco—, ¡qué dulce a la par que dolorosa emoción me haces experimentar, querido esposo!

—¿No es tu impresión más dulce que dolorosa?

—Sin duda; pero, por favor, dime dónde vamos.

—Pronto lo sabrás, mi querida María. Ten confianza en mí; ya sabes que mi único deseo es hacerte feliz.

—Sí, sí, tengo plena confianza.

—Pues bien, sube al carruaje; estamos en la última etapa.

Poco después atravesamos la aldea de Liré, donde nací, y la berlina tomaba el camino de la Chesnaie, el castillo de mis padres, que las columnas infernales habían incendiado durante la guerra.

De repente, al salir de un camino cubierto, se presentó a mis ojos una blanca villa, construida en el mismo paraje en que se levantaba en otro tiempo nuestra morada. El vehículo entró por una avenida plantada de árboles nuevos, y se detuvo muy pronto delante de la nueva Chesnaie. ¡Aquí está el secreto de las ausencias de Carlos! Había construido para mí en la tierra angevina, tan amada para mi corazón, aquel nido encantador, que su ternura se permitía ir embelleciendo cada vez más. Ya entonces nuevos castaños, armoniosos bosquecillos y lindos arriates rodeaban el pequeño castillo, que muy pronto iba la primavera a vestir de follaje y a perfumar con el aroma de las flores. Allí era donde había yo de morar de allí en adelante con mis hijos, y donde Carlos vendría a reunirse a mí para descansar entre dos batallas[31].

Vivamente emocionada, caí de rodillas sobre la escalinata para rendir gracias a Dios por la gran dicha de que me hacía partícipe y para suplicarle que nunca penetrase el pecado en nuestra morada. Seguí después a mi marido, el cual, loco de contento como un niño, me fue enseñando todas las piezas de la casa, desde

31 Mi abuela nos dijo que el general había pensado construir una nueva morada sobre las ruinas de Bois-Joli; pero que temió causarle emociones demasiado vivas y prolongadas si la obligaba a morar en aquellos sitios, testigos de los risueños años de su juventud, que le hubieran traído a la memoria al mismo tiempo tristísimos recuerdos.—Creo que hizo perfectamente —añadía la abuelita—; Bois-Joli me hubiera oprimido el corazón (nota del coronel Rembure).

la bodega hasta el granero. Él fue, según me dijo, el principal arquitecto, y quedé plenamente convencida de ello al ver que todo se había dispuesto en conformidad con mis gustos.

Como yo le diese con efusión las gracias, me respondió con gravedad:

—Espero que todavía he de proporcionarte mayor felicidad.

¿Qué más hermoso presente pudiera hacerme? Pronto iba a tener la resolución del problema.

En la noche del 10 de mayo[32] habíamos salido Carlos y yo a dar una vuelta por los alrededores. Aflojando las riendas de nuestros caballos, caminábamos a la ventura platicando alegremente.

—¿Quieres —dije a mi marido— que nos vayamos a sentar por algunos momentos al borde de las aguas?

Y despertando con un ligero golpe de fusta la somnolencia de nuestras cabalgaduras, nos dirigimos a trote corto hacia las márgenes del río. Nos detuvimos en un paraje delicioso, adonde solíamos ir con nuestros bebés, y luego que Carlos ató a Djinn y a Velleda, fuimos a sentarnos a nuestro sitio preferido, sobre las raíces de un enorme nogal, cuyas primeras ramas tocaban las aguas.

La noche estaba apacible, sereno el cielo, y en el aire se sentía una calma y una suavidad sorprendentes. El Loira murmuraba a nuestros pies acariciando sus floridas orillas y reflejando en sus límpidas aguas los sauces inclinados sobre la mansa corriente. A nuestro alrededor, en la llanura, los bosques, los tallares y la

32 Era el año 1803 (nota del coronel Rembure).

espesura ostentaban su verde follaje, donde gorjeaban los mirlos, las currucas y los ruiseñores. Mayo engalanaba todavía con flores la tierra vandeana, sepulcro glorioso de los que habían muerto en defensa de su fe.

Entonces pensé en los espantosos males que asolaron aquel mi querido país de Anjou. ¡Cuánta sangre había corrido en aquellas campiñas, hoy tan risueñas! ¡Cuántos cadáveres había arrastrado en sus ondas aquel bellísimo Loira! Ya entonces surgían los pueblos de entre las ruinas, se volvían a edificar iglesias, y los pocos sobrevivientes de aquella guerra espantosa cultivaban con sudor aquel suelo regado en otro tiempo con su sangre. Había pasado el invierno, y al soplo de la primavera todo renacía en la naturaleza.

En mi corazón también resonaba el cántico de la primavera. ¡Quién me hubiera dicho hace algunos años, cuando marchaba fugitiva por los senderos del Bocage como una pobre bandida, cuando en la horrible prisión de la Alhóndiga aguardaba todos los días la muerte, cuando sufría en casa de la señora de Rembure tantas injurias y tantos desprecios, quién hubiera dicho que la vida me había de sonreír, y que después de aquellos amargos días de soledad y de humillaciones había de tener el consuelo de descansar sobre un corazón amigo y de velar al lado de una cuna!

—¡Oh!, ¡qué bueno es Dios —exclamaba—, que ha creado cosas tan hermosas para nosotros, que tan poco le amamos!

—Es verdad, querida María —respondió Carlos con voz conmovida.

—Es bueno para todas sus criaturas —repuse un momento después—, mas para conmigo y, por tanto, para contigo, pues todo nos es común, ¿de cuánta misericordia no ha usado Dios? Todo lo había perdido y ha hecho que todo lo vuelva a encontrar en ti y por ti, querido esposo mío... ¿Cómo poderte expresar mi gratitud?

—Antes bien, soy yo el que todo te lo debo, mi buena María. ¿No constituyes tú toda mi dicha en este mundo? Lo que temo es ser ingrato.

Entonces, con santo atrevimiento, repliqué:

—Sí, querido Carlos, somos unos ingratos para con Dios. ¿Cuándo, cuándo te darás todo a él? ¿Será preciso que yo le ofrezca el sacrificio de mi vida para que se digne concederme esta suprema gracia?

Sonrió suavemente, y dijo:

—No tendrá Dios librado su perdón a tanto precio. Estoy viendo —añadió pasado un instante— que es preciso que te diga esta misma noche la noticia que reservaba para mañana.

Y como le mirase fijamente sin respirar, prosiguió:

—Creo en Jesucristo y en su Iglesia, y estoy convencido de las verdades de la fe católica. Me confesé con el cura de nuestra parroquia y mañana recibiré la absolución. Alégrate, mi querida María; ya tenemos la misma fe, como no tenemos más que un solo corazón.

No pude, responderle ni una sola palabra. Tan conmovida estaba. Pero comprendió cuán grande era mi dicha al verme llorar. No podía hacer otra cosa, ni siquiera formular una oración de gracias a Nuestro Señor. Estaba como anonadada bajo el peso de mi gratitud. ¡Oh!, ¡qué bien pagada me sentí en aquel momento de todas mis pasadas penas y de todas las que me estaban reservadas en lo futuro!

Nos volvimos lentamente hacia la Chesnaie sin pronunciar palabras exteriores, pero nuestros corazones no cesaban de hablar con Dios.

XL
Últimos recuerdos

Al día siguiente recibí una carta de Antonio de Serant anunciándome que había obtenido dispensa de la edad[33] para poderse ordenar presbítero, y que tendría la dicha de celebrar su primera misa el 18 de aquel mes. Me suplicaba con insistencia que asistiese a ella con el general. Hice partícipe a mi marido de la invitación, y aceptó gustoso, mostrando deseos de recibir la sagrada comunión de mano del nuevo sacerdote. Era la primera vez que Carlos iba a acercarse a la sagrada mesa, pues ya recordaréis, mis queridos nietos, que vuestro abuelo fue educado por la señora de Rembure en una completa ignorancia de nuestra santa religión.

¡Juzgad si aprobaba yo la idea de Carlos! Convinimos en que saldríamos al otro día para Nantes, y que nos quedaríamos hasta fin de mes. Mi niño de primera comunión quería recogerse durante algunos días antes de acto tan solemne e importante y no llegar con precipitación a Nantes. Además, habíamos proyectado visitar despacio

33 Debía de ser ésta una dispensa *sui generis*, pues se ignoraba la fecha del nacimiento del joven.

y con tiempo a la señora de Derelle y a Tonio, el cual iba a partir muy pronto para las Indias. Deseaba yo también ir al sepulcro de Luisito, a la plaza de Bouffay, donde Arturo, su criado y el señor cura de Saint-Cyr habían perecido en el cadalso, y, sobre todo, quería visitar de nuevo la prisión de la Alhóndiga, donde tanto había padecido y donde me había separado para siempre de mi madrina, de mi amadísima Genoveva y de la buena de Justina.

Llegamos a Nantes el 13 al mediodía, y nos encaminamos a casa de la señora Derelle, la cual se alegró muchísimo de volvernos a ver. Vivía entonces en la plaza de Pilori, a pocos minutos de la iglesia de la Santa Cruz, en la que Antonio de Serant debía celebrar su primera misa.

Esta conmovedora ceremonia me dejó imborrable recuerdo. ¡Si hubieseis sido vosotros testigos, mis amados hijos, de la actitud angélica de Antonio en el altar! ¡Si hubieseis visto el fervor, el recogimiento de vuestro abuelo cuando se acercó a la sagrada mesa! ¡Y pensar que era aquel el pequeñuelo recogido por el comandante Rembure al pie del cadalso, y que ahora, en presencia nuestra, ofrecía las primicias de su sacerdocio y daba la comunión a su protector!

Ya podéis calcular, mis amados hijos, qué emociones experimenté en aquella mañana, y sobre todo, al día siguiente, cuando acompañada de Carlos, de la señora Derelle y del sacerdote Antonio, fui a orar junto a la tumba de Luis, y a ver de nuevo los lugares santificados con la sangre de nuestros mártires. Me creo impotente para expresaros lo que sintió mi corazón... ¡Dios solamente lo sabe!

Durante nuestra estancia en Nantes se dignó el Señor concederme el consuelo de servirse de mí como de instrumento para la conversión de una pobre alma que corría gran peligro de perderse. Sucedió el caso dos o tres días después de la primera misa de Antonio. La señora Derelle, que visitaba a muchos pobres de su barrio, nos dijo, al volver de una de sus caritativas excursiones, que acababa de encontrar en una miserable buhardilla a una mujer, todavía joven, reducida a la última miseria y en próximo peligro de muerte. La desgraciada se resistía en absoluto a recibir a ningún sacerdote, y todo conducía a creer que se obstinaría hasta el fin.

Tuve la inspiración de ir a verla con objeto de decirle algunas palabras de consuelo y de procurar romper el hielo de aquel corazón. Carlos tuvo la bondad de acompañarme, y gracias a las precisas indicaciones que nos dio la señora Derelle, pronto dimos con la casa.

Apenas entramos en la buhardilla, cuando se escapó de mis labios un grito involuntario, y un sacudimiento nervioso me hizo estremecer desde la cabeza hasta los pies. Sólo me dio tiempo de echarme hacia atrás, apoyándome sobre el brazo de mi marido para no caerme. ¡Ah! ¡Aquella mujer tendida sobre una mala cama... la hubiera reconocido entre mil... tan grabadas habían quedado en mi memoria sus facciones!

Ya recordaréis, hijos míos, que en el momento en que mi hermana Genoveva vio que se estaba muriendo de hambre, ante sus ojos, su querido pequeñuelo en la prisión de la Alhóndiga, se arrojó, en medio de su angustia, a los pies de la mujer del carcelero, suplicándole que le procurase para su hijo agonizante algunas gotas de leche, y cómo aquella mujer, con gesto insultante, con una palabra cruel, desoyó la súplica de aquella madre desesperada... ¡Pues era ella! ¡Ella misma!... El verdugo de Genoveva y de su hijo, y estaba allí en mi presencia.

No pude dominar mi impresión en el primer momento, y mi semblante palideció con la palidez de la muerte. Espantado Carlos, intentó sacarme fuera de la habitación mas conseguí dominarme y le dije:

—Estate tranquilo, esto no es nada, ya me encuentro mejor; ya te lo explicaré después todo.

Recuperada casi completamente la calma, me senté a la cabecera de la enferma. La hablé con toda la afabilidad y con toda la bondad que me fue posible, le di algunos dulcecillos que habíamos llevado para ella, y procuré después atraerla poco a poco para que pensase en su alma, en la muerte, que no estaba muy lejos, y en la necesidad de reconciliarse con Dios.

Apenas pronuncié este nombre bendito, cuando una amarga sonrisa plegó sus labios, y exclamó:

—¡Dios! Sé muy bien que es inútil que yo espere su perdón. Hace diez años que me maldijo, y desde entonces me persigue sin descanso. Muy pronto, yo lo sé, voy a caer en sus manos, y se vengará durante la eternidad. Tengo fe, pero me falta la esperanza.

Como la instase suavemente a que abriese su corazón y a que me dijese por qué motivo pensaba que Dios no la había de perdonar, replicó:

—¡Sí, se lo diré a usted, porque usted es buena!

La desgraciada me refirió que, en la época en que su marido estaba empleado en las prisiones de la Alhóndiga, había rechazado despiadadamente los ruegos de una bandida que le pedía un poco de leche para salvar la vida de su hijo.

—Desde entonces, añadió, no he hallado reposo ni de día ni de noche; la venganza de Dios pesa sobre mí. He tenido siete hijos, y todos se me han muerto a poco de nacer. Yo no he conocido, ni por un momento, la alegría de ser madre. Dios es justo, lo sé; pero es implacable, y no se le debe llamar bueno. Viuda desde hace seis meses, me veo reducida a la más espantosa miseria, y, para colmo de infortunios, un mal terrible me está devorando sin treguas. Es que ya ha comenzado para mí el infierno. ¡No, lo sé, no tengo en ello duda, para mí no hay salvación!

Conmovida hasta lo más profundo de mi alma por el estado de aquella infeliz desesperada, supliqué a Dios que se sirviese de mí para abrir su corazón a la esperanza y al arrepentimiento. Empecé preguntándole con dulzura:

—¿Cree usted que Dios no es bueno? Y, sin embargo, a mí me cree usted buena. Dios es el que me ha dado un corazón sensible a las penas que usted sufre, y él es quien me envía para consolarla. Escúcheme, querida amiga: no es mi intención, ni mucho menos, vengarme de usted ni castigarla. Lo único que de veras anhelo es la salvación de su alma... Usted no me conoce —le dije después de un corto silencio—; pero yo sí la conozco, y si bien tengo motivos para aborrecerla la amo a usted, sin embargo, y le deseo todo bien. La mujer cuya súplica rechazó era mi hermana, la marquesa Serant, que dos días después fue ahogada ante su vista.

Al oír estas palabras, la enferma se puso horriblemente pálida. Aumentó el temblor que la agitaba, y con voz desgarradora exclamó:

—¡Usted, usted, hermana suya! ¡Ah! ¡Déjeme, estoy maldita...! ¡Maldígame usted también, y huya de aquí!

Invoqué a Nuestra Señora del Buen Socorro, y acercándome a la moribunda, le tomé la mano y me la llevé a los labios.

—Ya está usted viendo que yo la perdono, y mi hermana, desde el cielo, la perdona a usted lo mismo que yo, y ella es la que me envía a traer a usted su perdón y el perdón de Dios. Confíe en su misericordia, pues la ha prometido a los que en él confían. Si yo, siendo mala, puedo olvidar el mal que ha hecho usted a los míos, Dios, que es la infinita bondad, lo olvidará mucho mejor todavía.

Pareció conmoverse la pobre enferma. La gracia entraba victoriosa en su alma, y el demonio de la desesperación abandonó la plaza, rechazado por Nuestra Señora del Buen Socorro.

—¡Oh! ¡Cuánto bien me está usted haciendo! —murmuró la moribunda después de un largo silencio—. Gracias a usted, señora gracias a su bondad, empiezo a comprender la de Dios y a confiar en él.

—Aprovechémonos del momento —dije en voz baja a mi marido—. Corre en busca del sacerdote Antonio.

Nos dejó Carlos, y durante su ausencia dispuse a la pobre mujer a recibir la visita del sacerdote.

Al cuarto de hora entraba en la habitación el sacerdote Serant, enteramente conmovido, y el general y yo nos retiramos a la escalera. El joven sacerdote se unió pronto a nosotros con el semblante inundado de alegría.

Era la primera alma que su poder sacerdotal arrebataba al infierno para dársela a Dios.

Varias veces volví a visitar a la enferma, la cual, recibidos los últimos sacramentos, murió a los pocos días tranquila y resignada.

Dejamos Nantes a fines del mes, llevando con nosotros el cuerpo de Luis.

Nos acompañó el presbítero Serant con objeto de presidir la ceremonia fúnebre que debía celebrarse en la iglesia y en el cementerio de Liré tan pronto como llegáramos a la Chesnaie.

Gracias a las indicaciones que había dado Arturo a Genoveva y que ésta me había trasmitido, pude hallar fácilmente los restos del marqués y los de sus dos sirvientes, así como los del tío Bureau y los de Josefina. Ya habíamos recogido y llevado estos preciosos despojos al cementerio de Liré. A nuestra llegada de Nantes juntamos a estas queridas reliquias los huesos de Luisito.

Se celebró con toda solemnidad una misa de Réquiem en la parroquia, a la que acudió multitud de gente de los alrededores.

Tomé la costumbre de ir todos los días a rezar junto a aquellos restos queridos, y vosotros también vais hace algunos años, con vuestra abuela, mis queridos nietos, para pedir a Dios la gracia de perseverar en vuestra fe.

Gratísimo hubiera sido para mí recoger también los despojos de mi madrina, de Arturo y de Genoveva, de Santiago y de Justina, y los del señor cura de Saint-Cyr. Pero este consuelo no me fue concedido.

La fe nos dice, sin embargo, hijos míos, que Dios, que sacó de la nada el cielo y la tierra, vela por esos restos sagrados, y que en el día de la resurrección de los muertos, su infinito poder juntará de las extremidades del mundo ese humilde polvo y lo hará revivir a una eternidad gloriosa.

Reanudo mi relato, que pronto terminará.

Durante el año de 1805 me dejó Carlos para ir a unirse a Napoleón, que acababa de declarar la guerra a Austria y a Rusia.

Vuestro abuelo fue nombrado el 2 de diciembre general de división en el campo de batalla de Austerlitz y felicitado por el emperador, que lo nombró Grand-Aigle de la Legión de Honor.

Volví a ver una vez a mi querido esposo después que recibió esta lisonjera distinción. Pasó a mi lado algunas semanas en Liré durante el año de 1806; después se incorporó al ejército, que se preparaba a la guerra con Prusia.

Ya no volvería a verlo más en esta vida. Murió gloriosamente el 14 de octubre, al fin de la jornada de Auerstadt, al lado del mariscal Davout. Vuestro abuelo contribuyó poderosamente, por su bravura y por su pericia militar, a aquella inmortal victoria, en que veintisiete mil franceses derrotaron por completo a sesenta mil prusianos.

El cuerpo del general fue traído al Anjou y depositado en nuestro sepulcro de familia.

Nada más tengo que deciros, amados nietos. Con bastante frecuencia os he hablado de los acontecimientos que se han seguido. Vuestra tía Genoveva murió en 1808, a la edad de diez años, a las pocas semanas de su primera comunión. Vuestro pobre padre, que se casó en 1828, era capitán del segundo escuadrón ligero cuando lo mataron en Argel. Nuestra familia ha pagado bien su deuda a Francia.

Vuestra madre no tardó en seguir a su marido al sepulcro, cuando erais vosotros muy chiquitos. Tú, Carlitos, apenas tendrías cuatro años, y tú, Luisita, algo menos de tres. He hecho cuanto he podido para educaros. Ya soy muy vieja, y dentro de poco iré a reunirme allá arriba con mis queridos finados con la pena de dejaros tan jóvenes en este mundo. Pero no quedaréis solos: Dios estará con vosotros siempre por su gracia, con tal que no lo alejéis de vuestro corazón cometiendo pecado mortal.

Conservad siempre la fe... la fe por la que murieron vuestros antepasados; es el bien más precioso. Aunque seáis muy ricos y felices durante vuestra vida, de nada os servirá si perdéis el cielo. Y aun cuando fueseis desgraciados siempre en este mundo, nada importará tampoco si salváis vuestra alma por toda una eternidad.

Estas son las enseñanzas de la fe, que no son, ciertamente, las del mundo.

Os dije al empezar este trabajo:

—Acordaos siempre de nuestra divisa: «Cumple con tu deber». ¿Queréis que os dé ahora el medio de permanecer siempre fieles a ella? Pues grabad en vuestra alma esta otra divisa, que es la de Bretaña, hermana de nuestro Anjou: «Antes morir que faltar».

Epílogo

En relación con la guerra de la Vendée una tesis doctoral vino a cambiar el estado de la cuestión definitivamente: me refiero a la de Reynald Secher, publicada en Francia en 1986 con el título de *La Vendée-Vengé. Le génocide franco-français*[34]. A partir de entonces, al menos quienes quisieran conocer la verdad más profunda de la Revolución francesa disponían de un trabajo de investigación inapelable por su rigor. Ciertamente, no ha tenido —aunque haya sido bastante— toda la difusión que merecía; tanto desde el poder —político y mediático— como dentro el mundo académico se hizo lo posible por minimizarla. Y es que la corrección política de una sociedad ya gobernada por el relativismo moral no podía tolerar que aquella revolución, madre del régimen liberal tanto como de la laicidad masónica establecida de su mano, se presentara con su verdadero rostro: el de un sistema totalitario que, a fin de establecer su propia religión, había tratado de erradicar el catolicismo sobre la faz de la tierra francesa para extender después al resto del mundo su nuevo

34 Ed. PUF, París, 1986; Perrin, 2006.

sistema de valores y creencias; completamente opuestos a la fe revelada. Sin detenerse ante el genocidio, empleado, ya entonces, como un aviso de lo que podía ocurrirles a los individuos o naciones que se opusieran al designio espiritual de la hecatombe revolucionaria. Y los autores de dicho genocidio, a su vez, tampoco habrían de entretenerse en consideraciones de tipo humano o legal —acababan de proclamar unos derechos que serían conculcados de la manera más atroz— para castigar y prevenir a los católicos de toda la nación; hasta extremos que podrían considerarse exagerados por parte de quienes se acerquen por vez primera a aquellos sucesos.

El libro de Secher no se tradujo al español, por lo que mi editor, consciente de su importancia, me propuso darlo a conocer al lector de lengua española en sus principales aportaciones documentales. Así surgió *La guerra de la Vendée. Una cruzada en la Revolución*[35], donde sostengo, a diferencia de Secher, que sin la menor duda dicha contienda tuvo, por parte del bando sublevado, ese carácter de cruzada por encima de cualquier otra consideración. Y esa es la tesis que se desprende precisamente de la lectura de *Una familia de bandidos en 1793*, como podrá confirmar el lector que acaba de terminarla. No dudé por tanto en aceptar también la reciente proposición del responsable de esta nueva edición de la ya clásica obra que narra lo sucedido a la familia de Serant durante el período revolucionario en aquella región, mítica referencia

35 Ed. San Román, Madrid, 2016.

del legitimismo francés. Y aquí está este epílogo, en el que hablaré de lo que vino detrás del huracán que barrió la Francia del Antiguo Régimen; en más de un sentido esa *doucer de vivre* que se entrevé en el comienzo de la narración había desaparecido para siempre. Esa es una de las primeras conclusiones.

Las consecuencias de la barbarie republicana incluso varios años después del final de la guerra eran claramente visibles: disminución de la población y ruina económica; ese era el legado de los gobernantes de la República, tanto de los que ya habían controlado el país años antes, durante el período de la Asamblea, como de los que vinieron después con mayor ensañamiento: los del Comité de Salud Pública; los de aquel período justamente recordado como El Terror; los que firmaron la sentencia de muerte para toda aquella población que vivía en una de las regiones de su propia patria; la patria que decían defender autoproclamándose precisamente «patriotas»; como si los defensores del trono y el altar no fueran «ciudadanos» ni franceses. Como si no fueran ni siquiera humanos se les trató. «Insectos dañinos» como calificaba Lenin a los rusos contrarrevolucionarios; insectos que debían ser exterminados en la «nueva Rusia». Eso ya se había visto antes; en la Francia que fue el escenario de la obra que comentamos. Aparte de tanta desolación como reflejan las cifras, resultará interesante sin duda para quienes acaben de leer estas páginas, sin conocer a fondo la materia, saber qué fue de la Vendée, qué de los descendientes de aquel heroico pueblo que lo sacrificó todo a la fe que profesaba. Pues bien, tras El terror con el directorio, la persecución religiosa se mantuvo, aunque en un tono menor; es decir, sin las masacres de períodos anteriores. Pero inmediatamente después, con el principio del Consulado, parecía terminar la pesadilla; o, al menos, su peor parte —porque ya nada sería igual que antes de la galerna—: por fin en 1799 volvían los sacerdotes refractarios. Uno de los documentos que Secher incluyó en su tesis nos resume la situación anímica y material del país, en aquellos esperanzadores momentos, relatando el regreso de uno de aquellos «buenos curas» a la región; concretamente al Loreaux-Bottereau:

> La población entera, en traje de fiesta había acudido a la carretera de Nantes [...] Todos habían querido rodear algunos instantes antes a aquel cuya ausencia había sido tan amargamente llorada. A la vista de aquellas caras conocidas, de esta multitud que hacía retumbar el cielo de gritos de alegría, de esos niños que pedían de rodillas su bendición, el santo anciano [el abate Peccot, refugiado en España] olvidó los sufrimientos del exilio. La inmensa alegría que inundaba su corazón no podía traducirse en palabras. Recibía en sus brazos a sus buenos labradores, lloraba, sonreía a su alrededor y no dejaba escapar más que estas palabras: inin tinesupas. Buenos días hijos míos, buenos días mis queridos hijos, iré a veros. (...)
>
> El pastor no puede dominar su emoción ante los desastres y las desapariciones acumuladas por el terror: a su llegada a la calle Des

Forges, las lágrimas bañaron de golpe su rostro. Una sola mirada lanzada sobre todas esas ruinas acababa de revelarle la extensión de las desgracias que habían abrumado a su parroquia. Buscaba en vano a su alrededor aquella muchedumbre de jóvenes cuya cuna había bendecido o cuya unión había consagrado, que había dejado llenos de fuerza y salud en el principio de la vida. Apenas osaba pronunciar sus nombres o pedir noticias a su familia. Para un gran número, desgraciadamente, la respuesta habría sido la misma. La vista de su iglesia incendiada le arrancó profundos suspiros; esos muros ennegrecidos y esas casas sin techo le anunciaban que desde hacía tiempo el fuego del hogar se había apagado y que no había, en su lugar, más que cenizas y lágrimas[36].

Dos años después la situación mejoraba ostensiblemente: en 1801 el Primer Cónsul, Napoleón Bonaparte, firmaba un concordato con Pío VII, el sucesor del papa que había muerto prisionero en la Francia revolucionaria, Pío VI; el mismo que había condenado la Constitución Civil del Clero. Con el concordato se restablecían las relaciones Iglesia-Estado al tiempo que se recuperaba el calendario tradicional, suprimido por los que quisieron erradicar el Cristianismo para introducir a la nación en una era republicana sin Dios; sin el del Evangelio por lo menos. Pero aquello no fue

36 Reynald Secher, o. c., pp. 302-303, en Alberto Bárcena, o. c., pp. 243-244.

más que un ejercicio de pragmatismo; Napoleón, que a través de la masonería controlaba las instituciones de lo que pronto convertiría en un Imperio, sabía que el trauma revolucionario no podría superarse, ni por tanto reconstruir la unidad nacional, sin restaurar la religión mayoritaria de los franceses; al menos aparentemente y por el momento, ya que después aspiraría a trasladar la sede de la Iglesia a París para, de ese modo, controlarla también. En 1809 llegaría a invadir los Estados Pontificios, convirtiéndolos en un nuevo departamento francés —el del Tíber—, mientras que el propio papa era llevado a Francia como prisionero, al igual que su antecesor. Ese fue uno de los mayores errores del corso: desvelar ante los franceses su propio juego. Por eso, además de otras obvias razones, la Restauración fue recibida en la Vendée con el mayor entusiasmo; otro de los testimonios recogidos por Secher lo refleja:

> [...] el día de Pascua, a las ocho de la mañana, estábamos desayunando cuando el señor de Mauvillain acudió corriendo a casa gritando: «¡Viva el rey! El emperador ha sido destronado, Luis XVIII es proclamado rey de Francia». Cómo expresar el asombro, la alegría, la felicidad de nuestros padres que no se esperaban en absoluto un acontecimiento semejante. ¡Francia era liberada de su tirano! ¡Sus hijos, sus queridos niños estaban salvados! El entusiasmo de la población llegaba al colmo. Nunca olvidaré con qué arranque de felicidad se cantó el

«*Dómine, salvum fac Regem*», por primera vez en la iglesia[37].

Habían pasado más de veinte años desde la primera rebelión vandeana; la nación se había convertido en cabeza de un imperio que controló la mayoría de las naciones europeas, y la religión, en parte, se había restaurado, a pesar del golpe asestado a los católicos en 1809, y los sentimientos de los vandeanos seguían siendo los mismos; por eso exultaban de alegría ante el regreso del conde de Provenza —hermano del rey guillotinado y tío de Luis XVII, el niño prisionero del Temple por el que se luchó en la Vendée— convertido en rey de Francia, mientras que Pío VII, libre de su cautiverio de años, podía regresar a Roma y volvía a gobernar sus Estados, al tiempo que restauraba la Compañía de Jesús disuelta, medio siglo antes, mediante una conspiración de ministros europeos tan «ilustrados» y regalistas como impíos. Parecía cerrarse un ciclo infernal con el establecimiento, en el Congreso de Viena, de unos principios que deberían alumbrar una nueva etapa histórica, superadora del caos de los últimos años: era la Restauración.

Pero en 1830 otra revolución liberal terminaba con la monarquía restaurada; al tiempo que la Virgen revelaba en la calle Du Bac de París a una joven religiosa —santa Catalina Labouré— que tiempos de tribulación se acercaban nuevamente para Francia y para la Iglesia; en realidad no le hablaba solamente

37 Reynald Secher, o. c., p. 304, en Alberto Bárcena, o. c., p. 244.

de sucesos puntuales sino de todo un siglo de persecuciones religiosas más o menos visibles, según los instrumentos y la violencia utilizados. Dos años después, en 1832, la impulsiva duquesa de Berry[38], madre del último Borbón de la rama primogénita, acudiría, no por casualidad, a la Vendée esperando que volviera a levantarse a favor de la legitimidad. Pero no lo logró, y su aventura acabó como un triste vodevil. Acaso su imprevista llegada a Sainte-Croix fue demasiado precipitada; o los vandeanos no apreciaran claramente las amenazas que a la larga representaba el gobierno de Luis Felipe; a pesar de ser hijo de aquel duque de Orleans que votó por la muerte de su primo el rey, además de haber gobernado el Gran Oriente de Francia. No les faltaban motivos de desconfianza hacia la rama menor de los Borbones, pero la situación, desde luego, no era la de 1793. Los tiempos de las persecuciones sangrientas y el genocidio dirigido contra los católicos habían pasado. Salvo momentos bien visibles como fue la Comuna, en 1870, cuando el arzobispo de París, monseñor Darboy fue asesinado, las técnicas utilizadas por los enemigos de la Iglesia serían más «inteligentes» y sutiles. Quizá fueran ya más plenamente conscientes de que «la sangre de los mártires es semilla de cristianos»[39]; en todo tiempo

38 María Carolina de Borbón Dos-Sicilias, princesa de Nápoles, había casado en 1816 con Carlos Fernando de Borbón, duque de Berry, hijo de Carlos X, último rey de la Casa de Borbón que reinó en Francia. El duque murió asesinado en 1820, antes de que su padre accediera al trono, y siete meses después María Carolina daba a luz al conde de Chambord; para los legitimistas Enrique V de Francia. Su fallido intento de sublevar la Vendée terminó con la detención de la princesa, que, vuelta a casar, murió en Austria en 1870.

39 Tertuliano (C. 155-225 d. C.)

y lugar. Por eso, entre otros motivos, el desmantelamiento del Catolicismo se vestiría con el disfraz de «libertad, igualdad y fraternidad», y durante la III República el asalto dirigido contra la Fe por masones como Ferry o Gambetta, resultaría mucho más eficaz y duradero. Tanto que aún hoy se considera su corrosiva labor una gran aportación a la República. Empezando por la enseñanza como es habitual; tal como denunciara lúcidamente León XIII en *Humanum Genus*, su gran encíclica condenando la masonería por aquellas mismas fechas (1884). Lo mismo que denunciaría su sucesor san Pío X, en 1906, en otra encíclica histórica, *Vehementer Nos*, dirigida a los franceses, cuando ya la separación de la Iglesia y del Estado —por no llamarlo proscripción de la primera— era un hecho en Francia. Y señalaba también a la masonería como responsable de aquel proyecto:

> Ustedes conocen el objetivo de las sectas impías que ponen sus cabezas bajo su yugo, porque ellos mismos han proclamado con cínica valentía que están decididos a «descatolizar» a Francia. Quieren extirpar de sus corazones el último vestigio de la fe que cubrió a sus padres con gloria, que hizo a su país grande y próspero entre las naciones, que lo sostiene en sus pruebas, que trae tranquilidad y paz a sus hogares y que abre el camino a la felicidad eterna[40].

40 San Pío X, Vehementer Nos, 16.

Ya en 1880, Jules Ferry[41], desde su ministerio de Instrucción Pública, que él mismo llamó «de las almas», asestaba dos mazazos a la Iglesia como recogí en mi libro sobre la masonería, citando la publicación de Antonio Martín Puerta relativa a este período: «El primero disolvió la Compañía de Jesús, dándole tres meses para dispersarse; el segundo otorga otros tres meses a las demás congregaciones bajo amenaza de disolución, para solicitar ser autorizadas. Ya presidente del Gobierno desde 23 de septiembre de 1880, entre el 16 de octubre y el 9 de noviembre se hace cerrar a 261 conventos y se expulsa a cerca de 6.000 religiosos»[42]. Pero la ley decisiva vendría en 1882, prohibiendo a los religiosos, sin excepciones, entrar en las aulas; tampoco podrían ya dirigir o supervisar las escuelas primarias, públicas o privadas. No; aquella legislación no tuvo nada de neutral; era tan violentamente anticlerical que logró ahondar la brecha que separaba a las dos Francias: las que estaban a favor o en contra de una laicidad impuesta desde el poder como un objetivo prioritario siempre que la masonería tenía el gobierno en sus manos o podía condicionar sus políticas. Igual que sucedería después y ocurre actualmente. Aunque siempre, desde 1880, lo hayan presentado como una garantía de las libertades republicanas, cuyo eje central era, aparentemente, la separación Iglesia-Estado. Algo supuestamente neutral que ocultaba, en realidad, otros propósitos.

41 Iniciado en 1875 en la logia parisina *Clemente Amistad.*

42 Antonio Martín Puerta, «Antecedentes históricos de Educación para la Ciudadanía», *Aportes 75*, XXVI, (1/2011), p. 26, en Alberto Bárcena, *Iglesia y Masonería. Las dos ciudades*, p. 168.

Ese divorcio, convenientemente utilizado, se ha mantenido de manera inflexible desde 1880, pero no puede negarse que antes se había producido en Francia una revitalización del catolicismo, después de la devastación revolucionaria. Sin hogueras, «columnas infernales» o «deportaciones verticales», los dirigentes de la Tercera República buscaban imponer un régimen tan contrario a la Iglesia como el diseñado por los de la Primera, aunque no cambiaran ya el calendario ni la era; sus gobernantes se habían propuesto, ante todo, neutralizar esa pujanza católica que se apreciaba en el viejo solar de «La hija mayor de la Iglesia». Y eran conscientes de que debía obrarse de manera muy distinta a la empleada por el Comité de Salud Pública. Todo mucho más «discreto». Y esa estrategia, al servicio del mismo designio laicista, ha perdurado: el todavía presidente Hollande, en febrero de 2017, visitaba la sede del Gran Oriente de Francia para reconocer la deuda que, según él, la Francia «laica» —la oficial— tiene con la masonería, llegando a decir: «Si se cree, como es mi caso, en la República, en algún momento hay que pasar por la masonería», e identificaba la ideología masónica con la constitución republicana[43]. Años antes su ministro de Educación, Vincent Peillon, desde el estrado del templo Groussier del mismo Gran Oriente, proclamaba: «Queremos refundar la República. ¡Y queremos refundarla desde la escuela!»[44]. Claro que

43 Carmelo López-Arias/Religión en Libertad, 27 de febrero de 2017; http://movil.religionenlibertad.com/articulo_rel.asp?55163

44 Carmelo López-Arias/Religión en Libertad, 9 de diciembre de 2012;http://móvil.religionenlibertad.com/articulo_rel.asp?55163

en su libro *La Revolución no ha terminado*[45], el ministro Peillon iba más lejos, concretando más cuando afirmaba: «La laicidad puede considerarse como la famosa religión de la República buscada después de la Revolución».

Éste es actualmente el estado de la cuestión. Así que, desde nuestra perspectiva histórica, podría considerarse fallida en todos los aspectos la rebelión vandeana; pero sería muy precipitado hacerlo así: el ejemplo de aquellos héroes mayoritariamente desconocidos, resplandece para los católicos como el de tantos otros que a través de los siglos han antepuesto su fe a cualquier otra cosa. Como ha escrito el profesor de Historia de la Iglesia Enrique de la Lama, refiriéndose a la Vendée: «... Merecía la pena difundir estos contenidos que nos hablan de héroes cristianos anónimos, pero que miraron a la muerte sin temor. Por amor a la Virgen y a Cristo, como los testigos de todos los tiempos»[46]. Aparte de que el valor de su oración de intercesión por la Iglesia ante el Padre Eterno es imposible conocerlo en este mundo. La narradora de *Una familia de bandidos en 1793* dice en una de sus páginas: «Mi único objeto al emprender este trabajo fue daros a conocer mejor vuestra familia y los beneficios de que Dios la ha colmado, beneficios amargos, sin duda, pero preciosos a la vez». Esa es la perspectiva que el lector no debe perder para comprender el comportamiento de los protagonistas de esta historia. Es doctrina de la Iglesia que en ocasiones resulta

45 *La Révolution française n'est pas terminée*, Ed. Seuil, 2008.

46 Enrique de la Lama, reseña de «La guerra de la Vendée. Una cruzada en la Revolución», de Alberto Bárcena, *Anuario de Historia de la Iglesia. Revista del Instituto de Historia de la Iglesia*, Facultad de Teología de la Universidad de Navarra, Vol. 26/2017, p. 594.

moralmente imposible esquivar el martirio, san Juan Pablo II dijo al respecto: «... puede ser lícito, loable e incluso obligatorio dar la propia vida (cf. Jn 15, 13) por amor al prójimo o para dar testimonio de la verdad»[47]. Los vandeanos, buenos conocedores del Evangelio, estaban avisados antes de levantarse contra los enemigos de Cristo: «... Y seréis odiados por todos a causa de mi nombre; el que persevere hasta el final se salvará»[48], leemos en la festividad de san Esteban, protomártir del Cristianismo.

Alberto Bárcena

47 San Juan Pablo II, *Veritatis Splendor, 50.*

48 Mt 10, 17-22.

Este libro se terminó
de editar en Madrid
el 15 de octubre de 2025,
santa Teresa de Ávila

Made in the USA
Monee, IL
13 September 2026

62988798R00329